KB203251

21세기 세계 여성신학의 동향

21세기 세계 여성신학의 동향

2014년 5월 23일 초판 1쇄 발행
2015년 6월 30일 초판 2쇄 발행

엮은이 | 한국여성신학회
지은이 | 권진숙 김성희 김혜령 박지은 백소영 이은주
        임효명 정미현 조민아 최순양 하희정
펴낸이 | 김영호
펴낸곳 | 도서출판 동연
편 집 | 조영균 관리 | 이영주
등 록 | 제1-1383호(1992. 6. 12.)
주 소 | (우 121-826) 서울시 마포구 월드컵로 163-3 2층
전 화 | (02) 335-2630
팩 스 | (02) 335-2640
이메일 | yh4321@gmail.com

ISBN 978-89-6447-247-7 93200

여성신학사상 제10집

21세기 세계 여성신학의 동향

한국여성신학회 엮음

동연

　여성신학회 회장을 맡으면서 가장 하고 싶었던 일은 임기 중 후학들
에게 도움이 되는 책 출판을 하는 것이었습니다. 여성신학회장으로서
임원들과 협조하여 수월성 있는 학술제를 개최하고, 회원 간 학문적
교류를 활성화하는 것도 중요하지만, 의미 있는 책 출판을 통해 여성
신학에 관심하는 후학들의 연구를 더욱 자극하고 싶었습니다. 결국 임
원 및 편집위원들과의 오랜 논의 끝에 이번 임기 동안 세계의 최신 여성
신학자의 연구 동향을 소개하는 책을 발간하자고 의견을 모았습니다.

　마침 일이 순조롭게 진행되었습니다. 구미에서 일세대 여성신학자
들이 물러나고 신진 여성신학자들이 새롭게 부상했듯이 한국 여성신
학계에도 최근 급격한 변화가 일어나고 있었던 것입니다. 신학 각 영
역에서 최근 학위를 마치고, 참신한 생각과 단단한 도전의식으로 뭉친
여성신학자들이 각 전공영역에서 대거 등장했습니다. 구약, 신약, 조
직, 역사, 윤리, 교육, 상담, 선교 등 각 영역의 신진 여성신학자들이
적극 집필의사를 표명해주어, 서구뿐 아니라 아시아, 아프리카, 남미
를 망라한 세계의 최근 여성신학자 동향을 소개하는 책을 준비할 수
있게 되었습니다.

　한국의 선배 여성신학자들께 마음의 빚을 조금 갚은 기분입니다.
어려운 환경 속에서도 한국의 선배 여성신학자들은 여성신학회를 한

국 기독교학회의 정식 분과학회로 자리 잡게 하셨고, 한국의 독특한 역사경험을 반영하는 여성신학연구에 열정을 바치셨습니다. 그런가 하면 당대 유수한 서구여성신학자들에 대한 글을 적극 번역하고 소개하여 한국의 후학들이 세계 여성신학의 흐름 속에 한국 여성신학자로서의 정체성에 대해 고민할 수 있도록 해주셨습니다. 잠시 주춤했던 세계 여성신학자 소개를 통해 다시 한국의 석박사 과정의 학생들도 손쉽게 세계여성신학연구에 동참할 기회를 제공해준 것 같아 감사할 따름입니다.

그 외 책을 출판하며 감사드릴 분이 많습니다. 집필을 맡아주신 여성신학자들께 감사드립니다. 덕분에 신학의 거의 모든 분야를 망라해 여성신학 최근 연구 동향을 책에서 다룰 수 있었습니다. 또 이인경 총무님, 유연희 편집위원장님과 김수연 편집서기님을 비롯 허리 역할을 맡아주신 모든 여성신학회 임원 및 편집위원이신 이은선, 김판임, 최우혁, 김정숙, 이숙진, 조은하, 백소영, 이윤경, 조지윤, 권진숙, 김혜령 선생님께 감사드립니다. 진지하면서도 재밌고 발랄한 임원 및 편집위원들 덕분에 즐겁고 신나게 출판을 준비할 수 있었습니다. 마지막으로 신도교회 김종용 원로목사님, 소망교회 김지철 목사님과 안순옥 사모님, 과천교회 주현신 목사님, 그뿐 아니라 무명으로 후원해주신 목사님, 집사님께 진심으로 감사드립니다. 신학적 성향과 관계없이, 남녀불문하고, 서울과 지방의 많은 분들이 책 출판을 위해 기꺼이 후원해주셨습니다. 여성신학회 안에서 자신의 경계를 넘어 모두가 함께 손잡고 춤추는 새 시대가 밝아온 것 같습니다. 다시 한번 감사드립니다.

2014년 5월
한국여성신학회장 정희성

세계 여성신학의 다양한 목소리를 들으며

서구의 여성신학이 본격적으로 한국에 들어오기 시작한 것이 1980
년대 초반이다. 여성은 신학의 모든 분야를 여성의 시각으로 성찰하고
새롭게 틀을 짜는 일을 해왔다. 한국여성신학회는 창설 이래 꾸준히
여성신학을 연구하고 가르치고 다지고 전하는 일을 해왔다. 그 사이
여성으로서 신학을 전공하는 학자도 많이 생겨났고 여성신학회가 더
단단해졌다. 여성신학회는 서구에서 전개되는 여성신학의 논의를 한
국에 소개해왔고, 한국 상황에서의 여성신학을 다루는 작업이나 시대
가 요하는 주제와 대화하는 작업 등을 책으로 발간했다.

지난 30년 사이에 세계화가 급속히 확산되었고 신학의 판도도 그만
큼 다양해졌다. 글로벌 시대는 여러 이해 당사자들의 목소리가 존중되
고 어우러져 있는 것이 특징이다. 초기 여성신학이 서구와 북미 중심
이었다면, 지금은 남반구와 아시아 등 세계 전역에서 새로운 여성신학
의 목소리가 크게 울려 퍼지고 있다. 오히려 서구와 북미 학자들이 나
머지 세계에서 나오는 목소리에 귀를 기울이고 싶어 하는 현실이다.
한국의 연구자들이나 학생들 또한 서구와 북미만이 아니라 아프리카,
남미 등지에서 어떤 논의가 있는지 알고자 한다.

동시에 서구와 북미에서도 여성신학의 연구는 세대교체를 하면서
계속 새로운 연구가 나오고 있다. 이전 세대 학자들이 정치적 필요성

을 가지고 운동과 실천으로서의 여성신학을 했다면 다음 세대 학자들은 세련된 이론에 기반한 여성신학을 전개하는 경향이 있다. 한국여성신학회는 한국의 독자에게 서구에서 계속 나오는 연구 결과를 꾸준히 소개해줄 필요가 있다.

그래서 본 책은 최근 전 세계에서 진행되는 여성신학 연구를 소개하려는 목적으로 집필되었다. 성서, 조직신학, 여성신학, 윤리학, 실천신학 등 여러 분야에서의 최근 연구를 소개한다. 서구의 여성신학 연구만이 아니라 남미, 아프리카, 아시아의 여성신학 연구도 다룬다. 각 글의 방향은 인물 중심으로 한두 명의 학자를 소개하며 그 학자의 신학과 방법론 등의 연구 결과를 다루는 방식을 취하였다.

이 책은 먼저 아시아, 아프리카, 남미의 목소리를 들려준다. 하희정 박사의 "곽퓨이란의 아시아 근대여성해방담론 다시 읽기"는 홍콩 출신 재미 신학자 곽퓨이란의 신학을 소개한다. 이 글은 근대가 만들어낸 식민담론에 대한 비판적 통찰은 기독교 역사학자나 신학자들에게도 익숙하다고 말하며 시작한다. 곧 객관적 진리로 믿어왔던 방대한 저술들과 정보들이 식민시대 거대권력의 끝없는 욕망을 반영하거나 그 위에 세워진 지적 생산물이었음이 밝혀지면서 기독교의 신학적 담론들도 재검토되고 있다. 아시아 여성신학자 곽퓨이란은 진리를 선점하고 지배담론을 장악하는 방식으로 정치권력을 만들어내는 '진리의 정치'가 기독교의 여성해방담론 형성에 어떻게 관여해왔는지 들추어낸다. 곽퓨이란은 아시아 여성들이 기독교를 여성해방의 종교로 고백하고 이를 진리로 받아들이도록 이끈 근대의 신화들을 하나씩 꺼내 들며 묻는다. 누가 이들을 만들어냈으며 진리로 유통시켜왔는가? 이 글은 식민시대 형성된 기독교의 근대담론이 지금도 우리가 진리로 믿고 있는 것들의 많은 부분을 규정하고 있다고 지적한다.

정미현 박사의 "아프리카와 남미의 여성신학"은 영국과 미국, 서부 유럽 중심으로만 진행되는 편중된 여성신학의 논의와 편협한 교류에서 벗어나서, 그 시야와 지평을 확대하여, 지구 남반구의 여성신학과의 연대를 촉구한다. 그 구체적 범위는 지역적으로 남미와 아프리카의 여성신학의 동향을 소개하는 일이다. 또한 이 글은 북미에서 소수자로 살아가는 지구 남반구 태생의 신학자들이 추구하는 여성신학, 지구 남반구 자체에서 지역성과 각각의 사회적 이슈를 중심으로 전개되는 여성신학을 소개하며, 한국 여성신학의 과제와 지역적, 공간적 거리를 서서 서로간의 협력을 모색하도록 구성한다.

김혜령 박사는 남미의 여성신학을 이본 게바라를 통해 소개한다. "이본 게바라의 남미 여성해방신학과 생태여성신학"은 남미 여성신학의 대표 주자인 브라질 여성해방·여성생태신학자의 이본 게바라의 신학의 여정을 살펴보면서 한국 신학계에 거의 알려진 바 없는 남미 여성신학의 주요 문제들을 소개한다. 게바라는 빈곤과 소외, 과도한 노동과 착취, 자연의 파괴로 인한 생존기반의 파괴 등 현대사회가 발생시킨 다양한 문제들을 중층적으로 안고 있는 남미의 도시빈민여성들의 고통스러운 삶에서부터 신학적 성찰의 출발점을 삼는다. 게바라는 이들의 고통이 성적, 계급적, 지역적 차별에서 기원하는 것으로 보는 기존의 여성해방신학적 관점에서 한 걸음 더 나아가, 보다 근본적으로 지구의 생태공동체를 파괴하는 인간중심·남성중심의 근현대문명의 산물임을 비판한다. 동시에 고통 받는 모든 생명들을 위한 신학의 새 판 짜기를 시도하며 남미 관점의 생태신학의 창조성을 펼친다.

김성희 박사의 "아프리카 신학자 무사 두베의 포스트콜로니얼 페미니스트 성서읽기"는 '포스트콜로니얼 페미니스트 성서해석'의 선두 주자인 무사 두베의 성서해석방법을 소개하며 이것이 한국에서 어떻게 적용될 수 있는지의 가능성을 가늠한다. 두베가 주장하는 포스트콜로니얼 페미니스트 성서읽기는 성서 본문의 모든 제국주의적인 성향과 그 가능성들을 낱낱이 드러내고, 본문의 내용들을 비식민지화하며, 상호의존을 위한 해방적 성서읽기를 창조해낸다. 이를 위한 구체적인 방안으로 두베는 문화 간의 성서읽기, 서구중심의 성서해석전통을 해방하여 일반인들과 함께 읽기, 성서독자들의 상황, 문화, 전통, 종교들을 고려하고 상호공존을 위해 읽기, 국제관계의 사회부정의를 드러내고 정의와 평화를 세우기 위한 HIV/AIDS 읽기의 방법들을 제안한다. 이것은 여성해방의 문제가 고립된 이슈가 아니라 지구의 모든 다른 억압의 문제들과 서로 얽혀 있음을 인식하고, 진정한 여성해방이 온 인류의 해방을 위한 탈출구가 될 수 있음을 보여주고 있다.

박지은 박사의 "레니타 윔스의 우머니스트 성서읽기"는 흑인여성노예의 후손이자 미국에서 흑인여성으로는 최초로 구약성서로 박사학위를 받은 학자요 목사인 레니타 윔스(1954~)의 우머니스트 성서해석을 소개한다. 우머니스트 성서읽기는 북미 흑인여성들의 차별과 억압의 경험으로부터 읽는 성서읽기이다. 윔스는 성서가 백인들에 의해 흑인들을 억압하는 도구로 사용되었음에도 불구하고, 백인들로부터 성서를 들으며 자신들의 생존과 해방에 필요한 이야기들을 취사선택하여 듣고 기억하고, 전수한 흑인들의 이야기로부터 시작한다. 흑인여성 억압의 경험으로부터 읽는 윔스의 우머니스트 성서읽기의 대표적인 예는 창세기의 하갈 이야기이다. 윔스는 오랫동안 주변부에 있던 하갈이 받은 착취 이야기를 통해 흑인여성들의 억압의 역사를 드러내고 인종문제와 더불어 계급, 민족 등 다양한 상황에서 발생하는 억압의 상황들을 극복할 수 있는 성서읽기를 지향한다.

임효명 박사의 "대나 놀런 퓨얼의 해체적인 성서읽기"는 최근의 성서 해석방법을 보여준 대나 놀런 퓨얼의 학문세계를 소개한다. 퓨얼은 전통적 이해에 매이지 않으면서 등장인물들의 말과 행동이 함축하는 바를 과감히 질문함으로써 기존의 일반 독자들이 갖고 있는 본문 이해의 틀을 깨뜨린다. 또한 성서 주석가들에 의해 외면당하고 소외되었고 차별 당하였던 이들에 대한 관심을 보이고, 성서본문의 지배적인 소리에 가려졌던 다양한 목소리들을 발굴해냄으로써 변혁을 추구한다.

이은주 박사의 "캐트린 태너의 구성신학 방법론"은 북미 여성신학 운동의 세대교체를 주도한 캐트린 태너를 소개한다. 태너는 근대에서 탈근대로 전환하는 신학 지형에서 문화 이론, 담론 이론, 학문 간 대화, 해석학이란 네 가지 도구를 통해 독창적 구성신학 방법론을 체계화하고 있다. 태너에게 여성신학은 여성주의 운동이란 문화 갈등으로부터 형성되는 것으로서 문화 상징 자료의 의미와 표현을 재해석하고 실천적으로 생산해내는 문화 활동으로 정의된다. 전통과 이론화를 도외시했던 이전 여성신학에 비판적인 태너는 가부장적으로 전유된 상징과 자료들을 여성해방을 위한 담론으로 재창조하는 작업은 여성신학의 영향력을 전술적으로 확장시킬 수 있는 길임을 제시한다.

최순양 박사의 "캐서린 켈러의 과정신학적 부정신학"은 북미 학자인 캐서린 켈러의 연구를 소개한다. 하나님에 대해서 우리 인간이 알수 없다는 것을 말하는 방법으로는 부정신학적 방법이 가장 잘 알려져있지만, 최근에는 탈구조주의와 포스트모더니즘, 그리고 여성신학 등의 신학적 지류에서도 신비이신 하나님, 인간의 언어만으로는 이해하기 어려운 하나님을 이야기한다. 이러한 흐름 속에서 캐서린 켈러는 그녀 특유의 여성신학적이고 과정신학적인 관점을 가지고서, 테홈이라고 하는 쉽게 알려지지 않는 하나님에게 우리를 초대한다. 테홈, 혹은 '깊음'으로서의 하나님은 인간을 전지전능하고 절대적으로 다스리는 하나님이 아니라, 인간의 삶의 과정 중에, 인간의 고통 속에, 늘 관여하는 하나님이다. 힘과 권위의 하나님이 아니라, 신비와 깊음을 간직하지만, 인간의 자유를 존중하는 그런 하나님을 캐서린 켈러는 여성신학적이고 과정신학적으로 우리에게 소개하고 있다.

조민아 박사의 "마거릿 팔리와 샌드라 슈나이더스의 가톨릭 여성신학"은 여성신학과 가톨릭교회의 갈등이 깊다고 지적하며 시작한다. 가부장주의적 성서 해석과 더불어, 교회의 전통에 부여되는 권위는 개신교 여성들보다도 가톨릭 여성들을 더 무겁게 짓누르는 성차별의 굴레이다. 이 글은 전통에 대한 새로운 이해를 제시하며, 학자이자 교육자, 또 수도자인 두 신학자, 마거릿 팔리(Margaret A. Marley)와 샌드라 슈나이더스(Sandra M. Schneiders)의 저서들을 통해 여성신학과 교회전통의 불편한 관계를 새로운 시각으로 조명한다. 팔리는 윤리학자로서 그리스도교 성윤리 연구를 통해, 슈나이더스는 성서와 영성을 연구하는 학자로서 여성주의 영성과 교회 개혁에 관한 저술을 통해 각기 여성주의와 전통의 만남을 시도하며, 전통을 폐기 대상이 아니라 교회를 개혁하기 위한 자원으로 활용할 것을 제안한다.

백소영 박사의 "베버리 해리슨과 레베카 토드 피터스의 여성주의 기독교 사회윤리학"은 이 두 학자로 이어지는 북미 여성주의 기독교 사회윤리학의 양대 흐름을 살펴본다. 사회구조적 차원에 주목하는 해리슨과 피터스의 윤리 담론이 근현대 그리고 후기근대의 사회상황과 연결하여 어떤 내용과 방식으로 전개되고 있는지를 다룬다. '여성주의 사회윤리학의 어머니'라고 일컬어지는 해리슨이 '도덕적 행위 주체로서의 여성' 인식, 기독교적 도덕 가치로서 중요성을 부각시킨 '관계적 상호애'의 혁명성을 강조했다면, 이를 학문적 · 실천적 유산으로 물려받은 피터슨은 '좋은' 세계화를 위한 글로벌 책임윤리에 주목하여 제1세계 여성신학자의 역할과 책임을 환기시키고 있다.

권진숙 박사의 "캐리 도어링의 여성주의 목회신학"은 캐리 도어링의 주요 저서 세 권을 분석한다. 도어링의 여성신학의 신학적인 주제는 트라우마, 관계와 힘의 역동 그리고 영성이다. 그녀의 첫 번째 저서인 *Internal Traumatization*에서 그녀는 아동기 트라우마를 경험한 여성들을 인터뷰하여 그들이 내재하고 있는 하나님의 이미지를 분석한다. 이를 통하여 아동기 트라우마 경험과 성인으로 성장한 이들의 하나님의 이미지가 어떤 상관관계가 있는지를 분석함으로써 트라우마와 하나님의 이미지와의 영향력을 조명한다. 두 번째 저서 *Taking Care: Monitoring Power Dynamics and Relational Boundaries in Pastoral Care and Counseling*을 통해서 관계적 역동, 힘의 역동을 통한 목회상담 주제로서의 공감의 중요성을 강조한다. 세 번째 저서 *The Practice of Pastoral Care: A Postmodern Approach*을 통해서 탈근대적 여성주의 목회신학의 특징으로서 이야기 목회신학, 상황적 목회신학, 간학문적 목회신학, 실용주의적 목회신학을 강조함으로써 탈근대적 목회적 돌봄과 상담의 방법론을 강조한다. 도어링의 세 저서의 특징을 요약, 분석한 후, 도어링의 여성주의 목회신학이 한국의 목회신학에 줄 수 있는 지혜와 비전에 대한 논의한다.

여성신학은 기독교와 교회의 삶에 매우 중요한 학문이고 시대의 흐름과 더불어 다양하고 새로운 학문 전개를 펼치고 있다. 모쪼록 이 책이 세계 여성신학자들의 목소리를 들으며 우리 자신을 돌아보고 자리 매김하고 개발하는 데 도움이 되기를 바란다.

2014년 5월
한국여성신학회 편집위원장 유연희

차 례

곽퓨이란의 아시아 근대 여성해방담론 다시 읽기

하희정

I. 들어가는 말

흩어져 있는 사람들의 마음을 단숨에 휘어잡으며 짧게는 한순간을 길게는 한 시대를 지배하는 언어들이 있다. 어떤 이들은 이를 시대정신이라 부르고, 또 다른 이들은 이데올로기라고 부른다. 어떤 이름으로 불리든 그 짧은 단어는 공중으로 흩어지고 마는 단순한 말이 아니라, 시간과 공간을 초월하여 사람들의 삶을 한 방향으로 모아내고 움직여가는 엄청난 힘이 된다.

'해방'은 한국사회를 변화로 이끌어낸 가장 강력한 단어 중 하나다. 특히 여성에게 있어 이 두 글자는 이전엔 전혀 상상조차 할 수 없었던 변화들을 꿈꾸게 해주었다. 개화기에는 전통이라 불리던 오랜 이름의 야만과 무지 그리고 고립으로부터, 일제강점기에는 식민지 억압으로부터, 해방 후에는 군사개발독재와 성차별로부터 벗어나는 꿈. 그러나 어느새 '해방'을 노래했던 시간들은 추억으로나 떠올리는 지나간 과거가 되어가고 있다. 2014년, 한국사회는 앞만 보고 내달릴 것을 끝없이 채근하는 자본의 무한질주 경쟁시대를 대면하고 있다. 여성들은 더 이상 해방을 노래하지 않는다. 앞을 향해 진군하는 가슴 벅찬 거대한 '해방'의 물결이 아니라, 둘러 앉아 마음을 나눌 수 있는 가슴 따뜻한 작은 '행복'을 꿈꾼다. 이제 '해방'이라는 단어는 여성들에게 작은 위로조차 건네지 못하는 과거의 유물이 된 것일까?

'해방'이라는 단어를 여전히 놓지 못하고 있는 여성들도 있다. 기독교가 조선 땅에 처음 전해지던 날, 서구 선교사들이 조선여성들에게 보여준 놀라운 변화들을 오래도록 기억하고 추억하려는 기독교 여성들이다. 가정에 갇힌 채 세상과 고립되어 살아가는 '고요한 아침의 나라' 조선의 여성들에게 글자를 가르치고 질병을 치료하여 세상과 소통하도록 밖으로 통하는 문이 되어준 것은 다름 아닌 기독교였다고 자랑스러워한다. 이들은 '순종' 이외의 단어를 알지 못했던 한국여성들에게 '해방'이라는 단어를 처음 가르쳐준 것도 기독교 선교사들이었다고 믿는다. 선교사들이 특히 심혈을 기울였던 여성교육은 일제의 침략으로 조선정부가 변화의 추진력을 잃고 표류하는 과정에서도 방향을 잃지 않도록 여성리더십의 중요한 근간이 되어주었다. 선교사들의 헌신적인 활동과 이들이 일궈낸 변화는 초기 한국 여성개종자들이 한목소리로 '조선여자들의 해방은 그리스도교로부터 시작되었다'고 고백할 만큼 충분히 감동적인 것이었다. 초기의 감동들은 한국기독교를 세워가는 데 밑거름이 되었고, 1980년대 여성신학을 거치며 한국여성들의 가장 확실한 해방경험의 원형으로 자리 잡았다. 그리고 오늘에 이르러서는 교회여성들에게 되찾고 싶은 역사의 자부심으로 칭송받고 있다.

아시아여성신학자 곽퓨이란(Kwok Pui-lan)은 '해방'이라는 빛바랜 언어를 다시금 우리 앞에 꺼내놓는다. 대신에 감동으로 다가온 사건이 아닌 그 언어가 만들어낸 인식론적 프레임에 관심을 갖는다. 탈식민주의(Post-colonialism) 비평이 바로 그것이다. 사건 자체는 그 순간이 지나면 과거가 되지만, 그것에 붙여진 이름은 오래도록 남아 언제든 불려질 때마다 그 사건의 관계구조를 생생한 현재로 되살려내는 마력이 있다. 노예제도는 공식적으로 인류 역사에서 사라졌지만 이때 만들어진 인식론적 프레임은 지금도 남아 다양한 얼굴로 삶의 관계구조를 지배하고 있다. 제2차 세계대전을 계기로 세계열강들 대부분이 그들의 식민지로부터 물러났지만, 식민시대의 권력이 만들어낸 언어들은 여전히 막강한 영향력을 행사하고 있다. 식민지가 되었던 대부분의 나라들은 해방을 맞은 이후에도 식민역사가 만들어낸 인식론적 프레임에 갇혀 아직도 그 굴레에서 벗어나지 못하고 있다.

이 글에서는 곽퓨이란의 최근 연구들을 통해 식민시대 기독교가 아시아에 남겨놓은 해방신화의 인식론적 프레임을 들여다보려 한다. 아시아인의 뇌리에 강하게 각인되어 있는 여성해방의 신화들은 지금도 우리가 진리라고 믿는 것들의 많은 부분을 규정하고 우리의 선택을 적지 않게 지배하고 있다.

II. 탈식민주의 비평담론

1. 곽퓨이란과 그의 작품들

곽퓨이란이 나고 자란 홍콩은 지난 1997년에야 비로소 중국에 귀속되는 절차를 밟기 시작했다. 근대가 붙여준 영국통치령이라는 오래된 이름표를 떼어내는 데 무려 한 세기나 걸린 셈이다. 근대사회로 접어드는 가장 중요한 변곡점에서 영국의 통치를 받았던 탓에 홍콩은 중국 본토와는 전혀 다른 방식의 근대화 과정을 거쳤다. 그 결과 본래 서양의 한 부분이었던 듯 서구적 시스템이 잘 갖추어진 아시아의 대표적인 메트로폴리탄으로 자리 잡게 되었다. 평범하지 않은 식민역사를 안고 있는 홍콩이 곽퓨이란의 사상적 모태가 되었음은 물론이다.

"1970대 초반 나는 홍콩에서 영어 외에 중국어를 공식 언어로 인정해줄 것을 요구하며 학생운동에 참여하게 되었다. 이 시기 동안 여러 사회이론들을 알게 되었고 중국의 사회주의와 홍콩의 자본주의 체제하에서 여성의 지위가 어떻게 다른지 비교분석을 하기 시작했다."[1]

무엇보다 곽퓨이란은 아시아의 기독교 역사를 여성의 관점에서 새롭게 읽어나가며 아시아 여성을 선교의 대상이 아닌 역사의 주체로 세우는 데 관심을 가졌다. 물론 아시아신학의 등장이 말해주듯이 이전에도 아시아 토착기독교인들을 대상이 아닌 주체로 기술하려는 시도들이 있었다. 하지만 선교적 관점으로 이해하려고 했다는 점에서 전통적인 인식의 틀을 크게 벗어나지 못했다. 곽퓨이란은 이러한 한계를 잘 파악하고 있었다. 중국여성들과 기독교의 만남을 다룬 그의 첫 작품 『중국여성과 기독교, 1860-1927』(*Chinese Women and Christianity*, 1860-1927)는 이를 극복하고자 하는 동기에서 탄생되었다.[2]

---

1) Kwok Pui-lan, *Introducing Asian Feminist Theology* (Cleveland: The Pilgrim Press, 2000), 27.
2) 그의 박사학위 논문을 단행본으로 발간한 것이다.

"중국여성들과 기독교의 관계는 선교사들뿐만 아니라 역사가들을 통해서도 연구되어왔던 주제이다. 그러나 두 그룹은 서로 다른 동기로 접근했음에도 불구하고 중국여성들과 기독교의 상호관계를 서구 선교사들의 관점에서 치우쳐 바라봄으로써 기독교에 대한 긍정적인 평가만을 내려왔다."[3]

이 책은 중국에서 기독교 선교사들이 공식적으로 활동할 수 있었던 1860년부터 반기독교운동의 확산으로 선교사 시대가 마감되었던 1927년까지 다룬다. 1860년은 중국근대사에 있어 매우 상징적인 의미를 지니는 시기이다. "이 세대가 가기 전, 온 세상에 복음을(Evangelizing the World in this Generation)"이라는 야심찬 슬로건을 내걸고 '낯선' 중국 땅을 찾아온 선교사들에게는 선교의 문이 열린 승리의 상징이었지만, 아편전쟁의 패배로 홍콩을 영국에 내주어야 했던 중국인들에게는 굴욕과 패배의 역사였다. 어디 그뿐인가. 서구열강들과 이른바 '불평등조약'을 맺게 된 중국은 서구인들에게 반강제적으로 항구를 개방함은 물론 기독교 선교사들에게 포교활동을 허용해야 했다. 한마디로 중국에서 기독교의 시작은 굴욕적인 역사의 산물이었던 것이다. 식민역사의 한 부분으로 세워진 성공회를 통해 곽퓨이란도 기독교를 만나게 되었다.

다음 작업으로 곽퓨이란은 기독교 선교를 통해 아시아 여성들에게 이식된 서구의 식민주의적 근대담론과 아시아의 정체성을 규정해온 서구 기독교의 인식론적인 틀을 본격적으로 해부하기 시작했다. 그의

---

3) Kwok Pui-lan, *Chinese Women and Christianity, 1860-1927* (Atlanta: Scholars Press, 1992), 2.

첫 번째 질문은 '성서'에 던져졌다. 성서의 세계관을 공유하지 않고 있는 아시아에서 성서를 어떻게 읽을 것인가? 이에 대한 답으로 1995년 곽퓨이란은 *Discovering the Bible in the Non-Biblical World*를 세상에 내놓았다. 이 책에서 그는 서구적 코드가 새겨져 있는 오래된 안경을 벗고 다양한 종교와 문화의 공존 속에서 살아가고 있는 아시아 여성의 눈으로 성서를 새롭게 읽어내야 한다는 아시아 여성들의 해방선언을 차분하게 풀어냈다.

기독교인들에게 성서가 얼마나 중요한 가치를 지니는지는 두말할 필요가 없다. 기독교가 태어나던 때부터 글로벌 종교 중 하나로 성장한 오늘에 이르기까지 성서의 가치와 그 중요성에 대하여 동의하지 않는 사람은 거의 없다. 곽퓨이란 또한 기독교 전통 안에서 성장한 아시아 여성으로서 성서의 가치를 누구보다 중시한다. 그러나 성서만을 유일한 경전으로 인정하는 서구전통은 더 이상 아시아 여성들에게 "해방의 복음"으로 받아들여질 수 없다고 진단한다. 19세기부터 본격적으로 이식되어 지금까지 영향을 미치고 있는 전통적인 성서해석은 오랫동안 서구적 코드에 갇혀 세상을 한 방향으로만 바라보게 만들었다는 것이 그의 진단이다.[4]

흥미로운 것은 '근대'라는 이름을 먼저 장악한 서구문명이 식민지배에 대한 토착인들의 저항을 잠재우고 이를 정당화하기 위한 가장 효과적인 무기로 다름 아닌 '해방'이라는 언어를 꺼내 들었다는 점이다. 야만으로부터의 해방! 무지로부터의 해방! 가난으로부터의 해방! 죄로부터의 해방! 근대로 접어드는 문 앞에서 비서구세계를 통째로 삼켜버

---

4) Kwok Pui-lan, *Discovering the Bible in the Non-Biblical World* (New York: Orbis Books, 1995), 11-12.

린 언어들이다. 곽퓨이란은 이러한 언어들이 갖는 함정과 이데올로기의 역기능을 세밀하게 파헤치며 탈식민주의 관점에서 여성신학을 새롭게 읽어내는 데 열중했다. 2005년 출간한『탈식민주의 상상력과 여성신학』(*Postcolonial Imagination and Feminist Theology*)은 그의 학문적 고뇌를 잘 보여준다. 이 작품은 중국이나 아시아적 정체성을 강하게 드러냈던 초기의 작품들과는 방향을 조금 달리한다. 공간적, 지리적, 인종적 경계가 희미해져 가는 시대의 변화를 담아내며 탈식민주의 담론에서 가장 중요한 이슈로 논의되고 있는 지식과 권력의 관계에 주로 초점을 맞추었다.

곽퓨이란에게 식민시대의 역사는 이미 끝나버린 과거가 아니라 여전히 진행 중인 현재다. 그의 동료인 홍콩학자 리쵸우(Rey Chow) 또한 현 시대를 탈식민주의(Post-colonialism)로 이름 붙이면서 "Post"를 "이미 끝났다"는 의미가 아닌 "통과하고 있는(having gone through)" 또 다른 과정의 현재진행형으로 규정한 바 있다.[5] 기술적인 측면에서 볼 때 특정한 형태를 띤 식민시대는 지나간 과거가 되었지만, 뒤에 남겨진 파괴적 상황은 아직 끝나지 않은 역사다. 따라서 탈식민주의 비평은 지난 역사에 대한 학문적 평가가 아니라, 식민시대가 남겨놓은 파괴적 상황을 제대로 끝내기 위한 성찰의 현재적 의미를 갖는다.

식민시대에 대한 곽퓨이란의 통찰은 비단 독특한 식민역사를 지닌 홍콩에만 적용되는 것은 아니다. 식민지배를 받았던 나라들 대부분이 크게 다르지 않은 상황과 마주해 있다. 제2차 세계대전을 계기로 세계 열강들의 식민지 확보 전쟁은 종말을 고했지만, 이것으로 근대의 식민

---

5) Rey Chow, "Between Colonizers: Hong Kong's Postcolonial Self-Writing in the 1990s," *Diaspora 2* (1992), 152.

시대가 완전히 종식된 것은 아니었다. 군사력과 정치적인 힘을 앞세워 해외시장 확장을 꾀했던 과거의 식민구조가 무너지면서 이들에 의해 무자비하게 파헤쳐진 아프리카, 남아메리카, 아시아 등은 해방된 듯 보였다. 하지만 '식민정부'가 떠난 자리에는 '식민자본'이 들어섰고 경제적 착취는 더욱 교묘해져 이른바 '제3세계'라는 새로운 이름의 눈에 보이지 않는 신식민지 존(zone)이 형성되었다. 서구 자본에 무분별하게 파헤쳐진 가난한 '제3세계'는 여전히 자유시장경제의 손쉬운 먹잇감이다. 서구와 제3세계의 종속관계는 식민정부에서 식민자본으로 형태만 달리했을 뿐, 사라진 것이 아니라 오히려 더욱 세밀하고 견고한 방식으로 지속되고 있다. 이러한 영구적 종속을 용의주도하게 돕고 있는 것이 지식의 모습으로 다가선 보이지 않는 지배담론의 권력이다. 영국 식민지였던 팔레스타인에서 나고 자란 에드워드 사이드(Edward W. Said)가 '오리엔탈리즘' 연구에 이끌렸듯이, 오랫동안 영국식민지로 남아 있던 홍콩에서의 성장경험이 곽퓨이란을 탈식민주의 비평담론의 장으로 자연스럽게 이끌었다.

2. 곽퓨이란과 탈식민주의 비평담론의 만남

근대담론과 식민지배 권력의 유착관계는 1978년에 발행된 『오리엔탈리즘』(*Orientalism*, 1978)을 통해 본격적으로 파헤쳐지기 시작했다. 학계에 큰 변화를 가져왔던 만큼 곽퓨이란에게도 큰 영향을 준 작품이다. 저자인 에드워드 사이드는 서구문명이 축적해온 근대지식의 산물인 '동양학'에 날카로운 메스를 들이댔다. 그의 손에 쥐어진 문헌비평이라는 메스는 그동안 서구세계가 만들어 유통시켜왔던 '동양'이 실체 없는 지식으로 만들어진 허구였음을 사정없이 드러냈다. 그리고

그 자리에 '오리엔탈리즘'이라는 새로운 개념을 세웠다.6) 동양에 대한
서구세계의 지적인 상상력이 만들어낸 오리엔탈리즘은 살아 있는 지
식으로 유통되며 동양에 대한 이국적 동경심과 정복주의적 호기심을
동시에 불러일으켰고, 서구인들의 지배야욕을 부추기는 힘으로 실천
되었다. 사이드의 작품은 19-20세기 팔레스타인을 중심으로 한 근동
에 초점이 맞추어진 연구다. 하지만 오리엔탈리즘에 대한 고찰은 인류
역사가 자랑해온 근대의 학문적 성과 전체에 대하여 근본적인 질문을
갖게 만들었다. 이후 학계의 흐름은 크게 바뀌었다. 객관적이고 가치
중립적 진리로 믿어 의심치 않았던 방대한 저술들과 수많은 정보들이
식민시대 거대권력의 욕구를 철저히 반영해온 지적 생산물이었다는
분석이 나오자, 학자들은 근대학문이라는 이름하에 다양한 분야로 분
화되어 발전해온 서구의 담론들을 집중적으로 재검토하기 시작했다.
이렇게 등장한 것이 'Postcolonialism', 즉 탈식민주의 비평이다. 곽
퓨이란은 사이드를 탈식민주의 비평담론의 물꼬를 튼 인물로 평가한
다.7)

　　'Postcolonialism'이라는 단어를 사용하는 것이 적합한 것인가에
대해서는 여전히 여러 의견이 존재한다. 'Post'라는 개념을 어떤 의미
로 이해할 것인지 대하여 다양한 해석이 있을 수 있기 때문이다. 사이
드는 '신식민주의'(Neo-colonialism)로 대치되었을 뿐 식민주의(Colo-
nialism)는 아직 끝나지 않았기에 '이후'(After)의 의미로 읽힐 수 있는
'Post'의 개념을 사용하는 것에 대하여 시기상조라는 입장이다.8) 곽퓨

---

6) Edward Said, *Orientalism* (New York: Vintage Books, 1979), 1-2.

7) Kwok Pui-lan, *Postcolonial Imagination and Feminist Theology* (Louisville: Westminster
　　John Knox Press, 2005), 1-2.

8) Edward Said, "In Conversion with Neeladrei Bhattacharya, Suvir Kaul, and

이란의 경우는 앞에서도 잠깐 언급한 'Post' 시대를 식민주의 '이후'가 아닌 '아직 끝나지 않은' 식민주의의 또 다른 단계로 정의한 리쵸우의 주장에 힘을 실어준다. 하지만 이러한 해석의 차이에도 불구하고 식민 역사가 아직 끝나지 않았다는 주장에는 모두가 동의한다. 따라서 학자들은 탈식민주의 비평 개념을 식민주의 시대가 만들어놓은 인식론적 틀에 감추어진 서구중심의 논리, 정형화된 문화적 코드와 이미지들에 의문을 제기하는 일체의 독서전략과 담론까지 포괄하는 의미로 이해한다.

탈식민주의 비평담론을 이해하는 데 있어 분명히 해야 할 부분도 있다. 곽퓨이란은 식민주의와 탈식민주의로 표현되는 시대의 변화를 일시적이고 정치적인 권력이동의 차원에서 담론비평의 차원으로 옮겨가는 단선적인 것으로 이해해서는 안 된다는 점을 지적한다.9) 식민화 과정(Colonization process)은 문화적·담론적 측면뿐만 아니라 사회적·정치적 차원도 동시에 지속되고 있기 때문이다. 그러므로 탈식민화는 일시적으로 이루어지는 정치적인 차원과 지속성을 띠고 진행되는 담론비평적인 차원이 생산적인 긴장들을 만들어내며 함께 가야 한다는 것이다. 곽퓨이란이 다양한 얼굴을 가진 식민주의 신드롬으로부터 벗어나는 과정, 결정, 열망 등을 모두 일컫는 말로 '탈식민주의적 상상력'(Postcolonial imagination)이라는 개념을 제시한 것도 이 때문이다. 즉 탈식민화를 위해서는 스스로를 역사적 주체(historical subject)로 자각하는 역사적 상상력, 상호관계성 안에서 열려진 대화를 할

Ania Loomba," David Theo Goldber and Ato Quayson, eds., *Relocating Postcolonialism* (Oxford: Blackwell, 2002), 2.
9) Kwok, *Postcolonial Imagination and Feminist Theology*, 2.

수 있는 대화의 상상력, 다양한 가치와 정체성들이 공존하는 방식을 이해할 수 있는 디아스포라의 상상력이 필요하다.10) 따라서 그의 관심은 단순히 식민주의 담론을 분석하거나 지식에 대한 서구의 지배적 담론을 해체하는 것에 머무르지 않는다. 식민주의자와 피식민주의자들을 넘나드는 문화적 영역의 상호의존성, 식민주의자들이 사라진 이후 이들의 영향력을 지속시키는 식민주의적 지식체계들을 탐구하는 것으로까지 나아간다.

곽퓨이란은 사이드의 작품을 식민시대 동양에 대한 문화적 코드나 이미지들을 탈신화화하면서 서구적 권위들을 성찰하도록 공간을 열어준 책으로 평가한다. 사이드는 권력과 지식의 밀월관계에 주목하면서 식민통치의 재정적·제도적 지원 없이는 식민권력이 가능하지 않음을 증명해 보였다. 소위 학문적이고 객관적인 지식이 일단 생산되면, '토착인'들에 대한 정보를 제공하고 식민주의가 이 사람들에게 꼭 필요하고 도움이 될 것이라는 믿음을 심어주는 방식으로 식민정부를 돕는다는 것이다. 사이드는 지식이 다양한 형태의 권력에 영향을 주는 연결고리에도 관심을 가졌다. 서구의 헤게모니를 유지해온 일련의 신화, 마인드, 학문성, 제도적인 조직들을 다루는 식민주의 담론에 대한 연구로 시작하여 오리엔탈적 지식체계가 또 다른 학문 분야들, 국회, 미디어, 국방부, 외국인 봉사단체 등에 영향을 준다는 사실을 밝혀냈다.

이러한 식민담론에 대한 비판적 통찰이 기독교 신학자들과 학자들에게도 도전이 되었음은 물론이다.11) 곽퓨이란은 "Christian West"

---

10) 앞의 책, 29-51.

11) 탈식민주의 비평이론들은 1990년대 성서신학자들을 통해 먼저 기독교 학계에 소개되었다. 대표적인 학자로 페르난도 세고비아(Fernando Segovia)를 들 수 있다. 그의 대표적인 작품으로 *Decolonizing Biblical Studies: A View from the Margins* (Maryknoll:

가 "동양" 대한 부정적인 이미지들을 형성하고 서구중심적 사상을 전파하는 데 공헌해왔다는 지적에 공감한다. 특히 성서연구, 종교, 신학 등의 분야가 제국의 내러티브에 어떻게 공헌해왔는지, 자신이 존경해온 위대한 신학자들이 어떻게 식민주의적 정서와 멘탈리티에 영향을 주고 그것에 영향을 받았는지 새롭게 바라보게 되었음도 털어놓는다.[12] 사실 사이드가 주조한 '오리엔탈리즘'에는 '동양'의 큰 축을 구성해온 동아시아 부분은 빠져 있다. 그럼에도 불구하고 곽퓨이란이 사이드의 오리엔탈리즘에 크게 관심한 이유는 '동양'을 창조해온 서구의 인식론적 프레임이 공간의 다양성을 뛰어넘는 정형화된 이미지와 범주화된 패턴들의 형태를 띠고 있기 때문이다. 곽퓨이란은 미국의 진보 신학자들을 향해서도 날카로운 지성을 드러낸다. 이른바 페미니스트들, 자유주의자들, 인종적 소수자들이 젠더, 계급, 인종 같은 비판적 카테고리를 사용하는 것으로 두각을 드러냈다 할지라도, 심지어 이들조차도 자신들의 이론적 프레임에 갇혀 신학이 식민주의와 어떻게 결탁해왔는지 충분히 조명하지 않았다는 것이다.[13]

곽퓨이란은 진리를 선점하고 지배담론을 장악하는 방식으로 정치권력을 만들어내는 "진리의 정치"가 기독교의 여성해방담론 형성에 어떻게 작용해왔는지 드러낸다. 기독교가 여성해방을 위한 유일한 종교라고 믿게 만든 근대의 신화들을 하나씩 꺼내어 들여다보게 만든다. 기독교 여성해방담론 다시 읽기는 그 어떤 의문도 허용치 않으며 진리처럼 굳어져온 신화들을 감동의 언어가 아닌 "의심의 눈"으로 다시 바

Orbis Books, 2000)를 꼽을 수 있다.
12) Kwok, *Postcolonial Imagination and Feminist Theology*, 3-4.
13) 앞의 책, 7.

라보게 만든다. 누가 이러한 신화들을 만들어냈으며 진리로 유통시켜
왔는가?

III. 기독교의 근대담론과 '진리의 정치'

1. 아시아 선교와 '여성해방'의 신화

'세계복음화'를 꿈꾸었던 기독교가 선교에 실패한 대륙이 있다면 아
시아가 유일할 것이다. 곽퓨이란은 아시아를 성서의 세계관이 지배하
지 못한 대륙으로 소개한다. 기독교인이 대다수를 차지하거나 높은 비
율을 가진 라틴 아메리카나 아프리카와 달리, 아시아는 세계 인구의
60%가 살지만 기독교인은 3%에도 못 미친다.[14] 가톨릭이 대다수를
차지하는 필리핀이나 개신교가 강하게 자리 잡은 한국을 제외하고는
아시아 대부분의 나라에서 기독교인은 소수에 불과하다. 기독교 선교
사들의 오랜 소망과 노력에도 불구하고, 아시아는 기독교에 삼켜지지
않았고 지금도 다양한 종교들이 공존하고 있다. 오히려 타 종교를 좀
처럼 인정하지 못하는 기독교인들 특유의 배타성을 이해할 수 없다는
듯 곱지 않은 시선으로 바라보거나 탐탁지 않게 여기는 분위기가 역력
하다. 그럼에도 불구하고 여성운동적 차원에서는 이와 조금 다른 평가
가 내려져왔다. 오히려 전통사회의 억압으로부터 벗어나 근대적 자의
식을 갖게 해준 여성해방의 종교라는 이미지가 자연스럽게 자리 잡았
다. 정치적 문화적 차원에서는 무례한 불청객으로 배척 받았던 기독교
가 여성을 해방시킨 종교라는 강고한 이미지를 구축할 수 있었던 데에

---

14) Kwok, *Discovering the Bible in the Non-Biblical World*, 2.

는 여러 가지 요인이 작용했다.

우선 이를 뒷받침하는 가장 확실한 증거로 흔히 제시되는 것이 여성
교육이다.15) 서구 선교사들이 배움의 기회를 전혀 갖지 못했던 토착여
성들에게 처음으로 근대교육을 제공하고, 이것이 근대여성운동의 근
간이 되었다는 것이다. 실제로 인도, 중국, 한국, 일본 등 많은 나라들
이 근대사회로 진입하는 과정에서 서구 기독교의 영향을 많이 받았는
데 그 채널이 되어준 것이 교육이었다.16) 선교사들은 토착여성들에게
기독교를 전파할 목적으로 여학교를 세웠고 여성선교를 위한 가장 효
과적인 수단으로 교육을 선택했다. 비록 선교사들의 궁극적인 목적이
근대교육 자체보다는 기독교 개종에 있었지만, 이들의 적극적인 활동
에 힘입어 아시아 여성들은 근대교육의 가장 큰 수혜자가 될 수 있었다.

다음으로 아시아와 아시아 여성들에 관한 서구인들의 기록이나 문
헌들이 이를 뒷받침해왔다. 낯선 세계에 대한 동경과 지적 호기심으로
찾아온 여행가들이나 학자들뿐만 아니라 이교도를 구원하겠다는 종교
적 열망으로 먼 항해 길도 마다하지 않았던 선교사들도 적극 참여했다.
무엇보다 선교사들은 장기 체류하며 아시아 지역을 구석구석 자세히
관찰할 수 있는 이점이 있어, 구체적인 정보들을 다양하게 얻어낼 수
있었다. 이들이 발행한 선교보고서나 선교저널들은 아시아에 대한 서
구의 관심을 반영하며 베일에 감춰진 아시아의 언어와 역사, 문화, 관
습, 심지어 쉽게 접하기 어려운 여인들의 생활상에 대한 상세한 정보

---

15) 강선미, 『한국의 근대 초기 페미니즘 연구』(서울: 푸른사상, 2005), 33-36.
16) 한국의 경우, 여성 첫 선교사였던 메리 스크랜튼(Mary F. Scranton)이 내한한 다음
    해인 1886년 첫 여학교를 세워 여성교육을 시작했다. 이후 한국정부로부터 '이화학당'
    이라는 이름을 얻었으며 여성 근대교육의 요람으로 한국여성리더십 형성에 근간이
    되었다.

들까지 제공했다.17) 특히 동양여성들의 생활상은 여성운동의 작은 성과에 힘입어 보다 확장된 교육의 기회를 누리고 있었던 서구여성들에게 가장 큰 관심거리 중의 하나였다.

대부분의 선교저널들은 어느 지역을 막론하고 동양의 여성들은 오래된 "이교적 전통"과 "야만적 관습"에 매여 하루하루를 비참하게 살아가고 있다고 한목소리로 증언했다. 그리고 이를 실감나게 느낄 수 있도록 놀랄 만한 에피소드들과 그림들을 풍부하게 소개하는 친절함까지 더했다. 이러한 보고들은 당시 영미권을 휩쓸고 있었던 해외선교 열풍에 더욱 활력을 불어넣었으며, "이교도 자매들을 속히 구원해야 한다"는 서구여성들의 종교적 확신과 사명감을 더욱 불타오르게 만들었다. 그리고 나아가 베일에 가려진 아시아 여성들이 어떤 삶을 살아오고 있는지 생생히 증언해주는 가장 믿을 만한 직접적인 자료로 자주 인용되었다.

기독교로 개종한 초기의 아시아 토착여성들의 기록이나 고백들 또한 기독교가 해방의 종교였음을 증언하는 직접적인 자료들로 제시되었다.18) 이러한 측면은 아시아 나라들 중 기독교 수용에 가장 적극적이었던 한국에서 특히 강하게 나타난다. 한국의 초기 여성개종자들은 기독교에 대하여 "여성에게 처음으로 해방을 가져다준 구원의 종교"라고 한 목소리로 고백했다.

---

17) 대표적인 여성선교 저널로는 감리교의 *Heathen Woman's Friend / Woman's Missionary Friend* (1869-1940), *Woman's Missionary Advocate* (1888-1910), 장로교의 *Woman's Work for Woman / Women and Missions* (1905-1946) 등이 있다.

18) 선교사 부인으로 내한하여 여성선교에 힘썼던 노블(M. W. Noble)은 1927년 초기 여성개종자들의 자기고백적인 글들을 모은 『승리의 생활』을 발간했다.

"나의 이름은 그의 부인[노블 부인]이 지어준 것인데 오랫동안 이름 없이 살던 나는 주의 은혜를 힘입어 세례 받던 날로부터 여자 된 권리 중의 한 가지를 찾게 되었다. 이로 보면 조선여자의 해방은 우리 그리스도교로부터 시작되었다고 할 만하다."[19]

물론 기독교로 개종한 초기 여성들이 한국여성 전체의 목소리를 대변한다고 말할 수는 없다. 그럴 만큼 풍부한 기록을 남긴 것도 아니다. 유럽이나 미국과 마찬가지로 아시아에서도 기록을 남길 수 있었던 여성은 교육을 받을 수 있었던 소수에 제한되었다. 한국도 예외는 아니어서 근대교육을 먼저 접했던 초기 기독교 개종자들의 기록이 조금 남아 있을 뿐이다. 그것도 지극히 단편적이며 선교적 차원에서 쓰인 글들이 대부분이다. 그럼에도 불구하고, 이러한 기록들이 가치 있게 받아들여지는 이유는 소수의 여성들이 참여한 단편적인 기록일지라도 토착여성들이 스스로 낸 목소리가 담겨 있다고 믿기 때문이다. 아시아인들이 직접 기록한 자료들이 절대적으로 부족한 상황에서 아시아 여성들의 목소리가 담긴 자료들은 큰 의미가 있었다. 아시아와 아시아 여성에 관한 정보들은 서구인들의 손으로 기록되거나 서구인들의 목소리가 반영된 것들이 대부분이었다. 지금도 여전히 서구의 자료들에 크게 의존할 수밖에 없는 상황이다.

아시아 여러 나라들이 근대사회로 진입하는 과정에서 서구 선교사들의 노력과 성과에 적지 않은 빚을 진 것은 사실이다. 19세기 미국을 휩쓸었던 복음주의 열풍은 남성들뿐만 아니라 여성들에게도 영향을

---

19) 김세지, "나의 과거 생활," 『승리의 생활』(Seoul: The Christian Literature Society, 1927), 40.

미쳐 자국의 문화는 물론 비서구권 국가들의 종교적·문화적 지형까지 바꾸어 놓는 데 일조했다. 여성선교사들과 선교사 부인들은 "어둠 속에 신음하는 이교도 여성들을 해방"시켜야 한다는 종교적 사명과 열정으로 남성들과 나란히 "낯선 땅"을 향한 험난한 항로에 몸을 실었다. 그리고 오랫동안 버려져 있던 무지의 땅에 학교를 세워 선생이 되고, 병원을 세워 의사와 간호사가 되어 가르치고 치료했다. 무엇보다 개신교 선교가 시작된 후 아시아 여성들에게 일어난 변화는 그야말로 근대를 상징하는 아이콘이 되었다. 문제는 동양의 종교와 문화가 얼마나 억압적이고 야만적인 것인지 각인시키며 서구문명의 기초가 된 기독교만이 "자유와 해방을 가져다줄 수 있는 유일한 문명 종교"라고 설파한 복음주의 여성해방론의 인식론적 프레임이다. 곽퓨이란은 선교사들이 아시아에 이식한 복음주의 여성해방론을 "식민주의 페미니즘"(Colonial feminism)이라고 일갈한다.[20]

서구 기독교가 비서구세계에 선교사를 보내고, 교회와 학교 그리고 병원을 세워 글을 가르치고 병을 치료 하며 문맹과 질병에서 벗어나게 해준 것으로 그의 임무를 끝낸 것은 아니었다. 교육과 의료 활동을 통해 아시아인들의 생활방식은 더럽고 불결하며 지저분하고 미신적이기까지 하다는 부정적 인식을 깊이 심어주었다. 대신에 서구의 "청결"(Cleanness)과 "위생"(Hygiene) 개념들을 널리 선전하면서 이른바 아시아인을 대상으로 한 서구식 "문명화 미션"을 충실히 수행해냈다.[21] 식민시대 기독교화(Christianization)는 곧 서구화(Westernization)를

---

20) Kwok, *Postcolonial Imagination and Feminist Theology*, 49.
21) '청결'과 '위생'은 빅토리아 여성관을 신봉했던 서구의 중산층 개신교 여성들이 가정에서 주부가 힘써야 할 가장 중요한 가치로 여기며 실천하고자 했던 부분이었다.

의미하는 것이었다. 선교사들은 아시아 여성들에게 요구되던 복종, 사티(Sati), 전족, 축첩, 베일로 몸을 가리는 관습, 부모의 결정에 따르는 결혼의 풍습 등은 아시아의 문화적 열등성을 단적으로 드러내주는 상징이라고 가르쳤다. 서구여성들이 이상적 여성관으로 신봉해온 빅토리아 여성관이 문명의 보편적 기준이 되었음은 물론이다. 따라서 기독교의 여성선교는 유럽과 아메리카 중산층 여성들이 자신들의 젠더 이데올로기를 확장시킨 것에 지나지 않았다고 곽퓨이란은 말한다. 이에 앞서 탈식민주의 대표적 이론가인 인도학자 가야트리 스피박(Gayatri Chakravorty Spivak)도 19세기 후반부터 본격적으로 진행된 아시아 여성들을 위한 기독교 선교를 백인들의 "황인 남성으로부터 황인 여성 구하기"(Saving brown women from brown men)로 규정한 바 있다.22)

근대의식과 사상이 형성되는 과정에서 기독교 선교사들의 도움을 받았다 하여 이들의 신념이나 생각까지 그대로 인정해야 하는 것은 아닐 것이다. 아시아의 전통 속에 혼재되어 내려오던 불평등 구조와 성차별의 모순들을 자각시키며 해방의지를 심어주는 데는 성공했지만, 선교사들이 가르친 '여성해방'은 때로 아시아 여성들 스스로 자신들의 문화적 정체성을 부정하고 해체시키는 데 앞장서게 만드는 결과를 가져왔다. 그리고 동시에 '문명'이라는 이름 앞에서 스스로를 무장해제시킴으로써 서구중심적 근대사상과 식민지배 권력을 위한 이데올로기적 "진지구축"23)이 용이하도록 돕는 역할을 했다. 한마디로 서구 기독교

---

22) Gayatri Chakravorty Spivak, "Can the Subaltern Speak?" Cary Nelson and Lawrence Grossberg, eds., *Marxism and the Interpretation of Culture* (Urbana: University of Illinois Press, 1988), 296-297.
23) 파시즘에 대한 저항을 멈추지 않았던 이탈리아의 정치철학자이며 실천적인 지성인 안토니오 그람시(Antonio Gramsci)는 국가권력과 시민사회 간의 이데올로기를 두

가 아시아 여성들에게 약속했던 유교적 봉건주의와 가부장적 억압구
조로부터의 해방은 서구에 의한 아시아의 문화적 종속을 대가로 치러
야 하는 것이었다.

2. '문명'과 '야만'의 이분법이 만들어낸 신화

서구 선교사들이 아시아의 토착여성들을 기독교로 개종시키는 데
주로 의존한 이데올로기적 프레임은 '야만'과 '문명'을 가르는 근대의
이분법이었다.[24] 이는 18세기 유럽 지성인들의 세계관을 지배했던
계몽주의적 역사관에 뿌리를 둔 것이기도 하다.[25] 먼저 '근대'의 이름
으로 동양의 전통종교들에 '야만'이라는 딱지를 붙이고, 가정에서 자녀
양육을 통해 전통의 충실한 계승자 역할을 해오던 여성들을 전통으로
부터 분리시키는 작업을 시도했다. 아시아 여성들이 억압과 고통 속에
살아가는 이유는 여성을 존중하지 않는 '야만적' 전통들 때문이며, 이
러한 전통들은 아시아의 토착종교들로부터 비롯된 것이라고 가르쳤
다. 그리고는 새로운 시대로 나아가기 위해서 가장 먼저 수천 년을 지
켜온 과거 전통으로부터 돌아서야 한다고 설득했다. 토착종교들은 모
두 이교적인 것이므로 이교도로 살아왔던 과거의 삶을 벗어버리고 남

고 벌이는 헤게모니의 싸움을 전선이 형성되는 전쟁터의 진지전(War of Position)으
로 설명한다; Antonio Gramsci, "State and Civil Society," Quintin Hoare and
Geoffrey Nowell Smith, eds., *Selections from the Prison Notebooks* (New York: Inter-
national Publishers, 1971), 206-276 참조.

24) Kwok, *Postcolonial Imagination and Feminist Theology*, 70-76.
25) 최근 학자들은 서구 선교사들이 본국에서는 계몽주의 사상을 계승하는 진보적 근대사
상들을 복음주의 신앙에 위협이 되는 것으로 거부해왔지만, 해외선교지에서는 계몽
주의적 역사관과 계몽주의의 유산인 교육적 시스템을 효과적인 선교를 위해 잘 활용
했다는 점에 주목하고 있다; Brian Stanley, ed., *Christian Missions and the Enlighten-
ment* (Grand Rapids: William B. Eerdmans Publishing Company, 2001) 참조.

녀평등을 우선 가치로 여기는 '문명한' 종교인 기독교에 복종하는 것이야말로 진정한 해방이요 근대로 나아가는 지름길임을 진리라고 가르쳤다.

아시아의 전통종교와 서구기독교의 경계를 '야만'과 '문명'으로 가른 이분법적 공식은 구질서의 붕괴로 발생된 혼란 속에서 새 시대를 갈망하던 선교지의 토착여성들에게 상당히 주효했다.26) 선교사들은 동양의 전통종교에 낙인찍은 '야만'이라는 단어와 전통적으로 기독교인들의 혐오감을 불러일으켜온 '미신'과 '우상'이라는 단어를 하나로 연결시켰다. 동시에 이를 '문명'과 대립되는 '원시적인 것'으로 범주화하는 방식으로 전통종교로 되돌아갈 수 있는 퇴로를 차단시켰다. 지금도 대부분의 기독교 대중들은 이러한 공식을 의심할 여지없는 진리로 신봉하고 있다.

물론 아시아 여성들이 처음부터 이러한 논리를 쉽게 받아들였던 것은 아니다. 아시아의 종교전통들을 미신이나 우상숭배로 간주하며, 기독교 개종의 필수조건으로 토착인들에게 전통종교와의 단절을 요구한 것은 아시아인들에겐 용납하기 어려운 문제였다. 이는 서구제국주의의 위협을 받고 있었던 아시아에서 아시아의 정체성을 부정하는 것으로 이해되어, 개종한 토착기독교인들이 자신이 속한 공동체로부터 고립되는 결과를 초래하기도 했다. 뿐만 아니라 타 종교에 대한 서구기독교의 배타적 태도와 문화적 인식은 아시아의 토착전통들과 자주 충돌을 일으키며 때로는 종교적 갈등으로 표출되기도 했다. 가정에서 전

---

26) 한국의 초기 여성개종자들은 기독교로 개종하기 이전의 자신들의 과거를 돌아보며 이교적이고 야만적인 생활에 젖어 살았음을 공통적으로 고백한다. 『승리의 생활』 참조.

통의 충실한 계승자 역할을 해오던 여성들에게도 이 문제는 예외가 될 수 없었다. 토착여성들의 기독교 개종은 자신들의 전통 자체를 거부하는 것으로 이해되거나 정체성에 대한 의심으로 이어졌다. 이로 인해 남성들뿐만 아니라 토착전통을 고수하려는 같은 마을 여성들에게조차 전통과 질서를 파괴하는 행위로 자주 비난 받았다. 이는 '전통'과 '근대'의 기로에 서 있었던 아시아 여성들에게 피해갈 수 없는 딜레마였다.

아시아의 전통종교들은 여성을 차별하는 야만의 상징이요, 기독교는 여성해방을 약속한 문명종교라는 이분법적 공식을 살아 있는 지식으로 가장 효과적으로 유통시킨 것은 '교육'이라는 매력적인 근대 시스템이었다.[27] 앞에서 잠깐 언급했듯이, 선교사들이 여성교육을 우선적으로 실시한 목적은 단순히 근대사상의 보급이나 아시아의 가부장적 제도에 저항하기 위한 것이 아니었다. 이들의 궁극적인 목적은 토착여성들을 먼저 개종시켜 이들을 통해 기독교 가정을 세우게 하는 것이었다.[28] '이교도의 땅'인 아시아를 복음화하는 데, 자녀들의 양육을 책임지는 여성들에게 기독교야말로 '무지'와 '미신'으로부터 벗어나 '근대'로 나아갈 수 있는 '문명'한 종교라고 가르치는 것보다 더 효과적인 방법은 없었다. 토착여성들은 교회와 학교에서 선교사들이 제공하는 근대교육을 통해 억압적인 "옛 전통"의 오랜 사슬을 끊어버리고 근대라는 해방의 "새로운 시대"로 나아가야 한다는 가르침을 반복해서 배웠다.

---

27) Mary Keng Mun Chung, *Chinese Women in Christian Ministry: An Intercultural Study* (New York: Peter Lang, 2005), 91-97.

28) Patricia R. Hill, *The World Their Household: The American Woman's Foreign Mission Movement and Cultural Transformation, 1870-1920* (Ann Arbor: The University of Michigan Press, 1985) 참조.

3. 성서에 얹혀진 절대가치의 신화: '경전 위의 경전'

선교사들이 가장 효과적인 선교의 수단으로 내세웠던 서구식 근대
문물과 근대교육의 소개는 아시아 국가들이 당면과제로 직면한 근대
문명국가 건설에 매우 유용한 것이었다. 이를 가장 잘 활용한 국가는
일본이다. 도쿠가와 시대를 마감하고 일찍이 근대국가 건설을 표방하
고 나선 메이지 정부는 서구의 근대문물을 적극 수용하여 법과 제도를
개혁하는 한편, 남성뿐 아니라 여성에게도 근대교육을 제공했던 기독
교 학교들을 적절히 활용해 근대교육을 통한 '새로운 일본'(New Japan)
세우기를 꾀하였다. 짧은 시간 안에 근대화에 성공한 일본의 놀라운
성장은 청일전쟁과 러일전쟁 등 한반도에서 일어난 두 차례의 전쟁을
통해 입증되었고, 주변국들에게 강력한 성공 모델로 각인되는 효과까
지 거두었다. 그러나 이러한 실질적인 공헌에도 불구하고, 필리핀과
한국 등을 제외한 대부분의 아시아 국가들은, 심지어 일본까지도 기독
교를 쉽게 수용하려 들지 않았다.

곽퓨이란은 아시아를 식민화하려는 서구열강들의 정치적 후원과
외교적 승리에 힘입어 기독교 선교가 이루어진 점, 이미 유교 · 불교
· 힌두교 등 고대역사로 거슬러 올라가는 종교적 전통들이 아시아에서
강력한 힘을 발휘하고 있었다는 점 등 여러 요인들을 그 원인으로 들고
있다. 하지만 그가 가장 주목한 것은 기독교의 경전인 성서를 유일한
규범으로 내세워 다른 문화들을 일방적으로 폄하해온 기독교인들의
배타성이다.[29] '오직 하나의 종교', '오직 하나의 진리', '오직 하나의
성서'만을 절대가치로 고집해온 기독교인들의 신앙체계는 다양한 종
교적 전통들이 공존하는 지혜를 가꾸어온 아시아 문화권에서 쉽게 용

---

29) Kwok, *Discovering the Bible in the Non-Biblical World*, 2.

납되기 어려운 부분이었다. 곽퓨이란이 아시아의 관점에서 성서읽기를 제안하고 나선 것도 바로 이 때문이다. 성서는 해방의 복음이 될 수도 있지만, 누가 그 진리를 해석하느냐에 따라 지배의 수단으로 사용될 수도 있다. 남성중심적 세계관에 서구중심적인 해석까지 얹혀진 성서가 누구나 복종해야 할 보편적 진리로 가르쳐진다면 그것이야말로 아시아 여성들에게는 해방의 "기쁜 소식"이 아닌 "나쁜 소식"이 된다.

곽퓨이란은 "기록된 텍스트"(written text) 해석에 신학적 담론을 집중해온 서구의 성서적 접근법에 근본적인 질문들을 제기한다. 누가 진리를 소유하는가? 누가 진리를 해석하는가? 그 진리는 무엇으로 구성되는가? 성서에 대한 해석은 단순히 기독교 공동체 안에서 이루어지는 종교적 이슈로 치부할 문제가 아니라는 것이 곽퓨이란의 주장이다.[30] 성서가 형성되는 과정에서, 정경화의 과정에서, 다른 언어로 옮겨지는 과정에서 보이지 않는 지식권력이 작용하여 성서에 대한 해석은 그 공동체 밖의 다른 이들에게도 중요한 정치적 의미로 작용할 수 있다는 것을 놓치지 않는다.

이제 더 이상 단일한 규범은 없다. 곽퓨이란은 성서를 신성화, 정경, 규범의 개념으로 묶어두었던 낡은 틀로부터 해방해야 한다고 주장한다. 텍스트와 정경의 신성성이 진리를 보장하지 않으며 성서가 해석의 규범 그 자체를 제공하지 않는다. 지금까지 해방신학에서조차 성서를 해방의 원천으로 이해하여 민중들을 의식화하는 데 강력한 수단으로 그리고 억압자/피억압자 구조에 저항할 수 있는 무기로 이해해왔다. 그러나 다양한 인종, 다양한 문화, 다양한 종교전통으로 이루어진 아시아에서는 성서를 단일한 규범과 정경으로 인정하는 해석의 틀은 더

---

30) 앞의 책, 8-9.

이상 해방의 원천이 되지 못한다. 오히려 아시아에서는 다양한 문화들을 넘나드는 다종교적인 해석학적 틀이 필요하다. 기독교 공동체뿐만 아니라 글로벌 공동체를 위해서라도 다양한 종교적 전통들을 통전적으로 바라볼 수 있는 아시아의 지혜가 요구된다는 것이 아시아 여성신학을 대변하는 곽퓨이란의 주장이다.

유일한 규범으로서 갖는 성서의 권위를 거부한다고 하여 곽퓨이란이 기독교 신앙의 원천으로서의 성서적 가치까지 부정한 것은 아니다. 오히려 그는 서구지향적인 학문의 흐름에서 벗어나 신성성의 권위에 대한 신화를 걷어낼 때 성서의 가치는 더욱 풍성해질 것이라고 주장한다. 성서를 죽은 문서로 다루는 대신, 우리 자신의 경험과 변방의 요구를 말하고 시대의 조류에 저항하는 의미를 세워나가는 데 성서의 언어를 지속적으로 사용해야 한다고 말한다. 물론 이런 주장을 곽퓨이란이 처음 한 것은 아니다. 샐리 맥페이그도 성서를 "실증적 역사"가 아닌 다른 문학작품들을 통해 끊임없이 말해져야 하는 "문학적 고전"으로 읽기를 권유하며 문자적 언어의 우상화를 염려한다. 하지만 곽퓨이란은 이에 전적으로 동의하면서도 성서의 내적 권위와 보편성을 수용하는 샐리 맥페이그의 주장에는 난색을 표한다. 오히려 성서에는 서구의 문화적 코드가 숨겨져 있기에 비판적 시각 없이 그대로 받아들여서는 안 된다는 경고를 잊지 않는다.[31]

대안으로 곽퓨이란이 제안하는 것이 텍스트와 컨텍스트를 자유로이 넘나들 수 있는 "대화의 상상력"(Dialogical imagination)이다. 성서의 이야기와 오늘 우리의 이야기를 자연스럽게 넘나들며 자신들의 전통 안에서 성서의 메시지를 "해방의 복음"으로 해석해낼 수 있다. 문자

---

31) 앞의 책, 42.

로 기록된 텍스트(written text)에 신적 권위를 일방적으로 부여해온 전통적 태도 대신에 다양한 종교적 전통을 가진 아시아에서는 민중들, 특히 여성들도 함께 소통할 수 있는 "말의 해석학"(oral hermeneutics) 이 필요하다. 기록된 글자는 특권을 누리던 소수 지식인들의 언어인데 반해, 구전적 전승은 지식과 문자로부터 배제된 채 살아온 민중들의 언어이기 때문이다.32) 전자의 경우는 진리가 문자라는 수단을 통해 일방적 가르침으로 주어지지만, 후자의 경우는 상호소통의 관계를 통해 훨씬 깊은 진리에 도달하게 된다. 소통을 위한 대화의 상상력에는 상호 존중(Mutuality), 적극적인 청취(Active listening), 상대에 대한 열린 자세(Openness) 등 듣는 사람의 적극적인 자세가 필요하다고 곽퓨이란은 덧붙인다.

곽퓨이란에게 있어 성서는 "듣고 말하는 책"(Hearing and Talking book)이다. 문화적 상상력으로 읽는다면, 성서의 조각들은 노래, 설교, 기도 등에서도 발견된다. 이럴 경우, 대화의 초점은 자연스럽게 기록된 텍스트의 권위에서 성서를 말하는 신앙공동체로 옮겨간다. 또한 성서를 "듣고 말하는 책"으로 읽을 때 그 의미는 하나에 고정되는 것이 아니라 서로 나누는 대화에 열려 있어 다양한 목소리들을 끌어낼 수 있다. 노예시대 미국의 흑인노예들은 읽고 쓰는 교육이 금지되어 있어 "들음의 해석학" 즉 들음을 통해 자신들에게 짐 지워진 삶의 현실을 비판적으로 바라볼 수 있게 되었다는 아프리카계 여성신학자 레니타 윔스(Renita Weems)의 주장에 주목하는 이유도 여기에 있다.33) 아시아

---

32) 서구에서도 대중들이 글을 읽기 시작한 것은 18세기 이후이다. 그 이전의 기독교인들은 글이 아닌 말로, 귀로, 그림으로 성서를 접했다.

33) Kwok, *Discovering the Bible in the Non-Biblical World*, 44.

에서도 선교 초기 교회들은 성서에 대한 지식을 가르치며 문맹퇴치 캠페인에 적극 참여하였지만, 더 많은 경우는 초기 선교사들과 전도부인들이 가가호호 방문하여 가정의 여성들에게 복음서의 이야기를 전해주고, 찬양과 주기도문을 구두로 가르치며 외우게 했다. 초기 기독교여성들이 성서의 문자에 갇히지 않고 자신들의 삶의 현장에서 성서를 "해방의 복음"으로 쉽게 받아들일 수 있었던 것은 "말(구술)의 해석학" 덕분이었다. 이러한 방식은 때로 삶으로부터 괴리된 채 지나치게 추상적이거나 고도의 철학적 훈련을 필요로 하는 서구신학의 한계도 극복할 수 있다.

하지만 곽퓨이란은 성서를 '경전'의 가치로만 바라보지 않는다. 성서는 그 자체로 식민시대에 만들어진 기록물들이기도 하다. 시간이 지나면서 곽퓨이란은 성서가 다양한 형태의 식민시대를 거치며 생산된 식민문화의 문헌적 산물임을 인정하지 않을 수 없었다.[34] 유대인들의 경전이 된 히브리 성서는 앗시리아, 바빌로니아, 페르시아 등으로 이어지는 제국들의 연이은 침략을 받으며 그 과정에서 만들어진 책이다.[35] 이는 제국에 의한 식민화 과정이 유대민족의 집단적 기억 속에, 성서 본문들의 생산과정과 편집과정 속에, 정경화과정 속에 고스란히 담겨 있다는 것을 의미한다. 기독교인들이 신약성서로 부르고 있는 복음서들과 사도들의 목회서신들 또한 로마제국의 식민시대에 쓰인 글들의 집합체이다. 한마디로 성서는 식민지 억압에 대한 투쟁과 저항의 목소리만이 아니라, 그 과정에서 일어나는 정체성의 모순과 갈등, 식

---

34) Kwok, *Postcolonial Imagination and Feminist Theology*, 79.
35) 카렌 암스트롱 저, 배철현 옮김, 『성서 이펙트: 읽을수록 새롭게 다가오는 최초의 경전』(서울: 세종서적, 2013) 참조

민권력의 확장과 이에 적응해가는 과정들까지 그대로 담고 있다. 따라서 성서는 식민권력이 억압적 기제로 작동하는 컨텍스트 안에서 읽힐 때 더욱 분명한 메시지를 보여줄 수 있다.

또한 성서는 그 자체로 식민담론을 구성하는 필수요소로 작용하기도 한다. 성서와 기독교 신앙이 다른 나라들로 전해질 때, 성서는 서구의 정치적 군사적 공격을 정당화하는 역할을 했다. 자국 정부의 정치적 외교적 힘을 빌어 시작된 선교사들의 성서교육과 복음전파는 아시아의 문화적 정복을 용이하게 만들었던 서구의 "문명화 미션"을 수행하는 것이었다고 곽퓨이란은 분명하게 말한다.36) 선택된 성서의 본문들은 서구 기독교의 우월성을 보여주거나 정당화하는 것들이었으며, 선교사들은 이를 반복해서 가르쳤다. 뿐만 아니라 성서는 "이교" 문화를 열등하다고 여겨온 서구인들의 믿음을 뒷받침하는 신적 권위로 활용되기도 했다. 서구에서 복음주의 부흥운동과 제국주의의 발흥이 동시에 일어난 것은 우연이 아니다.

4. 여성신학이 만들어낸 '해방' 신화

아시아 여성신학이 본격적으로 제 목소리를 내기 시작한 것은 1980년대이다. 서구의 지배논리와 인식론적 패러다임을 그대로 반영하거나 재생산하는 서구신학이 여전히 보편적 신학으로 받아들여지던 상황에 도전하면서 제3세계 민중들의 해방을 외치던 해방신학자들마저도 여성들의 고통을 외면하자, 각처에서 여성들은 독자적인 여성해방신학을 들고 나왔다. 아프리카계 여성들은 유럽과 미국의 중산층 백인 여성들의 '페미니스트 신학'(Feminist theology)과 구별되는 자신들의

---

36) 앞의 책, 61-62.

신학을 '우머니스트 신학'(Womanist theology)이라고 이름 지었다.[37] 히스패닉 여성들은 스페인어로 여성들의 해방신학이라는 의미의 '무헤리스타 신학'(Mujerista theology)을 들고 나왔다. 아시아 여성들 또한 '아시아 여성신학'(Asian feminist theology)이라는 이름으로 서구로부터 유입된 '페미니스트 신학'뿐만 아니라 아시아 남성들이 주도하고 있었던 '아시아 신학'과도 구별되는 자신들의 신학을 이야기했다.

아시아 여성들은 신학의 탈서구화, 탈식민화, 탈남성중심주의를 동시에 추구했다. 물론 신학적 독립선언만이 목적의 전부는 아니었다. 아시아 여성들은 자신들을 신학적 주체로 세우는 신학의 이론화 작업과 해방적 실천들을 다양한 방식으로 시도하는 한편, 이른바 "제3세계"라는 범주 안에서 공통의 경험을 가진 여성들과의 연대도 함께 모색했다. 식민주의와 가부장제의 이중적 억압으로부터의 해방은 '제3세계 여성들'이 연대해야 할 충분한 이유와 동기가 되었다. 무엇보다 이 시기는 다양한 이름을 가진 제3세계 해방신학들과 여성신학들이 등장하여 자유와 해방을 향한 전 지구적인 열망을 분출시키며 서구의 전통신학에 도전하고 있었다.

그러나 시간이 흐르면서 다른 해방신학들과 마찬가지로 아시아 여성신학도 새로운 질문에 직면하게 되었다. 아시아 여성신학이 의존해온 제1세계/제3세계, 남성/여성, 지배자/피지배자의 이분법적인 범주가 날로 복잡해지는 권력구조와 이들이 생산해내는 억압적 관계들을 조명하는 데 한계를 드러냈기 때문이다. 시장과 자본이 국가의 경계를

---

37) 서구 페미니스트 신학의 등장은 미국과 유럽에서 남성들과 나란히 반전운동에 참여했던 여성들이 투쟁 속에서 성차별을 경험하며 여성해방적 자각을 새롭게 갖게 된 "제2의 페미니즘 물결"과 같이 한다.

무너뜨리고 문화의 경계를 모호하게 만드는 이른바 '글로벌 시대'. 아시아의 정체성은 무엇인가? 누가 이를 규정할 수 있는가? 인종, 계급, 민족, 성, 종교 등의 차이들이 서로 교차하며 다양하고 복잡한 권력기제들을 만들어가고 있는 현실에서 집단적 범주로 설정된 '아시아 여성신학'은 누구를 실천의 주체로 삼아야 하는가?

포스트모더니즘과 해체론이 설득력 있는 이론적 틀거리로 자리잡아가면서, 페미니즘은 정치적 실천의 주체 없이 '여성'이라는 집단적 범주를 가정해왔다는 비판을 받고 있다. 수사학자이며 퀴어 이론가로 주목을 받고 있는 주디스 버틀러(Judith Butler)의 지적이다.

"페미니즘은 문화를 뛰어넘는 정체성에 기반을 두기에 어떤 보편적 토대가 있어야 한다는 정치적 가설이 전제된다. 이러한 가설은 종종 여성의 억압을 가부장제의 보편적 체제나 남성지배구조에서나 알 수 있는 단일한 형태로 동시에 인식하게 만든다. 보편적 가부장제라는 개념은 최근 몇 년 동안 널리 비판 받아 왔다. 구체적으로 존재하는 문화적 컨텍스트에서의 젠더 억압을 있는 그대로 파악하는 데 실패했다는 이유에서다. … 뿐만 아니라 '제3세계' 심지어는 '동양'까지도 구성하려 들기 때문이다. 즉 '제3세계' 또는 '동양'의 젠더 억압은 본질적이고 비서구적인 야만성의 징후로 교묘하게 설명된다. 페미니즘은 스스로의 주장이 대표성을 띤 것으로 보이도록 가부장제라는 억압구조를 보편적인 것으로 세워나갔다. 이러한 페미니즘의 성급함은 때로 억압구조에 대한 접근에 있어 범주적 또는 허구적 보편성의 개념으로 곧장 나아가도록 자극했고, 억압의 경험이라는 여성들의 공통성을 생산해왔다."[38]

---

38) Judith Butler, *Gender Trouble: Feminism and the Subversion of Identity* (New York:

전통적 페미니즘을 향하여 버틀러는 도발적인 질문을 던진다. 페미니즘은 반드시 '여성'이라는 집단적 범주를 가정해야 하는가? 그는 범주의 통일성이 효과적인 정치 행동을 위해 꼭 필요한 것은 아니라고 주장한다. 통일성이라는 목표에 대한 성급한 고집이 오히려 등급 간의 더 심한 파편화를 가져올 수 있기 때문이다. 또한 버틀러는 서구 페미니즘이 가부장제 안에서 이루어지는 성차별만을 여성에 대한 보편적이고 유일한 억압구조로 규정함으로써 제3세계 여성들이 겪고 있는 좀 더 복잡한 억압의 현실을 간과해왔다고 지적한다. 서구여성들이 자신들이 받은 차별 경험을 제3세계 여성을 포함한 모든 여성들의 보편 경험으로 서둘러 규정하는 것이야말로 서구남성들과는 다른 방식으로 제3세계 여성들을 식민화하는 것이라는 의견을 피력한다.

버틀러가 범주의 통일성 문제를 지적하며 전통적 페미니즘을 비판하고 나선 것은 단순히 페미니즘의 해체를 주장하기 위함이 아니다. 오히려 그는 전통적 페미니즘이 집단적 범주로 가정한 "여성" 대신 "젠더"라는 포괄적 개념을 수용함으로써 페미니즘의 정치적 지평을 더 넓힐 수 있을 것이라고 기대한다. '남성'과 대비되는 '여성'이라는 자연화된 범주 안에서는 이성애주의자들만이 주체(subject)가 되며 성적 소수자들은 비체(abject)로 전락하게 된다. 또한 이성애주의를 인류의 보편적 제도로 전제할 때, 이는 젠더 억압이 다양한 형태로 이루어지고 있는 현실에서 때로 정체성의 폭력으로 작용할 수 있다.

범주의 통일성과 보편성의 폭력에 대한 버틀러의 통찰은 서구 페미니즘만이 아니라 아시아 여성신학도 주목해야 할 부분이다. 서구의 페미니즘이 '여성'이라는 통일된 범주로 비서구세계의 여성들을 각자의

Routledge, 2006), 5.

전통 안에 뿌리내린 가부장제의 성차별적 구조에 저항하도록 연대의 끈이 되어준 것은 부인할 수 없다. 제3세계 민중들의 해방을 외쳤던 해방신학자들마저도 여성들의 고통을 외면하자, 각처의 여성들은 서구여성들이 출발시킨 페미니즘에 주목했다. 그리고 스스로의 목소리를 담아 서로 연대할 수 있는 틀을 마련해나가기 시작했다. 그러나 버틀러의 지적대로 서구의 페미니즘은 서구여성들이 경험한 가부장제의 성차별적 모순을 모든 여성들의 단일한 억압 경험으로 보편화하는 한계를 지니고 있었다. 이러한 방식은 서구여성들이 자신들의 관점에서 일방적으로 비서구세계를 재구성하고 비서구세계에서 일어나는 다양한 형태의 억압 구조들을 자신들의 서구적인 경험의 잣대로 일반화함으로 고통의 경험까지도 식민화하는 결과를 낳았다.

곽퓨이란은 서구 페미니즘을 이끌었던 메리 데일리(Mary Daly)의 텍스트를 탈식민주의 관점에서 읽어내면서 이를 세밀하게 드러낸다. 데일리는 자신의 저작 *Gyn/Ecology: The Metaethics of Radical Feminism*에서 인도의 사티, 중국의 전족, 아프리카의 여성 할례, 유럽의 마녀 화형, 미국의 부인학과 정신요법 등을 여성의 몸과 마음에 행해진 가학적 의식들의 대표적인 예로 소개했다. 곽퓨이란은 데일리가 동서양을 막론하고 여성들을 억압해온 가부장적 요소들을 끄집어내 비판의 칼날 위에 세우는 데는 성공했지만, 식민시대에 형성된 인식론적 프레임에서는 벗어나지 못했다고 날카롭게 지적한다.39) 데일리는 중국의 전족, 인도의 사티, 아프리카의 여성 할례 등 동양에서는 수백 년 혹은

---

39) Kwok Pui-lan, "Unbinding Our Feet: Saving Brown Women and Feminist Religious Discourse," Laura E. Donaldson and Kwok Pul-lan, eds., *Postcolonialism, Feminism and Religious Discourse* (New York: Routledge, 2002), 74.

수천 년 동안 끊이지 않고 여성 억압적 관습들이 이어져왔다는 것을 의심 없이 받아들였다. 반면에 유럽의 마녀 화형이나 미국의 부인학은 서구 역사에서 특정 시기에 잠시 나타났다 사라지거나 끊이지 않고 진보해가는 것으로 설명했다. 또한 중국의 전족을 다룰 때에도 중국여성들을 가부장제의 최대 희생양으로만 그려낼 뿐 전족에 대해 저항했던 중국인들의 목소리는 전혀 언급하지 않았다. 서구의 역사는 끊임없이 진보해왔지만, 아시아와 아프리카 등 제3세계는 서구에 의해 변화가 이루어질 때까지 늘 같은 자리에 정체되어 있었다는 식민시대가 만들어낸 전형적인 이미지들이 서구 여성신학을 통해서도 계속 반복되고 있었던 것이다. 이러한 비판은 서구남성들의 세계관이 그대로 반영된 전통신학에 문제를 제기하면서도 서구중심적 인식과 경험들을 보편적인 것으로 전파해온 서구 백인여성들의 페미니즘의 한계를 정확히 지적해낸 것이다.

19세기 영국사회가 주목한 여성작가들의 여행기를 연구해온 사라 밀스(Sara Mills)도 서구의 여성들 또한 남성들과는 다른 방식으로 식민화 과정에 관여했다고 밝힌다.[40] 빅토리아 여성관이 강하게 자리잡은 영국사회에서 대부분의 여성들은 가정에 머물러야 했지만, 이러한 사회적 금기를 깨고 치마를 입은 채 해외여행 길에 나선 여성들도 있었다.[41] 이들은 여행길에 도사리고 있을 예기치 않은 위험뿐만 아

---

40) Sara Mills, *Discourse of Difference: An Analysis of Women's Travel Writing and Colonialism* (New York: Routledge, 1991), 2-3.

41) 당시 유럽은 시민혁명으로 왕정시대를 무너뜨리고 가장 먼저 시민사회의 닻을 올린 프랑스조차 1800년 여성들의 바지 착용을 금하는 법을 만들어 여성들을 '치마'가 상징하는 여성성에 가두어놓고 있었다. 이 법은 213년을 지속하다가 최근인 2013년 2월 4일 비로소 공식적으로 폐기되었다.

니라 남성의 영역을 침범한 "남자 같은 여자"라는 곱지 않은 사회적 시
선과 조롱까지 받아야 했다. 하지만 이미 시작한 새로운 도전을 멈추
지는 않았다. 이들에게 빅토리아 시대의 페미니스트라는 이름을 붙여
주는 이유이기도 하다.42)

그러나 이들은 비서구세계에 처음 발을 들여놓은 여성들로 서구적
관점으로 비서구세계를 재구성하고 토착여성들의 삶을 일방적으로 규
정하면서 비서구세계를 식민화하는 데 적지 않은 역할을 했다. 19세기
후반 미지의 땅으로 남아 있던 아시아를 홀로 여행한 이사벨라 비숍
(Isabella Bird Bishop)이 대표적인 예이다.43) 그의 평전을 쓴 이블린
케이는 의료선교단 설립 모금을 위해 런던에서 열린 한 모임에서 이사
벨라가 행한 연설내용을 이렇게 전하고 있다.

"아시아를 여행하면서 나는 어떻게 죄악이 중요시되고 숭배되는지에 대
하여 우리가 얼마나 모르고 있는지를 크게 깨달았습니다. 도처에 죄악과
수치가 만연해 있습니다. 마호메트교는 그 뿌리까지 썩었습니다. 이슬람
국가들, 특히 페르시아의 도덕은 타락했고 모든 사상이 사악합니다. 불교
신자들은 또 얼마나 부패했는지! 기독교화 되지 않은 나라에서는 삶을 정
의롭게 하는 가치를 거의 찾을 수 없다는 사실은 참으로 경악할 만한 일입
니다. 그들은 여성을 끝없이 경시합니다. 또한 남성들은 무한히 타락해

---

42) Susan Bassnett, "Travel Writing and Gender," Peter Hulme and Tim Youngs,
    eds., *The Cambridge Companion to Travel Writing* (New York: Cambridge University
    Press, 2002), 226-234.
43) 영국 역사상 여성으로는 처음으로 영국왕실의 왕립지리학회(The Royal Geographic
    Society)의 멤버가 되어 활동한 인물로, 백의의 천사로 찬사를 받았던 나이팅게일과
    인류학자로 주목 받았던 머틸다 스티븐슨과 함께 빅토리아 시대를 대표했던 여성으로
    꼽히고 있다.

있습니다. 아시아 대륙 전체가 부패했습니다. 그곳은 야만과 고문, 잔인한 처벌, 억압, 공직자들의 타락의 현장입니다."[44]

그의 글은 빅토리아 시대 서구의 중산층 여성들이 갖고 있었던 시각의 한계를 고스란히 드러내며, 아시아 여성들을 관습과 전통에 매여 아무런 꿈도 갖지 못한 채 살아가고 있는 불행한 사람들로 묘사했다. 하지만 풍부한 경험을 무기로 세밀하게 풀어낸 비숍의 작품들은 서구의 지식인들에게는 물론 세계에서 해외선교사로 활동하거나 이를 준비하는 이들에게도 구체적이고 정확한 정보를 제공해주는 책으로 큰 인기를 끌었다.

이는 서구의 여성들이 가부장제에서 비롯된 사회적 제약 때문에 남성들이 주도한 식민화 과정에는 거의 관여하지 못했을 것이라는 일반적인 추측을 뒤집는 것이다. '동양'여성들의 정형화된 이미지들을 만들어내는 데 공헌한 서구여성들의 글들은 가부장제와 식민주의라는 두 파워 넥서스 안에서 생산된 문헌들이었다고 밀스는 분석한다. 여성들의 저작은 단순히 가부장제의 억압구조에 맞서온 "여성들의 목소리"(Voices of Women)가 아닌 담론을 지배하는 "파워의 목소리"(Voice of Power)로 읽혀야 한다는 미셸 푸코의 주장에 주목해야 하는 이유도 바로 여기에 있다.[45]

---

44) 이블린 케이 지음, 류제선 옮김, 『이사벨라 버드』(서울: 비움, 2008), 371-372.
45) Sara, *Discourse of Difference*, 19.

IV. 나오는 말

진리로 확신하고 배우고 가르쳤던 기독교의 가르침들이 제국주의 시대의 식민주의 담론들과 깊이 연관되어 있다는 곽퓨이란의 분석은 기독교 선교를 여성해방적 차원으로만 인식해온 이들에겐 당혹스러운 것일 수밖에 없을 것이다. 하지만 "진리"를 독점해왔던 과거의 영광으로부터 깨어나 다양한 요구들과 가치관들이 공존하는 시대에 직면해 있음을 인정해야 할 것이다. 시대가 요구하는 참된 해방이 무엇인지 진지하게 들여다보고 서구중심적 해방개념을 새로운 관점에서 성찰하려면 불편한 진실과도 마주할 수 있는 용기가 필요하다.

나아가 남겨진 숙제도 풀어야 한다. '아시아'라는 지리적 범주로 '서구'라는 전통적 중심 개념에 도전해왔지만, 아시아 여성들 또한 '여성'이라는 자연화된 범주를 당연한 전제로 그대로 수용함으로써 서구의 전통적 페미니즘의 한계를 넘어서지 못하고 있다. 버틀러가 제안한 대로 '남성'과 '여성'을 가르는 생물학적 개념보다 문화적 차원까지 포괄하는 '젠더'라는 개념을 선호하는 흐름은 보이고 있지만, 여전히 이에 대한 진지한 논의는 충분히 진행되지 못하고 있다. 이는 앞으로 풀어야 할 시대의 과제가 될 것이다. 젠더담론이 단순한 성 정체성의 차원을 넘어 점점 복잡한 양태를 띠고 사회적 이슈로 부상하고 있는 상황에서 이에 대한 신학적 논의를 언제까지나 미루어둘 수는 없을 것이다.

참고문헌

강선미. 『한국의 근대 초기 페미니즘 연구』. 서울: 푸른사상, 2005.

노블 부인 편. 『승리의 생활』. Seoul: The Christian Literature Society, 1927.

유대영. 『초기 미국 선교사 연구, 1884-1910』. 서울: 한국기독교역사연구소, 2001.

이블린 케이 저, 류제선 옮김. 『이사벨라 버드』. 서울: 비움, 2008.

정현경 저, 박재순 옮김. 『다시 태양이 되기 위하여: 아시아 여성신학의 현재와 미래』. 분도
　　출판사, 1994.

한국기독교 백주년기념사업협의회 여성분과위원회 편. 『여성! 깰지어다, 일어날지어다,
　　노래할지어다』. 서울: 대한기독교출판사, 1985.

Bishop, Isabella B. *Unbeaten Tracks in Japan*. London: John Murray, 1880.

_____. *Korea and Her Neighbors: A Narrative of Travel, with an Account of the Recent Vicissitudes
　　and Present Position of the Country*. New York: Fleming H. Revell Company, 1897.

Butler, Judith. *Gender Trouble: Feminism and the Subversion of Identity*. New York:
　　Routledge, 2006.

Gramsci, Antonio. Quintin Hoare and Geoffrey Nowell Smith. eds. *Selections from the
　　Prison Notebooks*. New York: International Publishers, 1971.

Hardesty, Nancy A. "The Scientific Study of Missions: Textbooks of the Central
　　Committee on the United Study of Foreign Missions." Daniel H. Bays and
　　Grant Wacker. eds. *The Foreign Missionary Enterprise at Home: Explorations in North
　　American Cultural History*. Tuscaloosa: The University of Alabama Press, 2003,
　　106-122.

Hee-Jung Ha. *The Formation of Modern Womanhood in East Asia, 1880-1920: American
　　Evangelical Gender Ideology and Modern Nation-Building*. UMI Dissertation
　　Publishing, 2011.

Hill, Patricia R. *The World Their Household: The American Woman's Foreign Mission Movement
　　and Cultural Transformation, 1870-1920*. Ann Arbor: The University of Michigan
　　Press, 1985.

Hulme, Peter and Tim Youngs, eds. *The Cambridge Companion to Travel Writing*. New
　　York: Cambridge University Press, 2002.

Kwok Pui-lan. *Chinese Women and Christianity, 1860-1927*. Atlanta: Scholars Press, 1992.

_____. *Discovering the Bible in the Non-Biblical World*. New York: Orbis Books, 1995.

_____. *Introducing Asian Feminist Theology*. Cleveland: The Pilgrim Press, 2000.

_____. "Unbinding Our Feet: Saving Brown Women and Feminist Religious
　　Discourse." Laura E. Donaldson and Kwok Pul-lan. eds. *Postcolonialism, Femi-*

nism and Religious Discourse. New York: Routledge, 2002, 62-81.

_____. *Postcolonial Imagination and Feminist Theology*. Louisville: Westminster John Knox Press, 2005.

Mary Keng Mun Chung. *Chinese Women in Christian Ministry: An Intercultural Study*. New York: Peter Lang, 2005.

Mills, Sara. *Discourse of Difference: An Analysis of Women's Travel Writing and Colonialism*. New York: Routledge, 1991.

Reeves-Ellington, Barbara, Kathryn Kish Sklar, and Connie A. Shemo. eds. *Competing Kingdoms: Women, Mission, Nation, and the American Protestant Empire, 1812-1960*. Durham: Duke University Press, 2010.

Said, Edward. *Orientalism*. New York: Vintage Books, 1979.

Segovia, Fernando. *Decolonizing Biblical Studies: A View from the Margins*. Maryknoll: Orbis Books, 2000.

Stanley, Brian, ed. *Christian Missions and the Enlightenment*. Grand Rapids: William B. Eerdmans Publishing Company, 2001.

아프리카와 남미의
여성신학

정미현

I. 들어가는 말

한국에서 논의되는 신학은 일반적으로 북미, 서부유럽의 신학을 그 대상으로 하고 있고 참조한다. 여성신학도 예외는 아니다. 그러나 이제는 양적, 질적 측면에서 지구 남반구에서의 신학적 동향과 내용을 살펴보아야 할 때이다. 21세기를 살아가는 우리에게 다른 대륙들과의 물리적 거리가 좁혀진 이유도 있지만, 사회·문화·경제 전반에 걸쳐 서로간의 유기체적 연관성(interconnectedness)이 더욱 강조되는 시기에 살고 있는 우리가 신학적 주제와 내용을 여전히 편협하게 특정지역에 한정지어서는 안 되기 때문이다. 그런 경향을 지양하는 데 도움이 되고자 하는 것이 이 글의 목적이다. 즉 서구 여성신학 중심에서 탈피하여 지역적·문화적 거리감이 있고, 언어 장벽과 자료를 구하는 것 등등 그 접근이 비록 수월하지 않지만, 지구 남반구 여성신학 동향을 간략하게 정리, 소개하고자 하는 것이다. 이들 신학의 내용에 대한 본격적이고 구체화된 평가와 분석은 이후의 연구과제로 남겨두면서, 이 글의 영역, 한계와 그 목적을 구분하고자 한다.

II. 서구 여성신학의 한계에 대한 도전

기독교는 전 세계적으로 여성들의 해방을 위하여 많은 공헌을 한 종교이다. 물론 각 지역의 전통문화와 종교들을 비하하고 기독교만의 장점을 부각시킬 수는 없고, 그렇게 단순히 일반화해 말할 수도 없다. 그러나 이 점에 있어서 기독교가 이루어낸 성과는 상대적으로 긍정적 평가를 받을 수 있겠다. 그럼에도 불구하고 기독교가 지닌 양면성이 아울러 언급되어야 한다. 왜냐하면 기독교는 일반적으로 여성억압적 성향이 있었던 여러 나라의 전통종교나 문화로부터의 여성의 해방을 이끌어낸 반면, 기독교가 각 지역에서 제도화되면서, 교회나 사회 안에서 또 다른 차별의 구조를 만들어냈기 때문이다. 19세기에서 20세기 중반에 이르기까지 선교사 자신이 가부장주의의 의식 가운데 성장하고 교육받았기 때문에 선교를 통하여 도입된 기독교적 가부장주의는 토착문화의 가부장주의와 맞물려 더욱 강화된 가부장체제를 기독교 안에 뿌리 내리게 하였다. 그런 점에서 여성의 참여와 해방을 이끌어낸 기독교는 그 한계와 문제성을 도입 초기부터 여실히 드러내게 되었던 것이다.

기독교의 가부장주의에 문제를 제기하면서 서구 여성신학은 1960년대 이후 해방신학과 여성운동의 영향으로 태동되고, 발전되었다. 이러한 서구 여성신학은 미국의 백인 중산층 여성을 중심으로 형성되었는데, 이 여성신학의 한계성을 느끼고 이와는 구별된 여성신학의 필요성이 대두되었다. 그래서 미국에 사는 흑인여성신학자들을 중심으로 우머니스트 신학(Womanist Theology)이, 미국에 사는 남미의 여성신학자들에 의해서는 무에리스타 신학(Teologia Mujerista)이 각기 시작되었다. 마찬가지로 북미에 사는 아시아 여성신학자들에 의하여서는 태평양과 아시아를 이어주는 아시아-북미 여성신학과 목회자 협의회(Pacific, Asian and North American Asian Women in Theology and Ministry: PANAAWTM)[1]를 중심으로 아시아 여성신학이 발전되었다. 아시아 여성신학에 대해서는 지금까지 물리적, 지리적 접근 용이성 때문에 다른 대륙의 여성신학에 비해 상대적으로 많이 알려져 있으므로, 이 글에서는 그 범위를 제한해서 주로 남미와 아프리카의 여성신학을 중심으로 살펴보게 될 것이다.

1. 아프리카-미국 여성신학

앨리스 워커(Alice Walker)는 그녀의 책『나의 어머니의 정원을 찾

---

1) 이 협의회를 이끌어낸 주요 인물은 홍콩 출신의 곽퓨이란(Kwok Pui-Lan), 일본 태생의 리타 나카시마 브록(Rita Nakashima Brock)이다. 아시아에서 태어났지만 미국에서 성장하고 공부하고, 아시아적 문화적 가치를 담보하면서 북미의 상황에서 신학하고 있는 여성들의 숫자가 그 사이 꽤 늘어나기도 했다. 일본계 미국 여성신학자인 리타 나카시마 브록이 이들 여성신학자 모임을 이끌어가는 데 많은 공헌을 한 인물 중에 한 명이다. 역시 계급, 성별, 인종, 종교, 문화 등의 차이에 의하여 생겨난 차별의 문제가 이들의 신학화 작업에도 중요한 범주이다. 과정신학, 해방신학을 아시아의 문화와 상황에 바탕을 둔 여성주의적 시각으로 풀어내고자 하는 해석화 작업이 이들의 특성 가운데 하나이다. 여성 예수와의 교제와 합일을 통하여 얻게 되는 에로티시즘과 에로틱한 힘을 부활한 그리스도의 구원적 힘으로 표현하는 것이 그녀의 신학작업의 내용이다. 그에 비해 이 모임의 다른 주체자인 홍콩 출신의 곽퓨이란은 후기 식민지주의, 탈식민지주의와 해석학의 문제에 주목하고 신학적으로 풀어가는 대표적 인물이다. 물론 아시아의 문화, 종교, 여의 차별 등은 공통적으로 다루어지는 신학적 주제이다.

아서』(*In Search of My Mother's Garden*)에서 "우머니스트"(Womanist)라는
개념을 처음 사용하였다. 그녀는 이 개념을 사용함으로써 다양한 계급
의 문제와 문화적 특성을 드러내고자 하였다. 또한 들로리스 윌리엄스
(Delores Williams)는 아프리카-미국 여성신학을 대표하는 신학자로
서, 이 주제를 소설적으로 형상화하였다. 특히 그녀는 "생명을 구하는
정치"(Lifeline politics)라는 의미로 불의에 대한 항거와 삶의 긍정을
표현한 것으로 알려져 있다. 그것은 곧 억압적 구조에 대한 저항과 자
신의 몸을 스스로 지키고, 결정할 수 있는 권리를 추구하는 것, 연대성
을 통한 자신감의 확인, 억압적 체제와 주입된 허위의식에 대한 도전
으로 드러났다. 들로리스 윌리엄스가 언급하는 "악의 지배체제"(De-
monarchy)는 가부장적 영향 이상의 것, 즉 계급·인종·성별에 의한
복합적인 억압의 구조와 체제 자체를 뜻한다. 목표는 이러한 억압으로
부터 벗어나서 공동체 의식을 다시 세워나가는 것이었다.[2]

　　캐티 캐논(Katie G. Cannon)[3]은 사회 윤리적 토대 위에서 우머니
스트 신학을 발전시켰고, 그것은 여성 흑인노예가 겪은 이야기를 소설
적으로 기술하면서 신학화한 것이다. 또 다른 여성신학자는 재클린 그
랜트(Jacquelyn Grant)이다. 그녀는 기독론의 문제에 집중해서 신학화
작업을 했는데, 특히 백인남성을 위주로 한 제국주의적 식민지주의의
지배와 흑인남성을 위주로 한 가부장주의에 의해 빚어진 몇 겹의 역압

---

2) Cf. Delores Williams, "Women's Oppression and Lifeline Politics in Black
　Women's Religious Narratives," *Journal of Feminist Studies in Religion* 1:2 (1985/Fall),
　65-68. 정현경, "세계 여성신학의 유형과 그 한국적 수용 및 비판," 『기독교와 세계』(서
　울: 이화여자대학교출판부, 1996), 330-331에서 재인용.
3) Cf. Katie Geneva Cannon, "The Emergence of Black Feminist Consciousness,"
　Letty Russell, ed., *Feminist Interpretation of the Bible* (Philadelphia: The Westminster
　Press, 1985), 31. 정현경, "세계 여성신학의 유형과 그 한국적 수용 및 비판"에서 재인용.

의 구조적 문제를 다루었다.[4] 최근 우머니스트 신학을 대변하는 학자로서는 레니타 윔스(Renita J. Weems)와 스테이시 플로이드-토마스(Stacey M. Floyd-Thomas)를 들 수 있겠다.

2. 남미-미국 여성신학

남미 여성해방신학인 무에리스타 신학(Mujerista Theology)은 미국에서 살며 활동하는 중남미 여성신학자들에 의해 생겨났나. 그중에서 멕시코령에서 태어나고 성장한 요란다 타란고(Yolanda Tarango)와 쿠바 출신인 아다 마리아 이사시-디아스(Ada Maria Isasi-Dias)[5]에 의하여 본격적으로 발전하였다. 그녀는 현실에서의 개혁적 실천과 이론적 신학화 작업을 분리하지 않고 시도한 인물이었다. 또한 그녀는 미국 사회 내에서 보여지는 백인남성에 의하여 지배되는 사회현실과 이에 연관된 인종과 계급 문제를 직시하였다. 이에 덧붙여 남미의 남성우월주의 의식에서 생겨난 여성억압의 문제 또한 간과하지 않았다. 이러한 구조적 체계에서 드러나는 다중적 억압을 그녀는 "비가시적 가시성"(unvisible Visiblity)으로 표현하였다. 이들 여성신학자들은 북미의 지배적 문화에도 불구하고 남미 특유의 정체성을 지키고자 하는 노력도 아끼지 않았다. 이를 넘어서 이 여성신학자들은 소수이기는 하지

---

4) Cf. Jacquelyn Grant, "Black Theology and the Black Woman," James Cone and Gayraud Wilmore, eds., *Black Theology: A Documentary History* (Maryknoll: Orbis, 1979), 418-433. 정현경, "세계 여성신학의 유형과 그 한국적 수용 및 비판," 333에서 재인용.

5) Ada Maria Isasi-Diaz, "Toward an Understanding of Feminismo Hispano," Barbara H. Andolsen, Christine E. Gudorf and Mary D. Pellauer, eds., *Women's Consciousness, Women's Conscience: a Reader in Feminist Ethics* (Minneapolis: Winston Press, 1985), 51.

만, 사회 정의와 성 평등, 자유를 위한 투쟁을 서슴지 않았다. 특별히 이들은 가톨릭 전통과 여성들이 이어온 남미 특유의 전통적, 토속적 신앙의 영성을 연관지어 토착화신학을 발전시키고자 하였다.

III. 지구 남반구 제3세계에서의 여성신학의 태동과 발전

제3세계신학자협의회(Ecumenical Association of Third Worlds Theologians)[6]가 1976년 탄자니아, 달레살렘에서 결성된 이후에 남미, 아프리카, 아시아의 상황성을 중요시하는 해방신학이 본격적으로 발전하게 되었다. 이후 여성신학자들은 가난한 자를 위한 하나님의 파당성을 강조하며, 경제정의와 사회분석에 초점을 두며 발전된 해방신학에서조차도 여성문제에 대한 논의가 간과되거나 절대적으로 부족함을 지적하였다. 눌린 자의 억압 문제를 논의하는 데 있어서도, 계급 사이의 갈등구조가 지적되지만, 성별로 인한 억압의 문제, 즉 2중, 3중의 억압에 시달리는 여성문제가 철저히 간과되었다. 그래서 1983년에는 여성위원회가 조직되었고, 이후 1986년 멕시코 왁스테펙 회의를 기점으로 여성과 젠더 논의가 더욱 부각되었다. 그 결과로 1995년에는 코스타리카에서 제3세계 여성신학자 모임이 처음으로 생겨났고, 이후 일정하지는 않지만, 시간차를 두고 지역별, 대륙별 모임이 진행되었다. 한편으로 제3세계신학자협의회 총회는 다음과 같은 주제로 아시아, 남미, 아프리카를 오가며 열리게 되었다.

---

6) http://www.eatwot.org(2013년 3월 25일 방문).

1981년 - 인도 뉴델리, "제3세계의 출현"

1986년 - 멕시코 왁스테펙, "제3세계 신학의 공통점과 차이점"

1992년 - 케냐 나이로비, "생명을 향한 외침: 제3세계의 영성"

1996년 - 필리핀 타가이타이, "새롭고 의로운 질서를 찾아서: 신학의 요청"

2001년 - 에콰도르 키토, "당신 안에 있는 희망을 위한 책임"

2006년 - 남아프리카 공화국 요한네스버그, "새 하늘과 새 땅"

2012년 - 인도네시아 족자카르타, "생태적 비전과 지구의 생존"

　　그런데 이러한 총회가 전개되는 가운데 여성신학자가 소수였던 초창기의 모습은 시간이 지남에 따라 차츰 변화되었다. 그래서 2006년 남아프리카공화국 요하네스버그에서 열린 총회에서는 이전의 총회와는 달리 여성이 오히려 다수를 차지하는 지경에 이르렀다. 2012년 총회의 모습도 이와 다를 바 없었다. 여성 참여의 양적 확대라는 측면에서는 환영할 일이지만, 문제는 1970, 80년대와는 달리 서구교회와 기관들의 재정지원이 축소된 상태에서 이 협의회를 이끌어갈 부담을 여성이 모두 짊어지게 된 것이기도 하다.

　　제3세계신학자협의회는 구체적 상황성을 바탕으로 신학화한 해방신학을 세계신학의 논의의 자리로 끌어올리는 지대한 역할을 하였고, 남-남 간의 신학적 연대망을 구축하게 한 공헌이 있다. 또한 이 협의회는 이후 대륙별 하부구조 모임을 활성화했고, 더 나아가 각 나라별로 여신학자협의회가 결성되는 데 촉매제 역할을 했다.[7]

---

7) 제3세계신학자협의회의 영향으로 1970년대 후반부터 아시아 여러 나라에서 여신학자협의회와 그 유사 모임이 결성되었다. 예를 들면 1978년 필리핀에서 여성신학자의 모임이 태동되었고, 1983년에는 정식으로 여성신학자협의회가 결성된 것이다(Association of Women in Theology). 1980년에는 한국여신학자협의회가, 1983년 일본에

한편 지속가능한 발전(Sustainable development)을 추구하면서 전세계적으로 발전된 여성운동의 흐름을 요약하면 다음과 같다. UN의 여성의 해 선포 이후 1970년대에는 여성중심적 접근이 여성과 개발(Women In Development: WID)의 주도적 핵심어였다면, 90년대에는 젠더 중심적 접근 개발(Gender In Development: GAD) 문제가 그 자리를 대신하였다. 즉 여성에만 국한되어 있던 분석과 논의의 폭이 확대되어서 남성을 포함하는 포괄적 개발의 방법이 강조되었다. 여성의 권리는 인권의 문제로 이해되었고, 성주류화(Gendermainstreaming)의 논의와 방법도 이때부터 활발히 소개되고 전개되었다. 21세기에 들어서서는 성 담론 안에 다각적 고찰의 방법이 생겨났고, 다양한 방면에서 동성애, 양성애와 성전환(Lesbian, Gay, Bisexual and Transgen-

---

서는 여성과신학협의회(Women and Theology Association)가 결성되었다. 특히 한국 여성신학은 서구 여성신학과 제3세계 여성신학의 발전과정에서 상호작용하며, 한국의 상황성에 토대를 두고 발전된 것이다. 1988년 이후에는 한국과 일본에서 여성신학자 연합협의회가 구성되어 활동하게 되었다. 1988년 홍콩에서도 여성협의회(The Hong Kong Women Christian Council: HKWCC)가 결성되어 활발한 활동을 벌이게 된다. 이러한 현상은 제3세계신학자협의회와 아시아교회협의회를 통한 지속적 지원과 내용적 자극에 힘입어 생겨난 것이다. 이를 토대로 1988년에 아시아 여성문화와 신학연구원(Asian Women's Resource Centre for Culture and Theology: AWRC)이 생겨났으며, 여성신학지 「하나님의 형상으로」(In God's Image: IGI)가 발간되어 아시아 여성신학을 세계에 소개하는 창구 역할을 하게 된다. 유감스럽게도 유독 아시아에서는 인적, 재정적, 기술적 능력을 구비하고 있음에도 불구하고 이러한 형태로 아시아 전역을 흡수하고 아우르는 아시아 여성신학 협의회가 없다. 아프리카나 남미에 비교하여 아시아에서는 식민지적 유산인 공통의 언어가 없는 것이 서로간의 활발한 대화를 가로막는 장벽일 수도 있다. 고유의 언어가 살아 있다는 점에서는 다행스러운 일이지만, 그렇다고 식민지적 잔재가 아시아 국가들에 없는 것은 또 아니므로, 이런 부정적 · 역사적 경험을 극복하면서, 아시아적 연대를 구축하는 시도가 하루 빨리 이루어져야 할 것이다. 그럴 때 영어는 제국주의적 지배의 언어가 아니라, 서로간의 원활한 소통을 가능하게 하는 순기능으로 작용할 수 있겠다.

der: LGBT) 그리고 퀴어(Queer) 문제로 확대되었던 것이다. 여성신학의 발전 흐름도 이와 엇비슷하게 맞물린다고 볼 수 있는데, 물론 대륙별, 문화별로 접근방식에 각각 그 차이가 있다.

IV. 남미와 아프리카의 여성신학 동향

아프리카 여성신학자들은 유럽에서, 남미 여성신학자들은 미국에서 각각 대학이나 기독교 관련 국제기구에서 아주 중요한 위치를 차지하고 있는 것이 최근의 경향이다. 또한 미국 내에서 활동하는 남미와 아프리카 계열의 여성신학자들이 그들의 모국과 남미, 아프리카 대륙과 긴밀히 연결되어 있다. 이들에게는 다양한 주제들이 신학적 화두로 부각되는데, 특히 남미에서는 식민지 종식 이후의 군부독재 통치와 민주화를 억압하는 군사적 폭력성의 잔재 청산, 구조적 폭력으로부터 비롯된 가정폭력을 포함한 다양한 폭력 극복의 문제, 즉 인종적·계층적·문화적 화해와 생태 문제에 초점이 맞추어지고 있다. 아프리카에서도 식민지의 후유증과 신자유주의적 경제 종속 체제의 극복이 중요한 이슈이다. 이와 맞물려 더 많이, 더 긴박하게 부각되는 신학적 주제는 여성의 몸에 가해지는 폭력과 HIV/AIDS 극복의 문제이다.[8]

---

8) 아프리카 여성신학자들이 논문이나 저서로 가장 많이 다루는 주제 가운데 하나가 에이즈 문제이다. 그 가운데에서 다음의 책을 특별히 참조할 만하다. Musa Wenkosi Dube, *The HIV & AIDS Bible* (London: University of Scranton Press, 2008).

1. 아프리카의 여성신학

아프리카는 경제적 측면에서 볼 때 여러 가지의 지하자원을 전 세계에서 가장 많이 보유한 대륙이면서도 그 혜택은 전혀 받지 못한 지역이다. 지하자원 보유량이 전 세계 1위를 차지하는 나라가, 역설적으로 가장 가난한 나라에 속한다는 사실은 전 세계 경제체제의 불의한 구조를 그대로 대변한다. 하나님에 의하여 풍부하게 축복을 받은 대륙임에도 불구하고, 바로 그 풍부한 지하자원으로 인하여 아프리카는 역설적이게도 착취의 대상으로써 일찍부터, 그리고 가장 많이 고난을 받은 대륙이다. 그러나 그 고난은 과거의 일일 뿐 아니라 여전히 현재진행형이며, 미래의 전망도 그리 밝지만은 않다. 일반 민중의 삶이 고단하다면, 여러 형태로 몇 겹의 삶의 무게를 감당해야 하는 여성들의 삶이 어떠한지는 말할 것도 없다.

계급 간, 인종 간 차별에 초점을 둔 아프리카 신학 일반에 대하여 도전하며 아프리카 여성들이 성차별의 문제와 연관하여 여성신학을 추구해나간 점은 다른 대륙에서 진행된 여성신학의 발전과정과 유사하다. 신학 논의에서 대체 계급과 인종갈등의 문제는 다루어지지만, 성차별이나 젠더의 논의가 간과된 것을 지적하는 것이 그 출발점이 되었고, 이것은 어느 대륙에서나 볼 수 있는 보편적 현상이었다. 그래서 아프리카의 주체성과 정체성을 지키는 토착화신학을 경제정의의 측면에서의 해방신학적 관점에서뿐 아니라, 여성신학적 관점으로 풀고자 하는 여성신학자들의 시도가 생겨나게 된 것이다.

이러한 맥락에서 1980년 "범 아프리카 교회협의회"(All Africa Conference of Churches)가 나이지리아에서 결성되었는데, 이곳이 바로 아프리카 여성신학의 요람이 되었다. "교회와 사회 공동체 안에서의

여성신학자"라는 주제로 논의가 비롯되었기 때문이다. 이에 덧붙여 제
3세계신학자협의회(EATWOT)의 여성위원회가 1983년 결성된 것은
아프리카 여성신학자들의 결속력을 강화하는 데 더욱 큰 보탬이 되었
다.9) 그 결과로 1989년 아프리카여성신학자협의회(Circle of Con-
cerned African Women Theologians)10)가 따로 구성되었고, 아프리
카의 다양한 주제들을 여성신학적으로 풀어내는 작업이 시작되었다.
이 모임에 성서적 근거가 되는 구절은 "탈리다 쿰(소녀야 일어나라)!"
(눅 8:40-56)이었다. 이후 "기독교, 아프리카 문화와 전통예식", "아프
리카 여성들과 성문제", "결혼과 일부 다처제", "여성과 성서", "교회에
서의 여성 참여", "예수 그리스도와 아프리카 여성의 해방" 등을 주제
로 다양한 워크숍이 진행되었고, 이 모든 모임과 활동들이 아프리카
여성신학을 성숙하게 만들어갔다.11)

---

9) Cf. Mercy Amba Oduyoye, "The Impact of Women's Theology on the De-
velopment of Dialogue," EATWOT, ed., *Voices from the Third World* 19:1 (1999/6),
12.

10) http://www.thecirclecawt.org(2013년 4월 30일 방문).

11) 아프리카 여성신학 이해 전반에 도움이 될 만한 책들은 다음과 같다. Isabel A. Phiri,
and Sarojini Nadar, eds., *On Being Church: African Women's Voices and Visions* (Gene-
va: World Council of Churches, 2005); Musa W. Dube, *Other Ways of Reading.
African Women and the Bible* (Geneva: World Council of Churches, 2001);
Nyambura J. Njoroge, *An African Christian Feminist Ethic of Resistance and Trans-
formation* (Ghana: Legon Theological Studies Series, 2000); Isabel A. Phiri
and Sarojini Nadar, eds., *Her-stories. Hidden Histories of Women of Faith in Africa*
(Pietermaritzburg: Cluster Publication, 2002); John E. E. Njoku, *The World of
the African Woman* (London: The Scarecrow Press, 1980); Musimbi R. A.
Kanyoro, *Introducing Feminist Cultural Hermeneutics. An African Perspective* (Sheffield:
Sheffield Academic Press, 2002); Musimbi R. A. Kanyoro, and Nyambura J.
Njoroge, *Groaning in Faith. African Women in the Household of God* (Nairobi: Action
Publishers, 1996); Nyambura J. Njoroge, and Musa W. Dube, *Talitha cum!
Theologies of African Women* (Pietermaritzburg: Cluster Publication, 2010).

아프리카 여성신학 발전에 주도적 역할을 하는 여성신학자들로서는 이사벨 피리(Isabel Phiri), 무심비 칸요로(Musimbi Kanyoro), 니암부라 니조르그(Nyambura Njoroge), 멀시 암바 오두요에(Mercy Amba Oduyoye), 사로지니 나다(Sarojini Nadar), 무사 두베(Musa Dube), 필로메나 마우라(Philomena Mwaura), 테레사 오쿠레(Teresa Okure), 니아라드자이 굼본즈반다(Nyaradzayi Gumbonzvanda), 사피아 도마(Safiya Doma), 레베카 달리(Rebecca Dali), 풀랑 렝카불라(Pulang Lenkabula), 풀라타 모요(Fulata Mbano Moyo), 페르페투아 폰키(Perpetua Fonki), 베아트리스 은게(Beatrice Ngeh) 등을 언급할 수 있겠다.

다른 대륙의 여성들과 마찬가지로 아프리카 여성들이 가사노동에 종사하는 시간은 길고 그 부담은 상당히 크다. 특별히 자녀 출산과 양육, 일반적 가사노동 이외에 기본적 생활을 위한 인프라가 구축되어 있지 않아, 물을 긷는 데 소비하는 시간을 포함해서 가사노동 전반과, 환자와 노인 돌봄 등에 사용되는 시간과 노력이 엄청나다. 그럼에도 불구하고 여성들의 법적 권리는 보장되지 않아서, 재산권이나 유산상속에 있어서 법적 불평등의 구조에 노출되어 있을 뿐 아니라, 법적 장치가 마련되어 있다고 하더라도 그것을 합리적으로 이용할 수 있을 만큼 여성들이 계몽되어 있지 못하다. 그리고 아프리카의 전통문화를 부정적으로 하향 평가할 수는 없다 하더라도, 여성차별적, 억압적 요소가 그 안에 다분히 숨겨져 있다. 이러한 상황에서 아프리카인으로서의 정체성과 영성을 갖고 예수를 그리스도로 고백하는 의미를 찾아가는 모든 과정이 중요하다. 이때 영미, 유럽 중심의 신학적 이론으로는 접근하기 쉽지 않은 내용들이 있는 것이다. 이러한 신학적 이론들이 교회 내 불평등 구조를 개선하는 데 도움이 되지 않았기 때문이다. 아프리카 여성신학자들은 우선 그들의 신앙경험과 문화적 체험에 바탕을 둔 신학적 이해를 글쓰기로 풀어나갔고, 이론이 아니라 실제와 연관된 기독론을 아울러 발전시켜나갔다. 즉 기독론을 아프리카의 일상성 안에서 찾아가는 작업을 했다고 볼 수 있겠다. 죽음의 부정적 힘을 극복하고 여성에게 힘을 실어주는 예수 그리스도는 가부장적 체제와 문화 속에 억압된 삶을 살아가는 여성들에게 삶의 무게를 감당하게 하는 활력제가 된다. 남성의 몸을 입은 예수 그리스도는 이들에게 문제가 되지 않는다. 참된 남성의 원형으로서 예수가 오히려 긍정적으로 작용하기 때문이다. 또한 이들에게는 실현된 참된 영성과 신앙이 이론적 교리보다 더욱 중요하게 기능한다. 이때 예수 그리스도에 대한 고백과 기독론은 단순한 교리가 아니라, 풍성한 삶(요 10:10)을 체험하게 하는 실제적인 삶의 원천으로 표현된다.

아프리카 여성신학자들은 질적, 양적으로 그동안 괄목할 만한 발전을 해왔다. 이 글의 지면 한계상 그 여성신학자들을 개별적으로 소개할 수는 없고, 가장 대표적인 인물을 선정하여 설명하고자 하는데, 그녀가 바로 멀시 암바 오두요예(Mercy Amba Oduyoye)12)이다. 오두요

---

12) Cf. Mercy Amba Oduyoye, *Introducing African Women's Theology* (Sheffield: Sheffield Academic Press, 2001); Virginia Fabella and Mercy Amba Oduyoye, (eds.), *With Passion and Compassion: Third World Women Doing Theology: Reflections from the Women's Commission of the Ecumenical Association of Third World Theologians* (Maryknoll: Orbis, 1988); Mercy Amba Oduyoye, *Hearing and Knowing: Theological Reflections on Christianity in Africa* (Maryknoll: Orbis, 1986); Mercy Amba Oduyoye, *Daughters of Anowa: African Women and Patriarchy* (Maryknoll: Orbis, 1995); Mercy Amba Oduyoye, *Beads and Strands: Reflections of an African Woman on Christianity in Africa* (Maryknoll: Orbis, 2004); Kwok Pui-lan, "Mercy Amba Oduyoye and African Women's Theology," *Journal of Feminist Studies in Religion*

예는 1934년 영국식민지치하의 가나에서 태어났다. 그녀의 삶과 신학
은 식민지 지배로부터 벗어나고자 하는 시도들, 식민지 시대가 끝나고
난 뒤 생겨난 정치적 불안정, 종교적 부족 간의 갈등, 기근과 가뭄 등의
생태적 위기, 인종차별 문제 등의 복합적 상황 속에 노출된 가나의 근
대사와 맞물려 있다. 감리교 전통에서 성장한 그녀는 가나와 영국에서
각기 공부했으며, 그 후 세계교회협의회에서 청년교육 담당 간사로 일
하였다. 이후 세계교회협의회 부총무직, 세계기독학생연맹의 회장직
등을 맡기도 해서 전 세계 에큐메니칼 운동의 주역 가운데 한 사람으로
활약하였다. 아프리카의 종교와 문화가 여성에게 미치는 영향과 상호
관계성을 고찰한 것은 그녀의 신학의 주요 화두였다.[13] 그녀는 많은
저서와 논문을 발표해 아프리카 여성신학자 중 가장 다작의 출판물을
내었을 뿐 아니라, 미국 하버드 대학과 뉴욕 유니언 신학교 등에서 강
의할 수 있는 기회를 가져서, 세계적으로 가장 많이 알려진 제3세계
여성신학자로 손꼽힌다. 또한 그녀는 미국, 서부 유럽 중심의 여성신
학과 구분 지어 성의 문제를 중심 과제로 삼는 것이 아니라, 여성의 경
제적 억압과 종속구조의 문제를 출발점으로 삼고 아프리카의 문화, 토

20:1 (2004/Spring), 7-22.

13) Cf. Mercy Amba Oduyoye, "Liberative Ritual and African Religion," *Popular Religion, Liberation, and Contextual Theology: Papers from a Congress* (January 3-7, 1990, Nijmegen, the Netherlands) Dedicated to Arnulf Camps OFM, Jacques Van Nieuwenhove and Berma Klein Goldewijk, eds., (Kampen: Uitgevers-maatschappij J. H. Kok, 1991), 79; Mercy Amba Oduyoye, "The Value of African Religious Beliefs and Practices for Christian Theology," Kofi Appiah-Kubi and Sergio Torres, eds., *African Theology en Route: Papers from the Pan African Conference of Third World Theologians* (December 17-23, 1977, Accra, Ghana) (Maryknoll: Orbis, 1979), 109-116; Mercy Amba Oduyoye, "Christianity and African Culture," *International Review of Mission* 84 (1995), 80-81.

속종교와의 대화를 통해 여성신학을 발전시키는 주도적 인물이다.[14] 그녀는 여성신학이 백인여성들의 전유물이 아님을 분명히 하면서, 여성신학의 주제가 비교적 한정되어 있는 백인 주도 여성신학과는 달리 광범위한 주제를 다루면서 여성신학을 펼쳐갔다. 특별히 식민지주의와 탈식민지주의, 신식민지주의의 복합적 갈등 상황이 항상 그녀의 신학적 배경이다. 그래서 여성과 젠더의 문제를 성의 차원에서 한정시키거나 영미 유럽 백인의 규범으로 저울질하는 방법을 문제시한다. 그래서 아프리카의 일부다처제, 여성 할례, 과부제 등의 주제를 백인여성의 관점에서 일방적으로 함부로 판단하는 것에 대해 비판한다. 즉 아프리카의 사회문화 안에 내재한 가부장적 구조와 백인여성주의 모두가 아프리카 여성신학자들이 극복할 대상인 것이다. 이러한 두 가지가 모두 아프리카 여성을 객체화시켜, 주관적 주체로서 이들을 받아들이는 것을 용납하지 않기 때문이다. 그래서 아프리카 여성들은 가부장적 체제와 백인여성 주도의 여성신학에서 여전히 수동적 객체로만 남아 있게 된다. 아프리카의 얼굴을 한 기독교, 더 나아가 아프리카의 색채 회복은 그녀에게 가장 시급한 과제였다. 따라서 그녀의 신학은 아프리카에서 기독교의 토착화와 해방이라는 단어로 요약될 수 있겠다. 이것은 남미에서 남성중심의 해방신학이 여성의 문제를 도외시한 것처럼, 아프리카의 해방신학도 여성의 관점을 수용하지 못하는 한계를 지녔기 때문이다. 그렇기 때문에 아프리카 여성신학은 이중, 삼중의 과제를 안고 있다. 즉 아프리카에 뿌리 깊게 내재한 가부장성 탈피, 식민지

---

14) Mercy Amba Oduyoye, "Christian Feminism and African Culture: The 'Hearth' of the Matter," Marc H. Ellis and Otto Maduro, eds., *The Future of Liberation Theology: Essays in Honor of Gustavo Gutierrez* (Maryknoll: Orbis, 1989), 443.

주의와 서구 여성신학의 편협함을 극복해야 하는 것이다. 오두요예가 정의하는 문화라는 것은 그런 점에서 더욱 포괄적인 의미를 지니고 있다. 그것은 사회문화 전반에 사람들의 세계관, 삶의 방식, 태도나 사회규범에 광범위하게 작용하며, 그 모든 것이 사람들의 삶의 상황으로부터 비롯된다.15)

아프리카의 문화의 문제에 이처럼 집중하며, 토속종교와 문화를 소중히 하면서도 오두요예는 식민지 지배가 가져다준 아프리카의 경제적 종속과 착취로부터 생겨난 빈곤의 문제, 특별히 그 상황 가운데 가장 피해를 받은 여성의 빈곤화의 문제를 간과하지 않는다. 여성의 경제적 해방을 말하는 그녀는 진정한 인간성의 회복을 위해서 남성들과의 협력을 또한 강조한다. 한 가족의 생계 전체를 책임지고 있는 여성들의 노동 강도는 남성들의 그것과 비교할 수 없는 수준이다. 그럼에도 불구하고 법적 보호를 받지 못하는 여성들의 문제는 남성들과 함께만 풀어나갈 수 있는 것이며, 이러한 젠더 논의는 여성의 해방뿐 아니라, 남성도 왜곡된 남성주의로부터 벗어나게 해주며 진정한 인간으로서의 면모를 되찾게 해주는 출구가 될 수 있기 때문이다. 오두요예가 지향하는 것은 아프리카 전통과 문화를 무조건적으로 긍정하는 옥시덴탈리즘의 성격을 지닌 것이 아니다. 또한 서구 유럽의 기독교 문화를 그대로 수용하고자 하는 오리엔탈리즘의 특성을 지닌 것은 더더욱 아니다. 이 두 가지의 입장을 견제하면서 문화 간의 창조적 혼성성 (hybridity)의 가능성을 추구하는 것이다.16) 즉 아프리카의 정체성을

---

15) Cf. Mercy Amba Oduyoye, "Contextualization as a Dynamic in Theological Education," *Theological Education* 30, supp. 1 (1993), 109. Quoted by Kwok Pui-lan, "Mercy Amba Oduyoye and African Women's Theology," *Journal of Feminist Studies in Religion* 20:1 (2004/Spring), 10.

포기하지 않으면서도 서구 기독교의 긍정적 측면을 배제하지 않는 방법이다. 주체적 결의권, 발전 지향적 상호협력, 파트너십을 인정하는 문화 간의 교류와 협력을 위해 나아가자는 것이다. 이러한 문화 간의 만남을 통하여 서로 간에 환대(hospitality)하는 법을 연습할 수 있다.17) 왜냐하면 이러한 상호교류는 일방적으로 이루어지는 것이 아니라, 주고받는다는 상호성을 강조하기 때문인 것이다. 상호작용이 일어날 때만이 서로 간에 진정한 유대감을 형성할 수 있다. 오두요예는 환대라는 개념을 가장 근원적인 성서적 특성을 드러내는 것으로 이해할 뿐 아니라, 아프리카의 가치를 담고 있는 중요한 개념으로 포착하고 강조한다.

2. 남아메리카의 여성신학

남미의 사회 역시 가부장주의적 남성우월주의(machismo)가 지배하고 있다. 그래서 다른 대륙의 가부장주의와 공통점을 갖고 있으면서도 남성우월주의와 여성에 대한 지배의식, 남존여비 사상이 독특하게 덧입혀진 모양새를 갖추고 있다.

1979년 남미의 여성신학자들이 멕시코에 모여서 교회와 사회에서의 여성의 지위에 대하여 논한 것은 이러한 사회전반의 남성우월주의에 대한 대응책을 마련하기 위함이었다. 이 결과로 1985년 아르헨티

---

16) Kwok Pui-lan, "Mercy Amba Oduyoye and African Women's Theology" (2004), 12.

17) 환대라는 개념 이외에 오두요예가 아프리카의 가치를 드러내는 것으로 반복적으로 강조하는 개념은 공동체성(community), 통전성(wholeness), 상호연관성(inter-relationships), 수혜성(reciprocity), 연민(compassion) 등이다. Cf. Mercy Amba Oduyoye, *Introducing African Women's Theology* (Sheffield: Sheffield Academic Press, 2001), 33-38.

나에서 제3세계신학자협의회의 틀 안에서 여성신학자 모임이 마련되었다. 이 모임은 이후 정기적, 비정기적으로 지속되었고, 여성신학자들의 논의와 모임이 활성화될 수 있는 계기를 마련해주었으며, 이후 남미의 여성신학은 다양하게 발전되었다.18)

여성들은 경제적 위기의 상황에서도 늘 돌파구를 찾아나가는 주체였고, 생존을 위한 힘의 근원이었다. 실제적으로 여성들은 사적 영역에서 남편과 자식들을 살아남게 해준 주체였을 뿐 아니라, 일상적이고 현재적인 삶에 초점을 두기 때문에, 공적 영역에서도 불의에 맞선 투쟁도 마다하지 않았다. 바로 이러한 고난의 현장 한복판에서 여성들은 하나님의 현존과 비밀, 계시된 하나님과 감추어진 하나님을 경험했다. 이러한 여성의 경험은 방법론적으로, 내용적으로 다양하게 신학화되어갔는데, 예를 들면 신약신학자 엘자 타메즈는 3단계의 해석학적 방법을 선호하고, 주도한다.19) 1) 성서 본문에 대하여 종래의 해석과는 거리를 두고 접근하는 방법, 2) 가난한 사람의 관점으로 성서를 읽는 방법, 3) 의식화된 여성주의적 접근 방법이 그것이다.

가톨릭교회가 압도적으로 절대 다수를 차지하는 남미에서 여성신학자들은 가난한 여성의 입장에서 마리아론에 특별히 주목한다.20) 그

---

18) 남미 여성신학에 대한 전반적 이해를 도와주는 책으로는 다음을 참조: Christiane Rösener and Bärbel Fünfsinn, eds., *Töchter der Sonne. Unterwegs zu einer feministischen Befreiungstheologie in Lateinamerika* (Hamburg: E.B. Verlag, 1996); B. Fünfsinn, *Liturgische, poetische und theologische Texte von Frauen aus Lateinamerika* (Hamburg: NMZ, 2006); Christa Zinn and Bärbel Fünfsinn, eds., *Das Seufzen der Schöpfung. Oekofeministische Beiträge aus Lateinamerika* (Hamburg: EMW, 1998).

19) Elsa Tamez, *Bible of the Oppressed* (Maryknoll: Orbis, 1982). aü

20) Ivone Gebara and Maria Clara Bingemer, *Mary: Mother of God, Mother of the Poor* (Maryknoll: Orbis Books, 1989).

동안에 도덕과 순결, 순종과 헌신의 표상으로서의 마리아와 마리아론은 이데올로기적으로 남성에 대한 여성의 종속을 가중시키는 역할을 하였다. 그렇기 때문에 마리아에 대한 새로운 이해가 필요한 것이었다. 그것은 여성주의적 인간학에 바탕을 두고 해방을 위한 투쟁의 경험에 기초한 것이다. 마리아는 자비로운 하늘의 어머니일 뿐 아니라, 이 땅에서의 정의를 위한 자매와 동반자가 되는 것이다. 이를 위한 성서적 근거는 누가복음서의 마리아의 노래이다. 이를 기반으로 여성신학자들은 남미의 토착화 신앙, 생태여성주의적 차원, 문화적 정체성, 몸의 문제 등을 재조명해나갔다. 여성에 대한 가부장적 억압에 대처하는 방안과 교회와 사회에서 여성이 주변부로 밀려나는 다양한 상황에 대한 개혁의 시도, 인간에 의해 비롯된 고난을 극복하는 것 등이 중요한 신학적 과제로 대두되었는데, 이는 예수의 부활의 힘에서 비롯된다. 고난당하는 이들과 함께하는 예수는 단순히 연민을 갖는 것에서 끝나는 것이 아니라, 구조적 문제성을 치유하고 상황을 바꾸도록 돕는 존재이다.

아프리카에서 1989년 결성된 여성신학 연합체인 The Circle of Concerned African Women Theologians에 견줄 수 있는 것을 남미에서 찾아본다면, 남미 에큐메니칼 신학자 협의회 안에 결성된 여신학자들 간의 신학적 유대감을 돈독히 하는 모임 Comunidad de Educación Teológica Ecuménica Latinoamericana y Caribeña를 언급할 수 있겠다.[21]

남미의 여성신학을 주도하는 신학자로는 엘자 타메즈(Elsa Tamez), 도라 카날레스(Dora Canales), 이본 게바라(Ivone Gebara), 도리스 무

---

21) Cf. www.cetela.net (2013년 3월 29일 방문).

뇨스(Doris Munos), 티사 발라수리야(Tissa Balasuriya), 가브리엘라 미란다(Gabriela Miranda), 실비아 레기나 다 리마 실바(Silvia Regina da Lima Silva), 낸시 카르도소 페레이라(Nancy Cardoso Pereira) 일레인 노이엔펠트(Elaine Neuenfeldt), 오펠리아 오르테가(Ofelia Ortega), 호세피나 우르타도(Josefina Hurtado), 도라 아르케-발렌틴(Dora Arce-Valentin) 등이 기억되고 주목할 만한 여성들이다.

아프리카에 멀시 암바 오두요예가 있다면, 남미에서 이에 버금가는 인물로 이본 게바라(Ivone Gebara)를 언급할 수 있겠다.22) 1944년 브라질에서 태어난 이본 게바라는 가톨릭 어거스틴회 수녀이다. 그녀는 생태여성신학을 해방신학과 접목시킨 대표적인 인물이다. 그녀가 말하는 생태여성신학의 근간을 이루는 것은 생명이다.23) 특별히 도시 빈민 여성노동운동에 깊이 관여한 게바라는 사회생태여성주의와 통전적 생태학을 서로 접목시키고 있다. 생태여성주의는 단순히 이론이 아니라 일상적 삶 가운데 체현되어야 하는 것이다. 불결한 쓰레기 처리, 깨끗한 물 부족, 부적절한 건강, 의료 체계의 미비함으로 인한 가난한 여성들의 반복되는 일상의 취약성에 주목하고 그 문제를 신학화하는 것이다. 그런 점에서 그녀의 생태여성주의는 백인여성신학자들의 그것과는 구별된다. 즉 구체적 실천과 연관된 신학을 추구하면서도 게바라는 인간론, 신론, 삼위일체론, 기독론을 포함한 전통교의학적 논의를 재구성하는 작업을 시도하였다. 또한 생태주의에서 종의 다양성을

---

22) Cf. Ivone Gebara, *Out of the Depths. Women's Experience of Evil and Salvation* (Minneapolis: Fortress Press, 2002); Ivone Gebara, *Die dunkle Seite Gottes. Wie Frauen das Böse erfahren* (Freiburg i. Br & Basel: Herder, 2000).

23) Ivone Gebara, *Longing for Running Water: Ecofeminism and Liberation* (Minneapolis: Fortress Press, 1999).

존중하는 것과 마찬가지로, 종교 간의 다양성을 인정하는 가운데 협력을 이끌어낸다. 빈민여성문제에 관심하고 연대하는 게바라는 1993년 이후부터 바티칸과 갈등관계 속에 신학 작업을 지속하였다. 도화선이 된 문제는 빈민여성에게 낙태는 금지될 조항이 아니라는 것을 그녀가 공적인 자리에서 언급하고 나서부터였다. 단순한 인구팽창이 극빈적 가난의 상황에 노출된 여성들에게 도움이 되지 못하고, 또한 상황윤리를 적용하지 않은 채 일방적, 획일적으로 낙태를 금지하게 될 때 가난한 여성들이 짊어져야 할 삶의 무게가 너무 엄청나고 혹독함을 지적한 것이었다. 그래서 그녀는 여성들 스스로에게 선택의 기회를 주어야 한다는 것을 주장하였다. 바티칸 교리심의위원회의 경고를 받았음에도 불구하고 그녀의 생태여성신학에 대한 관심은 더욱 확대되었고 구체화되었다. 즉 그녀는 전통 기독교의 인간중심적, 남성중심적 사고관과 태도에 대하여 도전하고 우주적 차원에서 인간과 다른 피조물과의 긴밀한 연대성을 강조하였다. 그녀의 생태여성신학 작업의 마당은 칠레 산티아고에 있는 여성신학자협의회인 콘스피란도(Conspirando)[24]와 함께 남미뿐 아니라, 북미에도 확산되었다. 콘스피란도는 남미에서 다양한 주제로 여성신학을 이끌어가는 구심체의 역할을 하는데, 그 가운데에서도 생태여성신학을 주도하는 인물이 게바라이다. 이들은 북

---

24) 남미 여성신학을 주도하는 여성신학자와 행동가들의 연합운동이 바로 콘스피란도인데, "함께 호흡한다"라는 의미를 지니고 있다. 이 운동에서 지구 북반구 여성신학자들과 지구 남반구 여성신학자들이 바람직하게 협력하여 선을 이루는 모범을 보이기도 한다. 이러한 운동이 남미에서 가능하기 위해서는 신학적 내용과 물질적 지원도 상당히 필요한데, 대표적으로 이들을 돕는 기구가 필자가 몸담고 있었던 스위스의 기독교 국제기구인 미션 21이다. Mary Judith Ress, ed., Circling in. Circling out. *A Con-Spirando Reader* (Santiago: The Con-spirando Collective, 2005); http://www.conspirando.cl(2013년 5월 8일 방문).

미의 여성신학자들의 신학적 개념과는 구별되는 신학을 추구했으며, 해방신학의 요소를 적극적으로 수용하고 도입하였다. 이것은 전통적 신학 개념의 여성화를 시도한 것이며, 전통신학의 인간중심주의와 해방신학의 세계관에 도전한 것이다. 결국 이러한 노력이 축적되어 게바라로 하여금 남미의 상황에 기초한 통전적 여성생태주의를 성숙하게 하였다. 가난의 문제를 도외시하지 않는 게바라의 신학은 모든 것이 서로 유기체적으로 연결되어 있으며, 또한 구조적인 억압 자체도 서로 연관관계에 있음을 표현한 것이었다. "도시 생태여성주의"(urban eco-feminism)를 말하는 그녀는 여성신학을 통하여 일상성의 문제들에서 지극히 평범한 것이지만 구체적으로 극빈자 여성들이 필요한 삶의 질을 개선하도록 돕는다. 이렇게 함으로써 게바라는 항상 물질적으로 가난한 자, 억압된 사람들의 문제를 신학화하는 데에서 그 초점을 상실하지 않는다. 이러한 경험으로부터 인식론적 방법의 재구성을 시도하는 것이다. 그것은 곧 예수운동의 경험을 우리의 현시대 상황에서 재현하는 것이다. 또한 남성의 경험으로만 제한된 신학적 인식론에 다른 색을 입히고 지평을 넓혀주고 있다.[25] 게바라는 여성들의 경험을 신학화하는 데 비중을 두는데, 특히 악의 문제를 여성이 경험하는 가난, 권력의 부재, 지식의 결핍, 가치 상실 등으로부터 파악하며, 정의로운 사회체제로의 개편 방법을 모색한다.[26]

---

25) Vgl. Ivone Gebara, "Patriarchale Erkenntnistheorie," Sabine Plonz, ed., *Wir tragen die Farbe der Erde. Neue theologische Beiträge aus Lateinamerika* (Hamburg: EMW, 2004), 198-219.

26) Cf. Ivone Gebara, *Out of the Depths. Women's Experience of Evil and Salvation* (Minnea-polis: Fortress Press, 2002).

V. 지구 남반구 여성신학이 갖고 있는
보편적 문제와 전망

　이상에서 살펴본 내용을 토대로 각 대륙별로 활동하는 여성신학자들의 유형을 세 부류로 구분할 수 있다. 첫 번째 부류는 해당 국가나 그 대륙 안에서 공부하고 일하는 사람들이다. 두 번째 부류는 미국이나 유럽에서 공부를 하고 그곳에 남아 활동하는 여성신학자들이다. 세 번째 부류는 본래 유럽이나 미국 사람이지만, 지구 남반구 국가들에서 활동하며, 부분적으로는 그곳에서 국적까지 취득하고 살고 활동하는 여성신학자들이다. 일반적으로 첫 번째 부류의 사람들이 수적으로 제일 많다. 나라마다 경제적 · 신학적 차이가 있기 때문에 일반화해서 말하기 힘들지만, 대체로 한 국가나 그 대륙 안에서만 주로 활동하기 때문에 세계적으로 알려지기가 힘들다. 각 나라별로 출판물이 많이 있지만, 언어의 장벽 때문에 소개되기 힘들다. 또한 국제어인 영어로 출판되었다 하더라도, 국제적 유통구조 때문에 지구 북반구로 확대, 보편화될 수가 없다. 유럽과 미국의 주류 출판사에서 출판된 책들만이 전 세계적으로 보급될 수 있기 때문이다. 남-남 간(Global-South and Global-South)의 교류와 협력은 그런 점에서 북미, 서부 유럽의 개입과 중재 없이 거의 불가능한 것이 현실이다. 그러나 이들이야말로 각기 그 나라의 고유한 특성과 상황성을 담지하는 신학을 할 수 있는 사람들이다. 중장기적으로 볼 때 각 대륙별, 국가별 여성신학의 활성화를 위하여 가장 지원되어야 할 그룹이다.

　두 번째 부류의 사람들은 수적으로 그다지 다수는 아니라고 하더라도, 여러 가지의 출판 혜택과 강연 기회로 인하여 세계적으로 이름이 소개되는 신학자들이다. 내용적으로는 실제 그 나라 안에 살지 않기 때문에, 구체적이고 현재적인 상황과 조금 격리되거나 그 현실의 다양한 문제들을 담아내지 못하고, 이론적이며 추상화된 내용을 과장하는 경향을 보이기는 하지만 영미, 유럽의 신학적 언어와 방법론을 사용하기 때문에 호응도가 높다. 유럽과 북미에서 각 대륙의 내용과 각 나라마다의 특정한 상황을 알려주는 역할을 담당한다는 점도 긍정적으로 평가할 수 있겠다. 위에 설명한 미국 내에서 활동하는 유색인 여성신학자 모임이 여기에 해당된다.

세 번째 부류는 수적으로 가장 소수이기는 하지만, 신학적 헤게모니를 쥐고 있는 경우가 많다. 북미, 유럽과의 직접적 연관성 때문이다. 아시아와 남미에서는 그 대륙과 나라 안에서 활동하고 있는 북미, 유럽 여성신학자들을 찾을 수 있는 반면, 아프리카에서 아직까지 그런 경우는 아주 드물다. 기본적인 삶의 여건과 환경이 열악하기 때문이다. 그러나 지리적 접근성 때문에 유럽과 아프리카 사이에는 빈번한 교류가 이루어질 수 있어서, 그런 점에서 다양한 활동들이 진행 중이다.[27] 이 세 번째 부류는 경제적 격차와 표현의 우월성, 출판을 위한 기회 등으로 인하여 이들이 주도적 역할을 하기 때문에, 오히려 남미와 아프리카 토박이 여성들 자신은 또 다시 신학의 주체가 되지 못하고, 주변부로 밀려나고 대상화·객체화되는 것이다. 그러나 이 부류의 여성신학자들은 남북 간의 교류를 위하여 상호소통을 위한 중요한 디딤돌이 될 수 있겠다.

---

27) 그 한 예로 스위스와 독일의 여성신학자들이 아프리카 신학에 관심을 갖고 아프리카 여성신학자들과의 교류를 위하여 결성한 모임을 들 수 있겠다. 참조: http://www. malalaka.org(2013년 5월 12일 방문).

이 세 부류가 이루어낼 수 있고, 기여할 수 있는 부분은 각기 다르다. 취약한 점을 보완하고, 서로 연대하는 가운데 함께 나아간다면 전 세계적으로 여성신학의 확산을 위해 아주 멋지고 좋은 효과를 거둘 수 있을 것이다.

1. 여성들 내에서의 계층구조 형성의 문제성

아이리스 마리온 영(Iris Marion Young)[28]은 억압의 유형을 다음과 같이 다섯 가지로 구분하여 보여준다. 첫째 착취를 통한 억압, 둘째 주변화로 인한 억압, 셋째 권력의 박탈로써의 억압, 넷째 문화제국주의에 의한 억압, 다섯째 폭력을 통한 억압이 그것이다. 이와 같은 억압의 유형 이외에 다음과 같은 이원론적 위계질서가 덧붙여지면, 더욱 차별적인 역학관계를 드러낸다. 즉 남성과 여성, 서양과 동양, 지구 북반구와 남반구, 문화와 자연, 영혼과 몸, 백인과 유색인, 이성과 감성, 주체와 객체, 나와 타자 등의 범주가 그것이다. 앞에 나온 범주가 뒤에 나온 범주보다 항상 우위에 있는 것이다. 필자가 다음에 언급하려고 하는 내용은 같은 여성들 사이에서 보여지는 이원론적 위계질서의 현상이다. 위의 마리온 영의 억압의 유형에 비추어본다면 주변화, 권력의 박탈, 문화제국주의로 인한 억압이 여기에 직·간접적으로 해당된다. 그런데 특별히 주변화로써의 억압의 관점에서 이에 연관된 내용들을 몇 가지 본문과 함께 다음과 같이 살펴보고자 한다.

---

28) Iris Marion Young, *Justice and the Politics of Difference* (Princeton: Princeton University Press, 1990), 39-65.

1) 마리아와 마르타 사이의 계층적 상하개념의 극복(눅10:38-42)

누가복음에서 마르타와 마리아는 대조되는 두 유형의 여성이다. 마르타는 분주하게 일함으로써, 실천적 일을 대변하는 인물이고, 마리아는 하나님의 말씀에 대한 묵상을 하는 이론적 일을 대변한다. 하나님 말씀을 경청하는 것에 대한 강조는 마르타보다 마리아의 일을 고상하고 중요한 일로 취급하게 한다. 마르타는 봉사와 섬김의 원형으로 등장하기는 하지만, 마리아적 가치에 비교해볼 때는 상대적으로 하위 범주에 속한다. 마르타는 일상적 생계를 책임지느라 조용히 하나님의 말씀을 묵상하거나, 그것을 글쓰기 작업으로 풀어낼 여유가 전혀 없다. 그러나 여성에게 봉사와 섬김(Diakonia)이 강조될 때 마르타는 아주 중요한 역할 모델로 강조된다. 실제로 마르타는 베드로보다 앞서서 예수를 그리스도로 가장 먼저 주체적으로 고백한 인물이었다(요 11:27). 마리아는 "꼭 필요한 한 가지 것"을 택했지만, 마르타의 도움 없이는 이러한 선택도 불가능하였을 것이다. 즉 마르타 없이 마리아는 존재하지 못했을 것이다. 마리아의 선택은 옳았고 중요했다. 여성이 토론의 장에서 배제되던 시기에, 능동적인 듣는 주체로서 마리아가 작용했기 때문이다. 그러나 마르타의 가치도 간과할 수 없는 것이다. 두 사람의 삶의 양태는 나름대로 모두 치열했기 때문이다.

대부분의 지구 남반구의 여성들의 삶은 마르타를 연상하게 한다. 신학적으로 하나님의 말씀을 조용히 묵상할 시간적 여유도 없고, 또 자신들의 삶과 상황을 신학화할 수 있는 여건도 갖고 있지 못하다. 중요한 것은 일상적 삶을 어떻게 꾸려나가느냐 하는 것이고, 그것 이외에 다른 것에는 전혀 신경 쓸 틈도 없이 분주하고 고단한 것이다. 1980년대 이후 지구 남반구에서 여성신학자와 안수받은 여성목회자들의 숫자가 점차 증가하였다. 그러나 보통 구두전승에 익숙한 이들에게 글쓰기 작업, 문서화된 신학화 작업은 여전히 어려운 일이다. 다른 한편으로 마르타와 마리아가 이분법적 상하 개념으로 여성들 안에서 작용해서 발생하는 문제가 있다. 왜냐하면 여성신학자와 여성평신도, 여성목회자 사이에 차별적 구조가 생겨나기 때문이다. 즉 성차별의 문제가 극복되었다고 해도, 같은 성을 가진 사람들 사이에 다시 상하종속 관계가 형성되면, 이때 여성들 내에서의 연대감은 찾아보기 힘들어지고 오히려 여성운동을 함께 보완하고 발전시켜 나아가는 데 걸림돌이 된다.

2) 교활한 다섯 처녀와 순진한 다섯 처녀의 연대 가능성(마 25:1-13)

마태복음 25장에는 등불을 준비하는 처녀들의 비유 이야기가 나온다. 물론 이 본문의 핵심은 궁극적으로 오실 하나님 나라에 대한 대망이며, 아울러 우리가 깨어 준비해야 한다는 것이다. 하나님 나라에 대한 기다림을 강조한 성서의 본래적 의도와는 달리 주석사가 끼친 영향의 역사에서 이러한 이분법적 접근과 해석은 항상 계층 간의 서열구조를 만들어내는 이념적 도구가 되었고, 문제를 야기하였다. 여기서 신랑은 다시 오실 예수 그리스도로, 신부는 교회공동체로 비유되었다. 독일어 루터 번역본에서는 이 처녀들을 묘사하는 데, "슬기 있고 미련한"(klug und töricht)이라는 형용사를 사용했던 반면, 2006년에 발간된 독일어 성평등을 위한 성서 번역본에는[29] "교활하고 순진한"(schlau und naiv)이라고 묘사하고 있는데, 필자는 후자의 형용사가 더욱 적합

---

29) 정의로운 언어로의 성서 번역본(Die Bibel in gerechter Sprache)은 독어로 되어 있는 성서 번역본의 한 예이다. 이것은 전 세계적으로 지금까지 여성신학적 시각으로 성서를 번역한 가장 최초의 시도이다. Ulrike Bali, eds., *Die Bibel in gerechter Sprache* (Gütersloh: Gütersloher Verlags Haus, 2006).

하다고 본다.

　필자는 "교활하고 순진한" 두 여성의 그룹을 주도권을 쥐고 있는 엘리트 여성들과 그렇지 못하고 주변부에 머물러야 하는 비엘리트 여성들의 관계로 확대해석하고자 한다. 순진한 이 여성들은 기름이 떨어졌는데, 왜 더 빨리 다시 채워넣을 준비를 하지 못했겠는가? 엘리트 여성들이 재정도 넉넉하고, 육체적으로 덜 고단한 삶을 살며, 정보도 빨리 받기 때문에 기름 준비하는 데 용이할 수 있었던 것은 아닌가? 그 반면 주변부로 밀려나는 삶을 사는 여성들은 아무리 깨어 있으려 해도, 육체노동으로 인한 피로감과 재정적 어려움 때문에, 도저히 기름을 준비할 처지가 못 되었다고 추정해볼 수 있겠다. 이런 해석이 해석자의 의도를 성서에 집어넣는(Eisegese) 과장된 방법으로 보일 수도 있겠으나, 굳이 이런 차원으로 이 본문을 대하게 된 것엔 그 까닭이 있다. 필자는 그동안 지구 남반구의 여러 나라들을 방문하면서, 많은 여성과 남성이 가난의 굴레에서 벗어날 수 없는 것은 그들이 게으르거나, 미개해서가 아니라, 구조악으로 인하여 빈곤이 악순환될 수밖에 없으며, 그래서 일상적 삶은 더욱 고단해질 수밖에 없다는 것을 수없이 목격하였다. 그것이 기존의 식민지주의 위에 신자유주의가 덧붙여져 만들어낸 신식민주의적 체제의 결과물이다. 이러한 구조 속에서 주변부에 머물러 살아야 하는 사람들은 필요한 정보를 얻는 데에서도 소외되거나 제외되기 쉽고, 또 적절한 시기에 적절한 행동을 취할 재정적 여력이나 육체적 여건도 갖추고 있지 않다. 기동성(mobility)의 측면에서나 주변과 중심부의 관계를 보면 중심부에 위치하고 기동성이 좋은 것은 당연히 남성과 기득권자의 특권이기 때문이다.

　물론 하나님 나라를 기다리고 준비하는 것은 각자의 몫이다. 그런

데 주변부에 머물러야만 하는 여성들에게 기득권을 갖고 있던 여성들이 기름을 나누어줄 수는 없었던가 하는 질문을 해볼 수 있다. 그래서 함께 하나님 나라의 잔치에 들어갈 수 없었던가? 많은 사람들이 바깥에서 고통당하고 있는데, 특정 그룹만 기쁨을 누리는 것이 과연 하나님 나라의 모습으로 합당한 것인가? 모두가 한 개의 등불을 균등하게 갖고 있지만, 그 외의 여건은 아주 다르다. 그런데 서로가 갖고 있는 다른 것을 함께 나눌 수 있다면 가장 바람직한 모습이 되지 않겠는가?

이 본문을 계속 읽어 내려가면 35절과 43절에 지극히 작은 자와 함께하는 인간적 연대감을 강조하는 대목이 나온다. 예수 그리스도와 관계를 맺고 사는 기독교인으로서 곤궁한 삶의 여건에서 살아가는 지극히 작은 자에 대한 연민을 갖는 것은 공동의 책임이다. 바로 그 점에 착안하여 스스로를 대변할 수 없는 주변부 사람들을 위한 변호의 역할을 감당하는 것이 제3세계 여성신학의 공헌일 것이다. 여성신학자들은 각각 그 사회에서 엘리트 여성에 속하기 때문에, 주변부에 있는 사람들과 연대하는 이러한 책임을 회피해서는 안 될 것이다.

3) 서로의 취약성을 보듬어주는 마리아와 엘리사벳의 해후(눅 1:39-56)

성서는 다양한 인간들의 모습을 적나라하게 전해주고 있다. 서로 시기와 질투로 갈등관계에 놓인 여성들의 모습을 보여주고 있는가 하면(사라와 하갈), 그 반면에 아주 극도로 어려운 상황에서도 서로가 서로를 격려해주고, 힘을 실어주는 연대적 자매애의 모습을 보여주는 경우도 있다. 그 대표적인 예가 누가복음 1장의 마리아와 엘리사벳이다. 세대 간의 격차가 있었던 이 두 여인은, 모두 임신한 상태라는 공통점을 지니고 있었다. 이들에게 이 상황과 시기가 결코 적절하지 않았다.

제사장 사가랴의 아내 엘리사벳은 아이를 임신하기에는 이미 나이가 들었던 상태였고, 요셉과 약혼한 마리아는 너무 일찍 혼전 임신을 하게 되었기 때문이다. 이러한 상처받기 쉬운 취약성(vulnerability)은 이들을 엮어주는 또 다른 공통점으로 긍정적으로 작용한다. 이와 같은 일상적인 평온함을 벗어난 상황에서 두 여인은 하나님을 서로 의지하는 믿음 가운데 서로를 격려하고 거기에서 힘을 얻고, 이 상황을 극복할 용기를 찾게 된다.

친척인 엘리사벳을 찾아 유대 지방으로 나섰던 마리아는 엘리사벳과 사가랴의 집에 들어가 아마도 위로와 안식을 찾고 싶고, 조언을 구하고 싶었을지도 모른다. 마리아가 집안에 들어서자 엘리사벳은 성령으로 충만해서, 큰 소리로 이렇게 외쳐 말했다. "그대는 여자들 가운데서 복을 받았고, 그대의 태중의 아이도 복을 받았습니다. 내 주님의 어머니께서 내게 오시다니, 이것이 어찌된 일입니까? 보십시오. 그대의 인사말이 내 귀에 들어왔을 때에, 내 태중의 아이가 기뻐서 뛰놀았습니다. 주님께서 하신 말씀이 이루어질 줄 믿은 여자는 행복합니다"(눅 1:42-45). 이렇게 해서 새로운 힘을 얻게 된 마리아는 이후 이천 년 교회 역사 안에서 끊임없이 인용되고 불리게 된 마리아의 찬가로 이렇게 응답한다.

"내 영혼이 주님을 찬양하며 내 마음이 내 구주 하나님을 좋아함은, 그가 이 여종의 비천함을 보살펴 주셨기 때문입니다. 이제부터는 모든 세대가 나를 행복하다 할 것입니다. 힘센 분이 나에게 큰일을 하셨기 때문입니다. 그의 이름은 거룩하고, 그의 자비하심은, 그를 두려워하는 사람들에게 대대로 있을 것입니다. 그는 그 팔로 권능을 행하시고 마음이 교만한 사람들을 흩으셨으니, 제왕들을 왕좌에서 끌어내리시고 비천한 사람을 높이셨습니다. 주린 사람들을 좋은 것으로 배부르게 하시고, 부한 사람들을 빈손으로 떠나보내셨습니다. 그는 자비를 기억하셔서, 자기의 종 이스라엘을 도우셨습니다. 우리 조상들에게 말씀하신 대로, 그 자비는 아브라함과 그 자손에게 영원토록 있을 것입니다"(눅 1:46-55).

권력의 독점이 아니라, 권력을 나눔으로 지배의 힘(over-powering)이 아니라, 나눔의 힘(em-powering)이 강화되고, 부유한 사람은 그 부를 가난한 사람과 공의롭게 나누어서 이 땅 위에서 더불어 상생해야 할 것을 노래한 마리아의 찬가는 자매애를 보여준 엘리사벳의 위로와 격려에 힘입은 사랑의 산물이었다. 무엇보다도 가부장체제에서 고난을 많이 당한 사람이 이러한 고난을 대물림하는 예는 아주 흔하다. 폭력의 악순환이 그래서 재현되는 것이다. 중요한 것은 이러한 악순환의 고리를 끊고, 여성들 간의 진정한 자매애적 연대가 확대되어야 하는 것이다. 그러기 위해서는 여성신학의 중요성을 인식하는 선후배 간, 동료 간 서로 북돋우어주는 분위기와 연대적 행동이 절실히 필요하다. 그래서 "바구니에 담긴 게들의 원칙(Krabbenkorbprinzip)"[30]이 맞지

---

30) 이 말은 바구니에서 밖으로 기어 나오려는 게들은 다른 게들의 방해를 받아 결국 서로 못 나오게 되는 모양새를 여성이 다른 여성들을 폄하하고, 발전을 저해하는 것에 비유한 것이다. 굳이 어부가 뚜껑을 닫지 않아도, 서로간의 다툼과 방해로 밖으로 게들이 나올 수 없다는 것이다. 여성들 간의 연대와 협력이 이루어지지 않음을 빗댄 비유이다. 가부장주의의 피해자는 자신이 권력을 행사할 수 있는 여건이 갖추어질 때 자신이 피해 받은 것을 이자 붙여서 되돌려주는 경향이 있다. 그래서 결국 가부장주의의 체제를 옹호하는 역할을 하는 것이다. 이러한 여성 간의 관계성의 문제를 지적하고, 대안적 협력방안을 이론적으로 모색하는 이들이 있다. 이탈리아에서 삶에 구체적으로 연관된 여성철학운동을 이끌어나간 디오티마 여성공동체가 그들이다. 그룹 이름은 플라톤의 작품에 등장한 예언적 여사제의 것이다. 이들은 이론에 멈추는 철학이 아니라,

않음을 보여주어야 한다.

2. 지구 남반구 여성신학과 관련한 한국 여성신학을 위한 제언

한국은 아프리카, 남미와 아시아의 국가들을 잘 이해하고 아우를 수 있는 여러 가지 여건을 고루 잘 갖추었다. 우선 한국은 20세기 전반부에 비기독교 국가인 일본에 의하여 식민지 지배를 받았기 때문에, 기독교 국가들에 의하여 식민지 지배를 당한 경험을 갖고 있는 지구 남반구 대부분의 나라들과는 구별되는 역사를 지닌 유일한 나라이다. 그럼에도 불구하고 장기간의 식민지 경험, 경제적 착취와 억압의 경험, 전쟁, 독립 이후 군사독재, 민주 항쟁과 인권 탄압과 유린, 민주화로의 발전과정, 시민사회로의 전환과정에 수반되는 모든 사항들을 고루 거친 나라이다. 또한 사계절이 뚜렷하기 때문에 지구 남반구와 북반구에서 보여지는 현상들을 고루 수용할 수 있다. 오랫동안 농업을 기반으로 한 것 때문에 축적된 우리의 경험과 문화와 여름철의 열대성 기후는 우리로 하여금 지구 남반구 사람들의 성향을 잘 이해할 수 있게 해주며, 겨울철의 대륙성 기후는 지구 북반구 사람들의 기호나 성향에 또한 잘 맞출 수 있게 해준다. 1960년대 대한민국의 경제력은 아프리카나 동남아 국가들에 오히려 뒤지는 수준이었으나, 이후 괄목할 만한 성장을 했기 때문에 지구 남반구 사람들의 호기심을 유발하게 한다. 한국은 다른 나라를 침략한 경험이 없다. 또한 한국 사람들이 역사 안

삶을 철학화, 철학의 육화 작업을 구현한다. 그래서 격려와 연대, 힘을 서로 실어주고 북돋워주는 것을 통하여 여성운동을 더욱 효율적으로 해나가자는 데에 그 목표가 있다. 루이자 무라로(Luisa Muraro), 시아라 잠보니(Chiara Zamboni), 알레산드라 보체티(Alessandra Bocchetti) 등이 대표적으로 주목해 볼 만한 인물들이다.

에서 그 수많은 고난을 극복하고 그저 열심히 살아가는 모습과 방법은 이들에게 귀감이 되기도 하는 것이다. 그래서 자선(charity)의 차원에서가 아니라 "지속가능한 발전"(sustainable development)을 위하여 지구 남반구 사람들과 연대하면서 도울 수 있는 가장 좋은 조건을 갖추고 있다고 볼 수 있겠다.[31] 그리고 이런 상황을 신학화하는 노력은 지구 남반구의 신학교육에서 빼놓을 수 없는 중요한 과제이다. 그것과 아울러 우리로 하여금 목소리를 낼 수 없는 이들을 대신하여 신학화 작업을 하는 의식이 중요하다. 이때 신학은 추상적 이론으로 끝나는 것이 아니라, 실천을 위한 귀중한 토대를 마련해주는 것이다.

2005년도에 1995년 유엔 주최의 여성대회 10년을 결산하는 회의가 열렸다. 정부기구와 비정부기구의 포럼으로 구성되고, 여성과 관련해서 빈곤, 교육, 건강, 폭력, 무장갈등, 경제, 권력과 의사결정, 인권, 미디어, 환경을 비롯해서 여성발전을 위한 제도적 장치와 여자 어린이에 대한 북경선언과 행동강령이 발표되었다. 북경에서 열린 이 세계여성대회는 그 이후 여성의 전 세계적 지도력 향상에 공헌하였다는 평가를 받았다. 실제로 엘리트 여성들의 지위는 상당히 발전되었지만, 그 사이 절대 다수의 여성들은 더 비참한 삶의 상황으로 밀려나게 되었다는 것이 베이징 회의 이후 10년을 평가하면서(Post Beijing)[32] 보고된 내용이다. 그래서 "빈곤의 여성화", "여성의 얼굴을 한 빈곤" 등의 용어가 등장하게도 된 것이다.

식민지 시대를 지나, 군부독재의 시대를 겪고 난 뒤 시민사회가 들

---

31) Yoon Jeunghyun, "Good Morning Africa! This is the Republic of Korea," *Korea Focus* 18:4 (2010/Winter), 24-25.

32) 참조: http://www.postbeijing.ch(2013년 5월 12일 방문).

어서면서, 여러 나라에서 사회적·정치적 문제들이 점차로 비가시화되었지만, 내면적으로는 더욱 심각한 수준에 접어들어 갔다. 경제, 정치, 사회의 모든 분야에서 "주체를 알 수 없는 폭력"(die Herrenlose Gewalt)은 더욱 증대되었다. 신식민지주의의 확대와 극소수의 부자에 의한 경제적 단일화와 구조개편은 전 세계의 다수의 사람들, 특히 여성들의 삶을 더욱 고단하게 만들어갔다. 경제적으로 불평등한 경제구조 속에서 또한 거듭되는 경제위기와 지구 북반구에서의 기독교인 감소세로 인하여 제1세계의 의식 있는 교회들을 통한 제3세계에 대한 원조, 특별히 신학발전을 위한 원조와 기금도 현격하게 줄어들었다. 예를 들어서 제3세계신학자협의회는 1980년대 이후 독일어권 유럽의 국가들, 특히 스위스와 독일의 막대한 재정지원으로 유지되어왔고, 그것이 제3세계 신학의 발전과 보급에 지대한 영향을 끼쳤다. 그러나 이들의 재정지원이 여러 이유로 축소되자 이제는 그 명맥만 겨우 유지하고 있는 실정이다. 이처럼 제3세계신학자협의회를 통하여 발전된 해방신학의 영향력은 1970년대, 1980년대에 비하여 볼 때 쇠퇴한 것이 분명하다. 이에 대해서 여러 가지의 이유를 들 수 있겠다. 전 세계적으로 보편화된 개인주의화의 경향으로 사회, 경제정의 문제, 구조악의 개선에 대한 일반인의 관심은 극도로 퇴색하였다. 남미의 가난한 사람들은 해방신학을 택하지 않았고, 오히려 물질적 축복을 가져다준다고 믿게 되는 오순절 계통의33) "번영의 신학"을 택하였다. 그럼에도 불구하고 잘 알려지지 않았지만 2, 3세대 해방신학자들은 여전히 건재하고

---

33) 전 세계적으로 오순절 교회가 증가세를 보이고, 영향력 행사하는 경향은 쉽게 찾아볼 수 있다. 그런데 남미의 오순절 교회에 있는 여러 모습을 고려해보아야 할 필요가 있다. 이 가운데에는 사회구조적 문제의 개혁을 외면하지 않고, 개인 구원에만 집중하지 않는 오순절 교회도 있기 때문이다.

있고, 그 내용을 발전시켜나가고 있다. 몇 명의 소위 말하는 스타급 해방신학자들이 없다는 것을 곧 전체적 내용이 빈약해진 것으로 평가할 수는 없다. 문제는 스타가 만들어지는 과정이 자본주의 사회의 모순을 그대로 반영해준다는 데 있다. 많이 홍보가 되고, 이름이 대중매체에 많이 등장하면 내용을 검토하지 않은 채 스타가 되기도 하기 때문이다.34) 그동안 해방신학의 발전을 경제적으로 지원해주었던 독일어권 유럽에서의 원조가 줄어들자 이러한 신학의 내용을 번역, 홍보, 출판을 통해 가시화하는 작업이 크게 약화된 것이며 그 결과로 잘 알려진 신학자들이 없는 것처럼 보이지만 실제로는 그렇지 않고 고찰되어야 할 좋은 내용들이 꾸준히 많이 등장하고 있다.35)

VI. 나가는 말

한국 여성신학을 발전시키고자 하는 시도는 그 자체의 생존마저 버거울 정도로 여건이 어렵다. 그럼에도 불구하고 국내외에서 목소리를

---

34) 전 세계적 유통망을 갖고 있는 북미의 출판사들이 제3세계의 신학이나 미국 이외의 여성신학에 외면하고 있는 반면, 아시아, 남미, 아프리카 각 대륙별로 몇몇 군소출판사들은 의욕적으로 이 분야의 책을 출간하고 있다. 세계화의 지배와 유통 구조에 의하여 이러한 책들이 전 세계로 확산되지 못하는 한계가 있더라도 이러한 출판물들이 더욱 주목되어야 할 것이다. 특히 인도의 ISPCK, 남아공의 Cluster Publications, 칠레의 Con-Spirando 등이 주목받을 만하다.

35) 유럽의 젊은 신학자들 가운데 해방신학에 대해 다시 관심 기울이며, 적극적으로 소개하는 이들에 대해서는 참조: https://sites.google.com/site/befreiungstheo logie/Home(2013년 5월 12일 방문). 이 밖에 전자도서의 출판이 가능해지면서 북미, 유럽의 주류 출판사에서 출판기회를 갖지 못했던 사람들이 이 분야의 관련 서적들을 출판할 수 있게 되었다.

낼 수 없는 이들을 대변하는 역할(advocacy)과 악화가 양화를 구축하는 불의에 맞서는 파수꾼의 역할을 끊임없이 감당해야 한다. 또한 영미, 서부 유럽을 중심으로만 생각하는 편중된 태도와 편협한 교류에서 벗어나서, 그 시야와 지평을 확대하고, 지구 남반구의 여성신학과 연대하는 작업은 미래 지향적으로 볼 때 더욱 소중하다. 우리의 경험이 그들에게 분명 귀중한 내용으로 다가갈 수 있고, 우리 또한 그들에게서 배울 것이 많기 때문이다.

지구 남반구와 북반구의 상황은 여전히 여러 형태로 다르다. 물론 지구화의 여파로 세계 어디를 가도 공통적이고 보편적 문제들이 있음에도 불구하고 말이다. 그런 점에서 지구 북반구 여성의 1차적 관심사가 남반구 여성과 동일한 것일 수 없다. 그 반대도 마찬가지이다. 그럼에도 불구하고 다름을 강조하기보다는 함께 공유할 수 있는 공통분모를 찾아 서로 연대할 수 있는 자매애를 강화시켜나가고 함께 협력하여 개선할 수 있는 것을 찾아가는 것이 그 어느 때보다 필요하다. 지구화로 인하여 전 세계적으로 상호간의 유기체적 연관성을 인식하는 것이 더욱 분명히 절실해졌기 때문이다.

결론적으로 지구 남반구의 여성신학은 성차별의 문제에만 국한시켜서는 안 되고, 항상 인종, 계급, 성별, 성적기호(Sexual Orientation), 육체적 능력(Physical Ability), 종교 등의 "상호교차성"(intersectionality)을 염두에 두며 지평을 넓혀서, 구별되어야 할 것이 차별로 이어져서는 안 되도록 경각심을 불러일으키는 소리로 남아야 한다. 물론 이때 소수자의 권익을 위한 보호의 경계는 어디까지인지, 역차별의 문제는 없는지도 아울러 고려하여야 한다.

참고문헌 및 더 읽어야 할 자료

정현경. "세계 여성신학의 유형과 그 한국적 수용 및 비판."『기독교와 세계』. 서울: 이화여
    자대학교출판부, 1996).

Bali, Ulrike. eds. *Die Bibel in gerechter Sprache.* Gütersloh: Gütersloher Verlags Haus,
    2006.

Cannon, Katie Geneva. "The Emergence of Black Feminist Consciousness." Letty
    Russell. ed. *Feminist Interpretation of the Bible.* Philadelphia: The Westminster
    Press, 1985.

Dube, Musa Wenkosi. *The HIV & AIDS Bible.* London: University of Scranton Press,
    2008.

_____. *Other Ways of Reading: African Women and the Bible.* Geneva: World Council of
    Churches, 2001.

Fabella, Virginia and Oduyoye, Mercy Amba. eds. *With Passion and Compassion: Third
    World Women Doing Theology; Reflections from the Women's Commission of the Ecumenical
    Association of Third World Theologians.* Maryknoll: Orbis, 1988.

Fünfsinn, Bärbel. *Liturgische, poetische und theologische Texte von Frauen aus Lateinamerika.*
    Hamburg: NMZ, 2006.

Fünfsinn, Bärbel. eds. *Das Seufzen der Schöpfung. Oekofeministische Beiträge aus Latein-
    amerika.* Hamburg: EMW, 1998.

Gebara, Ivone and Bingemer. *Maria Clara, Mary: Mother of God, Mother of the Poor.*
    Maryknoll: Orbis Books, 1989.

Gebara, Ivone. *Out of the Depths. Women's Experience of Evil and Salvation.* Minneapolis, MN:
    Fortress Press, 2002.

_____. "Die dunkle Seite Gottes." *Wie Frauen das Böse erfahren.* Freiburg i. Br & Basel:
    Herder, 2000.

_____. *Longing for Running Water: Ecofeminism and Liberation.* Minneapolis: Fortress
    Press, 1999.

Grant, Jacquelyn. "Black Theology and the Black Woman." James Cone and
    Gayraud Wilmore. eds. *Black Theology: A Documentary History.* Maryknoll: Orbis,
    1979.

Isasi-Diaz, Ada Maria. "Toward an Understanding of Feminismo Hispano." Barbara
    H. Andolsen, Christine E. Gudorf and Mary D. Pellauer. eds. *Women's Con-
    sciousness, Women's Conscience: a Reader in Feminist Ethics.* Minneapolis: Winston
    Press, 1985.

Jones, Serene. *Feminist Theory and Christian Theology*. Augsburg: Fortress Press, 2000.

Kanyoro, Musimbi R. A. *Introducing Feminist Cultural Hermeneutics. An African Perspective*. Sheffield: Sheffield Academic Press, 2002.

Kanyoro, Musimbi R. A. and Njoroge, Nyambura J. *Groaning in Faith. African Women in the Household of God*. Nairobi: Action Publishers, 1996.

Kwok, Pui-lan. "Mercy Amba Oduyoye and African Women's Theology." *Journal of Feminist Studies in Religion* 20:1(2004/Spring).

Marion Young, Iris. *Justice and the Politics of Difference*. Princeton: Princeton University Press, 1990.

Njoku, John E. E. *The World of the African Woman*. London: The Scarecrow Press, 1980.

Njoroge, Nyambura J. *An African Christian Feminist Ethic of Resistance and Transformation*. Ghana: Legon Theological Studies Series, 2000.

Njoroge, Nyambura and Dube, Musa W. *Talitha cum! Theologies of African Women*. Pietermaritzburg: Cluster Publication, 2010.

Oduyoye, Mercy Amba. "The Impact of Women's Theology on the Development of Dialogue." EATWOT, ed. *Voices from the Third World* 19:1(1999/6).

_____. *Introducing African Women's Theology*. Sheffield: Sheffield Academic Press, 2001.

_____. *Hearing and Knowing: Theological Reflections on Christianity in Africa*. Maryknoll: Orbis, 1986.

_____. *Daughters of Anowa: African Women and Patriarchy*. Maryknoll: Orbis, 1995.

_____. *Beads and Strands: Reflections of an African Woman on Christianity in Africa*. Maryknoll: Orbis, 2004.

_____. "Christian Feminism and African Culture: The 'Hearth' of the Matter." Marc H. Ellis and Otto Maduro. eds. *The Future of Liberation Theology: Essays in Honor of Gustavo Gutierrez*. Maryknoll: Orbis, 1989.

_____. "Contextualization as a Dynamic in Theological Education." *Theological Education* 30: supp. 1, 1993.

Phiri, Isabel A. and Nadar, Sarojini. eds. *On Being Church: African Women's Voices and Visions*. Geneva: World Council of Churches, 2005.

Phiri, Isabel A. and Nadar, Sarojini. eds. *Her-stories. Hidden Histories of Women of Faith in Africa*. Pietermaritzburg: Cluster Publication, 2002.

Ress, Mary Judith. ed. *Circling in. Circling out. A Con-Spirando Reader*. Santiago: The Con-spirando Collective, 2005.

Rösener, Christiane and Fünfsinn, Bärbel. eds. *Töchter der Sonne. Unterwegs zu einer feministischen Befreiungstheologie in Lateinamerika*. Hamburg: E. B. Verlag, 1996.

Tamez, Elsa. *Bible of the Oppressed*. Maryknoll: Orbis, 1982.

Williams, Delores. "Women's Oppression and Lifeline Politics in Black Women's Religious Narratives." *Journal of Feminist Studies in Religion* 1:2(1985/Fall).

Yoon, Jeunghyun. "Good Morning Africa! This is the Republic of Korea." *Korea Focus* 18:4(2010/Winter).

참고 웹사이트

http://www.conspirando.cl
http://www.thecirclecawt.org
http://www.eatwot.org
http://www.postbeijing.ch
http://www.cetela.net
https://sites.google.com/site/befreiungstheologie/Home

이본 게바라의 남미 여성해방신학과 생태여성신학 연구*

김혜령

I. 들어가는 말

보편적 진리를 추구하는 신학은 사실 가까이에서 자세히 드려다 보면 시대에 따라, 나라에 따라, 언어에 따라, 인종에 따라, 대륙에 따라 심지어 성(性)에 따라 매우 다른 관점과 주제와 내용으로 구성되어 있다. 이러한 현상은 신학이 하나님 그분만을 대상으로 삼는 보편적 인식의 작업이 아니라, 인간의 다양한 삶의 경험을 하나님과의 관계성 속에서 말하고 이해하려는 해석적 작업이라는 주장을 뒷받침하는 듯하다. 여성신학, 아니 더 좁게 여성생태신학이라는 하나의 분야에 한정해보았을 때도 그 스펙트럼의 다양성은 실로 놀랍다. 특히 여성 스스로가 처해 있는 상황에서부터 신학함(doing theology)의 비판적 작업을 시작하는 여성신학은—여성신학자들의 세계적 교류에도 불구하

---

* 이 논문은 「한국기독교신학논총」 92집(2014)에 게재된 논문을 부분적으로 수정한 것입니다.

김혜령 _ 이본 게바라의 남미 여성해방신학과 생태여성신학 연구 93

고─경제적, 문화적, 사회적, 정치적, 종교적 배경이 다른 대륙 간에
서로 매우 상이한 모습으로 성장하고 있다. 이 글은 한국 신학계에 생
소한 라틴 아메리카 여성신학자 이본 게바라의 신학을 소개하는 일을
통해 한국과 북미, 유럽의 상황과는 매우 다른 배경을 갖고 있는 남미
의 여성들의 실존적 문제를 이해하고, 나아가 이에 대한 해답으로서의
그들만의 신학담론들이 어떻게 창조적으로 구성되어오고 있는지 살펴
보고자 한다. 이러한 작업이 지구 저편의 낯선 한 여성신학에 대한 이
해의 차원을 넘어, 여성신학에서 매우 중요한 자매애와 연대의 네트워
크를 확장하는 데에 이바지하기를 바란다.

II. 고통 속에 있는 모든 생명들을 위하여

1. 이본 게바라의 삶과 신학

1944년 브라질 상파울로에 있는 시리아-레바논 혈통의 한 가정에
서 태어난 이본 게바라는 현재 생존하고 활동하는 라틴 아메리카 여성
신학자들 중 가장 대표적인 인물이다. 상파울로 가톨릭대학교에서 철
학으로 첫 박사학위를 받은 게바라는 스물두 살이 되던 1967년 어거
스틴 수도회 소속의 노트르담 수녀회(Sisters of Notre Dame)에서 여
성 사도로서의 삶을 시작했다. 한국을 포함하여 세계 여러 곳에 지회
를 두고 있는 노트르담 수녀회는 공통적으로 "하나님의 좋으심과 섭리
적인 돌보심을 다른 사람들에게 증거"한다는 사명 아래 "하나님의 연
민에 찬 사랑을 다양한 믿음과 문화를 가진 사람들, 특히 가난한 사람
들과 함께 나누는" 삶을 실천하고 있다.[1] 게바라 역시 이러한 소속 수

녀회의 사명을 따라 1973년부터 브라질 북동부의 작은 도시인 카마라지브(Camaragibe)에 머물며 도시빈민촌 사람들을 돌보고 교육하는 일에 평생을 헌신해왔다. 그러나 학자로서의 삶을 포기하지 않고 카마라지브와 가까운 대도시 레시페(Recife, 브라질 5대 도시 중 하나)에 있는 레시페 신학연구소(Recife's Theological Institute)에서 17년간을 가르치며 해방신학과 여성신학의 이론화 작업과 교육에 매진하기도 했다. 1968년 해방신학자 헬더 카마라 대주교(Archbishop Helder Camara)에 의해서 설립된 이 연구소는 신학의 혁신과 성직자들의 사회적 헌신을 강화하는 역할을 하며 1960-70년대 브라질 북부의 해방신학의 중요한 거점으로 자리매김하였다. 그러나 카마라 대주교의 은퇴 이후 해방신학을 달갑게 여기지 않았던 바티칸의 결정에 따라 1989년에 문을 닫고 말았다.[2] 그러나 이러한 역경에도 불구하고 게바라는 학문의 끈을 놓지 않고 해석학적 관점과 윤리학적 관점에서의 여성신학 저술과 강연을 계속해서 이어나간다.

해방신학자이자 동시에 여성신학자로서 가톨릭교회의 교권세력과 늘 첨예한 긴장관계를 유지하던 게바라는 1993년에 이르러서 가장 큰 위기를 맞게 된다. 그는 브라질의 유명 주간잡지인 베자(「Veja」, 1993년 10월 6일자)와의 인터뷰에서 가톨릭교회의 영향을 많이 받고 있는 브라질에서의 임신중절 금지가 오히려 불법 낙태로 인한 가난한 여성들의 사망률을 높이고 있다고 폭로하며, 가톨릭 성직자임에도 불구하고 가난한 여성들의 임신중절에 대한 비정죄화와 합법화를 제기한다.

---

1) 노트르담 수녀회 홈페이지에서 인용: http://snd1.org/ko/who-we-are/mission
2) National Catholic Reporter 기사 인용 "Rome Moves to silence Brasil's Gebara" (1995년). 출처: http://www.thefreelibrary.com/Rome+moves+to+silence+Brazil's+Gebara.-a016997297

그는 같은 인터뷰에서 레시페의 가장 열악한 슬럼가들 중의 하나에서 보낸 자신의 경험에 바탕으로, 임신을 책임질 수 있는 정신적인 능력이 결핍된 가난한 여성들에게 낙태를 반드시 죄라고 말할 수 없다고 주장한다.3) 또한 그는 상파울로나 리오데자네루와 같이 인구의 과밀화가 매우 심각한 문제를 일으키고 있는 브라질의 대도시 빈민지역에서 극도의 빈곤에 시달리고 있는 여성들에게 과다한 출산은 엄마와 아이들의 삶을 극한으로 내모는 결과를 초래할 뿐만 아니라, 물을 포함하여 삶을 유지하는 데에 필요한 가장 기초적인 것들에 대한 접근을 막는 일이라고 보았다. 이러한 이유에서 게바라는 해방신학이 오랫동안 말해왔던 "가난한 자들에 대한 우선권"이 낙태라는 선택에 내몰린 여성들에게 좀 더 관용적으로 제공되어야 한다고 주장했다.4)

게바라의 도전적인 인터뷰를 달가워하지 않았던 당시 레시페 대주교 조세 카르도소 소브린호(카마라 대주교의 후임으로 레시페 신학연구소가 폐쇄되는 데에 결정적인 역할을 한 인물)는 게바라에게 주장을 즉시 철회할 것을 요구했다. 그러나 게바라는 굴복하지 않고 곧장 다른 글을 통해 자신의 주장을 뒷받침하는 근거들을 제시했다. 그 글에서 브라질을 "낙태사회"라고 부르며 이러한 폭력을 줄이기 위해 무엇보다도 낙태의 합법화가 정당할 수 있다고 다음과 같이 주장한다.

"내가 기독교인으로서 낙태의 비범죄화와 합법화를 옹호하는 이유는 예수복음과 교회의 전통적 가르침들을 부인하기 위함이 아니다. 그것은 차

3) 앞의 기사.
4) 샌프란시스코 대학교의 Lois A. Lorentzen 교수가 쓴 글 "Ivone Gebara"에서 인용출처: http://www.clas.ufl.edu/users/bron/pdf--christianity/Lorentzen--Ivone%20Gebara.pdf

라리 그러한 가르침들을 인간 역사의 모순적인 상황 안에 받아들이기 위함이고, 생명에 대항하는 폭력을 줄이는 데 도움이 되고자 함이다."5)

게바라의 이러한 도전에 대해 브라질 주교회의는 여러 차례의 조사를 진행한 끝에 가난한 여성들의 고통에 대한 게바라의 헌신을 인정하며 논란의 종지부를 찍고 사건을 종료하였다. 그러나 게바라의 낙태 문제 논란은 당시 세계 가톨릭교회 내부의 진보적인 해방신학 계열의 목소리를 제재하고 있었던 로마 가톨릭교회에서 오히려 더 큰 문젯거리로 취급되었다. 특히 후에 교황에 오른 조세프 라칭거 추기경이 장관으로 있었던 바티칸 신앙교리성(Vatican congregation of the doctrine of the faith)은 1995년 5월 말6) 게바라에게 2년 기간의 침묵의 시간을 명령하며 인터뷰, 강의, 연설, 저술활동을 금지시키면서 프랑스에서 신학 재교육을 받을 것을 명령한다.7)

2년이라는 타향살이는 게바라에게 좌절을 안겨주었다기보다 오히려 이후에 발전될 자신의 생태여성신학의 신학적 기초를 다시 한번 다지는 시간이 되었다. 그는 벨기에 루뱅 가톨릭대학교에서 신학박사과정을 다시 밟게 된다. 그리고 리쾨르의 현상학적 방법론의 영향 아래

---

5) National Catholic Reporter, "Rome Moves to silence Brasil's Gebara"(1995).
6) 1995년 6월 3일이라는 기록도 있음(각주 4번에서 인용한 Lois A. Lorentzen 교수가 쓴 짧은 글 "Ivone Gebara"에서 인용).
7) 이 당시 라칭거는 바티칸 신앙의 교리성의 수장으로 활동하며 공식적으로 해방신학 계열의 가톨릭교회 멤버들을 파문하고 징계하는 일을 진행하였다. 이 당시 게바라뿐만 아니라 해방신학자의 대표적인 인물인 구스타브 구티에르즈(Gustavo Gutiérrez)를 비롯하여, 칼 라너(Karl Rahner)와, 에드워드 쉴레벡스(Edward Schillebeeckx), 한스 큉(Hans Küng)와 같은 진보적인 유럽 가톨릭 신학자와 사제들까지 파문되거나 징계조치를 받았다.

여성이 체험하는 악에 대해 여성해방신학자의 관점에서 비판적으로 서술하는 논문을 집필함으로써 두 번째 박사학위를 받게 된다. *Le mal au féminin: Réflexions théologiques à partir du féminisme*이라는 제목의 이 논문은 1999년에 프랑스에서 출판되었으며, 2002년에 *Out of the depths: Women's experience of evil and salvation*이라는 제목으로 영문번역판이 출판된다. 프랑스에서의 시간을 마감하고 다시 브라질로 돌아온 게바라는 오히려 이전보다 활발한 저술과 강연활동을 펼쳐나가게 되며, 생태여성신학에서 자신만의 독특한 사상세계를 본격적으로 발전시킨다.

게바라는 학자로서의 삶에 안주하지 않고 세계의 여성들과 함께 생태여성신학과 그 가치들을 확장시키기 위한 활동도 활발하게 펼쳐나간다. 특히 1997-1998년에는 여성의 사회 · 정치 · 경제적 불평등의 상황을 생태적 문제와의 관련성 속에서 바라보고자 하는 라틴 아메리카와 북아메리카의 여성신학자들이 자신들의 다양한 종교적 · 지리적 · 인종적 · 경제적 배경을 넘어 함께 모여 서로의 생각과 경험을 나누고 지지해주는 구체적인 프로젝트로서 〈함께 가꾸는 정원〉(A Shared Garden)을 조직하였는데, 게바라는 3차에 걸친 이 대회에 처음부터 주도적으로 참여한다. 칠레 산티아고에서 1997년 1월에 있었던 1차 대회는 남미 생태여성주의 단체인 콘스피란도(Con-spirando)의 주도로, 같은 해 6월에 있었던 2차 대회는 미국의 메리 헌트(Marry Hunt)가 이끄는 WATER(Women's Alliance for Theology, Ethics and Ritual/신학과 윤리, 예배의 여성연합)의 주도로 미국 워싱턴 DC에서 열렸다. 그리고 이듬해 7월에 열린 마지막 3차 대회는 이본 게바라가 있는 브라질 레시페에서 열렸다. 2주간 진행되는 이 만남에서 그들은 성서와 교회 상징들의 남성주의적이고 인간중심적인 면들을 비판적으로 공부할 뿐만 아니라, 서로의 특수한 경험과 상황들을 이야기하며 토론하고 그 원인을 정치적이고 신학적으로 분석하여 전술화하는 작업을 진행하면서, "사람과 지구를 위한 (생태) 정의를 향해 함께 나아갈 여성활동가들의 네트워크를 키워가는 지역공동체들의 경험들을 서로 연결하는 작업"을 펼쳤다.[8] 이러한 일들을 통해 게바라와 그의 동료들은 "해방과 연대를 가져올 수 있도록 하는 **활동적인 신학들과 영성들**을 탐구"하고자 했다.[9]

이후 게바라는 2000년대에 접어들면서 모국어인 포르투칼어로 활발한 저술활동을 펼치며 자신의 신학적 깊이를 더하기 시작했다. 아쉬운 점은 이 저서들의 번역작업이 아직 이루어지지 않고 있어 타언어권에서의 게바라 신학 연구에 걸림돌이 되고 있다. 대표적인 저서로는 *Intuiciones Ecofeministas*(생태여성주의적 직관), *El Rostro Oculto Del Mal*(악의 숨겨진 얼굴), *As Águas do Meu Poço*(내 우물의 물), *O que é Teologia*(신학은 무엇인가), *O que é Teologia Feminista*(여성해방신학이란 무엇인가), *O que é Cristianismo*(기독교는 무엇인가), *Compartilhar os pães e os peixes. O cristianismo, a teologia e teologia feminista*(빵과 물고기를 나누다: 기독교, 신학 그리고 여성신학), *Vulnerabilidade, Justiça e Feminismos —Antologia de Textos*(상처받기 쉬움, 정의 그리고 여성주의)[10] 등이 있는데, 제

---

8) Judith Ress, "Reports from Conferences: Introduction the Shared Garden Seminar, Washington 1997," *Ecotheology*, 4(1998), 77-82, 79.

9) 앞의 논문. 여기서 "활동적인 신학들과 영성들(ACTIVIST THEOLOGIES AND SPIRITUALITIES)"의 복수형이 꼭 강조되어야 한다. 원문에서 이미 대문자로 강조되고 있는데, 이는 획일적이고 배타적인 관점을 갖고 있는 전통적·가부장적 교회신학에 저항하며 다양한 관점과 신앙의 경험들을 포용하고자 하는 생태여성신학의 의도를 그대로 반영하고 있기 때문이다.

10) ① 2000-2010년까지 게바라가 모국어로 펴낸 대표적 저서들은 다음과 같다. 아쉽게

목에서 유추할 수 있듯이 대부분 생태주의여성신학의 관점에서 그의 최근 신학이 전개되고 있음을 알 수 있다.

다행인 점은 시카고 드류 대학교에서 개최되었던 '아메리카 종교아카데미 2012년 학술대회'(2012 American Academy of Religion Annual Meeting: AAR)에서 이본 게바라의 최근 모습과 사상을 볼 수 있다는 사실이다. 북미권 최고의 권위를 지닌 이 학회에서 게바라는 2012년 대회의 전체강연 연사로 초대되어 〈Knowing the Human, Knowing the Divine for the Human: Perspectives from Vulnerable Corners of Today's World〉라는 제목의 강연을 통해 자본주의가 삶의 모든 측면을 장악한 오늘날의 상황에서 교회와 신학이 무엇을 해

도 이 책들은 아마존에서 구입이 불가능하지만, 브라질 온라인 서점 사이트 www. livrariasaraiva.com.br에서 구입이 가능하다.

- *Intuiciones Ecofeministas*(생태여성주의적 직관), Editora: Trotta, 2000.
- *El Rostro Oculto Del Mal*(악의 숨겨진 얼굴), Editora: Trotta, 2003.
- *As Águas do Meu Poço*(내 우물의 물), Editora: Brasiliense. 2005.
- *O que é Teologia*(신학은 무엇인가), Editora: Brasiliense, 2006.
- *O que é Teologia Feminista*(여성해방신학은 무엇인가), Editora: Brasiliense, 2007.
- *O que é Cristianismo*(기독교는 무엇인가), Editora Brasiliense, 2008.
- *Compartilhar os pães e os peixes. O cristianismo, a teologia e teologia feminista*(빵과 물고기를 나누다: 기독교, 신학 그리고 여성신학), 2008.
- *Vulnerabilidade, Justiça e Feminismos −Antologia de Textos*(상처받기 쉬움, 정의 그리고 여성주의), Nhanduti Editora, 2010.

② 현재 이본 게바라의 이름을 저자로 달고 나온 책 중에서 Amazon을 통해 시중에서 구입할 수 있는 영어판 번역서들은 안타깝게도 2000년대 이전의 작품들이며, 2003년 이후 출간된 책으로서는 이본 게바라의 논문을 편집으로 포함한 책 두 권을 찾을 수 있다.

- Eaton, H., & Lorentzen, L. A., *Ecofeminism and Globalization: Exploring Culture, Context, and Religion* (Lanham: Rowman & Littlefield Publishers, 2003).
- Gottles, R. S., ed., *Liberating Faith: Religious Voices for Justice, Peace, and Ecological Wisdom* (Lanham: Rowman & Littlefield Publishers, 2003).

야 하는지에 관한 자신의 생각을 펼친다.[11] 그는 우선 서구 전통의 신학과 교회가 왜 현대 도시인들의 삶에 의미 있는 영향을 미칠 수 없는지를 분석적으로 설명한다. 그가 볼 때, 가부장적 위계질서에 기초한 가족제도와 교리, 그리고 절대적이고 형이상학적 인식에 경도된 신학을 여전히 고수하고 있는 전통적 그리스도교는 지나친 소비주의와 개인주의로 병든 현대인들에게 이웃과 함께하는 일상의 삶을 회복시킬 수 있는 윤리적 가치를 제대로 제시하고 있지 못하다. 이에 해방신학의 배경을 안고 있는 게바라는 종교를 절대적 존재에 대한 신앙이 아니라 인간의 "실천과 실존의 문제"라고 재정의하며, "하나님께 가까이 감" 혹은 "하나님과 관계함"은 "인간 존재에게 가까이 감"이자 "그들과 형제자매가 됨"을 뜻하는 것이라고 주장한다. 이를 통해 그리스도교 신앙의 휴머니즘을 강조하는 것이다.

그러나 동시에 휴머니즘의 한계를 넘어서는 자신만의 새로운 신학을 보여주기도 한다. 게바라는 형이상학적 상징을 제거하려는 일부 현대신학자들과 거리를 두고, 그리스도교 신학의 대표적 형이상학적 개념들 중의 하나로서 '저 높은 곳에 계신' 절대적 통치자의 본성을 지시하는 초월성 개념을 자신의 관점에서 새롭게 해석함으로써 신학적 상징언어의 유의미성을 지키고자 한다. 이를 위해 전통적인 초월성 개념을 "수평적 초월성"(horizontal transcendence)이라는 말로 새롭게 재가공한다. 게바라에 의하면 "수평적 초월성"이란 나와는 다른 삶을 살고 나의 인식으로는 이해할 수 없는 경험을 갖고 있는 "타인이 나에게 낯설고 신비스럽게 다가오는 경험"을 의미한다. 문제는 절대선으로서

---

11) 이본 게바라의 AAR 전체강연 영상이 다음의 사이트에 공식적으로 공개되어 있다. http://vimeo.com/58462020

의 하나님의 초월성과 다르게, 타인의 초월성은 때때로 우리가 원하지 않는데도 우리를 괴롭히며, 말을 걸고, 도움을 요청하기도 한다. 그러나 게바라는 생태신학자답게 타인과 나는 생존과 삶을 위해 서로에게 현실적으로 의지하고 있음을 다시금 상기시키며 "우리 모두 서로에게 초월적"이라고 강조한다. 결과적으로 그는 초월성이라는 신학적 개념의 현대적 해석을 통해 서로 다른 문화와 종교, 인종, 사회경제적 계층들이 서로 복잡하게 얽혀 있는 오늘날의 글로벌 환경 속에 이러한 다양성을 서로 인정하고 존중하는 상생의 윤리를 설명하는 상징적 언어를 제공함으로써, 비신화화와 세속화가 극에 다른 현대사회에서 여전히 유효한 신학함(doing theology)의 의미와 가치를 보여주었다.

2. 게바라의 주요 저작들과 신학 여정

1) 마리아와 가난한 여성들

게바라의 이름을 달고 나온 영어번역 단행본 책 중에서 가장 오래된 책은 리우데자네이루 가톨릭 대학교의 조직신학 교수로 있는 마리아 클라라 빙게머(Maria Clara Bingemer)와 함께 공동집필한 *Mary: Mother of God, Mother of the Poor*이다. 이 책이 모국어 포르투갈어로 처음 쓰인 것이 확실하지만 실제로 포르투갈어로 출판되었는지는 확실치 않다. 영어로 발간된 번역본 책의 출판정보를 살펴보면 저작권이 1989년 영어 최초번역판의 출판사인 Orbis Books 사(社)에 귀속되어 있는 것으로만 기록되었을 뿐, 포르투갈어로 된 원본 책의 이름과 출판 정보가 기록되어 있지 않다. 게바라의 저작에 관한 다른 자료들을 찾아보아도 이 책의 포르투갈어 원본 책에 대한 정보를 찾을 수 없었다. 또한 이 책은 게바라와 빙게머 두 저자가 서로 나누어 책을 집필했음에도 불구하고 어떠한 장(章)을 담당하여 집필하고 있는지를 따로 밝히고 있지 않은데, 그 이유에 대해 발행인은 발행사에서 라틴 아메리카에서 여성이 신학하는 방식은 단독작업이 아니라 '연대'하는 작업이기 때문이라고 밝히고 있다.

이미 책 제목을 통해 핵심내용을 잘 전달하고 있는 이 책은 게바라가 생태여성신학(ecofeminist theology)에 대한 눈을 본격적으로 뜨기 이전에 작품으로서, 남미의 해방신학(theology of liberation)과 여성신학(feminist theology)이라는 두 개의 비판적 시선이 잘 교차되어 있다. 저자는 이 책에서 구원자 예수의 어머니를 동정녀로 숭배하는 가톨릭교회의 마리아 교리를 비판적으로 바라보는 것에서 출발한다. 그러나 이러한 작업이 저자로 하여금 개신교회처럼 마리아 신앙을 포기하는 길로 나아가게 하는 것이 아니다. 오히려 저자는 여성해방신학의 관점에서 새롭게 '마리아 신학'(theology of Mary)을 구성함으로써 라틴 아메리카의 여성들이 남성과 함께 하나님의 구원과 창조 역사에 동참하는 주체로 설 수 있도록 하는 새로운 신학을 펼치고자 한다.

우선 이 책은 방법론 면에 있어서 남미 해방신학의 기본에 충실하다. 먼저, 저자는 성서 본문 해석에 있어서 본문에 등장하는 공동체의 역사적 · 사회적 상황을 연구할 뿐만 아니라 오늘날의 독자의 역사적 · 사회적 상황을 함께 연결하여 이해하고 해석하려는 해방신학의 방법론, 즉 "해석학적 순환"이라는[12] 변증법적 방식을 기본적으로 수용한다. 저자는 성서 본문 해석에 있어서 마리아와 동시대의 여성들의 사회적 상황을 읽고, 나아가 이를 라틴 아메리카의 가난한 여성들의 상황과 함께 연결하여 읽어내려는 시도를 통해[13] 새로운 '마리아 신학'

---

12) L. 보프, C. 보프 지음, 김수복 옮김, 『해방신학입문』(서울: 한마당, 1987), 54.

의 타당성을 보여주고자 한다. 또한 신에 관한 관념적 지식을 생산해 내었던 전통적인 서구신학을 거부하며 신학을 철저하게 인간의 자기 이해와 연관 지으려 했던 해방신학의 인간학적 측면을 따른다. 실제로 게바라와 빙게머는 "우리가 인간학을 말할 때, 우리는 신학을 말하고 있는 것이다"라며,14) 전통적으로 교회의 교리적 작업에서 소외되어 온 마리아와 여성 그리고 가난한 민중 안에 있는 거룩한 신성(the divine)을 밖으로 드러내어 말하는 작업이야말로 신학의 본질적 작업으로 여긴다. 그러나 이 책의 방법론이 갖는 독창성은 정치경제에 기초한 사회적 위계구조만을 비판적으로 바라보는 해방신학 방법론의 틀에서 더 나아가 이를 젠더적 관점에서 또 다시 비틀어 봄으로써 위계구조 속의 또 다른 위계구조를 드러내는 여성신학적 방법론을 차용하고 있다는 데에 있다. 저자는 책의 서두에서 '마리아 신학'은 가부장적 사회의 욕망과 문화가 관념적으로 만들어낸 여성상을 마리아에 투영하고자 함이 결코 아님을 밝히면서, 마리아 신학은 "우리 시대의 필요에서, 특히 여성들의 역사의식에 대한 자각에서 비롯된 통찰에서부터 마리아를 다시 읽어내고자 하는 목적"을15) 갖고 있다고 분명하게 명시하고 있다.

게바라와 빙게머의 마리아 신학은 성서 본문의 상황과 현대 독자의 상황을 연결하여 이해하기 위해 하나의 분명한 해석학적 키워드를 밝히고 있는데, 바로 '하나님 나라'(the kingdom of God)다. 두 저자는 예수 복음의 핵심 선포인 '하나님 나라'의 도래와 관련하여 마리아에게

---

13) Ivone Gebara & Maria C. Bingemer, *Mary Mother of God, Mother of the Poor* (Eugene: Orbis Books, 1989), 27.

14) 앞의 책, 2.

15) 앞의 책, 16.

어떠한 구체적인 연관성을 말하지 않았던 이전의 성서해석들에서 벗어나, '마리아/여성'을 '예수/남성'과 함께 하나님 나라의 선포와 건설 과정에서 매우 중요한 역할을 담당하는 하나님의 사람들 중의 하나로 드러내며 마리아 신학의 타당성을 주장한다.

이러한 해석이 가능한 것은 성서를 해석하는 데에 마리아와 그 당시 여성들의 상황뿐만 아니라 그 본문을 읽는 오늘날의 라틴 아메리카 여성들의 상황을 함께 고려했기 때문이다. 저자는 라틴 아메리카 여성들, 특히 대도시의 빈민굴에 살며 남편에게 일상적으로 폭력에 시달리거나 이혼을 당하는 여성들, 가족의 생계를 홀로 부양하기 위해 닥치는 대로 일해도 매일 한 끼의 식사를 제대로 챙기지 못하는 여성들, 파괴되는 환경으로 인해 깨끗한 물과 음식에 대한 어떠한 권리도 갖지 못한 채 위생과 건강상의 심각한 문제를 안은 여성들, 교육의 권리를 박탈당한 채 가난을 수 세대에 걸쳐 대물림하는 여성들에게, 마리아는 교리가 말하듯 단순히 순결한 처녀성을 잃지 않고 구원자 예수를 출산한 성모 어머니로서 그 의미가 있는 것이 아니라는 점을 분명히 한다. 저자는 이러한 여성들에게 마리아는 그들이 고통 속에 몸부림칠 때 그 탄식 소리를 듣고 곁을 지켜주며 위로하고 도와주는 분으로 체험되고 있다는 현실을 매우 중요하게 생각한다.

마리아를 단순히 여성 예언자라거나 해방하는 여성 혹은 최고의 어머니라고 부를 수 없다. 차라리 마리아는 예수와 하나님, 성자들과 같은 "기적의" 말로서, 그들의 가슴에서 북받쳐 나오며 고통의 탄식하는 울음처럼 뱉어내는 말이다. 하나님과 "하나님 안에 살고 있는" 사람들을 향해 울부짖는 울음은, 그것이 어떠한 방식으로 도움을 줄지는 모르지만, 도움을 위한 울음이 분명하다. "거룩한 이름"이 불릴 때, 모두 알 수는 없으나 어떠한 도움이 임하고, 깊은 숨이 공기의 부족과 질식을 치유한다. 이러한 깊은 숨은 개인적으로나 공동체적으로 모두 가능하고, 다양한 형태로도 일어날 수 있다.16)

해방을 위해 투쟁하는 오늘날의 사람에게, 그중에서도 특히 라틴 아메리카의 사람들에게 마리아의 존재는 그녀의 과거에 대해 제한적이었던 시각, 즉 그녀가 아들에게 종속되었다던 시각과 그래서 여성들은 지배적인 가부장제가 만들어낸 질서에 복종해야 한다는 말에서 벗어날 수 있게 해준다.17)

게바라와 빙게머는 삶에 지치고 힘들 때마다 '마리아'라는 말을 입에서 반복적으로 뱉어내는 라틴 아메리카의 가난한 여성들의 행위를 단순히 주술적이고 미신적인, 그래서 아무런 의미가 없는 행위로 폄하하지 않고, 오히려 그러한 말을 내뱉음으로 실제적으로 삶의 위로를 받고 또 다시 삶을 이어갈 수 있는 힘을 얻는 상황에 주의한다. 이러한 현실적인 상황을 고려할 때 게바라와 빙게머가 보는 마리아 신학의 의미는 라틴 아메리카 여성들의 단순하지만 간절한 마리아 신앙의 신학적 근거를 마련함으로써 이들의 마리아 신앙이 주술에 머물지 않고 새로운 해방의 삶을 향한 희망과 열정을 지속적으로 북돋아주도록 하는 데에 있다. 이를 위해 두 학자는 성서 본문의 가부장적 언어에 갇혀 희미하게 퇴색되었거나 왜곡되어 드러나는 마리아의 삶과 신앙을 여성해방신학적 관점의 해석학적 작업을 통해 새롭게 드러내고자 한다. 이

16) 앞의 책, 24.
17) 앞의 책, 27.

를 위해 갈라디아서, 마태복음, 마가복음, 누가복음, 사도행전에 나타나는 마리아에 대한 작은 기록들을 하나하나 여성신학적인 관점에서 다시 복원하고 해석한다. 저자의 관점에서 새롭게 드러난 마리아는 예수의 어머니 혹은 성처녀로 갇혀 있었던 마리아의 기존 역할에서 벗어나, 영과 육의 이원적 관계를 깨고 인간을 구원하기 위해 스스로 성육하신 하나님의 구원사건을 자신의 몸, 다시 말해 자궁을 통해 잉태하겠다는 결단을 내리는 존재로 드러난다. 나아가 그는 가난과 억압의 상황에 저항하며 새 시대와 새 민족을 열고자 했던 예수의 사람들 중에 핵심 인물로 부상한다. 더 이상 마리아를 성서의 배경에 머무는 인물이 아니라, 하나님 나라에 대한 강력한 신앙으로 "하나님 안에 사는"(live in God) 사람들 중의 가장 대표적 인물로 그려내는 것이다.

마리아는 가난한 여성이었으며 사회적으로 아무런 의미도 갖지 못했던 여성이었다. 예수와 요셉과 함께 그녀는 매일 반복되는 고된 노동을 통해 일용할 양식을 얻고, 살기 위해 투쟁하는 강직하고 겸손한 가정을 꾸렸으며, '야훼의 가난한 자들'로 알려진 이스라엘 사람들 중에서 온전한 신앙을 가진 가정을 이루었다. 도덕적 성품과 인간성을 가졌다는 것 말고는 아무것도 없는 가난하고 힘없던 그녀에게서 하나님은 민족 전체를 해방시킬 씨앗을 보았고 하나님의 축복을 받은 모든 세대들 앞에 그녀를 높이셨다.[18]

마리아는 압제와 박해를 참으며 하나님을 신앙하는 사람들을 대표하는데, 이들에게 빛이 비추일 것이며 해방이 현실이 될 것이다. 분노와 희망, 사랑과 고난 사이의 변증법적인 긴장이 차 있는 마음속에 마리아와 바닥

---

18) Ivone Gebara, *Mary: Mother of God, Mother of the Poor*, 161.

공동체들의 사람들은 불의를 파기하고 이미 자리를 차지한 해방을 선포하기 위해 자신들의 예언자적 외침을 끌어올린다. 그리고 야훼에 대한 희망을 품은 사람들을 위한 자리를 지금 마련하고 있다.[19]

마리아 신학에서 말하는 마리아는 신성과 인성을 모두 완벽하게 품고 있는 성육신의 예수와 같이 "전적으로 하나님의 것"(totally God's)과 "전적으로 인간의 것"(totally the people's)을 실현한 존재다.[20] 이러한 관점은 오직 구원자 예수에게만 인성과 신성의 비배타적인 연합을 주장해온 교회의 전통적 교리에서 벗어나, 마리아에게도 그러한 이중의 본질을 인정하는 것이다. 그러나 이러한 작업이 지난 이천여 년간 예수 그리스도가 독점해온 구원자의 자리에 마리아를 함께 세워 마리아 숭배 전통을 다시 강화하려는 데에 그 목적이 있는 것이 결코 아니다. 해방신학의 맥을 잇고 있는 게바라와 빙게머는 인간을 오직 신의 구원을 비주체적으로 기다릴 수밖에 없는 존재, 즉 타락한 인성을 지닌 죄인으로 보지 않는다. 오히려 "예수의 하나님 나라 프로젝트"를[21] 따르기로 결단하고 실천하는 모든 사람에게 해방이 가능하며 이들이야 말로 거룩한 신성을 품고 있음을 강조한다. 이러한 관점에서 마리아 신학이 말하는 마리아의 신성은 숭배의 대상으로서 중요한 것이 아니다. 그의 중요성은 억압과 소외로 인해 자신의 삶을 쉽게 놓아버리기 너무나 쉬운 상황에 처해 있는 라틴 아메리카 여성들에게 비슷한 상황 속에서도 자기존재의 소중함과 삶의 거룩함을 발견하여 '하나

---

19) 앞의 책.
20) 앞의 책, 162.
21) 앞의 책.

님 나라'의 역사에 참여하는 해방의 한 모델이 되었다는 데에 있다.

간단하게 요약하자면 게바라와 빙게머는 여성해방신학의 비판적 방법론을 통해 마리아와 라틴 아메리카 여성들이 겪는 가난과 (성)차별의 상황을 중첩하여 드러낸다. 그러나 상황을 드러내는 일만으로는 부족하다. 저자는 가난과 (성)차별이 반복되는 일상적 상황 속에서도 자신을 놓지 않고 하나님 나라에 대한 예언자적 신앙을 품고 억압적 상황에 용기 있게 맞서는 마리아의 삶을 새롭게 복원하는 해석학적 작업을 통해, 오늘날 라틴 아메리카의 바닥공동체 여성들이 해방의 삶을 위해 벌이는 고된 투쟁의 신학적 정당성을 설명해내고자 한다.

이러한 작업의 의의는 크게 두 가지로 찾을 수 있다. 첫째, '동정녀 탄생 교리'의 비과학성뿐만 아니라 '성모 마리아'라는 호칭을 재생산하여 오용하는 가부장적 종교와 사회에 대해 매우 비판적인 태도를 취하는 현대인들에게, 오늘날에도 여전히 유효할 수 있는 '마리아 신앙'의 해방적 의의를 신학적으로 설명해낸다고 할 수 있다. 둘째, 게바라와 빙게머의 마리아 신학은 라틴 아메리카 여성들에게 매우 친숙한 신앙의 대상인 마리아를 자신들의 상황과 언어에 맞게 직접 새롭게 재해석해내면서 라틴 아메리카 여성들을 위한 해방의 방향성을 스스로 찾아내고 있다는 점이다. 이러한 해석의 주체성이야 말로 *Mary: Mother of God, Mother of the Poor*라는 책이 다른 서구 여성신학자들의 작품들로 대치될 수 없는 가장 독창적인 면이라고 할 수 있겠다.

2) 가난한 여성들을 위한 악(惡)의 현상학

게바라가 *Le mal au féminin: Réflexions théologiques à partir du féminisme*이라는 제목으로 1999년 프랑스에서 처음 출간한 이 책은 원래

벨기에 루뱅 가톨릭대학교에서 두 번째 박사학위를 받으면서 제출했던 박사학위 논문을 출판한 것이다. 2002년 *Out of the depths: Women's experience of evil and salvation*이라는 제목으로 미국에서 영어번역판이 출판되었다.

앞에서 소개한 책이 해방신학과 여성신학의 해석학적 방법론을 통해 라틴 아메리카의 여성들이 처해 있는 고통스러운 삶 속에서 해방과 희망의 메시지를 전하고자 했던 작품이었다면, 지금 소개할 이 책은 현상학적 방법론을 통해 그들이 경험하는 고통 혹은 악의 현상에 대해 설명하고자 하는 작품이라고 할 수 있다. 게바라가 현상학적 방법론을 새롭게 적용한 데에는 그가 원치 않게 2년간의 시간을 유럽 대륙에서 지내게 되면서 현대 프랑스 철학자 중 대표적 인물인 폴 리쾨르(Paul Ricoeur)의 현상학과 해석학 텍스트들을 본격적으로 접한 데에서 비롯되었다고 할 수 있다. 그는 특히 리쾨르의『의지의 철학』(*Philosophie de la volonté*)의 영향을 많이 받았음을 책의 서론에서 밝히고 있다.[22] 그러나 리쾨르의 현상학적 방법론을 그대로 적용하였다기보다, 오히려 여성해방신학의 해석학적 방법론과 접목시켰다고 해야 정확할 것이다. 게바라는 리쾨르에게 영향을 받았다고 서론에서 스스로 언급했음에도 불구하고, 연이은 1장에서 자신은 훗설에서 리쾨르로 이어지는 대륙의 현상학 이론들을 연구하는 데에는 관심이 있는 것이 아니라고 말한다. 오히려 그는 이들의 이론에서 받은 영감을 가지고 자유롭게 여성주의 현상학(feminist phenomenology)을 펼치겠다고 선언하고 있다.

---

22) Ivone Gebara, *Out of the depths: Women's experience of evil and salvation* (Minneapolis: Fortress press, 2002), 11.

훗설 이후 유럽 대륙의 주류 현상학이 주로 세계의 잡다한 현상을 수용하고 인지하는 인간의 주관적 인식능력의 순수성이나 보편성을 설명하기 위한 학문이었던 것에 비해, 게바라가 방법론으로 내세우고 있는 여성주의 현상학이란 보편성이라는 허울에 가려진 성차별주의를 비판하는 여성주의의 관점을 분명하게 유지하면서 여성들이 일상적으로 경험하는 악의 현상들을―그것은 여성들이 당하거나 저지르거나 하는 악 모두를 포함한다―차분히 서술하겠다는 뜻을 담고 있다. 이렇게 현상을 기술하는 방식에서 여성주의라는 치우침을 전략적으로 내세운 게바라의 여성주의 현상학은 현상을 서술하는 방식이 하나가 아니라 여럿일 수 있다는 가능성을 처음부터 인정하고 있다. 현상을 기술하는 방식과 관점의 다양성을 인정하는 게바라에게 있어서 현상학은 리쾨르에게서처럼 해석학과 결코 뗄 수 없는 관계에 놓인다.

그러나 그가 새롭게 표방한 여성주의 현상학에는 이전의 여성해방신학의 해석학과는 사뭇 다른 것이 있다. 여성해방신학의 해석학은 성서의 여성들이 처한 고통(혹은 악)의 상황과 라틴 아메리카 여성들이 처한 고통(혹은 악)의 상황을 중첩하여 읽어내는 방식으로 해방을 향한 희망의 메시지를 직접적으로 찾고자 하는 해석의 방식이었다면, 여성주의 현상학은 라틴 아메리카 여성들과 제3세계의 여성들의 다양한 증언들 속에서 서술되는 그들의 고통 혹은 악의 경험들을 차분하게 따라 나가면서 그러한 경험들의 생산과 재생산, 왜곡 혹은 확장의 구조 등을 보다 광범위하고 보다 비판적인 눈으로 드러내고자 한다. 이에 *Out of the depths: Women's experience of evil and salvation*은 보다 늦게 나온 작품이지만, 라틴 아메리카 여성들을 포함한 세계의 많은 여성들이 공통적으로 경험하는 악과 고통의 상황을 좀 더 근본적으로 추적함으로써 오히려 전작의 마리아 여성신학보다 더욱 기초적이고 광범위한 작업을 펼치고 있다.

이 책이 여성신학의 관점에서 중요한 점은 악에 대한 그리스도교 전통교리의 관념적이고 비이성적이며 성차별적인 언어가 갖고 있는 엄청난 권위에 굴복하지 않고, 가난한 여성들의 관점에서 그들이 현실적으로 체험하는 다양한 악의 경험을 기록한 이야기와 증언들을 차분하게 성찰한다는 점이다. 이를 통해 게바라는 "해방"과 "구원"이라는 해방신학의 담론들 안으로 성급하게 곧장 들어가기보다, 그들에게 그것이 구체적으로 어떠한 악과 죄로부터의 해방이자 구원이어야 하는지를 먼저 설명하고자 한다.

하와와 아담의 타락이야기에 기초한 아우구스티누스 원죄론이 그리스도교 전통교리의 중심에 자리 잡게 되면서 신학은 아주 오랫동안 악과 고통의 "기원"(origin)을 설명하고자 하는 관념적이며 존재론적인 관점에 치우쳐왔다. 뿐만 아니라 타락 이후에 처하게 된 현실로서의 악과 고통을 인류가 결코 자력으로 벗어날 수 없는 본질적인 차원으로 재선포하면서 예수 그리스도 구속론의 절대적 필연성을 뒷받침해왔다. 물론 서구신학과 교회에서는 인간 실존과 관련하여 보편적 차원에서의 악을 설명하는 신학적 작업뿐만 아니라, 다른 한편으로 현실적인 악을 각자 개인들이 범하는 도덕적이거나 윤리적인 죄의 결과로 보는 경향도 강하게 지배했던 것이 사실이다.

이렇게 악과 죄에 대한 서구교회의 이중적인 태도를 비판하는 이본 게바라는 라틴 아메리카 여성들이 당하거나 저지르는 악의 구체적인 경험들, 즉 인종차별, 빈곤(주거환경의 열악함과 음식의 부족, 건강권 박탈 등), 이혼, 가출, 매춘, 가정 폭력, 성폭력, 교육에서의 배제, 기본적 인권의 강탈, 자기 존재에 대한 비하 등과 같은 문제들을 그대로 자신의 글 속에 현상적으로 다시 기술함으로써 보편적이거나 본질적, 혹은 도덕적 차원의 논의에서 쉽게 드러나지 않는 악의 다양한 현실적 차원들을 증언하고자 한다. 이를 위해 게바라는 세계 여성들의 다양한 이야기들을 책에서 인용했는데 다음은 그중에서도 인도 작가 카말라 마르칸다야(Kamala Markandaya)의 소설 『Nectar in a sieve』(체 속의 꿀) 속의 한 여성에 대한 이야기를 간추린 부분이다.

> 루카는 그녀의 딸 이라가 굶주림에 죽어가는 자기의 동생의 목숨을 구하기 위해 몰래 몸(성)을 팔아 돈을 벌었다는 것을 알았다. "나는 사리를 단단히 둘러 입고 해질녘에 집을 나서는 그 아이를 보았어. 그 아이가 걷던 좁은 길은 옛 광산도시였는데, 길을 따라 한쪽으로는 담뱃가게들이 줄을 이었고 다른 한쪽에는 야한 장식들을 한 가게들이 즐비했어. 거기서 뻔뻔한 눈을 한 남자들이 야자열매주스를 마시거나 담배를 피우며 빈둥거리고 모여 있었지."23)

게바라는 소설가 마르칸다야의 작업이 단순히 인도의 빈민 여성들의 삶을 소재로 삼아 하나의 흥미로운 픽션을 펼치는 것이 아니라, 이들이 체험하는 악을 증언자(witness)의 입장에서 고발하고 있다고 본다. 왜냐하면 그의 이야기를 따라 읽어가다 보면 몸을 팔아 돈을 버는 이라의 수치스러운 행위와 그 돈으로 생계를 유지하는 엄마 루카의 무능력 너머로 이러한 고통이 야기되는 사회적이고 정치경제적이며 동시에 문화적인 문제들이 함께 얽혀 드러나기 때문이다. 이러한 이유에

---

23) 앞의 책, 20.

서 게바라는 소설가 마르칸다야야말로 "소설 속의 인물들 뒤에 자신을 숨긴 채, 그녀는 악에 대항하는 예언자의 말씀과 같은 삶과 불의에 대항하는 예술 증언의 작업으로서, 삶 그리고 구원의 눈으로 시적인 외침으로서의 고통을 우리에게 드러낸다. 그녀는 그녀의 목소리와 예술을 통해 각 사람의 이야기가 많은 사람들의 이야기들과 어떻게 엉켜 있는지를 보여준다"고[24] 말한다.

게바라가 볼 때 여성이 체험하는 악의 현상들에 대한 증언 행위는 보편이나 객관이라는 중립적 시각에서는 결코 행해질 수 없는 것이다. 그것은 "정의와 연대"라는[25] 특정한 가치들을 내세우는 여성해방신학의 해석학적 관점에서 잘 들어날 수 있다. 중요한 것은 이러한 해석의 작업이야말로 서구신학이 오랫동안 본질적이거나 보편적 혹은 관념적 차원에서 논의했던 선과 악의 규명 문제의 한계를 극명하게 드러내 준다는 점이다.

루카의 딸의 경험은 한 가족이 살아남기 위해 벌이는 투쟁의 또 다른 요인이다. 굶주림으로 인한 남동생의 죽음에 직면하여, 그녀는 쌀을 살 돈을 마련하기 위해 "파렴치한 남자들"에게 그녀를 주었다. 그것은 악한 행위인가 아니면 그리스도를 닮은 행위인가? 그 답은 해석자에게 달려 있다. 인간의 고통에 민감한 자들은 이 어린 소녀의 행동을 그리스도와 닮은, 구속적인, 사랑의 행위로 볼 것이다. 그녀가 자신의 몸속에 담은 수치와 악은 그녀의 어린 동생의 입술에 희미한 미소를 준다.[26]

---

24) 앞의 책, 21.
25) 앞의 책, 41.
26) 앞의 책, 42.

여기서 게바라의 의도는 몸을 팔아 가족의 생계를 유지하는 여성의 삶을 정당화하려는 데에 결코 있지 않다. 이러한 방식은 오히려 매매춘 산업을 더욱 곤고하게 유지하는 가부장제의 하부 이데올로기로 왜곡되어 이용될 여지가 농후하다. 게바라가 증언자들의 해석을 통해 참으로 드러내고자 했던 본질은 서구신학이 말하는 것처럼 악과 선의 규명이 우리가 살아가는 삶의 현실에서는 결코 그리 단순하지 않을 뿐만 아니라 매우 다차원적인 측면으로 해석될 가능성이 있다는 점이다. 이러한 이유에서 그는 "여성해방신학의 악의 현상학은 우리 앞에, 우리 안에 그리고 우리 주변에 항상 존재하는 다양한 악들이 서로 복잡하게 얽혀 있고 교차하고 있음을 인식하는 것이다. 이러한 증거는 우리로 하여금 그것들에 대해 신학화의 작업을 펼치게 하고, 유지되고 있는 부정의 속에서 우리 신학들의 공모를 밝혀내도록 인도한다"라고[27] 말한다. 게바라는 악에 대한 현상학적 접근을 통해 결론적으로 다음과 같이 말한다.

악(Evil)은 출발점(origin)이 없다. 다만 악들(evils)은 사회적인 원인들 없이는 존재하지 않는다. 악은 항상 현재한다. 동시에 그 악은 우리에게 기생하여, 자신의 바이러스를 우리에게 감염시키고, 폭발적으로 성장하기 위해 우리에게 의존한다. 그래서 악은 그것이 행하는 지배와 영향 그리고 힘에 대항하여 투쟁하는 우리에게 달려든다. 나는 우리가 더 이상 어떤 악들의 의미를 찾고자 최초의 원인을 찾는 일을 그만두기를 제안한다. 우리는 단지 사람을 위로하고, 불의와 육체적 고통과 같은 현재의 악의 뿌리를 이해하려고 애쓰기보다 우선 없애야 하는 책임을 수용해야만

27) 앞의 책, 43.

할 것이다. 행복과 관용의 경험 중의 일부가 그런 것처럼, 어떤 악들은 자주 우리의 이해를 벗어난다.[28]

게바라의 악의 현상학은 악의 근원을 추적하는 전통신학의 논의를 중단시키는 데에서 시작한다. 악이 발생하게 된 최초의 원인을 탐구하고 이해하려는 작업은 결국 알 수 없는 것을 알려고 하는 관념적인 작업에 갇힐 뿐, 실제로 그 악으로 인해 고통 받는 인간 현실을 변화시킬 수 있는 방법을 제안하는 데에는 무능할 수밖에 없다. 세계의 가난한 여성들의 고통과 아픔으로부터 출발하고자 하는 게바라에게 있어서 악이란 그들이 지금 막 살아내고 있는 일상의 삶을 강탈과 폭력, 소외로 위협하는 강력한 현재적인 힘으로 새롭게 등장한다. 악에 대한 새로운 정의에서부터 출발하는 게바라의 악의 현상학은 결국 (원)죄론과 구속론이라는 이중의 도식에 탄탄하게 묶인 전통서구신학의 틀에 미세한 균열을 내고 그 사이에 우리의 이웃이 겪는 악과 고통에 대한 우리의 연대적 책임을 보다 강력하게 요청하는 윤리학의 자리를 끼워넣는다.

우리는 우리 존재의 근본적 차원인 "알지 못함"의 차원을 믿는다. 알지 못함의 차원은 우리를 더욱 겸손하게 만드는 동시에 차이에 대한 존중과 상호의존적인 사회 건설의 가능성을 얻기 위해 우리를 더욱 전투적이게 한다. 우리는 삶의 지혜를 찾는다. 지혜는 우리에게 우리 중에 "궁핍한 사람"이 생기지 않도록 우리의 것들과 지구의 것들을 나누라고 가르친다 (행 4:34).

---

28) 앞의 책, 140-141.

이러한 관점이 우리의 일상의 삶과 몸의 일부를 구성한다면, 우리는 모든 존재의 생명을 위한 윤리적이고 근본적인 차원을 회복할 수 있을 것이다. 이것이야말로 인간 존재와 우리의 몸, 다정함과 연대를 향한 우리의 가능성, 매일 제기되는 우리의 질문들로 핵심을 구성하는 하나의 윤리를 갖고 사는 문제다. 남성과 여성 모두를 포함하는 이러한 새로운 비전이야말로 서구 신학전통에게 라틴 아메리카의 여성신학이 기여할 수 있는 한 부분일 것이다.29)

*Out of the depths*에서 게바라는 전략적으로 고통과 악, 죄 개념을 특별히 구별하지 않은 채 사용하고 있다. 이는 세계의 가난한 여성들의 고통이 생존을 위해서라면 자신의 몸과 영혼, 삶 전체를 무모하리만큼 내던져버리며 신이 창조한 인간의 존엄성을 잃어버리고 마는 그들의 죄와도 무관하지 않으면서도, 동시에 지배와 착취의 방식을 통해 문명의 풍요를 재생산해온 인류의 구조적인 악과도 전혀 떨어질 수 없기 때문이다. 그래서 게바라에게 중요한 것은 악의 기원을 탐구하는 지적인 작업이 아니라, 일상의 악으로 고통을 당하고 있는 세계의 이웃들의 곁에서 따뜻한 손을 내밀며 그러한 악을 중단시키는 일상적 실천으로서의 윤리적 삶이다.

악에 대한 게바라의 이러한 이해는 구원의 개념도 새롭게 정의한다. 그가 볼 때 악에 대한 참된 관심은 관념적이거나 지적인 관심에서 오는 것이 아니다. 그것은 지구상의 모든 생명체들처럼 이웃과의 "관계성" (relatedness)을30) 생명의 필수조건으로 삼고 있는 인간 존재의 근

---

29) 앞의 책, 133.
30) 앞의 책, 132. relatedness의 번역과 관련하여 덧붙이지만, 이 논문에서는 일반적 언

본적 상황에서 오는 것이다. 이는 인간이 처한 대부분의 고통과 악이 사실 그러한 관계성에서 오는 경우가 허다하기 때문이다. 하지만 그렇다고 구원이 그러한 실존의 관계성에서 벗어나, 오직 하나님과의 초월적 관계로 돌아가는 데에 있는 것은 아니다. 게바라에게 있어서 구원은 이웃과 세계 안의 모든 존재자들과의 관계성을 정의와 연대 그리고 지혜의 관점에서 새롭게 재정비함으로써 현재의 삶을 새롭게 살아갈 힘을 주는 현재의 순간이다.

구원은 삶의 구조 밖에 있는 무엇이 아닐 것이다. 그것은 오히려 그 중심에서 자리를 잡을 것이다. 그것은 기대했던 것과 기대하지 않았던 것 사이에서, 가까운 것과 먼 것 사이에서, 알려진 것과 알려지지 않은 것 사이에서 솟아난다. 그것은 짧거나 길게 지속될 수 있다. 그것은 삶의 여정을 따라 오고 간다. 구원은 다양한 기원들을 가지고 있으며, 삶의 혼동과 섞인 다양한 시간에 발생한다. 구원은 현재의 순간에 더 큰 행복에 대한 꿈을 살찌우면서 우리로 하여금 삶을 살아내도록 돕는 것이다.[31]

*Out of the depths*는 단순히 여성해방신학이라는 신학의 작은 흐름에

어사용을 고려하여 "관계성"이라는 무난한 말로 번역하였으나, 게바라의 인간학적 관점에서 이해할 때 보다 정확한 의미를 전달할 수 있는 말은 "관계 맺고 있음"이라고 해야 할 것이다. 게바라는 우리의 윤리적 결단을 통해 "관계맺음"을 실천하는 단계보다 앞서서 이미 우리의 생명과 삶을 근본적이며 총체적으로 구성하고 있는 다른 사람들과의 관계와 지구의 모든 생명체들과의 관계를 강조하는 인간학을 펼친다. 이러한 그의 인간학적 이해를 바탕으로 할 때 관계성이라는 말은 "관계 맺고 있음"과 "관계맺음"의 선후를 구별하고 있는 게바라의 의도를 어느 정도 퇴색시키는 위험을 안고 있는 것이 사실이다.

31) 앞의 책, 121.

서 나타난 이론서가 아니다. 이 책에서 게바라가 보여주는 악과 구원에 대한 새로운 이해는 서구전통신학의 악과 구원에 대한 고루하고 지루한 논쟁을 중단시키며, 악과 구원을 말하는 신앙인의 삶의 중심이 어디를 향하고 있는지 원천적으로 다시 묻는다. 그것은 바로 우리의 이웃이 고통 받고 있다는 현재적 상황이다. 게바라는 우리의 신앙이 이들의 고통에 대한 책임과 함께 갈 수밖에 없다는 점을 현상학과 해석학이라는 현대적 언어로 새롭게 기술하며 신앙인의 삶의 중심에 윤리의 자리를 회복할 것을 요청하고 있다.

3) 모든 생명을 품에 안은 생태여성신학

앞에서 살펴보았듯 이본 게바라는 신학적 해석학과 윤리학에서 남미 여성해방신학자로서의 독특한 깊이를 내보이며 서구교회와 전통신학의 한계를 극복하려는 의미 있는 작업을 펼쳐왔다. 그러나 그가 세계적으로 유명하게 된 데에는 그의 생태여성신학의 공이 컸다고 해야할 것이다. 북미여성신학의 대표자인 로즈마리 루터(Rosemary R. Ruether)가 1994년 『가이아와 하느님: 지구 치유를 위한 생태여성학적 신학』을 출판하면서 세계 여성신학계는 여성에 대한 성차별 역사가 자연에 대한 인간의 남용과 착취의 역사와 서로 구별된 것이 아니라는 의식을 본격적으로 공유하게 된다. 이본 게바라는 이보다 앞선 80년대 후반부터 남미여성의 다양한 문제가 식민제국주의에서 신자유주의 경제질서로 나아가는 과정에서 발생한 라틴 아메리카 자연의 무분별한 개발과 착취와 깊이 관련된 것임을 깨닫고 이에 대한 글들을 써내기 시작했다. *Longing for running water: Ecofeminism and Liberation*는 그러한 글들을 하나로 묶어 1999년에 출판한 영어본 책이다.

생태여성신학에 대한 게바라의 관심이 로즈마리 루터나 샐리 맥페이그, 엘리자베스 존슨과 같은 북미 생태여성신학자들의 그것과 비슷한 시기에 태동하였으며 이들과의 이론적 교류를 통해 상호 발전한 것을 부인할 수는 없을 것이다. 그러나 이러한 이론적 자극보다 앞서서 게바라로 하여금 생태문제에 관심을 갖게 한 근본 요인이 있다. 그것은 그가 삶의 터전으로 삼고 있는 모국 브라질이 주는 특수성에서 온다. 브라질은 모두 잘 알고 있듯 지구상의 가장 풍부한 동식물들과 천연자원을 품고 있는 아마존 밀림이 국토의 상당부분을 차지하고 있는 나라이다. 안타깝게도 이러한 풍요는 오히려 서구 제국주의 열강의 폭력과 착취의 원인이 되었으며, 제국주의의 종식과 함께 찾아온 정치적 독립 이후에도 오히려 서구사회의 경제적 식민지 상태와 국가 내부의 심각한 빈부의 계급적 격차를 심화시키는 근본 요인이 되었다.

브라질을 비롯하여 라틴 아메리카 곳곳에서 일어난 1970-80년대의 해방신학자들은 차별과 불평등, 절대적 빈곤과 소외, 폭력과 쿠데타 등으로 복잡하게 얽혀 있는 라틴 아메리카의 정치경제적 구조를 은밀하게 재생산하고 정당화하는 논리를 제공해온 서구교회의 관념적이며 이원론적인 신학풍토를 신랄하게 비판하면서, 라틴 아메리카 현장에 적합한 해방의 메시지를 담은 새로운 신학담론들을 생산해나간다. 그러나 안타깝게도 해방신학의 혁명적 기운은 1990년대에 접어들면서 크게 주춤하게 되었다. 이러한 현상을 발생시킨 요인들을 여러 관점에서 고려할 수 있겠으나, 이본 게바라와 같은 남미의 일부 해방신학자들은 가장 근본적 요인을 해방신학의 내부에서 찾으며 반성적 성찰을 시도한다.

그에 따르면 1970-80년대의 해방신학은 위계적인 정치경제 권력

시스템을 옹호하는 서구교회의 교리와 신학을 근본적으로 비판하는 데에는 기여했지만, 이를 대치하기 위해 필요한 새로운 신학의 내용으로서의 새로운 인간, 새로운 하나님, 새로운 예수에 대한 신학적 이해를 온전히 제시하는 데에는 성공하지 못했다.[32] 과거 해방신학의 방향은 착취적 정치경제구조에 대한 투쟁에 지나치게 매몰된 나머지, 가난한 자들에 대한 착취와 억압이 지구-시스템의 파괴라는 전 지구의 생태적 위기와 깊은 관련성이 있음을 심각하게 의식하지 못한 것이다. 다시 말해 산업문명이 생산한 풍요를 어떻게 사람들 간에 정의롭게 분배하느냐의 물음에 머물렀을 뿐, 인류가 누리는 이러한 풍요가 어떻게 하나님의 또 다른 창조물들의 생명과 환경을 파괴하며 나아가 오히려 인류의 삶의 조건까지 위협하고 있는지에 관한 문제에는 소홀했다는 말이다. 게바라는 이러한 해방신학의 한계는 "기독교 전통을 특징짓고 구성하는 데에 결정적인 전통적 유일신론과 인간중심주의를 그대로 수용"[33]한 데에서 비롯된 것이라고 비판한다.

해방신학의 여러 실천적 노력에도 불구하고, 여전히 아마존 곳곳에서 생존의 터전을 잃은 사람들이 라틴 아메리카 대도시 빈민굴로 쫓겨오고 있다. 이들은 어떠한 희망도 없이 대를 이어 가난을 물려준다. 그들의 삶은 서구 대도시의 화려한 외형을 제법 갖추기 시작한 자신들의 도시와는 전혀 어울리지 않는 열악한 주거상황에 여전히 고립되어 있으며, 생존에 필수적인 깨끗한 물과 음식에 대한 접근성도 거의 나아지지 않았다. 아이러니한 것은 그들이 그렇게 풍요롭다는 아마존을 품

---

32) Ivone Gebara, *Longing for running water: Ecofeminism and liberation* (Minneapolis: Fortress press, 1999), 8.
33) 앞의 책.

고 있는 국가공동체의 일원이면서도 이에 대한 어떠한 권리와 권한에서 소외되어 있다는 점이다. 농토개발이라는 거대한 국가구호 아래 아마존의 정글이 하루가 다르게 파헤쳐지고 있지만, 실제로 그들의 가난한 삶은 크게 변하는 것이 없고 오히려 국가경제의 가파른 성장 아래 그들의 가난이 더욱 도드라진다. 이는 개간된 농지가 글로벌 다국적 기업에게 저렴한 가격에 팔리거나 임대되어 세계 소비자들의 화려한 문명생활을 뒷받침하는 산업농업용지로 전락했기 때문이다. 1983년 이후 브라질의 이러한 상황은 매우 심화되었는데, "최저임금을 받는 노동자는 1갤론의 우유를 사기 위해 3.5시간을 일하고 1파운드의 고기를 얻기 위해 8.2시간"을 일해야 했으며, 1985년 기준으로 인구의 40%가 영양실조에 고통을 받았다.[34] 게바라나 레오나르도 보프와 같은 신학자들은 남미의 가난이 화려하고 풍요로운 인간문화를 떠받치기 위해 원주민을 포함한 많은 생명체들의 생명의 터전인 숲을 마구잡이로 파헤치며 착취하는 서구 현대산업문명의 탐욕과 근본적으로 관련이 있음을 인식하기 시작하였고, 이에 따라 해방신학에서 발전된 형태의 생태신학적 관점을 형성해나간다.[35] 해방신학이 인간의 삶을 이웃과의 관계성(relatedness) 속에서 파악하고 이러한 관계 속에서 정

---

34) 낸시 라이트 외 지음, 박경미 옮김, 『생태학적 치유 – 기독교적 전망』(서울: 이화여자대학교출판부, 2003), 96.

35) 게바라는 자연에 대한 착취 행위는 결국 지역의 원주민들의 삶을 파괴하는 일을 현실적으로 초래한다고 비판한다. "자연에 대한 어떠한 공격행위 속에서, 현실적인 표적은 지역 원주민들이다. 동물들과 식물들 혹은 강의 물고기들을 파괴하려는 직접적인 의도는 없다. 그럼에도 불구하고, 인간 존재들에 대한 공격은 모든 자연에 대한 공격이 되고, 이러한 공격은 결국은 인간에 대항하는 무기로서 사용된다. 우리는 모든 생명을 파괴하기 위해 자연을 오염시키는데, 왜냐하면 이 방식으로 인간의 삶을 파괴하기 때문이다." Ivone Gebara, *Longing for running water*, 28.

의와 사랑을 재건하려는 노력이었다면, 생태신학은 해방신학이 설정한 관계 설정 안에 내포된 인간중심주의에 근본적으로 의문을 제기하며 인간의 삶을 하나님의 몸이자 집인 지구에 거하는 모든 존재와의 관계성(relatedness)으로 확장하며, 나아가 정의와 사랑에 대한 우리의 책임을 이러한 지구적 관계 속에서 재건하는 노력이라고 이해할 수 있다.

자연에 대한 인간문명의 폭력과 여성에 대한 가부장적 사회의 폭력과 유사한 관련성을 드러내며 생태계와 여성 모두의 해방을 위한 신학을 모색하는 게바라의 *Longing for running water*는 총 6장으로서 생태여성신학의 인식론, 인간학, 신론, 삼위일체론, 예수론 등을 차례로 다루어나간다. 지면상의 한계로 이 글에서는 인식론과 인간학, 삼위일체론만을 소개하고자 한다. 게바라는 1장에서 생태여성신학을 건설하기 위해서는 무엇보다도 새로운 인식론이 필요하다고 주장한다. 왜냐하면 생태여성신학이 논하려는 자연이나 여성의 삶은 서양의 전통적 인식론 속에서는 지식의 주된 대상으로 제대로 다뤄지지도, 드러나지도 않았기 때문이다.

여성과 생태계는 거기에서 늘 현존하지만, 인식되지 않은 채로 남아 있다. 그 둘은 우리의 명백한 인식을 만들어내는 과정에서 주요한 구성요소로서 간주되지 않는다. 다른 말로 하자면, 우리가 "앎"(knowing)이라고 부르는 것은 사실 현실에 대한 특정한 관점에 제한된 인식이며, 그 자체는 이러한 관점을 형성하는 일을 책임지는 특정 그룹에 의해 제한된다. 그러므로 우리는 이러한 조건들이 깊은 곳에서부터 (남성들의 관심과 관점을 중심으로 바라본다는 의미에서) 남성중심적이며, 동시에 (인간의 가

치와 경험에만 중심이 놓였다는 의미에서) 인간중심적이다.[36]

게바라가 비판하는 가부장적 서양신학의 인식론은 다음과 같은 특징을 나타낸다. 우선 강력한 원죄론에 기반하여 인간 존재의 파괴성을 부각하는 '본질주의적 인식론'의 경향을 강하게 내포한다. 또한 하나님을 강력한 세계 통치자이자 인간의 어떠한 노력도 무능하게 만드는 권능자로서 내세우는 '유일신론적 인식론'과 그러한 신의 대리자로서 남성을 부각시키고 여성을 차별하는 '남성중심적 인식론'을 함께 나타낸다. 또한 서양신학의 지식을 영원한 진리로 규정함으로써 어떠한 의심이나 새로운 해석도 거부하는 형이상학적 인식론이자, 이원론과 교리적 틀을 벗어나지 못한 '아리스토텔레스와 토마스 인식론'일 뿐이다.

게바라는 이러한 전통적 인식론을 대체할 새로운 생태여성신학을 위한 인식론의 틀거리를 다음과 같이 제시한다. 먼저 형이상학적 대상이 아니라 우리의 삶의 경험을 앎의 주요한 대상으로 다시 규정하면서, 앎의 작업을 경험의 작업과 긴밀하게 연결시킨다. 나아가 이러한 인간의 경험이 지구적 전존재들과의 구별될 수 없는 것임을 강조한다. 또한 그는 앎의 상호성과 과정성에 주목하면서 영과 물질, 정신과 몸을 분리하지 않고 하나로 엮어 이해하는 새로운 존재이해를 내세우고, 전통적 인식론의 중심을 허무는 젠더 인식론과 생태주의 인식론을 통해 여성과 지구생태계에 대한 억압과 지배의 역사를 드러낸다. 마지막으로 대상인식의 상황성을 인정하는 '상황적 인식론', '영과 감성에 기초한 인식론', 앎의 명증성보다는 포괄성을 강조하며 인간 인식의 한계를 인정하는 '포괄적 인식론'을 강조한다.

---

36) Ivone Gebara, *Longing for running water*, 222.

2장은 생태여성신학의 인간론에 대한 부분으로써 게바라는 서양의
전통신학이 규정한 인간의 자율성(autonomy)과 개별성(individuality)
을 강력하게 비판하고 인간 존재를 지구 속의 다양한 존재자들과의 관
계성(relatedness) 속에서 설명한다.

내가 발전시키고자 하는 관점에서 볼 때, 관계성(relatedness)은 기초적
인 현실이다. 그것이 모든 존재자를 구성하고 있다. 그것은 차이에 대한
인식보다도, 자율성과 개별성 혹은 자유보다도 더 기본적이다. 그것은 존
재하거나 존재할 수 있는 모든 것의 근본적 현실이다. 그것은 우리가 담
겨 있는 생명의 과정 속에 계속적으로 힘을 가져오는 중요한 구조이다.
서로 얽혀진 조직들은 분리되어 존재하지 않고 오직 다른 것과의 완전한
호혜성 속에서 공간과 시간 속에, 처음부터 영원까지 존재한다.37)

게바라에 의하면, 이러한 '관계성'의 구조를 인간공동체라는 담을
넘어 지구의 모든 존재에게로 확장하는 의식의 작업은 우리의 책임의
범위 또한 전 지구적으로 확장시킨다. 그는 이러한 상태를 "생태정의"
(ecojustice)의 관점에서 "윤리적 현실로서의 관계있음"으로 부르며,
지구뿐만 아니라 우주 전체에 거하는 모든 존재를 하나의 전체적인 성
스러운 몸(Sacred Body)을 구성하는 것들로 이해하는 새로운 지혜를
특정 그룹과 특정 종교의 교리를 넘어서 함께 만들어갈 것을 요청한다.
　　게바라의 생태여성신학의 독창성과 진보성이 가장 두드러지게 나
타나는 6장은 원래 1996년에 로즈마리 루터가 비서구권의 생태여성
신학자들의 글을 모아 출판한 *Women Healing Earth: Third world women*

37) 앞의 책, 83.

*on ecology, feminism, and religion*에38) 처음 수록되었던 것을 다시 상당 부분 수정하고 편집하여 재수록한 것으로, 서구 전통신학의 핵심에 있는 삼위일체교리에 대한 생태신학적 재해석을 시도한 글이다. 게바라는 인간 존재를 우주 속의 작은 부분으로 선언하는 20세기 최고의 과학자 앨버트 아인슈타인의 글 한 부분을 인용하며 시작하는데, 이는 20세기 이후 생명의 진화와 우주에 대한 새로운 지식을 생산한 과학혁명을 자신의 신학적 사고와 적대적 관계에 놓지 않겠다는 의지의 표현이라고 할 수 있다. 그는 성서와 교리의 내용을 문자적으로 해석하며 현대과학과 긴장관계를 만들어가는 보수적인 교계에 저항하면서, 생태여성신학이야말로 새로운 과학적 세계관과 대치되지 않는 신학언어의 재해석 작업을 펼칠 수 있다고 보았다. 이를 위해 먼저 인간의 존재와 그의 문화적 능력을 생명의 전체적 진화 과정 속에 나타난 한 꼭지로 이해하며, 인간과 모든 생명체의 유기적 관계성을 강조한다.39)

삼위일체에 대해 말하기 전에, 나는 인간이 되어감(being human)에 대한 궁금증에 대해 몇 마디로 말하고 싶다. 나는 인간 존재는 생명이 진화해나간 긴 과정의 결과라는 점을 상기시키고 싶다. 우리가 속해 있고 우리가 인간이라고 부르는 종의 탄생 이전부터 생명은 수천 년, 수만 년의 시간을 거쳐 진보했다. 우리 안에서, 생명은 계속해서 창조된다. 그것은

---

38) Rosemary R. Ruether, ed., *Women healing earth* (New York: Orbis Book, 1996)
39) 게바라가 진화생물학과 현대물리학이 제공하는 새로운 세계관을 수용하는 것은 맞지만, 이것을 놓고 다위니즘(Darwinism)의 무비판적인 수용이라고 하기는 힘들다. 게바라는 다른 글에서 분명히 다윈의 진화론에 바탕을 둔 서구 근대문명이 타자들과 지구를 지배하는 사람들을 정당화하는 이론으로 쓰인 점도 잊지 않고 지적하고 있다(참고: Ivone Gebara, "Ecofeminism: an Ethics of life," Lorentez. E. ed., *Eco feminism & Globalization* (Lanham: Rowman & Littlefield Publishers, 2003), 165).

발전하고 쇠퇴하면서, 다른 문화들과 경제, 정치, 사회, 문화 조직들 안에서 자신을 드러낸다. 생명 그 자체가 지구적이며 동시에 우주적인 창조의 전체 과정 안에서부터 인류가 발전할 수 있도록 이끈다. (중략) 생명의 창조적 진화에 참여하는 우리 인간 종은 우리 스스로를 재창조한다. 이것은 반성하고 사랑하는 우리의 능력 안에, 우리의 윤리적 행동 안에, 그리고 우리가 우리일 수 있도록 만드는 모든 다른 능력들 안에 나타난다.[40]

게바라가 자신의 신학 논문에서 이러한 진화론적 사고를 전제로 밝히는 이유는 생명의 창조성과 관계성이라는 진화론적 용어를 생태여성신학에서 수용하여 삼위일체를 새롭게 재해석하는 데에 적용하려는 목적에서 비롯된 것이다.

게바라에게 있어서 삼위일체는 신앙의 대상으로서의 성부, 성자, 성령 각자의 본질과 그들 3위(三位)의 관계성을 설명하는 전통교리로서 어떠한 재해석도 거부하는 닫힌 언어가 아니다. 그것은 오히려 신앙의 주체인 인간의 자기존재 이해를 담고 있는 상징이자 메타포로서의 언어로, 언제나 해석과 이해의 작업을 요청한다.[41][42] 그는 "삼위일체란 우리가 우리 스스로에게 준 이름으로서, 우리의 확장된 존재에 대한 인식의 종합을 나타내는 말이다. 삼위일체는 다수이면서 동시에

---

40) Ivone Gebara, *Longing for running water*, 140.
41) 앞의 책, 143-144.
42) 캐슬린 맥매너스는 기독교 신앙의 주요개념들을 상징언어로 이해하고 해방여성신학과 생태여성신학과 같은 현대적 관점에서 이 개념들을 새롭게 변형하고 해석하려는 그의 시도를 "상징 혁명"(a revolution in symbolism)이라고 부르며, '십자가'를 상징으로 받아들인 게바라의 새로운 시도를 연구한다(참고: Kathleen Mcmanus, "Reconciling the cross in the theologies of edward Schillebeeckx and Ivone Gebara," *Theological Studies*, 66 (2005), 638-650).

연합으로 존재하는 우리의 인식을 표현하기 위한 시도 속에 만들어진 언어이다. 삼위일체는 거대한 다수성 안에서 우리의 공통된 기원과 공유하는 본질, 보편적 숨(breathing)을 가리키는 말이다"라고43) 말한다. 이는 삼위일체를 신앙의 초월 대상에 대한 지식으로 말해온 전통적 방식에서 벗어나, 이웃들뿐만 아니라 지구 안의 다른 생명체들과의 관계성 안에서 체험되는 인간의 이중적 경험, 즉 '다수로 존재하며, 동시에 연합하는' 삶의 경험을 함축하는 상징언어로 이해하는 것이다.44) 이러한 삼위일체 이해는 그의 동료이자 라틴 아메리카 생태신학의 대표자인 레오나르도 보프에게서도 공히 발견되는 생각이다. 그는 삼위일체를 "재미난 신적 표현"으로서 "세 명의 서로 다른 신이 있으나 이 셋 사이에는 생명의 연계, 사랑의 교차, 셋을 하나로 통일하는 영원한

---

43) Ivone Gebara, *Longing for running water*, 148-149.

44) 전현식에 따르면, 위르겐 몰트만 역시 삼위일체의 내적 관계성뿐만 아니라 창조세계의 생명들 간의 외적 관계성을 삼위일체 교리로 설명하고 있다. 그러나 몰트만이 창조세계의 생명들뿐만 아니라 하나님과 창조세계를 상호연결시키는 창조적·구원적 에너지로 성령의 역할을 강조하고 있는 것에 비해, 게바라는 지구 생명들의 다수성과 연합을 주도적으로 연결하는 역할로서 성령을 특별히 강조하지는 않는다. 이는 성부-성자-성령의 3위 도식에서 파격적으로 벗어나 악을 삼위일체의 부분으로 해석하고자 하는 게바라의 의도에서 비롯된 것으로 생각된다. 이에 대해서는 각주 48번을 참고할 것(참고: 전현식, "생명의 영성: 생명(창조)에 대한 몰트만의 삼위일체적 성령론적 이해의 동학 - 생태여성학적 재해석 및 비전,"「한국조직신학논총」11권(2004), 215-246).

게바라나 몰트만 이외에 그리스도교의 삼위일체교리를 생태주의적 관점에서 상징으로 해석하는 이로는 인도 출신의 세계적 사상가이자 가톨릭 사제인 레이몬 파니카(Raimon Panikkar)가 있다. 성부-성자-성령로 나뉘는 '3'이라는 숫자에 매이지 않고 인간과 인간, 인간과 지구 생명체들의 다수적 관계성과 연합성을 상징하는 것으로 이해하는 게바라와 달리, 파니카는 삼위일체 교리의 3위를 "우주-신-인간"을 나타내는 그리스도교의 상징으로 보면서 인간중심주의를 생태중심주의 혹은 신중심주의로 극복하고자 한다(참고: 최광선, "레이몬 파니카(Raimon Panikkar)의 생태사상연구,"「철학논총」제27집(2013), 463-483).

관계의 놀이가 있다. 이 세 신은 일치의 신, 관계의 신, 사랑의 신으로서 단 하나의 신이다. 우주는 이러한 신성을 펼쳐낸 것이다. 세상은 삼위일체의 반영으로서 복잡하고 다양하고 하나이고 서로 얽혀 있고 서로 연결되어 있다"라고[45] 주장한다. 그 역시 삼위일체를 상징언어로 이해하며 지구 생명체들의 다수성과 연합을 설명하고자 한 것이다.

그런데 게바라는 생태신학적 관점에서의 삼위일체 상징에 대한 이와 같은 공통적 해석에서 한걸음 더 나아가, 삼위일체의 해석에 악의 문제를 끌어들이며 자신의 독창성을 발휘한다. 그가 지적하는 것처럼, "삼위일체에 대한 전통신학의 논의에서, 오직 절대적인 선함만이 이야기되었다. 악은 결코 포함되지 않았다. 삼위일체 하나님과 인간의 악을 병렬로 놓는 일은 받아들일 수 없는 것이었다."[46] 그러나 삼위일체 하나님을 절대적 선이자 악을 징벌하고 용서를 베푸는 분으로 선언하는 전통신학은 실제로 인간들이 현실에서 겪는 부정의와 고통의 문제와 관련하여 늘 충분치 못한 답만을 내어놓으며, 언제나 신정론의 결함을 의심받게 하는 논리적 오류에 노출되어 있다.

악과 관련하여 드러나는 전통신학의 삼위일체론의 한계를 넘어서기 위해 게바라는 생태여성신학의 관점에서 악을 "삼위일체의 부분"으로서[47] 해석하는 파격적인 시도를 감행한다. 인간의 관점에서 논할 때, 악은 선과 반대를 이루는 개념으로서 나의 이기성으로 인해 다른 존재자들과의 윤리적 관계성이 무너질 때 발생하는 것이다. 그러나 우주의 관점에서 보자면, 병과 죽음, 부패와 재해 등으로 나타나는 우주

---

45) 레오나르도 보프 지음, 김항섭 옮김, 『생태신학』(서울: 가톨릭출판사, 1996), 56.
46) Ivone Gebara, *Longing for running water*, 162.
47) 앞의 책, 169.

적 악은 인간이 저지르는 도덕적 악과는 전혀 다른 의미를 지닌다. 그
것은 우주라는 공간에서 창조와 함께 생명의 진화과정을 발전시키는
파괴의 힘이다.[48] 중요한 것은 자연의 생명 과정에서 이러한 파괴의
과정 없이는 어떠한 것도 새롭게 재생되고 창조될 수 없다는 점이다.
그렇기에 우주의 과정 속에 파괴로서 나타나는 악은 완전히 제거되어
서도 혹은 제거될 수도 없는 것이 된다. 이러한 이유에서 게바라는 악
이야말로, 그것이 윤리적인 악이 되었건 혹은 우주적인 악이 되었건
간에 우리로 하여금 삶의 여정 속에서 끊임없이 저항하게 하는 방식으
로 우리의 삶과 생명을 지켜나가게 한다고 여긴다. 즉 악과 선, 파괴와
창조가 반복되는 패러독스의 과정이 "우리의 삶의 조직들과 우리의 일
상적인 삶의 현실" 안에 통합되어 있다는 말이다.[49]

신성과 인성의 분리와 통합을 말하는 전통적 삼위일체 교리는 삼위
일체 하나님 안에 어떠한 악도 인정할 수 없기에, 성자의 인성을 보통
의 사람들과는 다른 순결한 인성, 즉 어떠한 죄에도 오염되지 않은 특
수한 인성으로 설명한다. 문제는 이러한 특수한 인성에 대한 전통신학
의 설명이 삼위일체가 말하는 관계성 속에서 결국은 나머지 인간들과
세계의 다른 존재들을 배제시키게 되었다는 점이다. 이러한 문제를 극

---

48) 게바라는 삼위일체론을 인간과 인간, 인간과 지구 생명체 간의 다수성과 연합에 기초
하는 관계성을 설명하는 상징으로 사용하면서도 몰트만과 달리 성령의 역할을 강조하
지 않는다. 그 이유는 몰트만에게 있어서 지구 생명체들을 다수와 연합을 주도하는
성령의 에너지는 우리가 일반적으로 긍정의 역동성으로 이해하는 생명의 에너지로의
긍정적 모습을 띠고 있으나, 게바라에게 있어서 다수와 연합의 관계는 늘 생명과 파
괴, 혹은 "창조와 재창조"를 끊임없이 반복하는 "긍정적이며 동시에 부정적인 양면적
인 에너지"에 의해 주도된다(앞의 책). 이러한 에너지의 양면성으로 인해 게바라는
이를 성령이라는 삼위일체의 제3위격과 일치시키는 몰트만과는 다른 길을 간다.
49) 앞의 책, 170.

복하기 위해 게바라의 생태여성신학은 인간과 우주가 겪는 악을 오히려 삼위일체의 일부로 받아들이면서, 악이야말로 오히려 우리로 하여금 선한 행위와 생명의 창조를 끊임없이 행하게 하는 특정한 계기로 이해한다. 이를 통해 그는 신들의 내재적 관계를 정의했던 전통적 삼위일체 교리를 깨고, 인간을 비롯한 우주의 모든 생명체들이 맺고 있는 선과 악, 창조와 파괴라는 패러독스의 관계성을 설명하는 상징언어로 해석하는 것이다. 그러나 악에 대한 이러한 해석이 아우구스티누스가 강력하게 비판했던 마니교 교리처럼 악의 존재 자체를 정당화하거나 필연적인 상태로 보는 것은 아니라는 사실을 분명히 해야 한다. 삼위일체 안에 악을 부분으로 설명하고자 하는 게바라의 시도는 오히려 악의 항구성과 그에 "대항하는" 인간의 무한한 책임을 보다 강력하게 드러내는 새로운 방식으로서, 전통적 삼위일체 교리가 안고 있는 신정론의 취약점을 극복하려는 목적을 근본적으로 갖고 있다고 하겠다.

생태여성신학에서 악은 더 이상 절대적 선으로서의 신과 대치되는 무엇도 아니며, 세상에서 완전히 제거되어야만 하거나 제거될 수 있는 무엇이 아니다. 그것은 최소한 우주적 현실에서는 언제나 인간과 우주의 모든 존재자의 생명을 끊임없이 위협하며 늘 우리 곁에 현존한다. 게바라가 보는 참된 신앙인은 이러한 악의 위협에 좌절하지 않고 끊임없이 저항하는 개인적 혹은 집단적 행위를 통해 "나와 너, 나와 우리, 우리와 그들, 우리 자신과 지구 사이"의 "삼위일체적 균형"을 만들어가는 존재라고 할 수 있다.[50]

---

50) 앞의 책.

III. 나오는 말

지금까지 우리는 이본 게바라의 삶과 신학을 살펴보며 '여성해방신학에서 생태여성신학'으로 이어지는 변화의 여정을 확인했다. 이러한 변화는 인식론적 면에서 볼 때 매우 급진적이며 불연속적인 것이었다. 현대 문명인이라면 누구에게나 깊이 각인되어 있는 인간중심적 세계관(a anthropocentric view of the world)과의 단절이 이러한 변화를 가능하게 만들었다. 그러나 인식론과 신학담론의 상당한 변화에도 불구하고, 게바라 신학에는 변하지 않는 것이 있다. 그것은 그가 신학함의 대상으로 삼은 존재자들의 공통된 실존적 상황인데, 바로 "고통"이다. 그의 여성해방신학에 등장하는 브라질 대도시 빈민촌의 가난한 여성들에게도, 그의 생태여성신학이 서술되는 아마존의 모든 생명에게도 모두 "고통"이 그들의 존재를 위협하고 있다. 그러나 게바라는 여타의 신학자들처럼 그 고통의 근본 원인을 추적하는 일에는 관심이 없다. 앞에서 살펴보았듯이, 그에게 그 원인은 인지 가능하지도, 제거 가능하지도 않다. 그에게 정말로 중요한 것은 지금 고통 받고 있는 이들의 곁에서, 그들과 함께 그 고통에 저항하는 우리 일상의 연속된 실천들이다.

게바라의 생태여성신학은 반구 반대편의 우리에게 어떠한 의미로 다가오는가? 게바라는 *Fragile liberté*라는 자신의 책에서 "해방"을 신학이 추구하는 여러 목표 중의 하나가 아니라 "신학 자체의 실재"로 여겼던 1978-80년대 남미의 해방신학이 결국에는 해방의 의미가 다양하게 주어질 수밖에 없는 서로 다른 공동체들의 다양한 상황들(contexts)을 고려하지 못하는 한계를 드러냈다고 지적한다.[51] 이러한 비판 위에 그는 윤리(혹은 윤리학)은 하나의 관점이 아닌 각자의 상황을 고려하여 전개되어야 함을 인정한다. 그렇다면 지구의 가장 큰 바다를 가로지르고도 한참을 가야만 닿을 수 있는 라틴 아메리카의 상황이 우리의 상황과 매우 다를 수밖에 없으니, 각각의 윤리학의 목표와 내용도 매우 다르게 채워질 수밖에 없을 것이다. 하지만 이러한 상황의 차이가 서로에 대한 무관심이나 단절, 무지로 머물게 하지 않을 것이다. 게바라는 이러한 상황이 오히려 "억압적인 구조들을 넘어서 우리의 인간관계를 재건할 수 있다는 희망 아래 다양한 그룹들 간의 새로운 대화를 시작"하도록 요청하며, 관점의 통합은 불가능하더라도 "구체적 문제들에 대한 대화"가 가능하게 한다고 주장한다. 그가 말하는 구체적 문제들에는 "빈곤과 비극의 종식, 경제적 · 정치적 · 사회적 권리를 갖은 주체로서 모든 인간들에 대한 인정, 군비축소, 어린이와 노인에 대한 보호, 무기 생산의 중단, 물의 정화, 숲의 보호 그리고 우리의 행성과 인류를 위한 다양한 문제들"이 포함된다.52)

상황의 차이에도 불구하고 게바라의 이러한 대화 요청에 우리가 대답해야 하는 이유는 무엇일까? 대답해야만 하는 것이 우리의 의무가 된 이유는 무엇일까? 이는 그가 말하듯 우리의 생명이 그들의 생명과 이미 깊은 "관계"속에 처해 있기 때문일 것이다. 우리의 무지와 외면 혹은 저항에도 불구하고, 우리는 알게 모르게 그들이 쫓겨난 땅에서 생산된 콩을 먹은 닭고기로 우리 자녀들의 점심식사를 대신하며, 그들의 어린 자녀들이 굳은살 박인 손으로 하루 종일 노동하며 딴 커피로 우리의 지친 오후의 짧은 여유를 만끽한다. 세계의 풍요를 지탱하는

---

51) Ivone Gebara, *Fragile liberté* (Montréal: Mediaspaul, 2005), 51.
52) 앞의 책, 60.

수탈의 공간으로서의 라틴 아메리카의 상황이 우리의 상황과 결코 같을 수는 없지만, 오히려 그들에 상황에 대한 인식은 그러한 수탈의 직간접적 수혜자이자 책임자로서의 우리의 정체성을 인정하게 우리의 신앙의 양심을 깨운다. 이러한 우리의 부끄럽고 슬픈 정체성에 대한 인정이야말로 대화를 가능하게 하는 전제조건이며, 우리로 하여금 구체적이고 창조적인 윤리적 실천들을 찾아 나서게 하는 계기가 될 것이다. 이본 게바라의 생태여성신학은 한국사회 내부의 부의 재분배에 관한 논의에 묶여 있는 우리의 주된 윤리적 관심사가 우리만을 위한 자족(自足)의 윤리로 병들어 있는 것은 아니었는지 성찰하게 하며 우리로 하여금 우리의 닫힌 윤리를 치유하고 보다 온전한 모습으로 나아갈 수 있는 매우 복된 기회를 주고 있다.

참고문헌 및 읽기 자료

N. 라이트 외, 박경미 옮김.『생태학적 치유 - 기독교적 전망』. 서울: 이화여자대학교출판부, 2003.

L. 보프, C. 보프, 김수복 옮김.『해방신학입문』. 서울: 한마당, 1987

L. 보프, C. 보프, 요셉 랏징거(Joseph Ratzinger) 추기경의 보고서에 대한 보프(B. Clodovis)와 레오나르도(B. Leonard) 형제의 소견."「신학전망」, 89(1990), 140-147.

L. 보프, 김항섭 옮김.『생태신학』. 서울: 가톨릭출판사, 1996.

전현식. "생명의 영성: 생명(창조)에 대한 몰트만의 삼위일체적 성령론적 이해의 동학 - 생태여성학적 재해석 및 비전."「한국조직신한논총」11(2004), 215-246.

최광선. "레이몬 파니카(Raimon Panikkar)의 생태사상연구."「철학논총」27(2013), 463-483.

Eaton, H. and Lorentzen, L. A. *Ecofeminism and Globalization: Exploring Culture, Context, and Religion.* Lanham: Rowman & Littlefield Publishers, 2003.

Gebara, Ivone. *Longing for running water: Ecofeminism and liberation.* Minneapolis: Fortress Press, 1999.

_____. *Intuiciones Ecofeministas.* Editora: Trotta, 2000.

_____. *Out of the depths: Women's experience of evil and salvation,* Minneapolis: Fortress press, 2002.

_____. "Ecofeminism: an Ethics of life."Eaton, H., & Lorentzen, L. A., *Ecofeminism and Globalization: Exploring Culture, Context, and Religion.* Lanham: Rowman & Littlefield Publishers, 2003.

_____. *El Rostro Oculto Del Mal.* Editora Trotta, 2003.

_____. *Fragile liberté.* Montréal: Mediaspaul, 2005.

_____. *As Águas do Meu Poço.* Editora Brasiliense. 2005.

_____. *O Que É Teologia.* Editora Brasiliense, 2006.

_____. *O que é Teologia Feminista.* Editora Brasiliense, 2007.

_____. *O que é Cristianismo.* Editora Brasiliense, 2008.

_____. *Compartilhar os pães e os peixes. O cristianismo, a teologia e teologia feminista.* 2008.

_____. *Vulnerabilidade, Justiça e Feminismos - Antologia de Textos.* Nhanduti Editora, 2010.

Gebara, Ivone. Bongemer, Maria C. *Mary Mother of God, Mother of the Poor.* Eugene: Orbis Books, 1989.

Gottles, R. S., ed. *Liberating Faith: Religious Voices for Justice, Peace, and Ecological Wisdom.* Lanham: Rowman & Littlefield Publishers, 2003

Judith Ress. "Reports from Conferences: Introduction the Shared Garden Seminar, Washington 1997." *Ecotheology*, 4 (1998), 77-82.

Levinas, Emmanuel. *Entre nous*. Paris: Editions Grasset, 1991.

Mcmanus, Kathleen. "Reconciling the cross in the theologies of edward Schillebeeckx and Ivone Gebara." *Theological Studies*, 66 (2005), 638-650.

Ruether, Rosemary R. ed. *Women Healing Earth*. New York: Orbis Book, 1996.

참고 웹사이트

http://snd1.org/ko/who-we-are/mission

http://vimeo.com/58462020

http://www.clas.ufl.edu/users/bron/pdf-christianity/Lorentzen-Ivone%20Gebara.pdf

http://www.thefreelibrary.com/Rome+moves+to+silence+Brazil's+Gebara.-a016997297

아프리카 신학자 무사 두베의 포스트콜로니얼 페미니스트 성서읽기

김성희

I. 들어가며

무사 두베(Musa W. Dube)는 아프리카 남부의 보츠와나 공화국 출신으로, '포스트콜로니얼 페미니스트' 성서해석의 선두주자이다. 보츠와나 대학과 영국의 더렘, 미국의 벤더빌트 대학에서 수학하였고, 그녀의 박사논문은 *Postcolonial Feminist Interpretation of the Bible*[1]이라는 제목으로 2000년에 출간되었다. 현재는 모교인 보츠와나 대학에서 교수로 재직하고 있으면서 아프리카의 상황에서 성서읽기를 연구하고, 여성해방과 사회정의에 입각한 성서읽기의 패러다임을 제공하며, 유럽과 미국의 여러 대학에 강사로 초청되어 포스트콜로니얼 페미니스트 성서해석의 전도자로 활동하고 있다. 그녀의 학문적 공헌은 일반문학 비평에서 등장한 포스트콜로니얼 이론을 페미니스트적 시각에서

---

1) Musa W. Dube, *Postcolonial Feminist Interpretation of the Bible* (St. Louis: Chalice Press, 2000).

적용하여, 제국주의의 발전과 함께 등장했던 성서의 역사비평연구의 틀을 벗어나 제3분의 2세계(the Two-Thirds World) 여성들의 시각에서 읽는 새로운 성서해석의 지평을 열고자 하는 것에 있다.

두베는 현 시대를 '포스트콜로니얼' 상황으로 정의한다. 강대국이 약소국가를 '땅'에 대한 주권으로 지배하는 제국주의 시대는 공식적으로 지나갔으나 제국주의적 지배의 현상들, 즉 더 큰 권력을 가진 국가가 약소국에 대해 정치적·경제적·문화적으로 보다 더 은밀하고 잔인하게 지배하고 있으며 식민지배자(the colonizer)와 피식민자(the colonized)의 관계는 여전히 가면을 쓴 채로 주종관계에 있다는 것이다. 그러나 두베는 포스트콜로니얼 상황을 현재를 변화시키고 개혁시키기 위한 전제조건으로 사용하면서, 권력·정치·문화·성·젠더 등의 모든 문제는 신자본주의, 지구화라는 거대한 웹 안에서 거미줄처럼 서로 복잡하게 관련되어 있다는 사실을 인식하고 그것을 타개할 주인공들로 포스트콜로니얼 주체자들(postcolonial subjects)에게서 희망을 찾고자 한다.[2]

두베가 추구하는 '페미니스트적' 시각은 제3분의 2세계 여성들의 처지를 대변하는 것이다. 그녀는 현재까지 진행되어온 페미니스트 운동과 연구들은 주로 제1세계 여성들이 중심으로 진행되어온 것으로,

---

[2] 두베에게 '포스트콜로니얼'이란 다양한 범위의 본문들을 연구하고, 복잡한 수많은 방법들과 이론들 안에서 궁극적으로는 제국주의의 전복을 위해 여러 가지 실천을 실행하는 것을 포함하는 넓은 우산과 같은 개념이다. Musa W. Dube, "Toward A Postcolonial Feminist Interpretation of the Bible," *Semeia* 78 (1997), 14. 두베는 또한 "지구화시대(globalisation)" 역시 제국주의의 새로운 형태일 뿐이라고 분석한다. 그래서 그는 지구화시대란 "옛 문제에 대한 새로운 형태(a new form of an old problem)"라고 표현한다. Musa W. Dube, "Looking Back and Forward: Postcolonialism, Globalisation, Gender, and God," *Scriptura* 2 (2006), 183.

가부장제하에 억압을 받아온 서구여성들의 문제를 중점으로 하고 있으며, 식민지배와 가부장제하에서 이중, 삼중으로 억압을 받고 있는 3분의 2세계 여성들의 경험과 처지를 제외하여왔다고 비판한다. 그러므로 가장 소외되고 억압받고 있는 여성들의 해방과 구원을 논의하기 위해서 제국주의적 영향의 문제를 논의하지 않을 수 없다는 것이다. 그리하여 두베가 발판으로 삼고 있는 학문적 입지는 '포스트콜로니얼 페미니스트'적 입장인 것이다. 포스트콜로니얼 페미니스트는 여성해방의 문제가 단순히 독립된 이슈가 아니라 정치·경제·사회·문화의 모든 문제와 얽혀 있다는 것을 인식하고 있으며, 이것을 해결하기 위한 탈출구는 누구 하나를 희생시키고 다른 하나를 살리는 관계가 아닌 서로가 윈-윈(win-win) 할 수 있는 상호의존적인 해방을 추구하는 것이다.

두베에게 있어서 성서는 포스트콜로니얼 문학이다. 구약과 신약 모두 이스라엘이 앗시리아, 바빌론, 페르시아, 로마 제국주의의 식민 지배를 받는 상황에서 쓰인 책들로 그 안에는 제국주의적인 문화와 종교, 이데올로기의 요소들이 억압받는 이스라엘인들의 저항 및 야훼신앙과 뒤얽혀서 땅·인종·문화·권력·정치·사회·경제·문화 등에 대한 하나님의 메시지와 자신들의 삶의 이야기들을 담고 있는 책인 것이다. 성서는 제국주의의 역사에서 누가 사용하느냐에 따라서 이중적 기능을 담당하여왔다. 즉, 때로는 식민지배자들의 손에 의해 식민지배를 정당화하는 도구로 사용되기도 하고, 피식민자들의 해방을 위한 도구로 사용되기도 했다. 두베가 속한 아프리카 지역에서 성서는 주로 제국주의 시대에 그들의 지배를 정당화하는 도구로 사용되어왔고, 이것은 식민 지배를 경험했던 다른 나라들과도 마찬가지이다. 아프리카에서 구전으로 전해 내려오는 다음의 이야기는 식민지배를 경험한 나라들의 공통된 경험을 상징적으로 대변한다.

"백인남자가 우리나라에 들어왔을 때 그는 성경을 가지고 있었고, 우리는 땅을 가지고 있었다. 그 백인남자는 우리에게 말했다. '자 우리 모두 눈을 감고 기도합시다.' 기도가 끝난 후, 눈을 떠보니 그 백인남자는 땅을 가졌고, 우리는 성경을 가졌다."3)

이 이야기를 통해 두베는 식민지배가 어떻게 성경의 사용과 연관되어 있는지, 성경이 때로는 식민지배자들의 손에 의해 자신의 지배를 정당화하는 도구로 사용되어왔는지 설명한다. 이런 의미에서 성서는 제국주의적 본문이 될 수 있는 것이다. 실제로 19, 20세기 서구의 식민주의시대가 한창일 때, 서구의 성서 독자들은 타 대륙의 비기독교인들을 이교도적인 선교의 대상으로 여기고, 그들의 지배와 종속을 정당화하기 위한 많은 성서해석들과 글들을 배출해왔다.4) 제국주의자들의 물질적 관심, 경제와 관련된 궁극적 목적은 은밀하게 숨기고, 겉으로는 '문명화'라는 도덕적 가치를 표방하며 지배와 종속의 불평등 관계를 정당화했던 것이다. 그러므로 두베는 성서의 제국주의적인 성격을 파헤치고, 성서 본문과 그 해석을 비식민지화(decolonizing)하여 해방을 추구하는 성서해석을 시도하고자 한다.

이 글은 두베의 포스트콜로니얼 페미니스트 성서해석이 기존의 페미니스트 해석과 어떤 점이 다른지 살펴보고, 구체적으로 어떠한 방법

---

3) Dube, *Postcolonial Feminist Interpretation*, 3.
4) Dube, "Toward A Post-Colonial Feminist Interpretation," 12-13.

을 시행하여 상호의존적인 해방을 위한 성서해석을 추구하는지 연구
한 다음, 두베가 제안하는 페미니스트 신약학 연구의 미래와 방향성을
살펴보고자 한다.

II. 포스트콜로니얼 페미니스트 성서해석의 특징

두베는 자신의 성서해석을 기존의 역사비평적 페미니스트 성서해
석과 구분하기 위해 후자의 대표주자라고 할 수 있는 엘리자베스 쉬슬
러 피오렌자(Elizabeth Shüssler Fiorenza)의 성서해석 방법을 비판한
다. 일반적으로 여성신학계에서 피오렌자의 공헌은 성서연구의 역사
비평방법을 사용하여 성서에서는 명확히 표현되지 않거나 파편적으로
만 묘사되어 있는 초대 기독교 여성들의 활동을 재구성하고 여성해방
운동을 위한 역사적 전거로 제시하고 있는 것이다.5) 그러나 두베에 따
르면 피오렌자의 역사적 재구성은 성서 본문의 역사적 배경인 제국주
의적 성격들을 분석해내지 못했고, 가부장제를 주요한 타도 대상으로
삼은 방법은 서구 제국주의의 여성들만의 해방을 위한 방법에 머무를
뿐 제국주의 식민지배를 경험한 여성들에게는 반쪽의 해결 모델이라
는 것이다. 성서 본문 내의 제국주의적 요소들을 파악하지 못하거나
간과한다면 성서는 비서구적, 비기독교 여성들에게 여전히 억압을 가
할 수 있는 위험한 본문이 될 수 있다는 것이다.

---

5) Elizabeth Shüssler Fiorenza, *In Memory of Her: A Feminist Theological Reconstruction of
   Christian Origins* (New York: Crossroad, 1992); Elizabeth Shüssler Fiorenza, *But
   She Said: Feminist Practices of Biblical Interpretation* (Boston: Beacon Press, 1992).

두 번째로, 두베는 피오렌자의 여성해방 방법이 여전히 제국주의적 표현과 요소를 그대로 포함하고 있다고 주장한다. 예를 들어, 예수를 온 세상의 보편적인 유일한 구세주로 찬양한다든지, 기독교 공동체를 믿지 않는 세상으로부터 구분하는 유일한 공동체로 인식한다든지, "거룩한 공동체 VS 벨리알의 영역", "하나님의 성전 VS 우상숭배"라는 등의 이분법적인 반대표현(binary opposition)의 사용은 다양한 문화적 차이들을 거부하고 서구의 제국주의적 가치 개념들을 부여한다는 것이다. 이러한 개념 사용은 제3분의 2세계 여성들과 비기독교 여성들을 고립시키고 그들로 하여금 페미니스트적 성서의 대화에 참여하는 것을 막는 결과를 낳는다고 주장한다.[6] 두베는 또한 제국주의의 개념과 가부장제의 개념이 구분되지 않을 때 발생하는 문제들을 지적한다. 두 개념을 구분하지 않고 혼용하여 사용할 때, 우리는 다양한 억압의 형태들에 대한 분석을 놓칠 수 있다는 것이다. 이것은 제국주의를 포장하고 비서구의 여성들과 서구여성들과의 대화를 단절시킨다는 것이다.

세 번째로, 피오렌자가 페미니스트적 성서읽기의 해석학적 중심으로 여기고 있는 "여성들의 교회"(the ekklesia of women) 역시, 두베의 시각에서는 문제점으로 지적된다. 피오렌자는 하나님의 신성한 은혜나 계시가 성서나 가부장적 교회전승에 있는 것이 아니라 '여성들의 교회'에 있다고 주장하며 여성들의 교회는 더 이상 희생이 아닌 여성 자신들을 위해 선택하고 살아가는 여성들의 삶과 경험에 그 권위를 둔다고 한다. 그러나 두베는 이러한 피오렌자의 진술 속에는 백인남성들이 세운 '주인'(master/kyrios)중심적인 시스템의 성향이 살아 있으며, 여

---

6) Dube, *Postcolonial Feminist interpretation*, 30.

성교회의 주인은 서구여성들이고, 제3분의 2세계 여성들이 들어갈 자리는 없는 느낌이라고 말한다. 이러한 체제는 여성들이 제국주의적인 시스템을 통틀어 바꾸지 않고 그대로 유지하면서, 단지 지배자의 자리를 남성으로부터 여성들이 탈취하는 것밖에 되지 않는다고 비판하는 것이다.7)

이어 두베는 성서 본문의 식민주의적 성향을 벗겨내고, 가부장제와 제국주의를 지지할 만한 모든 해석을 거부하며, 국가 · 인종 · 민족 · 젠더 · 환경 문제들 사이에서 상호의존적인 해방을 추구하기 위한 성서읽기의 방법들과 책임적인 실천들을 수행해내기 위해 다음과 같은 구체적인 방안과 전략들을 제시한다.

(1) 동시대에 구전으로 유행하는 이야기들과 식민지화되었던 국가들 출신의 비평적인 작가들의 글들 읽기. 성경과 독자들, 권위의 기관들과 현대 제국주의가 서로 어떻게 밀접하게 연결되어 있는지 밝혀내기.
(2) 서구 여성신학자들의 글들을 분석함으로 그들의 해방 담화가 그들 국가들의 제국주의적 아젠다들과 관련되어 있는지 밝혀내기.
(3) 비서구적인 여성들의 여성신학적인 글들과 비기독교인 여성들의 글들을 읽음으로 그들의 해방적 담화가 다른 종교들과 비식민지적인 기독교적 주장들에 근거한 차이점들을 포함하고 있는지 지적하기.
(4) 서구중심의 성서학계의 식민지적 성향을 밝혀내고, 새로운 포스트콜로니얼 페미니스트 읽기 전략들을 위한 해방의 상호의존적 모델을 제안하기.
(5) 경전들과 일반 세속의 글들, 고대문학과 현대문학, 제국주의적 글들

---

7) 앞의 책, 36-37.

과 비식민적의 글들을 나란히 대조하며 읽기.

(6) 땅의 지배를 통해 가부장적, 제국주의적 억압을 드러내는 일종의 틀을 제공하고, 성에 대한 지배와 종속의 관계를 드러내는 장면을 제공하기.

(7) 타 국가에 대한 식민지배를 정당화시켰던 선교와 관련된 성서본문들을 다시 읽기.

(8) 비식민지화를 위해 쓴 서구학자들의 글을 비판적으로 읽기.

(9) 포스트콜로니얼 시대에 해방적인 상호의존을 위한 하나님의 계시 읽기. 하나님은 단지 성경 안에서만 말씀하시지 않는다는 것을 인식하고, 상호교차적인 문화를 통해 하나님의 창조세계로부터 하나님의 뜻 발견하기.[8]

덧붙여서, 두베는 성서 본문을 읽을 때는 반드시 다음의 질문들을 대뇌이면서 읽어야 한다고 주장한다.

(a) 이 본문은 그 당시의 정치적 제국주의의 입장에 반하는 명확한 입지를 가지고 있는가?

(b) 이 본문은 다른 지역으로 여행하는 것에 대해 어떻게 정당화시키고 있는가?

(c) 이 본문은 지배와 종속의 관계를 유지하기 위해 젠더를 어떻게 구성하며, 어떠한 신성한 표현으로 내용을 전개시키고 있는가?[9]

---

8) 앞의 책, 199-200.
9) 앞의 책, 201.

이와 같이 제안한 포스트콜로니얼 성서해석의 전략들과 질문들을 바탕으로, 두베는 어떠한 성서해석의 방법들을 구체적으로 제안하고 있는지 그 예들을 다음의 절에서 살펴보기로 하자.

III. 무사 두베의 성서해석 방법

1. 성서 본문의 제국주의적 성격 드러내기

두베는 제국주의의 식민지배 상황에서 여성이 가장 억압당하는 인물이라고 묘사하면서 제국주의자들의 젠더관을 잘 반영하고 있는 본문은 라합(수 2:1-24)과 가나안 여인(마 15:21-28)의 이야기라고 설명한다. 제국주의자에게 땅과 여성은 주로 "침입하는", "점령하는", "종속시켜야 하는" 대상으로 동일시된다.10) 두베는 여호수아 2장에 묘사된 가나안 족속이며, 창녀로서의 라합은 식민지로 삼게 될 땅을 상징한다고 한다. 라합의 이야기는 식민지배자들의 땅에 대한, 여성에 대한 지배적 욕구가 그대로 반영되어 있는 것으로, 라합의 행동들과 말들은 종속시키기를 원하는 식민지배자들의 이데올로기가 표현된 것이라고 주장한다. 즉 라합은 그녀 자신과 가족이 모두 안전하기를 원했지만 자신의 나라에서는 불가능하다는 것을 깨닫고, 오히려 그녀의 나라를 침공하게 될 원수들의 편에 서게 되는 것이다. 라합은 자신의 땅을 지배하게 될 식민주의자들의 우월성을 인식하였고, 그들에게 자신의 안전성을 맡기는 것이다. 이것은 식민주의자들이 일반적으로 자신들의 지배를 정당화하는 이데올로기다. 즉, 문명화되지 않은 땅을 식

---

10) Dube, "Toward A Postcolonial Feminist Interpretation," 17.

민지로 삼고 자신들의 우월성을 입증하여 피지배자들로 하여금 식민자들의 지배를 당연하게 받아들이며, 그들로 하여금 지배당하는 것이 오히려 자신들의 발전과 안전을 지키는 일이라고 믿게 한다는 것이다. 두베에게 있어서 라합은 결과적으로 육체의 생명은 보전할 수 있었으나, 문화적으로 정치적으로는 생명이 다한 사람이었다고 평가한다.[11]

두베는 이러한 제국주의적인 이데올로기가 성서 안에 만연되어 있기 때문에 라합의 읽기 프리즘(Rahap's Reading Prism)을 통해 식민주의적인 본문을 철저히 비식민지화(decolonizing)시켜 읽어내야 한다고 주장한다. 두베는 라합의 프리즘을 통한 성서읽기 방법을 '포스트콜로니얼 페미니스트 성서읽기'라고 명명하면서, 성서 독자들은 식민지배자와 피식민자의 긴장들이 다양한 형태들로 오늘날까지 이어져 오고 있다는 것을 인식해야 하며, 이러한 현실을 인식하는 해방된 라합들이 뭉쳐서 그것을 전복시킬 수 있는 담론들과 방법들을 구상해내야 한다고 주장한다. 더 나아가 두베는, 포스트콜로니얼 페미니스트 성서 해석의 궁극적인 목적은 억압적이고 불평등한 구조들을 개선하는 것에 만족하지 않고 다양한 문화 · 종교 · 계급 · 성 · 젠더 · 인종 · 민족들의 다름과, 공평과 정의가 설 수 있도록 끊임없이 성찰하고 재평가하며, 상호의존적인 해방을 위한 읽기와 쓰기 방법을 지속적으로 계발하여, 가부장적이고 제국주의적인 모든 유산을 전복시켜야 한다고 주장한다.[12]

라합의 이야기와 비슷하게, 두베는 마태복음의 가나안 여인의 이야기(마 15:21-28)에서도 내포된 저자(implied author)의 제국주의적 이

---

11) Dube, *Postcolonial Feminist Interpretation*, 76-80.
12) 앞의 책, 121-123.

데올로기를 발견할 수 있다고 설명한다. 같은 이야기가 기술되는 마가복음 7:24-30의 '수로보니게 여인'을 마태는 고의적으로 '가나안 여인'이라고 바꾸는데, 변화된 호칭 뒤에는 그 땅과 족속들이 이스라엘이 정복하고 지배해야 하는 대상임을 내포하고 있다는 것이다. 이 가나안 여인도 라합처럼 자존심을 버리고 그녀의 민족과 땅을 배반하면서 지배자의 우월성을 인정해야 하는 인물이다. 이 가나안 여인이 살 수 있는 유일한 길은 식민지화되고 종속된 마인드로 지배자들을 대하는 것이다. 이 이야기에서 예수는 절대적이고 우주적인 지배의 권위를 가지고 있는 자로 묘사되고, 가나안 여인은 자신의 지역으로 건너오는 우월한 지배자에게 울부짖으며 자신의 딸을 위한 구원을 요청한다. 이 여인이 자신의 딸을 구원받게 하는 유일한 길은 '개'로 자신을 규정하는 지배자들에게 자신의 무시당함과 약함을 그대로 인정하는 것이다. 즉, 자신을 개로 인정하고 주인의 상에서 떨어진 부스러기라도 먹기를 바라야 하는 것이다. 그래야만 지배자들에게 칭찬을 받고 살 길이 열리는 것이다. 이러한 가나안 여인의 이야기에서, 마태의 저자는 선교라는 명목하에 다른 민족의 땅에 우월함의 깃발을 들고 열등한 민족을 구원해야 할 사명감과 정당성을 부여하고 있다고 하는 것이다.[13]

정리하면, 두베는 가나안 여인의 이야기에는 마태복음의 내포저자가 선교의 목적을 위해 제국주의적 방식의 지배를 인정하고, 그 지도자들을 거룩하고 당연히 받아들여 하는 존재로 묘사하고 있다는 것이다. 이것을 위해 예수는 다른 나라, 낯선 지역으로 여행하고 그곳에서 구원을 베풀고 있으며, 다른 여행자들도 예수처럼 다른 나라의 땅으로 여행하고 선교의 목적을 가지고 타 지역과 문화를 침입하도록 고무시

---

13) 앞의 책, 146-154.

킨다는 것이다. 또한 제국에 대해서는 은밀하게 긍정적으로 묘사하고 있으며, 다른 나라에 선교하러 가는 모델도 제국주의적 가치와 전략들을 따른다고 한다. 즉, 한 인종의 다른 인종에 대한 우월성을 당연시 받아들이며, 열등한 인종을 개선시키기 위해 그들을 종속해도 된다는 가능성에 대한 이데올로기를 옹호한다는 것이다. 이러한 맥락에서 마태의 가나안 여인 이야기는 낯선 땅을 정복하는 것에 대한 정당성을 암묵적으로 부여하는 타입의 내용이며, 그러하기에 제국주의적 가치들과 전략들, 여성들의 억압을 더욱 강화하는 젠더 이미지들을 사용하고 있다는 것이다.[14]

이와 같이, 두베는 제국주의적인 본문에서 묘사되는 여성에 대한 젠더관은 대부분 도덕적 가치가 요구되는 비도덕적 여성들이거나, 약하고 도움이 필요한 존재들, 그래서 도덕적으로 올바르고 더 강한 자들의 지배가 필요한 자들로 묘사함으로써, 결국 제국주의자들의 침략과 종속을 정당화하고 있다고 날카롭게 비판한다. 그러나 두베는 성서의 제국주의적 성격을 파헤치고 벗겨내는 것에서 끝나지 않는다. 왜냐면 두베에게 성서읽기의 궁극적 목적은 상호의존적인 해방(interde-pendent liberation)을 위하기 때문이다.

2. 비식민지적(decolonizing) 해방의 성서읽기

두베는 지금까지의 기독교 선교가 진정한 해방을 위한 평등의 운동이 아니라, 신성한 권위로 가장한 가부장적이고 제국주의적인 프로그램하에 비기독교인들을 종속시키는 현상이었다고 분석하면서, 이제 포스트콜로니얼 시대의 성서 독자들은 우리 안의 깊숙이 내재된 제국

---

14) 앞의 책, 154-155.

주의적인 전통들을 벗겨나가면서 비식민지적 해방의 성서읽기를 시작해야 한다고 주장한다. 두베는 '비식민지화'(decolonization)를 위해 성서를 읽는다는 것은 제국주의의 착취적인 권력에 저항하며, 지금까지 받아들여지지 못한 차이점들을 인정해주며, 포스트콜로니얼의 다문화시대에 상호의존하는 해방적인 방법들을 추구해나가는 것이라고 설명한다. 비식민지적 해방을 추구하는 페미니스트들은 "다양성 안에서의 연대"(solidarity in multiplicity)를 추구해야 하는데, 이것은 성서를 읽을 때, 다양한 다른 문화, 다른 종교의 이야기들과 함께 어울려서 읽고, 상상하고, 해석하는 것을 의미하는 것이다. 왜냐면 제국주의적 성서해석과 그것을 바탕으로 한 기독교 선교들은 타 지역의 문화와 종교, 구전과 이야기들을 모두 짓밟아버렸기 때문이다.15)

비식민지적 해방의 성서읽기는 타자들을 억압했던 기존의 성서해석을 반성하면서 타자들의 다른 점들을 끌어안고 서로가 의존하며 문화교차적으로 연결하는 다리를 놓고자 시도하는 실천의 노력들이라고 하겠다. 이러한 단계에서 포스트콜로니얼 페미니스트들은 기독교의 본문들이 다른 신앙·인종·젠더·성을 가진 사람들과 만날 때, 어떠한 해석들을 구성하고 정당화했지 질문해야 한다고 주장한다. 이것은 "어려운 대화들"(difficult dialogues)이겠지만, 페미니스트 성서 독자들은 제국주의의 착취적인 해석과 권력에 대항하여 타자들을 존중하고 함께하는 상호의존적인 해방의 해석방법들을 꾸준히 발전시켜나가야 할 것이라고 주장한다.16)

두베는 서구제국주의를 중심으로 연구된 성서읽기는 너무나 전문

---

15) Dube, "Toward A Post-Colonial Feminist Interpretation," 21.
16) 앞의 논문, 20-22.

적이고 학문 중심적이어서 일반 사람들이 범접할 수 없는 높은 담을 만들었다고 비판하면서, 일반 사람들의 성서읽기의 중요성을 강조한다.[17] 즉 성서는 일반인을 위한, 일반인에 의한, 일반인에 관한 말씀 책이어야 한다는 것이다. 일반인의 비식민지화 성서해석 방법의 한 예로, 두베는 전혀 아카데믹한 전문 성서교육을 받지 않은 보츠와나의 아프리카 독립 교회(African Independent Churches) 여성들과 함께 성서를 읽고 해석해나간다. 이 공동체는 예언자들이라 일컬을 수 있는 지도자들을 세우고 구성원들과 성경을 함께 읽고 성령 안에서 그들의 문제에 대한 해결과 답을 찾고자 한다. 이것을 두베는 "*Semoya*(Spirit, 영) 읽기"라고 명명한다.[18] 성령 안에서 공동체는 함께 읽고, 해석에 참여하며, 해석된 성서는 다시 드라마틱한 이야기로 만들어지고 서로 공유된다. 이것은 또한 아프리카의 전통과 관련된 성서읽기라고 할 수 있는데, 아프리카인들은 인간의 문제들을 진단하기 위해 뼈들을 던지고 그 문제들에 대한 답을 찾는 관습이 있는데 이것을 성서 읽는 방법과 연결시킨다는 것이다. 즉, 공동체의 예언자들은 뼈들 대신에 성서를 사람들에게 제공하고 성서 본문 읽기로부터 그들의 문제에 대한 답을 찾도록 하는 방식인 것이다. 두베는 이러한 성서읽기를 "Divination"이라고 일컫기도 한다. 예를 들어, 두베는 가나안 여인의 이야기를 국제관계들의 이야기로 풀어낸다. 두베는 먼저 가나안 여인을 신성시하고 서구세계(예수)로 외국인에게 투자와 도움을 요청하러 가는 아프리카 지도자의 대표로 간주한다. 예수는 자녀들의 떡이 개들에게 가서는

---

17) Musa W. Dube, "An Introduction: How we came to 'read with,'" *Semeia* 73 (1996), 10.
18) Dube, *Postcolonial Feminist Interpretation*, 186-190.

안 된다고 말하며, 서구세력은 아프리카를 돕는 것이 바닥이 보이지 않는 구덩이에 돈을 던지는 것과 같다고 여긴다. 이러한 상황에서 오직 가나안 여인의 설득과 주장에 의해 상황은 반전되고 예수는 그녀의 딸이 구원받도록 한다. 두베는 이 이야기의 해석을 통해 모든 인간의 행복을 위한 국제관계는 서구세계와 제3분의 2세계의 긴밀한 협력과 노력을 통해서만이 향상될 수 있다고 해석한다.19)

두베가 비식민지화 성서읽기 방법으로 제안하는 또 다른 방법은 "이야기로 전달하기"(Storytelling)이다. 두베가 편집한 아프리카 페미니스트들의 성서읽기 방법을 다룬 책, *Other Ways of Reading*(2001)의 서론에서, 두베는 이야기들이나 스토리텔링과 같은 방법은 아프리카 공동체에서는 핵심적이라고 주장하면서, 성서를 읽을 때도 아프리카의 전설이나 구전들, 스토리텔링을 사용한 성서읽기를 제안한다.20) 구체적인 예로, 그녀의 논문, "Fifty Years of Bleeding"에서는 마가복음 5:24-43에 등장하는 혈루증 앓는 여인의 이야기를 아프리카의 한 소녀에 대한 구전 이야기와 함께 해석하고 아프리카의 현 문제들, 특히 HIV/AIDS가 극심하여 고통 받고 있는 사람들의 피 흘리는 이야기로 풀어서 해석한다.21)

---

19) Musa W. Dube, "Diving Texts for International Relations, Matthew 15:21-28," Antonio, E. P. (ed.), *Interculturation and Postcolonial Discourse in African Theology* (New York: Peter Lang, 2006), 193-208.

20) Musa W. Dube, ed., *Other Ways of Reading: African Women and the Bible* (Geneva: WCC Publication, 2001), 3.

21) Musa W. Dube, "Fifty Years of Bleeding: A Storytelling Feminist Reading of Mark 5:24-35." *Other Ways of Reading: African Women and the Bible* (Geneva: WCC Publication, 2001), 26-49.

3. 문화 간의 성서해석(Intercultural Biblical Interpretation)

두베가 최근 관심 있게 생각하고 발전시키고자 노력하는 성서해석 방법은 "Intercultural" 성서해석이다. "Intercultural"이란 말은 "문화들 사이의 공간"을 뜻하는 말로 "문화들 사이의 접촉 영역(contact-zone)으로서의 제3의 공간(a Third Space)"을 의미한다.[22] 두베는 문화와 종교는 항상 상호적으로 관련되어 있고 서로의 영역에 침투되는 것이 사실이라고 주장하며, 종교는 문화들 안에서 취해지는 다른 형태들의 표현이라고 한다. 성서는 다양한 종교와 문화에서 형성되었고, 오늘날도 다양한 문화들과 사회에서 읽혀지고 있다. 이러한 다문화시대에서의 성서읽기는 다른 문화들과 해방적인 상호의존성을 증진하는 방법을 추구해야 하며 그것이 바로 '문화 간의 성서읽기'라는 것이다.[23]

문화 간의 성서읽기 방법이 유효한 이유는 성서 자체가 다양한 문화와 종교들을 주변 이웃으로 두고 그들과의 접촉 속에서 생겨났기 때문이다. 예를 들어, 구약성서는 가나안 민족의 종교와 문화와의 접촉 속에서, 신약성서는 로마제국의 상황과 헬레니즘 문화들과의 연결에서 서로 영향을 주고받으며 탄생하게 되었다는 것이다. 이러한 접촉의 과정, 서로 영향을 주고받는 과정은 절대 쉽지 않았으며, 힘겨루기의 과정을 통해서였다. 그러므로 문화 간의 성서읽기는 서로 다른 문화들의 해방적인 상호의존을 추구하는 방법이어야 한다고 주장한다. 두베는 문화 간의 성서읽기가 고려되어야 하는 작금의 이유를 세 가지로 설명한다. 첫 번째는 현재의 기독교 선교운동은 오순절식 운동의 영향을

---

22) Volker Kuster, "The Project of an Intercultural Theology," *Swedish Missiological Themes* 93:3 (2005), 417.

23) Musa W. Dube, "Intercultural Biblical Interpretations," *Swedish Missiological Themes* 98:3 (2010), 362-363.

많이 받고 있기 때문이라는 것이다. 아직도 하나님-사탄의 이분법적 사고 안에서 비기독교적 신앙을 기독교 신앙에 종속시키고 기독교 복음을 확장시키고자 하는 경향성은 식민주의시대 못지않게 강하게 나타나고 있기 때문이다. 두 번째 이유는, 우리가 상호 다른 종교들의 갈등의 현장에서 살고 있기 때문이며, 세 번째 이유로는, 현재 지구가 마치 한 가족이나 공동체처럼 쉽게 서로 영향을 끼치고 받을 수 있는 지구화, 또는 세계화 시대에 살고 있기 때문이라는 것이다.24)

경계를 넘어서는 한 실천적 방법(a border-crossing practice)으로서 문화 간의 성서읽기는 이미 체계를 완전히 갖추고 있는 학문적·전문적 성서해석을 도전시켜야 하며, 고전적이고 고정화된 경전성에 저항하며 경계들을 넘어서는 경험을 해야 한다고 두베는 주장한다. 그러므로 문화 간의 성서읽기 방법은 성서가 고대시대부터 현재까지 항상 다른 문화들과의 접촉 속에서 발전하고 해석해왔다는 근본 성격을 직시하고, 현재의 성서해석 역시 다른 문화들과의 상호만남의 과정에서 이루어져야 한다는 것이다. 두베는 문화 간의 성서해석은 성서가 다른 문화와 관련하여 어떤 입지를 가지고 있는지, 어떠한 내부적·외부적 요인들이 충돌을 일으킬 수 있는지, 어떻게 다양한 문화들과 함께 해방적인 공존을 이루며 성서 본문을 읽을 수 있을지 질문을 던져야 한다고 설명한다. 또한 문화 간의 성서해석은 유럽중심의 전문적·학문적 성서해석의 틀을 도전하고 제3분의 2세계의 다른 종교들과 문화들의 사상들과 믿음의 내용들을 고려하며, 성서가 그들과 만날 때 다른 종교나 문화의 전승들을 억압하지 않고 상호 존재할 수 있는 방식으로 해석하는 것을 추구하는 것이라고 설명한다.25) 이것은 한 본문의 여

24) 앞의 논문, 364-366.

러 다양한 소리를 듣는 것이며, 성서가 다른 문화들과 만났을 때 생성될 수 있는 사상들을 모두 드러내는 것이다. 문화 간의 성서읽기를 추구하는 독자들은 다음의 질문들을 고려하면서 성서를 읽어야 한다고 두베는 제안한다.

(1) 이 본문은 문화적 접촉의 영역(contact-zone)을 나타내고 있는가?
(2) 이 본문에서는 무엇이 또는 누가 다른 문화들을 대표하는가?
(3) 이 본문에서 다른 문화들에 대한 태도는 어떠한가?
(4) 문화적인 접촉 영역은 계급, 나이, 젠더, 인종을 어떻게 구성하는가?
(5) 문화적인 접촉 영역에 의해 진전된 사상들은 무엇인가?
(6) 문화들의 해방적인 상호의존을 위해 나는 어떻게 본문을 읽을 수 있는가?[26]

그 밖에도 두베는, '독자로서 당신은 여행자인가?' '우리는 예수님처럼 모두에게 우월한, 힘 있는 여행자로 본문을 읽고 있는가?' '어떠한 종류의 경계들을 넘어야 하며, 어떠한 읽는 방법들을 유지해야 하는가?' 등의 질문을 끊임없이 던지며 성서의 본문들을 읽어야 한다고 설명한다.[27] 이어 두베는 라틴 아메리카의 해방신학적 성서해석학, 아시아의 다른 종교 간의(interfaith)/다양한 믿음의(multi-faith) 해석학, 아프리카의 스토리텔링, 구전 경전들, 잠언들, 신성한 계시들(divination)을 사용하는 해석학을 문화 간의 해석학의 예들로 소개하고,

---

25) 앞의 논문, 369-373.
26) 앞의 논문, 374.
27) 앞의 논문, 375.

이러한 새로운 해석학들은 식민주의적, 남성중심적인 성서해석들을 지적해내고, 다른 문화들과 공존할 수 있는 상호의존적인 해석학의 방법들을 지속적으로 구성하고 발전시켜야 한다고 주장한다.[28]

4. HIV/AIDS의 상황에서 성서읽기

두베의 새로운 성서해석 지평의 개척 중에서, 아프리카의 상황을 바탕으로 연구하며 널리 알리고 있는 성서해석은 'HIV/AIDS 성서읽기'이다. 이것은 단지 질병에 고통당하고 있는 아프리카 대륙만의 관심이 아니라, 서로 연결되어 있는 오늘날 사회의 부정의를 드러내고 있는 증후군이기 때문에 우리 모두의 상황이라는 것이다. 두베에 따르면, 보츠와나는 세계에서 HIV/AIDS의 질병으로 가장 고통 받고 있는 나라이며, 수만 명이 이 질병에 감염되고 죽고 있는 상황에서 성서는 무엇을 말할 수 있는가에 대해 관심하는 것이 HIV/AIDS 성서읽기의 출발점이라고 한다.

"나는 모든 학생들이 마음에 담아두고 있을 질문을 던지는 것으로 시작한다. 즉, 예수님께서 모든 질병을 고치셨다면, 왜 지금 우리나라와 세계에 만연하고 있는 HIV/AIDS의 질병으로부터 우리를 구원하실 수 없는 것일까? HIV/AIDS로 인한 상처, 고통, 두려움, 죽음의 상황에 직면해서 당신은 공관복음서를 어떻게 읽는가? 질병, 두려움, 병자와 고아들에 대한 차별주의를 낳는 사회적 상황은 우리로 하여금 성경을 다시 읽도록 도전한다."[29]

---

28) 앞의 논문, 378-383.
29) Musa W. Dube, "Doing Theological/Religious Education. A Paradigm of

두베는 이러한 어려운 상황에 유일한 대안은 궁지에 몰려 있는 아프리카의 곤궁을 개선하는 일뿐이라고 한다. 그러나 아프리카에서 질병을 막기 위한 기독교 프로그램들은 금식을 하거나 믿음을 지키라고 격려하는 것이 대부분이다. 특히 여성들이나 아이들에게는 다른 선택의 여지가 없다고 한다. 많은 여성들이 자신들의 삶이나 몸에 대해 어떤 개선을 위한 선택을 할 수 있는 힘이 없다는 것이다.[30] HIV/AIDS는 경제·사회·정치, 영적·심리적·문화적 모든 삶의 영역을 공격하고 있으며, 이러한 모든 상황에 우리는 주목해야 한다고 두베는 강조한다. 왜냐면 HIV/AIDS 질병은 가난·성차별·폭력·인간의 기본권 학대·민족적 갈등 및 인종청소·국가적 및 국제적 부정의 등과 관련된 사회적 질병으로 인해 나타난 풍토병이기 때문이라는 것이다. 교회는 이러한 질병의 원인이 사회적·경제적·문화적·정치적으로 서로 연결되어 있다는 사실을 알려야 한다는 것이다.

이와 관련된 성서해석의 구체적인 예로는 그녀의 논문, "Talitha cum! A Postcolonial Feminist and HIV/Aids Reading of Mark 5:21-43"에서 볼 수 있다. 두베는 이 본문을 HIV를 막기 위한 해석으로 적용한다. 두베는 사회적 부정의(social injustice)를 HIV를 이끄는 주된 원인으로 보고, 혈루증 앓는 여인이 치료를 받지 못하면서 모든 돈을 허비한 것이 바로 사회적 부조리의의 한 예라고 설명한다. 이와 같이 오늘날에도 많은 사람들이 HIV/AIDS를 고치기 위한 어떠한 치

Shattered Dreams & Cul de Sac/ed Roads," *Ministerial Formation* 102 (2004), 6-7.

30) Musa W. Dube, "Preaching to the Converted: Unsettling the Christian Church. A Theological View: A Scriptural Injunction," *Ministerial Formation* 93 (2001), 38-50.

료를 받지 못하고 있는데 이것이 바로 사회적 부정의로 인한 것이다. 이것은 궁극적으로는 가난과 많은 질병을 가져오는 국제적인 사회 부정의에서 오는 것으로, 강대국들의 경제적·정치적 정책들이 많은 나라들을 피 흘리게 만들고 있으며, 그들을 죽음으로 인도하고 있다는 것이다. 그러므로 우리는 "달리다굼! 일어나라"라는 부름을 받고 HIV/AIDS로 인해 죽어가는 사람들을 다시금 일으킬 소명을 가져야 한다는 것이다. 그리하여 두베는 마가복음 5:21-43의 해석에서 공동체로 하여금 예수의 영에 충만하도록, 그래서 피 흘리고 있는 세계를 구원하도록 요청한다.[31] 두베는 구체적인 성서 본문들의 해석을 통하여 HIV/AIDS의 문제들을 언급할 뿐 아니라 아프리카의 성서학자들과 모든 아카데미 학자들에게 성서연구에서 HIV/AIDS의 문제를 다루는 것의 중요성을 강조하고 있다.[32]

IV. 페미니스트 신약연구의 미래와 방향성

마지막으로, 두베가 포스트콜로니얼 페미니스트의 입장에서 전망하는 페미니스트 신약연구의 미래와 방향성에 대해 살펴보기로 한다. 두베는 그녀의 논문, "Rahab is Hanging out a Red Ribbon: One African Woman's Perspective on the Future of Feminist New

---

31) Musa W. Dube, "Talitha cum! A Postcolonial Feminist and HIV/AIDS Reading of Mark 5:21-43," Musa W. Dube and M. Kanyoro, (eds.), *Grant Me Justice! HIV /AIDS and Gender Readings of the Bible* (Pietermaritzburg: Cluster, 2004), 115-140.
32) Dube, "Grant Me Justice: Towards Gender-sensitive Multi-sectoral HIV/AIDS Readings of the Bible," 3-26.

Testament Scholarship"33)에서 페미니스트 신약연구가 나가야 할 미래와 방향성에 대해 다섯 가지로 정리하여 제안하고 있다.

첫 번째고 두베가 제안하는 것은 페미니스트 신약학계가 교회공동체와 결별하지 말고, 그 안에서 여성들에게 힘을 불어넣어주고 가부장적이고 제국주의적인 구조로부터 해방하는 성서읽기와 그 적용을 할 수 있도록 노력해야 한다는 것이다. 일반적으로 성서학계의 고등학문적인 방법은 교회공동체에 잘 소개가 되지 않거나, 믿음을 흔들어놓는 방법이라 하여 교회가 잘 받아들이지 않고 있는 실정이다. 여성신학계역시 그러한 역사비평방법을 받아들이고 있기 때문에 교회공동체에 설득력이 적을 수 있다. 따라서 여성신학계와 일반 교회공동체 사이도 큰 거리가 있을 수 있다는 것이다. 이에 두베는 여성신학적 성서연구는 교회공동체를 바탕으로 그 안에서 여성들과 연대할 수 있도록 노력해야 한다고 주장한다. 이것을 위해 페미니스트 신약학계는 평신도 여성들에게 다가가기 쉬운 "영적인 언어"(spiritual language)를 사용하고, 여성들로 하여금 분노에만 머무르지 말고 지속적으로 하나님에 대해 이야기하고 가부장적인 구조에 대항하면서 변화를 가져올 수 있는 동력을 제공해야 한다고 설명한다. 물론 믿음의 공동체와 연대한다는 것은 학문의 자유를 제한받을 위험도 있다고 지적한다. 그러나 그러한 어려움에도 불구하고 세상을 좀 더 살기 좋은 곳으로 변화시키기 위해서는 믿음의 공동체와 연대하고 다양한 지혜와 노력이 필요하다고 주

---

33) Musa W. Dube, "Rahab is Hanging Out a Red Ribbon: One African Woman's Perspective on the Future of Feminist New Testament Scholarship," Kathleen O'Brien Wicker, Miller, Althea Spencer Miller and Musa W. Dube, (eds.), *Feminist New Testament Studies: Global and Future Perspective* (New York: Palgrave Macmillan, 2005), 176-202.

장한다.34)

두 번째로, 두베는 페미니스트 신약학계는 지속적으로 기독교 역사와 더불어 성서 본문과 해석에 대한 재구성을 해야 한다고 제안한다. 지금까지 여성신학적 신약연구는 양성평등적인 성서번역을 비롯하여, 초기 기독교 공동체 여성들의 적극적인 선교활동과 리더십을 발휘하는 역사들을 재구성해왔다. 두베는 이제 여성신학적 성서 연구는 한걸음 더 나아가 "창조적인 구전적 영의 공간"(the creative oral-Spirit place, Semoya space)에서 억압받는 여성들과 고통 받는 소외된 자들에 대한 하나님의 음성을 듣고 그것을 동력으로 삼는 방법들을 열린 마음으로 받아들이고 발전시켜야 한다고 말한다. 더욱이 성서주해와 관련해서는 "페미니스트적으로 재구성한 마태, 마가, 누가, 요한, 사도행전"과 같은 제목의 성서주석서들이 집필되어야 한다고 주장한다.35)

세 번째로, 두베는 지금까지 여성신학적 성서읽기의 기둥이 되어온 책들, *Women's Bible*(1895), *Searching the Scriptures* Vol. 2(1995), *Women in the New Testament: Questions and Commentary*(1998)들은 주로 성서에 여성이 등장하는 본문을 해석해왔다고 분석한다. 그러나 이제 여성신학적 성서 연구는 여성인물만 등장하는 성서만 해석할 것이 아니라 모든 성서 본문을 여성신학적 시각으로 해석해내는 작업을 시행해야 한다고 주장한다.

네 번째로, 두베는 여성신학적인 비판적 시각을 가지고 성서를 읽고 해석할 수 있는 능력들을 더 많은 여성들이 갖출 수 있도록 지속적인 교육이 필요하다고 피력한다. 또한 이러한 교육을 효과적으로 진행

---

34) 앞의 논문, 186-187.
35) 앞의 논문, 187-188.

하기 위해 여성신학적 성서 연구 교육을 받고 싶어 하는 여성들을 도울 수 있는 장학금 제도 및 교육 방법과 시스템을 체계적으로 마련하고, 특히 제3분의 2세계 여성들에게 많은 기회를 제공하여 여성신학적인 시각에서 성서를 읽고 해석해내는 능력을 발전시킬 수 있도록 도와야 한다고 주장한다.36)

마지막으로, 페미니스트 신약학계는 학회를 구성하여 여성신학자들과 페미니스트 의식을 가진 평신도들이 함께 모여 연구하고, 사회의 변화를 가져오기 위한 전략들을 실행에 옮기는 센터 역할을 해야 한다고 제안한다. 이 공간에서 여러 종교 간의 에큐메니칼한 포럼이 진행되어야 하며, 학자들과 교회 지도자 여성들이 함께 연대하고 그들 공동체의 문제점들을 지적하면서 풀어나갈 해결책을 마련해야 한다는 것이다.37)

그 밖에도 두베는 페미니스트 신약학계가 지향해야 할 미래적 과제로, 제국주의적인 국제관계가 지속되고 있음을 인식하면서, 세계 3분의 2국가 여성들의 소리들을 경청하고 그들의 학자들과 진지하게 대화하며, 다른 세계의 종교 경전들을 연구할 것을 제안한다. 또한 페미니스트 신약학계의 발전을 위해 인권문제와 관련된 다른 일반 그룹의 운동들과 함께 손을 맞잡을 것과 성서의 본문을 지구화시대의 상황변화에 맞게 읽고 해석할 것, 민주주의와 자유의 이데올로기하에서도 은연중에 만연되고 있는 폭력의 문제들을 날카롭게 인식하고 다른 문화·종교·인종·젠더·성·민족·국가들 사이에서 정의와 평화가 유지되고 지켜질 수 있도록 노력하는 것, HIV/AIDS로 말미암아 현재 수백만

---

36) 앞의 논문, 189-190.
37) 앞의 논문, 190.

명이 생명을 잃고 많은 고아들이 발생하게 되는 현실을 사회 부정으로 인한 지구촌시대의 큰 재앙으로 받아들이고 이에 대처할 수 있는 대안들을 마련하는 것 등을 새로운 페미니스트 신약학계의 방향성으로 제시한다.38) 궁극적으로 페미니스트 신약학계는 여성들의 문제뿐 아니라 여성들의 문제와 밀접하게 연관되어 있는 다른 모든 현재의 문제들과 상황들, 관심들에 부응하여 성서를 연구하고 구원과 해방의 프로젝트를 실행하는 방향으로 나가야 할 것이라는 것이다.

V. 나가며

지금까지 '포스트콜로니얼 페미니스트 성서해석'의 선두주자인 무사 두베의 성서해석 방법에 대하여 살펴보았다. 두베의 성서해석 방법에 있어서 주목해야 할 두 개념은 '포스트콜로니얼'과 '페미니스트', 그리고 두 관점을 결합하여 성서를 읽어내는 전략이다. 두베는 작금의 시대를 포스트콜로니얼 시대로 규정하며, 땅을 점령하여 식민지로 만드는 공식적인 식민주의시대는 지나갔다고 할지라도, 강대국과 약소국 사이에 존재하는 주종의 국제관계는 지속되고 있다는 점에 주목한다. 또한 포스트콜로니얼은 '지구화', '세계화' 또는 '신식민주의'라는 용어로도 표현될 수 있으며, 이러한 세계는 인종·민족·국가·문화·종교·성·젠더·경제·정치·환경문제 등의 이슈들이 복잡하게 서로 얽혀 관계하는 웹과 같은 현상으로 나타난다. 이러한 포스트콜로니얼 시대에 페미니스트 운동은 여성차별이 단지 여성들만의 문제로 고립

---

38) 앞의 논문, 191-197.

될 수 없고, 다른 사회적 이슈들과 맞물려 있으며 그 해결책은 "상호의 존적인" 또는 "상호 해방적인" 방향이어야 한다는 것이다.

포스트콜로니얼 페미니스트 관점에서 성서를 읽는다는 것은 성서가 제국주의적이고 가부장적인 문화에서 탄생했을 뿐 아니라, 본문 안에는 그러한 이데올로기들이 의식적으로 무의식적으로 깊게 내재되어 있다는 것을 파악하는 것에서 출발한다. 실제로 성서는 제국주의의 역사 속에서 식민지배를 정당화하기 위한 도구로 사용되기도 하였다. 그러므로 포스트콜로니얼 페미니스트 성서읽기는, 먼저 성서 본문의 모든 제국주의적인 성향과 그 가능성들을 낱낱이 드러내고, 본문의 내용들을 비식민지화하여 읽고 해석해내야 한다. 두베는 포스트콜로니얼 페미니스트 성서읽기의 구체적인 방법으로, 문화 간의 성서읽기, 전문성과 학문성에 갇혀 있는 서구중심의 성서해석 전통을 해방하여 일반인들과 함께 읽기, 성서 독자들의 상황·문화·전통·종교들을 고려하고 상호공존을 위해 읽기, 국제관계의 사회 부정의를 드러내고 정의와 평화를 세우기 위한 HIV/AIDS 읽기의 방법들을 제안한다. 두베는 또한 페미니스트 신약학계가 앞으로는 교회공동체와 연대하여 여성들이 제국주의와 가부장제의 억압을 인식하고, 그에 대항하여 싸워나갈 수 있는 동력을 제공하여야 한다고 주장하며, 일반 다른 인권운동들과도 연대하여 대대적인 사회변혁을 일으켜야 한다고 제시한다. 두베의 성서읽기 방법과 페미니스트 신약학계의 방향성은 제3분의 2세계에 속한 한국의 상황에서도 적용 가능하다고 본다. 이것을 위해 우리의 성서읽기는 국제관계 속의 한국 상황과 여성들의 경험을 고려하고, 전통을 말살시키지 않고 다른 종교들을 폄하하지 않는 방향에서, 즉 남녀가 공존하고 타 종교, 타 문화, 다른 공동체와 상호의존할 수 있는 방법

안에서 진정한 인류의 구원과 해방을 위한 해석과 적용이 되어야 할
것이다. 왜냐면 여성해방을 위한 성서읽기가 산적해 있는 다른 사회적
문제들까지도 해결할 수 있는 열쇠가 될 수도 있기 때문이다.

참고문헌과 더 읽어야 할 책

Kuster, Volker. "The Project of an Intercultural Theology." *Swedish Missiological Themes* 93.3 (2005), 417-432.

Dube, Musa W. "An Introduction: How we came to 'read with.'" *Semeia* 73 (1996), 7-17.

_____. "Toward A Postcolonial Feminist Interpretation of the Bible." *Semeia* 78 (1997), 11-26.

_____. *Postcolonial Feminist Interpretation of the Bible.* St. Louis: Chalice Press, 2000.

_____. "Divining Texts for International Relations: Matt. 15:21-28." *Transformative Encounters.* Leiden: Brill, 2000.

_____. "Fifty Years of Bleeding: A Storytelling Feminist Reading of Mark 5:24- 35." *Other Ways of Reading: African Women and the Bible.* Geneva: WCC Publication, 2001.

_____. "Doing Theological/Religious Education. A Paradigm of Shattered Dreams & Cul de Sac/ed Road." *Ministerial Formation* 102(2004), 4-12.

_____. "Talitha Cum! A Postcolonial Feminist and HIV/AIDS Reading of Mark 5:21-43."; "Grant Me Justice: Towards Gender-sensitive Multi-sectoral HIV/AIDS Readings of the Bible." Musa W. Dube and M. Kanyoro, (eds.) *Grant Me Justice! HIV/AIDS and Gender Readings of the Bible.* Pietermaritzburg: Cluster, 2004.

_____. "Rahab is Hanging Out a Red Ribbon: One African Woman's Perspective on the Future of Feminist New Testament Scholarship." Kathleen O'Brien Wicker, Althea Spencer Miller and Musa W. Dube. (eds.) *Feminist New Testament Studies: Global and Future Perspective.* New York: Palgrave Macmillan, 2005.

_____. "Diving Texts for International Relations, Matthew 15:21-28." Antonip, E. P. (ed). *Interculterculturation and Postcolonial Discourse in African Theology.* New York: Peter Lang, 2006.

_____. "Intercultural Biblical Interpretations." *Swedish Missiological Themes* 98.3 (2010), 361-388.

_____. "Reading for Decolonization (John 4:1-42)." *Semeia* 75 (1996), 37-59.

_____. "Consuming a Colonial Cultural Bomb" Translating Badimo into "Demons" in the Setswana Bible (Matthew 8:28-34; 15:22; 10:8)." *Journal for the Study of the New Testament* 73 (March 999), 33-59.

_____. "Searching for the Lost Needle: Double Colonization & Postcolonial

African Feminism." *Studies in World Christianity* 5:2 (1999), 213-228.

_____. "Fighting with God: children and HIV/AIDS in Botswan." *Journal of Theology for Southern Africa* 114:N (2002), 31-42.

_____. "Looking Back and Forward: Postcolonialism, Globalization, God and Gender." *Scriptura* 92 (2006), 178-193.

_____. *The HIV and AIDS Bible: Selected Essays.* Scranton: University of Scranton Press, 2008.

_____. "HIV+feminisms, Postcoloniality and the Global AIDS Crisis." *Another World is Possible.* London; Oakville: Equinox, 2009.

_____. "Go tla siama. O tla Fola: Doing Biblical Studies in an HIV and AIDS Context." *Black Theology* 8:2 (Aug. 2010), 212-241.

박지은

I. 들어가는 말

아프리카 대륙이 세계 역사를 재패했다면 지금 우리에게는 무슨 일
이 일어나고 있을까? 백인들이 아프리카 대륙에 노예로 끌려갔다면?
흑인여성이 세계 권력의 중심부였다면? 아마도 지금 우리는 세계문학
의 고전으로 대부분 흑인작가들의 작품을 읽고 있을 것이며, 그들의
다양한 언어, 종교와 문화를 배우기에 여념이 없을 것이다. 아름다움
의 기준도 흑인들이었을 것이며, 우리는 그들과 비슷한 외모를 만들기
위해 전력을 다하고 있을지도 모른다. 아마도 백인남성 대통령의 취임
을 이례적인 사건으로 보도할지도 모른다. '만약 흑인여성이 세계 권력
의 중심부였다면' 우리는 지금과는 완전히 다른 세상에서 살아가고 있
을 것이다. 그러나 세계 역사와 권력의 중심부에 있었던 것은 흑인여
성이 아닌 서구의 백인남성과 서구문명이었다. 따라서 서구의 종교나
문화는 다른 종교나 문화보다 우월한 것으로 인식되었고, 서구적인 것

이 모든 것을 평가하는 보편적인 기준이 되어왔다. 즉 서구문명을 제외한 그리고 백인남성 이외의 유색인종이나 여성은 주변화되면서 열등한 위치를 점해왔다.

하지만 남성으로부터의 차별과 억압으로부터의 해방을 주장하며 등장한 중산층 백인여성의 서구 여성해방운동(feminism)도 예외는 아니었다. 분명 서구 여성해방운동은 남성중심의 문화와 역사를 비판하고 여성의 권리증진과 인권신장에 기여했다. 그러나 서구 여성해방운동은 백인 중산층 여성의 경험을 모든 여성의 경험으로 보편화하여 출발함으로 그들과 다른 여성들의 억압의 경험들을 담아내지 못했다. 물론 서구 여성해방운동 이론이 발전하면서 다른 계층(class) 여성의 소외의 경험들을 성찰하고 계급차별로 인한 여성문제를 담론화한다. 그럼에도 서구 여성해방운동은 유색인종 여성이 겪는 인종차별(racism) 문제나, 소수자 성(sexuality) 문제, 식민지 여성의 문제 등을 차별화하지 못하면서 다양한 삶의 상황 속에서 발생하는 복잡한 여성의 문제들을 백인여성의 "경험"이라는 범주로 보편화할 수 없다는 도전을 받았다.[1] 동시에 남성중심 문화로부터의 억압을 주장할 때도, 백인 중산층 여성들은 사회에서 인종차별을 겪는 흑인남성보다 권력을 가진 집단이었다는 것이 인식되면서, 여성의 문제가 성차별(sexism)이나 계급의 문제로만 국한될 수 없다는 비판을 받게 받았다.

따라서 여성해방운동은 다양할 수밖에 없다는 인식과 함께, 성차별 이외에 인종차별이나 계급차별, 소수자 성차별 등 다양한 삶의 자리에서 일어나는 억압의 상황에서 다양한 여성해방 운동들이 출현한다. 특

---

1) Bible and Culture Collective, *The Postmodern Bible* (New Heaven: Yale University Press, 1995), 226.

히 흑인여성들은 기존의 여성해방운동에서 배제된 인종문제에 관심을 가지고 우머니즘(womanism)이라는 이름으로 유색인종 여성의 해방, 주로 흑인여성해방운동을 전개한다.2) 즉 서구 여성해방운동이 이제까지 중심부의 위치를 차지했던 서구 백인남성들의 담론에 대한 도전이라면, 우머니즘은 중산층 백인여성들을 중심으로 한 서구 여성해방운동에 대한 도전이자 서구 여성해방운동의 확장이라고도 할 수 있다. 그리고 우머니즘은 미국 흑인(African American) 기독교 여성들에 의해 신학에도 적용되면서 우머니스트 신학이 전개된다.3) 특히 우머니스트 신학이 성서에 적용되면서 백인여성의 삶의 경험에서 읽는 성서가 백인남성의 성서읽기와 동일할 수 없듯이, 흑인여성의 삶의 경험으로부터 읽는 성서의 의미는 백인여성 혹은 흑인남성의 눈으로 읽는 성서읽기와 동일할 수 없다는 것이 재천명되었다. 즉 모든 사람에게 보편적으로 적용되는 하나의 규범적인 성서읽기에 대한 도전이 계속되면서 각기 다른 삶의 상황과 경험의 중요성이 성서읽기에서 재조명되었다. 그렇다면 우머니즘은 무엇이며, 우머니스트 성서읽기는 기존의 여성해방적 성서읽기와 어떤 차이점이 있을까? 이 글에서는 우머니스트 가운데 대표적 구약성서학자이며, 목사인 레니타 윔스(Renita J. Weems)를 소개하면서 우머니스트 성서읽기를 살펴보고자 한다. 이를 위해, 첫째로 윔스의 성서읽기의 출발인 흑인여성들의 삶과 우머니즘

---

2) 우머니즘(Womanism)을 흑인여성해방운동으로 번역하지 않고 그대로 사용하기로 한다. 왜냐하면 우머니즘의 명칭을 선호하는 흑인여성해방운동가들이 있는 반면, 블랙 페미니즘(Black Feminism)이란 명칭을 선호하는 흑인여성들도 있기 때문이다. 명칭에 관한 논의는 본 글 각주 10의 패트리샤 힐 콜린스의 책 참조.
3) 이 글에서 흑인여성은 미국 내 흑인여성 즉 아프리칸 아메리칸(African American)을 지칭하며, 아프리카 대륙이나 그 외 다른 대륙에 거주하는 흑인여성을 지칭하지 않음을 밝힌다.

의 출현 배경을 살펴본다. 둘째, 흑인여성들의 삶의 정황 속에서 이해
된 성서의 의미는 무엇인지, 특히 백인 노예고용주의 시각으로 듣고
배웠던 지배문화의 일부인 성서가 흑인여성들에게 어떻게 이해되고
그들의 삶에 영향을 주었는지 돌아본다. 마지막으로, 웜스의 우머니스
트 성서읽기란 무엇인지 창세기의 사라와 하갈의 이야기를 고찰하면
서 다양한 독자들의 삶의 자리와 그로부터 읽어낸 성서의 중요성을 강
조하고자 한다.

II. 레니타 웜스, 흑인여성의 삶과 우머니즘

아프리카 대륙으로부터 북미(North America)로 공간적 이동과 함
께 차별을 경험한 흑인노예의 후손인 웜스는 1954년에 태어난 미국
흑인여성이다. 웜스는 밴더빌트 대학교(Vanderbilt University)에서 구
약성서 교수를(1987-2004), 스펠만 대학(Spelman College)에서 객원
교수(2003-2005)를 지낸 미국 내에서 잘 알려진 흑인여성 구약신학자
로 학계에서 활발한 활동을 해왔다. 그리고 지금은 학계를 떠나 설교,
강연, 저술을 통해 다양한 계층 여성들의 삶, 특히 흑인여성들에게 지
대한 영향을 주고 있는 저자이자 목사로 활동하고 있다.4) 웜스는 웰슬

---

4) 웜스는 미국 내 저명한 15명의 설교가 중 한 사람으로 알려져 있는데 이것은 웜스가
흑인여성이라는 측면에서 큰 의미를 가진다. 웜스는 성서를 비롯하여 종교, 여성, 성,
인종, 폭력, 영성 등 다양한 문제들을 주제로 저술을 해왔을 뿐만 아니라 학문적인 주석
서 등 학계에도 영향력 있는 책들을 저술해왔다. 예를 들어 우머니스트 성서읽기를 취
급한 *Just A Sister Away*(1987)를 비롯하여 *Battered Love: Marriage, Sex, and Violence in the
Hebrew Bible* (1995), *New Interpreter's Bible* 연작에서 『아가』(1990)나 *Global Bible Com-
mentary*의 『예레미야의 주석』(2004) 등이 있다. 특히 웜스의 *Listening for God: A Mini-*

리 대학교(Wellesley College)에서 학사학위를, 프린스턴 신학대학교(Princeton Theological Seminary)에서 석사와 박사학위를 그리고 흑인 감리교 감독교회(African Methodist Episcopal Church)에서 목사안수를 받는다. 특히 흑인여성으로는 최초로 미국 대학의 구약성서 분야에서 박사학위를 받은 웜스는 우머니스트 성서해석 출현에 공헌한 학자이기도 하다.5) 흑인여성이자 신학교에서 교육을 받은 목사임에도 불구하고 왜 웜스는 교회공동체를 선택하지 않았을까? 이것은 당시 흑인여성들을 보는 교회의 편견과도 관련되어 있는 질문이다. 미국 내 종교관련 분야에서 가르치는 흑인여성학자들은 많은 경우 신학교를 졸업한 후 교회로부터 파송받기를 거절당했기 때문에 차선책으로 박사학위 공부를 시작하거나 졸업 후 학계로 들어가는 경우가 많았다고 한다.6) 웜스를 비롯한 대부분 북미 흑인여성학자들은 서구/북미 학자라는 특권층에 속하기도 하지만, 이렇게 미국 내에서 흑인이자 여성이라는 주변부의 위치를 경험하며 살아간다.7) 따라서 흑인여성들은 여성이라는 측면에서 그리고 흑인이라는 점에서 백인 중산층 여성이 주장하는 성차별로부터의 해방이나 흑인남성이 주장하는 인종차별로부터의 해방운동과 일맥상통하기도 한다. 그러나 흑인여성의 차별의 경

---

ster's Journey through Silence and Doubt(1999)은 Wilbur 상을 받기도 한다. 더 자세한 웜스의 경력은 그녀의 블로그인 Something Within.com을 참조하라.

5) Michael Joseph Brown, *Blackening of the Bible: The Aim of African American Biblical Scholarship* (Harrisburg: Trinity Press International, 2004), 93.

6) Renita J. Weems, ed. Silvia Schroer/Sophia Bietenhard, "Re-Reading for Liberation: African-American Women and the Bible," *Feminist Interpretation of the Bible and the Hermeneutics of Liberation* (London: Sheffield Academic Press, 2003), 22.

7) 앞의 논문, 21.

험은 성차별, 인종차별, 계급차별 등 복합적이다. 따라서 흑인여성들의 억압의 경험은 흑인남성 해방운동이나 백인 중산층 여성해방운동이 주장하는 흑인으로서 혹은 여성으로서의 "보편적인" 억압의 경험이 될 수 없으며 이러한 의미에서 우머니즘은 차별화될 수밖에 없다.8)

이렇게 서구 여성해방운동에서 간과된 인종 문제와 계급문제를 중심으로 흑인여성들의 경험은 백인 중산층 여성의 경험과 동일하지 않다는 비판이 흑인여성들에 의해 다양한 분야에서 제기된다. 예를 들어 흑인여성운동가이자 사상가인 벨 훅스(bell hooks)는 1980년대 초반 "페미니즘" 대학원 수업을 들으며 백인여성으로부터 인종차별을 경험한다. 이를 통해 훅스는 여성해방운동에서조차 "백인우월주의 이데올로기"로 인해 흑인여성들은 "타자"가 될 수밖에 없으며 여성해방운동 안에 존재하는 "헤게모니 지배"를 비판한다.9) 훅스는 "모든 여성은 억압받는다"는 여성해방운동의 보편적 신조는 "여성들 간에 존재하는 사회적 차이를 모호하게" 하며, 백인여성은 남성들로부터 차별과 억압을 받는 "피억압자"이지만 동시에 유색인종을 차별하는 "억압자"의 위치에 있을 수도 있기에 여성운동이 성차별만의 문제일 수 없으며 "공통된 억압"이라는 것도 가능할 수 없다고 주장한다.10)

---

8) 앞의 논문, 23-24.

9) 벨 훅스 저, 윤은진 옮김, 『페미니즘: 주변에서 중심으로』(서울: 모티브북, 2010), 35-40.

10) 앞의 책, 29, 38-39, 42-43. 패트리샤 힐 콜린스도 서구 여성해방운동의 인종차별적 경향을 비판하며, 흑인여성 경험의 "누락"은 "억압의 한 패턴"임을 주장한다: "전체 여성 집단에게 적용될 수 있는 보편적인 이론이란 이름으로 불리더라도 자세히 살펴보면 그 이론의 주창자들이 백인, 중산층, 서구 출신이라는 사실로 인해 커다란 한계를 지닌다." 그러나 콜린스는 또한 모든 흑인여성이 동일하게 억압받는 것이 아니며, 흑인여성도 다른 여성을 억압할 수 있음을 명시한다. 패트리샤 힐 콜린스 저, 박미선·주해연 옮김, 『흑인페미니즘 사상』(서울: 여이연, 2009), 29. 35.

이러한 여성해방운동의 편협성을 수정하는 하나의 방식으로 등장한 것이 우머니즘이다. 우머니즘은 "모든 소외된 집단은 자신들의 현실을 명명하고, 해방의 비전을 계획할 수 있는 하나의 언어를 찾을 권리와 의무가 있음을" 천명하며 그들의 이론을 전개한다.[11] 여기에서 우머니즘이란 영화로도 제작되어 잘 알려진『컬러 퍼플』(*Color Purple*)의 흑인여성작가 앨리스 워커(Alice Walker)의 책으로부터 차용한 용어이다.

'여자답다'(Womanish)는 말에서 유래됨. ('여자답다'는 말은 변덕스럽고 무책임하며 경박한 것을 의미하는 '소녀 같은'(Girlish) 단어와는 반대의 뜻을 갖는다.) 흑인페미니스트 또는 유색인페미니스트. 흑인들의 토속적인 표현에서 나온 말로 어머니가 여자아이에게 "너는 여자답게 행동하는구나"라고 말할 때의 '여자 같다'는 것을 의미함. … 남성과 여성을 포함하는 전 인류의 생존과 완전성에 온 마음을 다해 몰두함. 우머니스트와 페미니스트의 차이는 진보랏빛(purple)과 라벤더빛깔(lavender)의 차이와 같음.[12]

흑인 어머니는 딸에게 어떻게 "백인 세상에서, 흑인 공동체에서, 그리고 남성들과 함께" 잘 살아갈 수 있는지 생존을 위한 지혜를 전수한

---

11) Renita J. Weems, "Re-Reading for Liberation: African-American Women and the Bible"(2003), 24.
12) 앨리스 워커 저, 구은숙 옮김, 『어머니의 정원을 찾아서』(서울: 이프, 2004), 6-7. 우머니즘이 흑인여성해방(Black Feminism)이라는 용어보다 좀 더 포괄적인 의미를 담고 있으나, 모든 흑인여성학자들이 우머니즘이라는 용어를 선호하는 것은 아니다. 더 자세한 내용은 콜린스, 『흑인페미니즘 사상』, 55, 473의 각주 5에 소개된 콜린스의 책을 참조하라.

다.13) 동시에 "흑인들의 토속적인 표현"이 명시하듯, 우머니즘은 흑인의 역사나 종교 및 문화에 그들의 뿌리가 있음을 강조한다. 그럼으로 이제까지 주변화되었던 흑인 혹은 흑인여성이나 그들의 공동체의 가치와 전통을 가시화하고 정당화한다. 여기서 흑인들의 전통은 중산층 문화보다는 남, 녀의 동등한 관계나 여성의 지적 능력에 대한 존중이 좀 더 반영된 "비중산층 흑인 민속 문화"(non-bourgeois black folk culture)를 일컫는다. 흑인 민속 문화는 가난하지만 다양한 형태로 경제적인 나눔을 실행하며, 개인주의적이 아닌 서로간의 관계성을 중시한다. 또한 흑인 민속 문화는 특정 사회집단이나 정식교육의 통로를 통해 배운 세계관보다는 연장자들의 산 경험을 통해 얻어진 지식을 존중한다. 우머니즘은 이러한 흑인 민속전통의 연장선상에서 그동안 흑인들의 역사에서 누락되거나 축소된 흑인여성의 해방 전통을 되찾고 공동체와 사회 변화를 위해 해방적 행위를 한 여성 영웅들의 기억들을 발견하고자 한다.14)

그러나 여기에서 간과하지 말아야 할 것은 성차별과 인종차별로 인한 억압 속에서도 흑인여성들의 저항은 계속 있어 왔다는 사실이다. 또한 흑인여성 해방운동은 서구 여성해방운동의 아류가 아니라는 것이다. 패트리샤 콜린스(Patricia H. Collins)에 의하면, 흑인여성들의 사상과 저항은 단지 지배집단에 의해 침묵하도록 강요당했고, 비가시화되었을 뿐이다.15) 예를 들어, 노예제도가 있던 시절 흑인여성노예들

---

13) Delores S. Williams, "Womanist Theology: Black Women's Voices," James H. Cone and Gayraud S. Wilmore, eds., *Black Theology: A Documentary History Volume Two: 1980-1992* (New York: Orbis Books, 1993), 266.

14) 앞의 논문, 266-267.

15) 콜린스, 『흑인페미니즘 사상』, 24.

의 억압을 정당화하고 그들의 종속적인 위치를 받아들이도록 하기 위하여 백인들은 흑인여성노예들에게 특정 이미지들을 부여한다. 그중 대표적인 것이 "흑인유모" 이미지이다. 마치 흑인유모는 따뜻하고 사랑을 베푸는 좋은 흑인여성을 상징하는 이미지인 것처럼 보인다. 그러나 흑인유모 이미지는 백인 가정과 자녀들을 돌보기 위해 헌신하고 복종하는 하인의 이미지를 흑인여성노예들에게 정형화함으로 흑인여성노예의 "경제적 착취를 정당화하고 흑인여성의 가사노동을 당연시하기 위해 날조된" 이미지였다. 그러나 흥미로운 것은 가정으로 돌아온 흑인여성들이 자신의 자녀들에게 "백인을 존경해야 한다고 믿어서는 안 되며 커서 가사노동을 해서도 안 된다고 가르쳤다"는 것이다.16)

또한 노예였음에도 공적 연설뿐 아니라 미국 여성 최초로 글을 남기기도 했던 마리아 스튜어트(Maria W. Stewart)는 이미 1831년에 흑인여성의 빈곤이 백인들의 경제적 착취로 인한 것임을 인식하고 "얼마나 더 오랫동안 우리 흑인 딸들의 마음과 재능이 무쇠 솥과 주전자 아래에 억눌려야 합니까?"라고 탄식한다. 동시에 스튜어트는 흑인여성에게 부여된 이미지들을 거부하고, 흑인여성의 "자결권"을 증대시키기 위하여 공동체 건설을 시도했으며 흑인여성간의 관계성을 중시하면서 흑인여성의 "자기정의, 자립과 독립"을 강조한다.17) 다른 예로, 밀라 그랜슨(Milla Granson)이란 흑인여성노예는 켄터키 주에서 백인 주인

---

16) 앞의 책, 134-138. 그 외에 흑인여성들의 부정적 이미지 등에 대한 언급은 138 이하를 참고하라. 또한 유급 유모 역할을 했던 흑인여성이 자녀들에게 가르친 것에 대한 연구는 윗글에서 재인용, La Frances Rodgers-Rose, "The Means to Put My Children Through: Child-Rearing Goals and Strategies among Black Female Domestic Servant," Bonnie Thornton Dill, ed., *The Black Woman* (Beverly Hills: Sage, 1980), 107-123.

17) 앞의 책, 21-28,

으로부터 읽기와 쓰기를 배운다. 그리고 그랜슨은 켄터키 주에서 미시시피 농장으로 팔려간 뒤 밤마다 작은 오두막에서 백인 주인에게 발견되지 않도록 창문과 문을 닫은 채 흑인들에게 수년 동안 몰래 글을 가르치는 자정학교(midnight school)를 열면서 해방의지를 불태운다.18) 이렇게 성차별과 인종차별뿐 아니라 경제적 착취의 경험 속에서도 저항과 해방을 위한 운동을 전개한 흑인여성들은 지식인이나 중산층이 아닌 여성들이 많았으며, 이러한 사실은 "이론이 제공해온 세계관을 비판적으로 재검토"하는 것은 "구체적인 경험"이라는 측면을 주지한다.19)

이렇듯 우머니즘은 잊혀지거나 역사 속에서 누락되고 묻혀 있던 흑인여성들의 유산을 재발견하고, 서구 여성해방운동이 성차별을 보편적인 여성의 경험으로 인식하며 간과하였던 인종과 계급 차별, 민족 등 다양한 문제들을 검토한다. 따라서 우머니즘은 "진보랏빛과 라벤더빛깔"이라는 워커의 표현대로, 성차별이라는 측면에서 서구 여성해방운동과 밀접한 관계를 가지나 동시에 흑인여성의 고유한 역사와 문화 속에서 해방 전통을 찾는다는 점에서 서구 여성해방운동과 구별된다. 또한 워커가 천명했듯이, 우머니즘은 궁극적으로 남성도 포함하는 "전 인류의 생존과 완전성에 몰두"하는 하나의 운동이라고 할 수 있다.20)

---

18) Williams, "Womanist Theology: Black Women's Voices," 267에서 재인용, Sylvia Dannett, *Profiles in Negro Womanhood* (Educational Heritage, 1964).
19) 콜린스, 『흑인페미니즘 사상』, 14, 43.
20) Williams, "Womanist Theology: Black Women's Voices," 268-269.

III. 흑인여성과 우머니스트 성서읽기

흑인여성들의 억압의 경험과 해방 전통은 우머니스트 신학자들에 의해 신학의 다양한 방면에 적용되었다. 그리고 우머니스트 구약성서 학자의 입장에서 웜스는 흑인여성들에게 성서는 어떤 의미가 있으며, 우머니스트 성서읽기란 무엇인지 소개하는 글들을 발표한다.[21] 흑인 해방신학이나 여성신학에서 주장해왔듯이, 웜스도 성서는 지배문화 를 정당화하고 억압을 조장하는 도구로 오랫동안 사용되어왔다고 주 장한다. 특히 노예제 시절 흑인노예들에게 읽기는 금지되었고, 읽는 것을 가르치는 것도 법으로 금지했다. 물론 앞의 그랜슨의 이야기에서 볼 수 있듯이 흑인노예들에게 글을 가르치는 백인주인들도 있었을 것 이다. 그러나 대부분 문맹이었던 흑인여성들이 성서 내용을 접할 수 있었던 유일한 방법은 백인주인들이 해석한 성서를 듣는 것이었다. 따 라서 흑인노예들을 효과적으로 억압하기 위해 백인주인들 혹은 백인 설교자들은 성서를 이용했으며, 그들의 이해관계에 따라 성서 내용을 해석하곤 했다. 그럼에도 불구하고 흑인여성들은 성서를 거부하지 않 았다. 오히려 성서는 흑인여성들에게 전수된 "유일한 책"으로 "하나님

---

21) 웜스의 우머니스트 성서읽기에 관한 대표적 논문들과 저작은 다음과 같다. Renita J. Weems, "Re-Reading for Liberation: African-American Women and the Bible" (2003); "Reading Her Way through the Struggle: African American Women and the Bible," Cain Hope Felder. ed., *Stony the Road We Trod: African American Biblical Interpretation* (Minneapolis: Augsburg Fortress, 1991), 57-77; "Womanist Reflections on Biblical Hermeneutics," James H. Cone and Gayraud S. Wilmore, eds., *Black Theology: A Documentary History Volume Two: 1980-1992* (New York: Orbis Books, 1993), 216-224; *Just A Sister Away: A Womanist Vision of Women's Relationships in the Bible* (San Diego: LuraMedia, 1988).

의 뜻을 경험하고 알 수 있는 유일한 매개체" 역할을 했다.22) 어떻게 가능했을까? 웜스가 지적하듯이, 문맹이었던 흑인여성들은 듣고 암기하는 방법을 통해 그들에게 읽혀지고 해석된 성서의 내용들을 자유자재로 사용하였다. 즉 흑인여성들은 그들의 취향과 이익에 맞게 성서 내용을 기억하고 반복했으며 전수했다. 예를 들어 웜스는 하워드 서먼 (Howard Thurman)의 할머니 이야기를 인용하여 흑인여성들이 어떻게 성서를 특정 해석에 얽매이지 않고 자신들의 경험에 비추어 읽어내는지 보여준다. 특히 흑인여성들이 자신들의 존엄성이 모욕되는 성서의 해석들을 어떻게 비판하고 거부하는지 보여준다.

서먼은 문맹인 할머니에게 일주일에 두세 번씩 성서를 읽어준다. 그런데 할머니는 손자에게 바울서신을 읽지 못하도록 한다. 왜냐하면, 할머니가 노예였을 때 백인목사는 가끔 노예들에게 설교를 하곤 했는데, 항상 바울 서신을 인용하곤 했다고 한다. 일 년에 서너 번씩 백인목사는 노예들에게 주인에게 복종하기를 그리스도에게 하듯 하라고 가르쳤으며, 흑인들이 노예인 것이 하나님의 뜻이라고 설교하곤 했다. 그래서 할머니는 언젠가 노예에서 해방이 되거나 성서를 읽을 수 있게 된다면, 다시는 그 부분을 읽지 않겠다고 다짐했노라고 서먼에게 이야기한다.23)

즉, 흑인여성들은 억압의 경험을 통해 자신들의 생존을 위협하는

---

22) Weems, "Reading Her Way through the Struggle," 60-63.
23) 앞의 논문, 61-62. 하워드 서먼의 이야기는 웜스가 인용한 것을 간추려 재인용한 것으로, 웜스의 원글에서 주어 '나'를 필자는 서먼으로 바꾸어 재인용하였다. 웜스가 인용한 원글은 Howard Thurman, *Jesus and the Disinherited* (Nashville: Abingdon Press, 1949), 30-31.

성서읽기에 저항한다. 이것은 문맹임에도 불구하고 성서가 억압에 침묵하는 세상을 조장하는 데 협조할 수 있다는 인식을 가지고, 성서의 본문들을 취사선택하여 자신들의 삶에 적용하는 흑인여성들의 모습을 보여준다고 윔스는 말한다.[24]

성서의 억압적인 측면을 거부하는 흑인여성들의 성서읽기 전통과 함께, 흑인여성들은 성서의 많은 이야기들을 통해 해방을 경험하고 희망을 키워왔음을 윔스는 또한 지적한다. 성서의 일부분은 압제당하는 사람들의 자유와 정의, 인간의 존엄성을 향한 강한 열망을 표현하고 있을 뿐만 아니라, "억압당하는 자들이 해방되고, 나중 된 자들이 먼저 되며, 겸손한 자들이 높아지고, 외면당한 자들이 환영받는" 세상을 묘사한다.[25] 성서로부터 해방의 담론을 찾는 해방신학이나 흑인신학에서 가장 많이 인용되는 것이 출애굽기 히브리 노예들의 이야기이다. 흑인여성들 또한 탈출하는 히브리 노예 집단들을 자신들과 동일시하며 해방의 꿈을 키우고 눌린 자들의 부르짖음을 듣는 하나님의 모습을 통해 해방투쟁을 위한 힘을 기르는 하나의 도구로, 성서는 여전히 흑인여성들에게, 그리고 윔스에게 생존투쟁과 저항의 중요한 도구이다.[26]

이렇게 흑인여성들의 억압의 경험과 투쟁의 역사에서 출발한 우머니스트 성서읽기를 윔스는 "제3의 물결"(third wave) 혹은 "제3단계"(third phase) 성서해방 비평과 가장 적합한 것으로 자리매김한다.[27]

---

24) Weems, "Re-Reading for Liberation," 28.
25) Weems, "Reading Her Way through the Struggle," 70; Weems, "Re-Reading for Liberation"(2003), 27-28.
26) Weems, "Reading Her Way through the Struggle," 74-75.
27) Weems, "Re-Reading for Liberation," 29.

제1, 2단계 여성 성서비평 학자들도 성서와 여성의 문제를 고민하며 여성해방적 성서읽기에 공헌해왔다. 그러나 제3단계 여성 성서해방 비평은 제1, 2단계와는 달리 다양한 삶의 자리로부터 나온 다양한 시각을 가진 실제로 살아 있는 독자들(real flesh and blood reader)을 중요시하며, 성서를 읽는다는 것이 무엇인지 재고한다.28) 그렇다면 실제 독자들의 상황과 그들의 성서읽기에 중점을 둔 우머니스트 성서읽기는 제1, 2단계 여성 성서비평과는 어떻게 다를까? 물론 각 단계마다 서로 공유하는 부분들이 있으며, 우머니스트 비평이 제3단계에만 머무는 것은 아니다. 윔스도 제3단계가 우머니스트에 가장 적합하지만, 각 단계별 여성 성서해석에 우머니스트를 포함시킨다. 예를 들어, 여성 성서해방 비평이나 우머니스트 비평 모두 계몽주의(Enlightenment) 이래 "남성"이 인식론을 비롯해 담론의 중심부가 되면서 "남성"의 관점이 "보편적 지식"이며, 이것이 모든 것을 판단하는 규범이 됨을 비판한다.29) 또한 여성 성서해방 비평이나 우머니스트 비평 모두 성서의 많은 부분들이 남성중심적 세계관을 반영하며, 남성의 성서해석 방법이 성서해석의 올바른 기준이 되어왔음을 비판해왔다. 그러나 우머니스트 비평은 한 발 더 나아가 여기에서 "남성"은 너무 추상적인 개념으로 "모든 남성"을 포함하지는 않으며, 단지 특정 인종과 특권층의 남성을 상징한다고 주장한다.30) 즉, 흑인남성이나 하층 백인남성은 모든 남성의 범주에 포함되지 않을 수 있으며, 흑인남성들은 백인여성들보다 오히려 더 억압받는 위치에 있을 수 있기 때문에 이 "남성"의 범주에서

---

28) 앞의 논문, 26, 29.

29) Bible and Culture Collective, *The Postmodern Bible*, 235.

30) 앞의 책.

제외될 수 있다는 것이다. 이와 마찬가지로, 앞서 지적했듯이, 우머니스트 비평은 "여성의 경험"도 어떤 여성의 경험을 지칭하는지, 그리고 인종과 계급 등 다양한 문제들이 성차별 문제와 함께 어떻게 다양한 여성들의 삶을 억압해왔는지 고려해야 한다는 것이다.

이렇게 각 단계마다 공통점과 차이점이 있음을, 또한 모든 단계가 완전하게 구별되는 것도 아니며 각 단계마다 학자들 간의 다양성이 있을 수 있음을 주지하면서, 제1단계 여성 성서비평을 명명한다면 "재건 혹은 재생의 해석학(Hermeneutics of recuperation)"이라고 할 수 있다. 재생의 해석학은 성서 본문에서 '여성'을 재건하려고 시도하는 해석학이다.31) 즉 오늘날 교회공동체나 종교단체의 여성들이 자신들의 본보기로 동일시할 수 있는 여족장들, 어머니 등 뛰어난 성서의 여성들을 재건 혹은 재생함으로 여성 전승을 되찾으려는 목적을 가진 것이 재건의 해석학이다. 재건의 해석학은 시대와 역사와 문화를 초월하여 여성들 간에는 본질적인 동일성이 있다는 것을 전제로 한다. 또한 성서에서 중요한 역할을 했던 여성들을 재건함으로, 재건의 해석학은 여성도 종교 지도자의 역할을 할 수 있다는 것을 성서를 통해 정당화한다. 동시에 성서에서 탁월한 역할을 했던 여성들의 재건을 통해 남성 위주의 사회와 종교공동체 내의 변화를 추구했다는 측면에서 재건의 해석학은 중요한 기능을 하였다. 그러나 재건의 해석학은 여성들의 다양한 사회적, 역사적 혹은 문화적 상황을 고려하지 않고 있으며, 성서의 개인적인 여성 이야기에 초점을 맞추다 보니 그 여성을 둘러싼 권력

---

31) 앞의 책, 245. "재건의 해석학"에 대한 설명은 직접 인용할 때를 제외하고, 계속 이 책에서 각주 없이 요약함을 밝힌다. 웝스도 제1의 물결과 제2의 물결을 설명하고 있지만, 이 책이 좀 더 자세한 내용을 논의하기 때문에 이 책에서 인용하기로 한다. 웝스를 인용할 때는 각주로 표시할 것이다.

의 역동성이나 성 이데올로기, 인종이나 민족의 차이점, 계급 등 사회의 구조적인 측면들이 축소되거나 간과된다는 문제점이 있다. 그리고 재건의 해석학은 성서의 권위에 의문을 제기하지 않으며, 성서는 진리를 담고 있다는 주장에 도전하지 않았다. 그러나 궁극적으로 여성을 포함하여 사회에서 권력이나 권위가 없는 사람들이 성서의 권위를 근거로 그들의 생존을 위한 자유와 존엄성을 위한 투쟁을 전개하는 경우가 많다. 따라서 권위 있는 유산으로서의 성서를 포기할 수 없었다는 측면을 고려할 때 재건의 해석학은 제3단계, "생존의 해석학"과 일맥상통하는 측면도 있다.32)

제2단계는 1980년대 초반 엘리자베스 피오렌자(Elizabeth Fiorenza)에 의해 출현한 "의심의 해석학"을 중심으로 한다. 의심의 해석학은 성서의 권위나 진리를 주장하기보다는 성서본문들과 해석들은 남성중심적이며(androcentric) 가부장적 기능을 한다는 전제로부터 출발한다. 또한 성서해석의 근거는 사회, 정치적 해방의 경험이라고 주장함으로 "사회적 실천"을 강조하며, 과거 경험의 역사적 재건을 각 개인 여성보다는 집단적인 전승차원에서 당시 여성들의 역사적·사회적 상황을 비판적으로 조사하고 해체하며 재구성한다.33) 그럼으로 해방을 위한 윤리적 결단을 통해 지배와 착취 종식에 관심을 갖는다.

웜스의 우머니스트 성서읽기 방법, 즉 제3단계는 흑인신학자 들로레스 윌리엄스(Delores S. Williams)의 용어를 빌려 "생존의 해석학"(Hermeneutics of survival)이라 명명한다.34) 지배로부터의 해방에 동

---

32) 앞의 책, 245-247.
33) 앞의 책, 248-251.
34) 앞의 책, 251.

일한 관심을 가진 제1, 2단계 성서해석 방법론들이 여성의 역사와 당시 사회, 문화적 상황을 재건하거나 재구성하는 데 초점을 두었다면, 생존의 해석학은 사회, 정치집단과 지배 과정에 대한 비판을 포괄하면서, 흑인여성뿐 아니라 흑인남성을 비롯하여, 남미·아프리카·아시아 등 다양한 집단과 다양한 사회 상황들 속에서 살아가는 실제 독자들의 다양한 경험을 토대로 성서를 해석하는 방법론이다.35) 윔스는 위에서 주장했던 성서를 읽는다는 것이 무엇인지 재고하면서, 실제 살아 있는 독자들이 읽는 성서 이야기에 관심을 가진다. 왜냐하면 실제로 살았던 사람들, 주로 기득권층을 통해 성서가 형성되고 전수되었고, 모든 성서읽기나 성서해석 방법론 뒤에는 특정 관점을 가진 실제 독자들이 존재하기 때문이다. 또한 윔스는 성서읽기를 통해 의미를 형성하는 것은 본문과 특정 독자와의 만남을 통해 이루어진다는 성서해석 방법론을 수용하여 우머니스트 성서읽기에 적용한다. 즉 성서의 본문도 특정 사회, 문화, 역사 및 정치경제적인 상황들 속에서 형성된 것이며 성서의 의미는 이 본문이 특정 사회, 문화, 정치적 상황 속에서 살아가는 독자와의 만남을 통해 형성되기 때문에 우머니스트 성서읽기는 하나의 특정 성서읽기 방법이 다른 성서읽기나 해석방법보다 우월할 수 없다고 주장한다. 오히려 다양한 상황 속에서 다양한 관점으로 다양한 접근법들을 통한 성서읽기를 권장한다.36) 이것은 성서는 하나의 보편적·객관적 진리만 담지하고 있으며, 이 유일한 진리를 찾아내는 것이 성서읽기 혹은 성서해석의 목적이라는 기존의 관점을 해체하고 성서도 다양한 의미들을 가지고 있으며, 따라서 다양한 성서읽기를(multiple rea-

---

35) 앞의 책.
36) Weems, "Re-Reading for Liberation," 25-29.

dings) 지향하는 것이다.37) 그럼으로 윔스는 지배문화와 특권층의 성서읽기가 더 이상 모든 성서읽기의 중심일 수 없다는 성서읽기의 탈중심화를 주장한다.

따라서 흑인여성으로서, 윔스는 자신의 삶의 자리에서 흑인여성들이 어떻게 성서를 읽으며 그들이 성서 이야기들로부터 어떻게 자신들의 정체성을 형성하고 의미를 부여하며 성서 이야기들을 통해 억압으로부터 저항할 때 어떤 전략을 사용하는지 성찰한다. 그리고 윔스는 흑인여성들의 경험과 그들의 시각으로 읽는 성서해석을 통해 힘을 기르고 성서본문들과 지배 문화에 저항하는 담론의 형성자로서의 역할을 하는 것이 우머니스트 성서읽기의 목표임을 강조한다. 즉 우머니스트 성서읽기는 단순히 방법론적 차원을 넘어서, 의식을 바꾸고 현실 사회구조를 변화시키려는 해방지향적 목표를 가진, 하나의 전략적 성서읽기이기도 하다. 따라서 성서읽기의 출발점은 성서가 아니라 독자들의 경험과 그들의 삶의 자리이다. 성서본문이 권위를 갖는 것이 아니라 위협적이고 적대적인 사회 속에서 한 인간으로서 생존하고 성장하려는 의지를 가진 흑인여성들, 즉 독자가 권위를 가진다. 윔스는 "여성들이 자신을 위해 성서를 읽을 권리와 해석할 권리를 주장해야 하며, 여성 혐오적이고, 가부장적 이해관계를 가진 힘 있는 남성독자에게 종속되지 말 것을" 당부한다. 또한 윔스는 유색인종 여성은 그들 자신을 위해 성서를 읽고 해석할 권리가 있으며, 어떻게 계급과 인종, 식민주의가 여성을 분열시키는지에 대해 무관심한 특권층 여성들에게 자신들의 성서읽기나 해석을 변호하거나 변명하지 말 것도 당부한다.38)

---

37) Bible and Culture Collective, *The Postmodern Bible*, 225, 235.
38) Weems, "Re-Reading for Liberation," 25-26.

우머니스트 성서읽기 방법 즉 다양한 억압의 상황을 살아가는 다양한 독자들에게 생존의 해석학은 "성서본문에 감춰진, 재생을 기다리는 해방의 메시지"와 "불의에 대항하며 투쟁에 연루된 사람들에 의해 행해진 해방적 성서읽기"를 구별하면서, 성서의 권위가 아닌 투쟁으로부터의 성서읽기와 해석이 시작되어야 한다고 강조한다. 즉, "해방의 가능성은 성서본문에 의해 주어지는 것이 아니라 압제받는 자들에 의해 본문으로부터 요구되는 것"이라고 주장한다.[39] 이러한 의미에서 생존의 해석학은 서구 특권층 백인남성의 하나의 진리, 보편적 진리, 규범적 진리, 우월한 진리라는 주장에 대한 저항이자, 서구 여성해방운동의 맥락에서 보편적 여성의 경험에 근거한 성서읽기에 대한 도전이다. 하나의 보편적 진리의 관점에서 성서를 읽는 것이 결국 "타자에게 같음, 하나 됨, 그리고 동질성을 강요함으로 다양성과 다원성을 배제하고" 다름을 수용하지 못하는 결과를 초래할 수밖에 없음을 생존의 해석학은 시사한다.[40] 따라서 "다름"이 지배에 대한 저항의 핵심을 이룬다는 것이 생존의 해석학이며, 특히 우머니스트 성서읽기는 성스럽고 권위 있는 책으로 전해진 성서, 백인들의 억압의 도구로 사용되었던 성서가 노예라는 다른 경험과 다른 상황 속에서 흑인여성들의 권위와 방법으로 지배자들의 억압을 거부하고, 해방과 희망과 생존의 도구로 어떻게 성서가 사용되어왔는지 보여주는 또 다른 저항 이야기의 시작이다.

---

39) Bible and Culture Collective, *The Postmodern Bible*, 253.
40) 앞의 책에서 재인용, 원글은 Kwok, Pui-Lan, "Discovering the Bible in the Non-Biblical World," *Semeia* 47 (1989), 25-42.

IV. 윔스의 우머니스트 성서해석의 예: 하갈의 이야기

우머니스트 성서읽기의 예들 중 억압받는 흑인여성들의 경험에 가장 적합한 이야기는 아마도 창세기의 하갈 이야기일 것이다(창 16:1-16; 21:1-21). 그렇다면 기존에 읽었던 하갈의 이야기와 우머니스트 즉 흑인여성의 경험으로부터 읽는 하갈의 이야기는 어떻게 다를까? 여기서는 윔스, 그리고 두 명의 백인여성 성서학자 엘리자베스 캐디 스탠튼(Elizabeth C. Stanton)과 필리스 트리블(Phillis Trible)이 읽는 하갈 이야기의 비교를 통해 압제의 상황 속에서 치열한 생존투쟁을 벌였던 흑인여성들의 경험으로부터 읽는 하갈을 만나보기로 한다.

스탠튼은 19세기에 노예제도 폐지를 주장하며 여성해방운동에 앞장설 뿐 아니라 1895년 『여성의 성서』(*The Woman's Bible*)를 출판한 여성해방운동가이다. 스탠튼의 하갈 읽기를 간략하게 살펴보는 것이 의미 있는 이유는 초창기 백인 중산층 여성이 읽는 하갈 이야기에서 어떻게 흑인여성들의 이야기가 간과되었는지를 보여주기 때문이다. 스탠튼 이야기의 중심은 사라와 아브라함이다. 스탠튼이 비록 하갈을 학대한 사라를 "인간이 갖추어야 할 덕목을 결핍하였고 여성의 본보기가 될 수 없다"고 비판하지만, 스탠튼은 사라라는 인물이 현존했던 시대의 도덕성의 기준과 스탠튼 시대의 옳고 그름을 판단하는 기준은 다르다는 언급을 통해 사라를 변호하는 듯한 인상을 남긴다. 하갈과 이스마엘을 내쫓은 아브라함의 행동도 머물 곳을 제공하지 않고 그들을 내어보내는 등 인도주의적인 측면에서 바람직하지 못한 행동이었다고 비판한다. 이야기의 많은 부분을 차지하며 하나님으로부터 계약을 얻어내는 하갈이지만 그녀는 여전히 주변인으로 남겨진다. 스탠튼의 초점은 믿음의 조상이자 가부장들의 대표적인 인물인 아브라함이 자신의 권위를 강화하고, 원하는 바를 이루기 위해 자신의 행동을 하나님의 명령으로 정당화하는 것을 비판하여 스탠튼 시대의 상황을 성찰하는 데 있는 듯하다. 즉 하나님의 권위를 이용하여 여성은 남성에게 종속되어야 한다는 가르침을 강화하고 있는 설교자들을 이 이야기를 통해 비판함으로 스탠튼은 여성해방적 성서읽기를 보여준다. 또한 사라의 죽음과 사라 무덤에 대한 언급 및 아브라함의 애도에 대한 성서의 보도는 일반 역사에서는 거의 찾아볼 수 없는 측면이라고 강조하며 사라의 중요성을 강조하는 듯한 인상을 남긴다.41) 당시 상황에서 스탠튼의 해석이 중요한 의미를 가진다 해도, 이집트인 노예이자 주인을 대신하여 아이를 낳고 집에서조차 쫓겨난 하갈의 상황이 어떻게 간과될 수 있었을까? 만약 스탠튼이 노예의 경험이 있는 여성이었다면, 백인주인에게 성적 학대로 아이를 낳고 쫓겨난 경험을 한 여성이었다면? 분명 스탠튼의 하갈과 사라 이야기는 다른 관점으로 해석되었을 것이다. 중산층 백인여성으로서 스탠튼은 이집트인 노예 하갈보다는 아마도 사라와 더 동질성을 느끼며 성서읽기를 전개시킨 듯하다. 이것은 성서해석에서 해석자의 삶의 자리와 사회에서 해석자의 계급적 위치의 중요성을 상기시킨다. 즉 "성서해석은 해석자의 사회, 문화적 가치기준이나 정치적 이해관계"와 무관할 수 없음을 보여주는 하나의 예라

---

41) Elizabeth Cady Stanton, *The Woman's Bible* (Boston: Northeastern University Press, 1993), 39-41. 원작은 1895년에 출판되었다. 스탠튼 이후 서구 여성해방운동과 이론은 폭넓게 발전하였으며, 사라와 하갈의 이야기를 포함하여 여성해방적 성서읽기도 다양한 시각을 가진 학자들에 의해 다양하게 해석되고 있음을 간과하지 말아야 한다.

고 할 수 있다.[42]

　스탠튼과 달리 백인여성이지만 트리블의 여성신학적 하갈 읽기는 많은 진보를 보여준다.『성서에 나타난 여성의 희생: 성서의 여성신학적 재조명』에서 "처량하게 쫓겨난 하갈"이라는 제목으로 트리블은 그동안 잊혔던 하갈을 재조명한다.[43] 스탠튼의『여성의 성서』출판 이후 거의 100년이 흐르면서 여성해방이론의 발전이나 성서해석의 다양한 방법론의 출현과 함께 트리블은 수사학적 방법론을 통하여 성서 본문에 나타난 하갈의 소외와 억압을 드러낸다. 예를 들어 학대로부터 도피한 하갈에게 다시 되돌아가라는 명령은 "학대의 승인"이며, 여성으로는 처음으로 하나님으로부터 자손에 대한 약속을 듣지만 가부장들이 들었던 "계약의 맥락"이 결여되었다고 비판한다.[44] 또한 다시 돌아간 하갈이 사라에게서 받은 학대에 대해서는 침묵한 채 창세기 16장의 이야기는 이스마엘의 탄생과 아들을 얻은 아브라함으로 끝남으로 설화자는 하갈의 "인격을 손상시키고", 가부장제에 적당한 이야기로 만들어버린다고 트리블은 지적한다. 트리블은 하갈 이야기를 성차별 이외에 "민족과 계급"의 문제로까지 억압의 상황을 확대하여 해석한다. 이집트의 노예였던 하갈이 받은 학대는 남성뿐 아니라 지배층 여성들에게 학대 받는 흑인여성이나 그 밖에 사회에서 다양한 종류의 억압을 경험하는 소외된 모든 여성의 상징적인 이야기로 해석하는 것이다.[45]

　우머니스트 윔스가 읽는 하갈 이야기가 트리블과 다른 것은 흑인

---

42) Weems, "Womanist Reflections on Biblical Hermeneutics"(1993), 216.
43) 필리스 트리블 저, 최만자 옮김,『성서에 나타난 여성의 희생: 성서의 여성신학적 재조명』(서울: 전망사, 1989).
44) 앞의 책, 32.
45) 앞의 책, 50-51.

노예의 후손으로 아직도 인종차별을 경험하고 있는 웜스 자신의 삶의 상황과 경험이 반영된 해석이라는 것이다. 웜스는 하갈 이야기가 흑인 여성노예로 억압과 착취를 경험했던 "흑인 어머니들 혹은 할머니들의 이야기와 동일하다"는 전제로 하갈 이야기를 읽기 시작한다.[46] 웜스에 의하면, 하갈과 사라의 이야기는 인종적인 문제를 넘어 "경제적, 성적(sexual) 착취" 등 다양한 의미를 내포하지만, 한편으로 이 이야기는 노예의 처참했던 경험들과 기억들을 가진 흑인여성들이 백인여주인과 겪었던 갈등을 반영한다고 주장한다. 사라와 하갈의 이야기가 흑인여성노예의 현실과 시대적·문화적으로 다름에도 불구하고, 사라의 학대로부터 광야로 도망한 하갈의 모습은 흑인여성노예의 현실을 이야기해준다는 것이다. 하갈의 도피는 노예제가 있던 시절 백인여주인과 흑인여성노예라는 인종차별의 상황 속에서 백인여주인에 의해 일어났던 잔인한 "매질과 언어적인 모욕, 비웃음, 강도 높은 노동과 굴욕적인 일"로 도망칠 수밖에 없었던 흑인여성들의 현실을 연상케 한다.[47] 동시에 이 이야기에서 흑인여성들은 백인 고용주에 의해 수없이 일어났던 처참한 성폭행의 현실과 이러한 상황 속에서 도망친 흑인여성들을 잡아와 무참하게 행했던 매질, 백인 고용주의 짐승과 같은 행위에도 불구하고 성폭행을 당한 흑인여성노예를 향한 백인 아내들의 무차별 폭행과 같은 아프고 잔인한 기억들을 연상시킨다고 웜스는 말한다. 그리고 백인여성으로부터의 인종차별은 노예제 폐지에도 불구하고 오늘날까지 지속되고 있다고 웜스는 다인종 심포지엄에서 경험했던 백인여

---

46) Weems, *Just A Sister Away*, 1. 이하 우머니스트 웜스의 하갈 이야기는 이 책에서 계속 인용함을 밝힌다.

47) 앞의 책, 6.

성들의 우월주의를 비판한다. 그럼에도 불구하고 윕스는 하갈과 사라의 이야기를 노예제 시절 흑인여성과 백인여성 간의 인종차별 문제로만 볼 수 없음을 강조한다. 이것은 출애굽기 이야기에서 잘 나타나고 있는데, 출애굽기에서는 히브리인들이 이집트인의 노예로 가는 상황을 묘사하고 있으며 따라서 한 특정 인종이나 문화가 "악을 독점적으로는 행한다고 볼 수 없으며" 권력관계는 항상 바뀔 수 있음을 강조한다.[48]

이렇게 윕스가 창세기 16장과 21장 이야기를 아브라함이나 사라보다는 하갈을 중심으로 인종차별의 측면에서 읽을 수 있었던 것은 흑인여성이라는 자신의 정체성과 흑인이기 때문에 사회에서 받아야 했던 차별, 착취, 억압의 역사라는 특정한 삶의 상황이 있었기 때문이다. 그리고 윕스의 하갈 이야기는 한 여성의 착취 이야기를 넘어 인종차별이라는 사회구조적인 억압과 편견의 문제로까지 확장하여 그 실상을 폭로한다. 동시에 윕스는, 트리블과 마찬가지로, 하갈 이야기를 계급차별 문제로까지 발전시켜 자본주의 사회의 경제적 착취와 불평등이라는 좀 더 상세한 해석을 첨가한다. 고용주와 피고용자를, 착취하는 사람이나 선한 사람이라는 이분법적 구도에서 이해할 수 없음을 전제하면서, "자본주의는 우리가 다른 사람들을 착취할 수 있는 기회를 부여하고 있으며" 특히 여성들 간의 불평등이 일어나고 있는 상황 속에 우리도 함께 동조하는 것은 아닌지 묻는다. 하갈보다 경제적으로나 사회적으로 우월한 자신의 위치를 이용하여 자신의 욕망을 위해 경제적으로나 사회적으로 약자이며 노예인 하갈의 몸을 착취하는 사라의 모습이 우리의 모습일 수도 있다는 것이다. 즉 하갈은 단순히 흑인여성노

---

48) 앞의 책, 8-9.

예의 모습을 넘어서 우리가 일상생활 속에서 만나는 자본주의의 희생자라고도 할 수 있는 저임금 노동자들인 "흑인 청소부 여성들, 식당에서 일하는 나이 많은 백인여성들, 호텔방을 청소하는 남미 여성들"이될 수도 있다는 것이다.[49] 특권층이기 때문에 받는 많은 혜택들이 사실은 많은 사람들, 특히 여성들의 희생을 통해 이루어진다는 것이다.

그러나 웜스는 사라와 하갈의 이야기는 결국 하나님에게 선택된 아브라함과의 약속을 지키는 하나님에 대한 이야기의 큰 틀 속의 부분적인 이야기에 불과하며 결코 사라와 하갈의 이야기가 아님을 천명한다. 그리고 가부장제 사회 속에서 사라가 하갈과 비록 여러 면에서 달랐지만 여성이라는 공통점을 간과했다는 점을 지적함으로 여성 간의 연대의 가능성이 실패했음을 아쉬워한다. 동시에 지속적으로 수동적인 희생자로 등장하며, 착취를 당함에도 그 상황을 극복하지 못하고 여전히 노예의 습성을 유지하는 하갈의 모습과[50] 아이를 가질 수 있도록 자비를 베푼 하나님의 은총을 체험했음에도 불구하고 또 다른 어머니 하갈에게 무자비한 모습을 보이는 사라의 모습 속에서 웜스는 하갈과 사라의 이야기는 "여성들이 여성들을 배신하고 어머니들이 어머니들을 음모하는" 이야기이기도 하다고 지적한다. 이러한 여성들 간의 혹은 어머니들 간의 반목과 음해와 질투는 현재 우리의 삶의 상황 속에서도 쉽게 찾아볼 수 있으며, 이렇듯 사라와 하갈의 이야기는 다양한 여성

---

49) 앞의 책, 11.
50) 앞의 책, 12-13. 하갈의 수동적인 모습을 웜스는 창세기 16장의 천사와 하갈의 대화에서 논의한다. 사라로부터 도망친 하갈에게 천사는 "어디에서 와서 어디로 가느냐"(창 16:8)고 질문한다. 웜스에 의하면 하갈은 여주인 사라를 피해왔지만 어디로 가는지 대답하지 못한다. 왜냐하면 하갈은 여전히 자신을 사라의 노예로 인식하며, 주인 없는 삶을 생각하지 못하기 때문이다. 따라서 결국 천사도 하갈을 주인에게 돌려보내는 상황에 처해졌다고 웜스는 해석한다.

들의 삶을 반영한 이야기로 읽을 수 있다고 윔스는 주장한다. 또한 하갈의 상황은 흑인여성이건 백인여성이건 모든 여성이 처할 수 있는 상황임을 주지시키며, 이러한 아픔을 극복하기 위해서는 여성들 간의 연대와 자매애가 필요하다고 윔스는 강조한다. 여성 간의 다름을 존중하면서 서로의 아픈 상처들과 과거의 비극을 극복하려는 우리의 의지와 연대가 억압과 차별이 난무하는 세상을 바꿀 수 있기 때문이다.

V. 나가는 말

만약 흑인여성들이 역사를 지배했다면 지금 우리에게는 무슨 일이 일어났을까 하는 질문으로 이 글을 시작하였다. 아마도 이 가정은 조금은 유치할 수도 있지만, 주변부와 피억압자의 아픈 현실을 반영하는 질문이기도 하다. 교회에서 거부당해 차선책으로 대학을 선택하며 교회를 떠날 수도 있었고, 개인적으로 성서를 버릴 수도 있었던 윔스. 그러나 그것이 윔스를 축복하며 자신을 신학공부하도록 보냈던 교회여성들과의 소통의 단절이며, 다른 흑인여성들을 버리는 것임을 알았고,[51] 이제는 발길이 머무는 곳마다 흑인여성들과 삶의 이야기를 나누고, 역사에서 주변부로 밀려난 사람들의 성서 이야기를 자신의 삶의 상황 속에서 읽어낸다. 2004년 돌연히 밴더빌트 대학교 교수직을 그만둔 것은 어쩌면 윔스에게는 우머니스트로서 풀어야 할 과제들을 위해 현장으로 돌아간 것인지도 모른다. 그리고 2008년 윔스는 흑인여성으로는 처음으로 예일 대학교 리먼 비처 강연(Lyman Beecher Lec-

---

51) Weems, "Re-Reading for Liberation," 22.

tures)을 하며, 아직도 백인지배자들이 만든 흑인여성들의 부정적 이
미지들로 자신의 모습을 학대하며 자신으로부터 억압당하는 많은 흑
인여성들, 그리고 주변부라는 열등감을 가진 유색인종 여성들에게 해
방의 이야기를 들려준다. 동시에 백인여성이건 흑인여성이건, 동양여
성이건, 남미여성이건 서로 다르지만 다른 여성의 삶의 이야기가 곧
나의 이야기가 될 수 있음을 주지시키며 서로의 이야기에 귀를 기울이
도록 모든 여성들의 연대를 촉구한다. 서로의 '다름'의 인정을 통해 편
견과 착취를 없애고 해방의 눈으로 성서의 이야기를 읽어내며 워커의
표현대로 "전 인류의 생존"에 기여하기를 권유한다.

그럼에도 우머니스트 성서읽기는 똑같이 노예경험을 하고, 성서의
이야기를 백인주인들에게 들었던 그러나 성서에 대해 우머니스트와
다른 관점을 가진 많은 흑인(African American) 기독교 후손들, 독자들
에게 그들의 경험이 성서읽기의 출발이 될 수 있음을 어떻게 납득시킬
것인가라는 과제를 안고 있다.[52] 이것은 넓게는 "생존의 해석학"으로
성서를 읽는 다양한 독자들에게도 해당되는 과제이기도 하다. 즉 성서
의 진리, 하나의 진리, 성서의 권위를 포기할 수 없는 독자들과 어떤
관계를 가지고 다양성을 추구하며 불의와 지배로부터 해방으로의 사
회변화를 만들어갈 것인가 하는 것이다. 그럼에도 불구하고 우머니스
트 성서읽기는 다양한 상황과 다양한 경험의 정당성을 인정함으로 우
리의 삶과 무관하지 않은 성서읽기와 우리가 사는 세상과 밀접한 성서
이야기를 만들어갈 수 있다는 점에서 여전히 우리에게 필요하며 유효
한 성서읽기 방법론이 될 것이다. 우머니스트 성서읽기 방법론은 지금
도 우리에게 묻고 있다. 어떤 해방의 이야기를 우리는 지금 만들어가

---

52) Brown, *Blackening of the Bible*, 106.

고 있는지. 우리의 해방의 이야기를 통해 어떤 성서의 여성들과 만나
고 있는지.

참고문헌

Bible and Culture Collective, *The Postmodern Bible*. New Heaven: Yale University Press, 1995.

Brown, Michael Joseph. *Blackening of the Bible: The Aim of African American Biblical Scholarship*. Harrisburg: Trinity Press International, 2004.

Stanton, Elizabeth Cady. *The Woman's Bible*. Boston: Northeastern University Press, 1993.

Weems, Renita J. *Just A Sister Away: A Womanist Vision of Women's Relationships in the Bible*. San Diego: LuraMedia, 1988.

_____. "Reading Her Way through the Struggle: African American Women and the Bible." Cain Hope Felder. Ed. *Stony the Road We Trod: African American Biblical Interpretation*. Minneapolis: Augsburg Fortress, 1991, 57-77.

_____. "Womanist Reflections on Biblica Hermeneutics." James H. Cone and Gayraud S. Wilmore. Eds. *Black Theology: A Documentary History Volume Two: 1980-1992*. New York: Orbis Books, 1993, 216-224.

_____. "Re-Reading for Liberation: African-American Women and the Bible." Silvia Schroer/Sophia Bietenhard. Ed. *Feminist Interpretation of the Bible and the Hermeneutics of Liberation*. London: Sheffield Academic Press, 2003, 18-32.

Williams, Delores S. "Womanist Theology: Black Women's Voices." James H. Cone, Gayraud S. Wilmore. Eds. *Black Theology: A Documentary History Volume Two: 1890-1992*. New York: Orbis Books, 1993, 265-272.

워커, 앨리스 저, 구은숙 옮김. 『어머니의 정원을 찾아서』. 서울: 이프, 2004.

콜린스, 패트리샤 힐 저, 박미선·주해연 옮김. 『흑인페미니즘 사상』. 서울: 여이연, 2009.

트리블, 필리스 저, 최만자 옮김. 『성서에 나타난 여성의 희생: 성서의 여성신학적 재조명』. 서울: 전망사, 1989.

훅스, 벨 저, 윤은진 옮김. 『페미니즘: 주변에서 중심으로』. 서울: 모티부북, 2010.

대나 놀런 퓨얼의
해체적인 성서읽기

임효명

I. 들어가는 말

대나 놀런 퓨얼(Danna Nolan Fewell)은 교수, 작가, 편집자로 다양
한 분야에 대한 관심과 왕성한 연구활동을 하고 있다. 에모리 대학교
(Emory University)에서 석사(M.T.S.)와 박사(Ph.D)를 하고, 남감리교
대학교(Southern Methodist University)의 퍼킨스 신학대학원(Perkins
School of Theology)에서 13년을 가르쳤던 퓨얼은 2000년 가을 드류
대학교(Drew University)로 옮겨 현재까지 구약학(Hebrew Bible)을
가르치고 있다. 퓨얼은 또한 Literary Currents in Biblical Inter-
pretation, Biblical Limits, Semeia Studies 등의 세 개 시리즈의 편
집장으로도 활동하고 있다.[1]

퓨얼은 릴리 재단(Lilly Endowment)이 후원하는 '스칼라리 아웃리

---

1) 대나 놀런 퓨얼의 경력과 연구는 드류 대학교(Drew University) 홈페이지 참조.
   http://www.users.drew.edu/dfewell

치 상'(Scholarly Outreach Award)을 세 차례 수상하였고 연합감리교회(the United Methodist Church)의 고등교육부(General Board of Higher Education and Ministry)가 후원하는 '올해의 학자/교수상'을 세 차례 수상하였다.

　퓨얼의 연구 및 관심 분야는 성서에 대한 문학적(new literary criticism)·문화적 접근, 여성신학적 비평, 해체적 비평(deconstructive criticism), 예술작품에서 본 성서, 어린이와 성서문학, 그리고 읽기의 윤리 등을 포함한다. 그녀의 다양한 관심사는 다방면에 걸친 글에 잘 표현되어 있다.[2]

II. 퓨얼과 문학비평

　이야기(narrative)에 대한 사랑이 자신을 구약학으로 인도하였다고 신학여정을 밝히는 퓨얼이 다른 어떤 것보다도 문학비평적 방법을 사용하여 성경 본문을 읽는 것은 자연스러운 일일 것이다.[3] 퓨얼은 신문

---

2) 퓨얼의 대표적 저서들로는 *Compromising Redemption: Relating Characters in the Book of Ruth* (Louisville, Ky.: Westminster/John Knox Press, 1990); *Circle of Sovereignty: Plotting Politics in the Book of Daniel*, 2nd, rev. and extended ed. (Nashville: Abingdon Press, c 1991); *Narrative in the Hebrew Bible* (Oxford; New York: Oxford University Press, 1993); *Gender, Power, and Promise: The Subject of the Bible's First Story* (Nashville: Abingdon Press, 1993); *The Children of Israel: Reading the Bible for the Sake of Our Children* (Nashville: Abingdon Press, 2003)과 *Icon of Loss: The Haunting Child of Samuel Bak* (Boston: Pucker Art Publications, 2009)이 있으며 이외 다수의 논문을 발표하였다.

3) Danna Nolan Fewell, "Divine Calls, Human Responses: Another Look at Abraham and Sarah," Perkins Journal (1988), 13. 퓨얼의 이야기에 대한 사랑이

학비평학자로서 성서가 어떻게 현재 형태에 이르렀는지를 묻기보다는 현재 형태의 본문이 무엇을 말하는가에 더 관심을 갖는다. 퓨얼의 문학비평을 통한 성서읽기는 전통적으로 받아들여져 왔던 해석에 도전하며, 독자가 익숙히 알아왔던 성서의 이야기에 질문을 제기하고 다른 각도에서 읽기를 시도한다. 이 과정에서 독자의 역할이 중요시되는데, 성서 본문의 의미는 결국 성서 본문의 행간을 채워나가는 독자의 적극적 참여로 만들어지기 때문이다. 독자는 성서 본문에 있는 것들을 연구하고, 본문에 없는 것(저자의 동기 등)은 채워 넣으면서 읽는다.4)

퓨얼은 본문을 꼼꼼하게 읽어나가면서(close reading) 본문이 침묵하는 부분들에서는 추론을 통하여 캐릭터 재구성을 하여 본문의 친근한 얼굴들이 낯선 얼굴로 떠오르게 한다. 그 낯선 얼굴들이 독자가 이제까지 알아왔던 얼굴은 아니지만 섬뜩하리만치 친숙한 것은 그들에게서 독자들이 자신의 얼굴을 보게 되기 때문이다. 그녀의 손 안에서 영웅들과 믿음의 표본들의 초상은 여지없이 무너지고, 지극히 인간적인 일그러진 영웅들의 모습이 적나라하게 드러난다.

믿음의 조상 아브라함도 예외는 아니다. 퓨얼이 읽은 아브라함은 자신의 안위를 위해 가족을 희생시키는 경향이 있는 사람이다.5) 그가 자신의 생명을 보존하기 위해 사라를 누이로 속인 일, 하갈과 이스마

데이비드 건(David M. Gunn)과 더불어 저술한 문학비평입문서, *Narrative in the Hebrew Bible*로 결실된 것은 당연한 일일 것이다.

4) 구약성서의 이야기들은 그 간결함과 본문의 공백 때문에 다양한 해석의 가능성을 지닌다. 이에 대해서는 Danna Nolan Fewell and David M. Gunn, "Is Coxon a Scold? On Responding to the Book of Ruth," *JSOT* 45 (1989), 39-43을 참조하라.

5) Danna Nolan Fewell and David M. Gunn, "Abraham and Sarah: Genesis 11-22," David M. Gunn and Danna Nolan Fewell, eds. *Narrative in the Hebrew Bible* (Oxford, New York: Oxford University Press, 1993), 90-100 참조.

엘을 내보낸 일, 이삭을 희생제물로 거의 바칠 뻔한 일 등이 그의 이러한 성향을 대변해준다. 그가 '본토, 친척, 아비 집'을 떠난 것도 그리 영웅적이지 않은 것은 하나님의 부름을 받기 전 이미 그의 아버지 데라가 본향을 떠나 가나안으로 향하는 중에 있었고(창 11:31-32), 그렇다면 하나님의 부름은 수년 전 그의 아버지가 하려고 작정했고 이미 시작하였던 것을 마치도록 부르신 것이기 때문이다.6)

퓨얼은 아브라함의 소명기사가 소명을 받은 사람이 다른 이들을 그 소명에게 소외시키며 그 소명을 자기만의 것으로 생각하려는 경향을 보여준다고 지적한다. 아브라함이 사라를 하나님의 소명과 약속을 함께 받은 자로 여기지 않았다는 것은 그가 애굽과 그랄에서(창 12장, 20장) 자신의 생명에 위협을 느꼈을 때 사라를 '처분할 수 있는'(expendable) 대상으로 취급하였다는 것과 사라가 하갈을 통해 아이를 얻고자 할 때 순순히 동의한 데서 드러난다.7)

소명을 받은 사람이 갖는 배타성은 사라에게서 반복된다. 사라는 자신이 하나님의 약속과 소명에 참여되었다는 것을 아들을 낳음으로 실감하게 된다. 그러나 소명이 그녀의 것이 되자 사라는 하갈과 그녀의 아들 이스마엘을 추방시킨다(창 21장). 소명을 받은 자에게 그 소명은 지켜야 할 특권이 되고 그를 위해 타인을 소외시킨다.8) 퓨얼의 아브라함과 사라 이야기 읽기는 하나님의 소명에 반응하는 인간의 배타성을 발견하고 현 독자들에게 하나님의 소명과 인간의 반응을 재고하도록 도전한다.

---

6) Fewell, "Divine Calls, Human Responses," 14.
7) 앞의 논문, 15.
8) 앞의 논문, 16.

퓨얼의 아브라함과 사라 이야기 읽기가 피소명자의 타자소외라는 모티프를 찾아냈다고 한다면, 룻기 읽기는 덕행의 표본으로 일컬어졌던 인물들에게서 이타주의(나오미), 자기희생(룻), 영웅심(보아스)보다는 자기보존 욕구와 이기심, 갈등, 술수 등을 발견한다. 이상적으로 여겨졌던 인물들의 상은 여지없이 무너지고 당시의 문화와 관습에 갇힌 인물들이 드러난다.

나오미는 과거의 불행과의 단절을 원하였기에 모압에서 얻은 며느리 오르바와 룻의 동행을 거부한다(룻 1:6-14). 베들레헴에 도착하여서는 자신의 불행에만 집중하여 동행하여 온 룻은 안중에도 없이 그곳 여인들에게 '빈' 손으로 돌아왔다고 신세 한탄을 한다(룻 1:21-22). 그녀는 또한 보아스가 나타나기까지 기업 무를 자로서 보아스의 존재를 룻에게 언급하지 않고(룻 2장), 룻이 아기를 낳았을 때는 룻에 대한 언급을 하지 않는다(룻 4장).9)

한편, 룻은 이삭 줍는 여인들이 당할 수 있는 희롱이나 위험을 며느리에게 미리 알리지 않은 나오미에게 서운한 마음을 갖는다. 그녀의 그러한 마음은 보아스가 그녀에게 "여기를 떠나지 말고 나의 소녀들과 함께 있으라"(룻 2:8) 한 말을 "내 추수를 다 마치기까지 너는 내 소년들에게 가까이 있으라"(룻 2:21) 하였다고 나오미에게 전달한 데서 드러난다. 이에 나오미는 당황한 듯이 "소녀들과 있는 것이 좋다"(룻 2:22)고 대답한다. '소년'이 아닌 '소녀'와 있는 것이 좋다고 말함으로 나오미는 스스로 타작마당에서 소년들이 룻에게 가할 수 있는 위험이 있으며, 룻을 이삭줍기로 내보냈을 때 며느리의 안위를 생각지 않았다

---

9) Danna Nolan Fewell and David M. Gunn, "'A Son is Born to Naomi!': Literary Allusions and Interpretation in the Book of Ruth," *JSOT* 40 (1988), 100-102.

는 것을 인정한 것이다. 또한 룻은 나오미에게 타작마당에서 어떠한 일이 있었는지를 전하지 않고 다만 보아스가 준 보리를 내어놓으면서 시어머니의 대한 보아스의 배려를 전한다(룻 3:17). 그러나 룻의 그 말은 본문에서 보아스도 나레이터도 전한 바가 없기에 퓨얼은 룻이 지어낸 말로 간주한다.10) 보아스의 영웅적인 행동 역시 퓨얼의 읽기에서는 퇴색한다. 그는 모압 여인 룻에 대한 자신의 감정을 계대결혼이라는 관습으로 포장하여 결혼을 성사시킨다. 그는 일순위 기업 무를 자와 공공연히 대결하여 영웅적으로 승리하고, 자신의 사회적 지위와 평판을 유지하면서 자신의 욕망을 충족시킨다.11)

퓨얼의 문학비평적 방법을 적용한 본문읽기는 아브라함과 사라의 이야기, 룻의 이야기에서 본 것처럼 본문의 상세한 기술에 관심을 기울이고, 전통적 이해에 매이지 않고 등장인물들의 말과 행동이 함축하는 바를 과감히 질문함으로써 기존의 일반 독자들이 갖고 있는 본문이해의 틀을 깨뜨린다.

III. 퓨얼과 여성신학

여성신학자들은 다양한 종류의 방법론을 사용하여 본문을 분석하는데 퓨얼의 경우 여성신학을 하는 주된 방법론은 문학비평과 해체적 비평이다. 퓨얼의 여성신학에 대한 입장은 여성신학에 관한 글에서 잘

---

10) 앞의 논문, 101-102.
11) Danna Nolan Fewell and David M. Gunn, "Boaz, Pillar of Society: Measures of Worth in the Book of Ruth," *JSOT* 4 (1989), 45-59.

드러난다.12) 여성신학을 이데올로기적 성경읽기의 하나로 소개하면서 퓨얼은 그 신학적 입장과 사용하는 방법론의 다양성과―문학비평(narrative criticism), 수사비평(rhetorical criticism), 구조비평(structural criticism), 해체비평(deconstructive criticism) 등―상대성에 초점을 맞춘다.

예를 들자면 창세기 2, 3장을 읽는 여성신학자 중 본문을 친여성적으로 보는 견해가 있는가 하면 반여성적으로 보는 견해도 있다. 일련의 여성신학자들은 창세기 2, 3장 자체는 여성을 비하하고 종속시키기보다는 남자와 동등한 존재이며 훌륭한 점들이 있는 것을 인정하고 있는 것으로 보았고(Phyllis Trible, Mieke Bal, Carol Meyers) 본문보다는 해석이 반여성적인 경향을 보였던 것이라 지적한다.13) '여성차별적'인 창세기 2-3장 해석에 도전하며 친여성적으로 본문을 재해석하려는 시도는 같은 여성신학자들에 의해 반박된다. 그들은 성서가 쓰였던 시대가 여성을 동등하게 보거나 존중받을 대상으로 보는 본문을 생성하였으리라는 가능성에 회의적인 입장을 보이면서 본문은 가부장적이며(Susan Lanser) 여성은 남성에게 종속되어 있고(David Clines), 그 본문이 남성의 신화(male mythology)라면 아담은 항상 이브를 지배할 것이라는 극도로 회의적인 결론까지도 내린다(Pamela Milne).14)

---

12) Fewell, "Feminist Reading of the Hebrew Bible: Affirmation, Resistance and Transformation," *JSOT* 39 (1987), 77-87; "Reading the Bible Ideologically: Feminist Criticism," Stephen Haynes and Steven McKenzie, eds., *To Each Its Own Meaning: An Introduction to Biblical Criticism and Their Application* (Louisville: Westminster/John Knox, 1993), 268-282.

13) Fewell, "Reading the Bible Ideologically: Feminist Criticism"(1993), 270-272.

14) 앞의 논문, 272-275.

퓨얼은 여성신학자의 견해가 남성이 대다수인 주류신학자들에게 무시당하여왔다는 현실을 지적하면서 여성신학이 효과적인 분석의 도구로 사용될 수 있긴 하지만 그 독자층은 '성서의 증언들이 복잡하고 다양하며 모호한 면까지도 있는 것에 마음이 열려 있는 독자들, 성서가 모범적이라기보다는 깨어진 세계를 보여준다는 것에 거부감을 느끼지 않는 독자들, 모든 사람이 삶을 동일한 방식으로 경험하지는 않는다는 것을 인정하는 독자들'이라 본다.15) 이들에게 여성신학은 "우리가 성서를 보는 방식을 변화시킬 가능성이 있을 뿐 아니라 우리가 우리 자신을 보는 방식과 이 사회에서 살아가는 방식을 변화시킬 힘이 있다"고 정리한다.16)

퓨얼의 제언은 자신의 연구와 무관하지 않다. 퓨얼이 읽은 성서의 인물들은 실제로 모범적이라기보다는 선과 악을 동시에 지닌 깨어진 모습을 보여주기 때문이다. 또한 성서가 보여주는 깨어진 세계에 대한 자각은 성서적 예술작품에서 보여지는 깨어진 세계에 대한 관심으로 연결되기도 한다.

IV. 퓨얼과 해체적 비평

퓨얼은 성서에 대한 여성신학적 접근의 기여를 인정하고, 여성신학적 접근을 수용하면서 동시에 성을 뛰어넘는 해석학적 방법론을 제안한다. 여성신학이 남성중심적 사고의 독자들이 놓쳤던 부분들을 드러

---

15) Fewell, "Reading the Bible Ideologically"(1993), 280.
16) 앞의 논문,

내긴 하였지만 동시에 기존 주류신학의 반대진영에 위치함으로 놓치고 있는 부분 또한 있다는 것이다. 이는 양 진영의 독자들이 그들의 논리와 맞지 않는 것은 빠뜨리거나 간과하는 경향을 띠게 되므로 아무리 치밀하게 본문을 읽는다 해도 완벽할 수는 없다는 관찰에서 비롯된다.17)

이러한 문제점을 지적하면서 퓨얼은 해체적 비평(deconstructive criticism)을 제안한다. 해체적 비평은 한 본문에는 주도적인 목소리 외에 다른 많은 목소리들이 있으며, 그 본문은 지배적인 목소리가 주는 한 가지 의미가 아니라 다른 목소리들이 만들어내는 많은 의미를 갖고 있다는 전제에서 출발한다. 해체적 비평은 한 가지의 의미가 다른 의미들을 지배하고 억누르는 것을 허락하지 않으며 지배적인 목소리 외에 소외된 다른 목소리들에 귀를 기울여 본문이 다양한 소리를 내도록 한다. 그리할 때에 그동안 한목소리로 일괄적으로 정리되어왔던 본문의 구조가 깨지고 본문은 새로운 이해의 가능성을 향해 열리는 것이다.18)

그러므로 해체적 비평은 해석자가 완전히 일관된 주제를 가진 본문을 생성해낸다면 그것은 잘못된 읽기이며 끊임없이 거듭하여 본문을 읽기를 촉구한다.19) 그러할 때 어떠한 본문도 순수하게 친여성신학적이거나 친가부장적인 본문이라 단정지을 수 없게 되고 오히려 그 본문

---

17) Fewell, "Feminist Reading," 79-81.
18) 해체적 비평에 대한 소개는 퓨얼의 "Deconstructive Criticism: Achsah and the (E)razed City of Writing," Gale A. Yee, ed., *Judges & Method: New Approaches in Biblical Studies* (Minneapolis, MN: Fortress Press, 1995), 119-145 참조. 이론적인 부분은 119-127 참조.
19) Fewell, "Feminist Reading," 82.

들은 새로운 의미가 발굴되기를 기다리고 있는 것으로 인식된다. 따라서 퓨얼의 성서읽기는 좀 더 치밀하게 본문을 읽어내며, 성차별적이기보다는 성포괄적인 본문, 남성과 여성 모두를 아우르는 인간 경험을 조명하려고 한다.[20]

창세기 34장의 디나의 강간사건을 읽는 퓨얼의 방법은 기존 독자로 대변될 수 있는 슈테른베르그(Meir Sternberg)의 것과 대조된다.[21] 슈테른베르그는 세겜에 의한 디나의 강간사건과 그에 따른 시므온과 레위의 보복을 세겜의 범죄행위에 대한 응징으로 해석하며 그들의 행위를 영웅적이라 칭송한다. 그의 시므온과 레위에 대한 호의적인 해석은 야곱과 다른 형제들 그리고 세겜과 그의 아버지에 대한 평가절하라는 대가를 통해 이루어진다.[22] 즉, 세겜은 디나를 범하였을 뿐 아니라 자기 집에 억류하고 있었고, 그의 아버지 하몰과 더불어 야곱 가문과의 결혼을 통해 그들의 재물을 취하려는 탐욕스런 모습을 보인다. 반면 시므온과 레위는 디나의 사건에 적절한 대응을 하지 않던 야곱과 달리 세겜의 행위를 바로잡으려는 의도에서 보복을 계획하였고, 할례로 고통하는 세겜 거민들을 공격은 하였으나 다른 형제들과 달리 약탈에는 참여하지 않은 것으로 본다.

퓨얼은 슈테른베르그의 읽기를 뒤집어 영웅과 피해자가 어떻게 뒤

---

20) 앞의 논문, 85.
21) Danna Nolan Fewell, "Tipping the Balance: Sternberg's Reader and the Rape of Dinah," *JBL* 110 (1991), 193-211.
22) 성서의 인물 가운데 누가 높여지고 누가 낮춰지는가는 해석자들이 누구를 희생시킨 대가로 누구를 높이는가라고 풀어쓸 수 있다. 이는 읽기 윤리에 관한 문제로 이 주제는 퓨얼의 글 "Ethics, Bible, Reading As If," *Bible and Ethics of Reading* (Semeia 77; Scholars Press, 1997), 1-21; "Drawn to Excess, or Reading Beyond Betrothal," *Bible and Ethics of Reading* (Semeia 77; Scholars Press, 1997), 23-58 참조하라.

바뀔 수 있는지를 보여준다. 퓨얼은 두 형제의 보복 동기가 디나의 강간이라기보다는 자신들에게 손상을 입힌 것일 수 있으며, 야곱과 세겜 그리고 세겜의 아버지 하몰의 행동이 이기적이라기보다는 처하여 있는 상황에서 최선의 선택이었을 것이라 본다. 또한 신명기 22장 13-21절의 결혼과 순결에 관한 법을 들어 디나에게 최선의 길은 세겜과 결혼하는 것이라 해석함으로 디나가 세겜의 집에 억류되었다기보다는 자의로 머물렀을 것이라 본다. 결국 시므온과 레위는 최선의 선택을 한 디나를 강제로 데려오고 그를 아내로 삼으려던 세겜을 그의 가족과 성읍사람과 더불어 죽인 것이다.

퓨얼이 읽는 사사기 1장 11-15절의 이야기는 본문의 소외된 목소리가 주류의 목소리에 어떻게 그림자를 드리우는지를 또한 잘 보여준다. 퓨얼은 11절에 지나가듯 언급된 "드빌의 본 이름은 기럇 세벨이더라"는 짤막한 문장에서 가나안 정복의 어두운 단면을 읽는다. 드빌은 '말하다'라는 동사의 어간과 같고 명사로는 '말', '물질', '재앙'을 의미하며 기럇 세벨은 '글의 도시'(the city of writing) 혹은 '책의 도시'(the city of books)를 의미한다.23) 그렇다면 이스라엘이 '책의 도시'를 정복하였을 때, 책과 더불어 학자들, 학문의 중심지도 함께 멸망한 것이며 정복 후 이름을 바꾼 것으로 추정된다. 화자가 지나가듯 언급한 한 도시의 이전 이름이 승승장구의 가나안 정복기를 기록한 본문이 억누르고 있던 정복기의 어두운 역사를 드러낸다.

퓨얼은 드빌의 옛 이름처럼 성서 본문이 자신이 의도한 바를 다른 목소리를 통해 스스로 와해시키고 비판적인 태도까지 취하는 경향이 있는 것에 관심을 갖는다. 성서의 바로 그러한 면이 다양한 관점을 제

---

23) Fewell, "Deconstructive Criticism," 131-132.

시하게 하고 오늘날에까지 그 목소리를 적용할 수 있는 본문으로 남아 있게 하는 것이다.[24)]

소외되고 억눌린 다른 목소리에 대한 관심은 해체적 비평이 자연스레 정치, 사회비평적 경향을 띠게 한다. 퓨얼이 보여주는 것처럼 해체적 비평이 묻는 "어떤 진리가 주장되고 어떤 진리가 억눌려졌는가?" 하는 질문을 "누구의 진리가 주장되고, 누구의 진리가 억눌려졌는가?" 로 바꿀 때 우리는 자연스레 정치의 영역에 발을 들여놓는다.[25)]

해체적 비평은 독자들이 각자의 한계를 가지고 있음을 인정하고, 주류가 아닌 '다른' 독자들도 목소리를 낼 수 있는 학문 환경을 만들기를 촉구한다.[26)] 학계가 정직하게 자신의 한계를 인정할 때 학문의 자유가 인정받게 되는 것이다. 해체적 비평은 누가 본문을 읽을 것인가 뿐 아니라, 우리가 읽는 대상이 누구인가 하는 질문도 제시한다. 본문에서 누구의 목소리를 듣는가가 우리의 가치관을 형성하기 때문에 주류의 소리를 떠나 비주류인 성서의 '타인'들에 귀를 기울일 때에 정의를 향하여 한 걸음 나아갈 수 있게 되는 것이다.[27)]

V. 퓨얼과 읽기 윤리

해체적 비평에서 보여준 윤리에 대한 퓨얼의 관심은 읽기윤리에 관한 소논문에서 더욱 구체화된다. 퓨얼은 개리 필립스(Gary A. Phillips)

---

24) Fewell, "Feminist Reading," 84.
25) Fewell, "Deconstrucive Criticism,"127.
26) 앞의 논문, 141-142.
27) 앞의 논문, 142.

와 공저한 "Ethics, Bible, Reading As If"라는 글에서 성서읽기가 함축한 윤리문제를 두 가지 이야기를 통해 풀어낸다.[28] 하나는 조나단 매고닛(Jonathan Magonet)의 『한 랍비의 성경』(A Rabbi's Bible)에 나온 이야기로 매고닛이 한 학술대회에서 만났던 체코 출신의 유대인들에 대한 회상을 담고 있다. 1968년 당시는 러시아 군대가 프라하를 진격하였던 때였다. 그 학술대회에서 두드러진 통찰력을 보였던 이들 체코 유대인들은 성서의 뉘앙스와 본문 저변에 깔린 의도에 대한 관심이 그들의 삶에서 발생하였다고 이야기한다. 당시 체코에서 신문읽기는 기사의 이해에 생명이 달린 것처럼 이루어졌다고 한다. 체코 유대인들은 기사를 읽으면서 기사의 내용이 이러하다면 실제로는 무슨 일이 일어났으며, 그 기사가 독자로 하여금 믿도록 만드는 것이 이러하다면 무엇을 믿어야 하며, 그 추론에 근거하여 무엇을 어떻게 해야 하는가라는 질문을 하면서 마치 그 기사의 해석에 생사가 걸린 것처럼 치밀하게 읽었다고 한다.[29] 그리고 실제로 그들이 어떻게 읽느냐 하는 것이 생사를 결정하였다고 한다.

퓨얼이 제시하는 또 하나의 이야기는 신학대학원의 교실에서 생긴 일로 마태복음 5장 38-39절의 '누구든지 네 오른편 뺨을 치거든 왼편도 돌려 대며' 하는 구절에 대한 이해가 바뀌게 된 일을 진술한다. 그 본문이 독자가 이루어야 할 지고의 윤리라는 해석이 학생들의 지배적인 의견이었을 때에 가정폭력 희생자들과 함께 일하는 한 학생이 "그 구절이 얼마나 많은 여성들이 가정폭력의 희생자가 되도록 하였는지

---

28) Danna Nolan Fewell and Gary A. Phillips, "Ethics, Bible and Reading As If," 1-21.
29) 앞의 논문, 1.

아느냐"는 질문을 던짐으로 성서읽기가 함축한 윤리적인 면을 볼 수 있는 문을 열어주었다고 퓨얼은 전한다.[30]

이 두 이야기는 성서읽기가 단순히 읽기에 머물지 않고 실생활에 실제적으로 적용되며 그로 인해 누군가가 영향을 받기 때문에 독자들로 하여금 마치 나의 생명과 다른 누군가의 생명이 나의 성서읽기에 달려 있는 것처럼 읽도록 촉구한다. 이러한 성서읽기는 세상과의 연계 속에서 이루어진다. 독자는 몸담고 있는 세상에 대한 충분하고 예리한 이해를 쌓아야 하고, 성서가 그리는 세계와 그 성서가 읽혀지고 있는 세계에 대해 어떻게 반응하며 책임을 감당할 것인가 하는 것을 고민하여야 한다. 따라서 성서읽기는 개인의 영역이 아니라 공동체의 영역이며 다른 이들과의 관계 속에서 읽어갈 때에 그 책임을 보다 충실히 다할 수 있다.[31]

이러한 퓨얼의 제안은 성서읽기를 학문의 세계에서 어두운 현실 속으로 몰고 간다. 오늘날의 문제의 관점에서 성서에 대한 재해석을 시도하는 것이다. 이러한 성향은 *The Children of Israel*에 잘 반영되는데, 성서학자이면서 동시에 '엄마요, 목회자들의 교사요, 세계의 어린이들의 고통에 놀라고 영향을 받은 시민'[32]으로 퓨얼은 "성서읽기가 어떠한 변화를 가져올 수 있는가?"라는 질문을 가지고 성서로 뛰어든다. 퓨얼은 신정론이 고통을 정당화하고 축소시키는 경향이 있기 때문에, 무심하고 위험하기까지 한 것으로 간주하고 거부한다. 그 대안으로 독자는 성서가 그리고 있는 고통 앞에 멈추어 서서 어린이들의 고통을

---

30) 앞의 논문.
31) 앞의 논문, 2.
32) Fewell, *The Children of Israel: Reading the Bible for the Sake of Our Children*, 38.

마주 대하고 그들과 그들을 돌보아주었던 이들의 경험과 필요를 깊이 있게 다루기를 요구한다.33) 이 과제를 이행하기 위해 퓨얼은 구약성서에 나오는 어린이들과 그와 관련된 인물들—이스마엘과 하갈, 입다와 그의 딸, 에스라가 쫓아낸 이방여인들과 그 자녀들 등—을 재조명한다. 퓨얼의 성서읽기는 어린이들의 죽음과 기아, 질병, 학대 등에 관한 최근의 통계와 어우러져서 어린이들의 권리를 옹호하는 강력한 발언을 구성한다.

VI. 퓨얼과 시각적 주석연구

퓨얼의 또 다른 관심분야이자 흥미로운 연구는 예술작품 형태의 주석을 읽는 것이다.34) 글을 매체로 한 주석을 시각적 주석과 병행하여

---

33) 앞의 책, 24.

34) 아래에서 보게 될 성서삽화 외에 성서의 눈으로 본 역사에 대한 주석은 퓨얼이 개리 필립스(Gary A. Phillips)와 함께 연구한 것들로 유대인 생존자 사무엘 박(Samuel Bak)의 작품세계에 대한 연구가 주를 이룬다. 퓨얼은 "From Bak to the Bible"에서 박의 작품세계를 다음과 같이 평가한다: "… Bak weaves together personal history Jewish history, Christian history, and Western art history to fashion a visual narration and narrative vision of his experience of Shoah and life lived in the shadow of crematoria chimneys. His narrative tapestry is rich with threads of parados, irony, and reverse patterning." 박에 대한 퓨얼과 필립스의 연구는 *Representing the Irreparable: The Shoah, the Bible, and the Art of Samuel Bak*, co-edited with Yvonne Sherwood (Pucker Art Publications/Syracuse University Press, 2008); *Icon of Loss: The Haunting Child of Samuel Bak*; "From Bak to the Bible: Imagination, Interpretation, and Tikkun Olam"; "Remembering Angels: The Memory Work of Samuel Bak" 참조. 그의 박의 작품 연구는 역사에 대한 시각적 해석을 읽어감으로 성서독자로서 새로운 지평을 열고 있다.

읽을 때 그동안 눈에 띄지 않았던 독자들의 편견과 과도한 상상력 등을 보다 명료하게 볼 수 있는 효과를 갖는다. 그 결과 그동안 당연하게 받아들여 왔던 틀에 박힌 인물묘사에 대하여 의문을 제기하게 만들고 독자들이 새롭게 성서 본문을 만나도록 촉구한다.

일례로 많은 성서학자들이 창세기 24장에서 아브라함의 종 엘리에셀이 리브가를 우물에서 만나는 장면과 요한복음 4장에서 예수님과 사마리아 여인의 만남을 정혼 장면 유형(betrothal typescene)으로 해석하며 비교해왔다. 퓨얼은 그들의 연구가 유형론에 입각하여 각 등장인물을 전형적인 모습으로 읽음으로 성서 본문이 가지고 있는 모호성과 비결정성(undecidability)을 간과하였다고 평가한다. 그들이 묘사한 인물들은 틀에 박힌 모습이며 의문의 여지없이 떠올릴 수 있는 친숙한 인물들이라는 것이다.

학자들의 연구를 개괄하면서 퓨얼은 19세기 삽화가인 폴 구스타브 도레(Paul Gustave Dore)의 판화에 나타난 시각적 본문해석을 '읽는다'.35) 시각적 해석이 지닌 장점은 우리에게 성서 인물들과 그들의 행동의 익숙함을 해체하여(defamiliarize) 새로운 시각에서 보도록 하며, 독자로 하여금 육신을 입은 본문(human embodiedness)의 조화(resonance)와 불일치(dissonance)에 세심하게 관심을 집중하게 함으로 다시 성서 본문으로 독자들을 돌이켜 본문을 새롭게 만나게 한다는 것이다.36)

리브가가 아브라함의 종과 그의 낙타에게 물을 길어준 관대함과 민첩함은 예수에게 물을 주기를 망설였던 사마리아 여인의 행동과 대조

---

35) Fewell and Phillips, "Drawn to Excess," 43-52.
36) 앞의 논문, 46.

된다. 퓨얼은 이 둘의 대조가 정당하지 않은 것은 리브가에게 온 아브라함의 좋은 열 마리의 낙타를 이끌고 있으므로 부유하고 지위가 있는 사람으로 보였을 것이고, 예수의 경우는 행색이 남루하였을 것이라는 점을 지적한다.[37] 이러한 차이에 주목하면서 퓨얼은 문자뿐 아니라 시각적으로 표현된 각 인물의 해석은 정당한 것인지, 성서의 한 인물을 다른 인물들과 어떻게 분리해서 읽을 수 있는지, 다른 인물과 대조시켜 읽어나갈 때 어떻게 그 비교가 지나치지 않을 수 있는지, 한쪽을 높일 때 다른 한쪽이 희생의 대가를 치르는 것을 방지할 수 있는지 등등의 읽기윤리의 과제를 제시한다.[38]

퓨얼은 성서 본문의 과도한 해석과 틀에 박힌 인물묘사를 극복하고 본문의 모호성을 시각화할 수 있는 가능성을 도레의 삽화에서 발견한다. 도레가 묘사한 리브가와 사마리아 여인은 성서주석가들과 동일하게 전형적인 모습을 띠긴 하지만 그 얼굴에 파악하기 힘든 표정을 띠고 있다. 표정을 읽기 힘든 그들의 신비한 얼굴은 편이성과 관습에 젖어 있는 성서독자들을 일깨워 성급하게 의미를 단정하는 것을 자제하고 성서의 모호성에 보다 관심을 갖고 다양한 의문을 제시하면서 좀 더 세심하고 책임감 있게 본문을 읽기를 권한다.

VII. 나가는 말

지금까지 본 것처럼 퓨얼의 성서읽기는 순수한 여성신학으로 분류

---

37) 앞의 논문, 34-35.
38) 앞의 논문, 52.

되기에는 상당히 많은 분야에 걸친 관심사를 담고 있다. 그럼에도 그는 성서주석가들에 의해 외면당하고 소외되고 차별당하였던 이들에 대한 관심을 보이고, 성서 본문의 지배적인 소리에 가려졌던 다양한 목소리들을 발굴해냄으로 변혁을 추구한다는 일관성을 보인다. 이는 그가 성서의 소수자인 여성에 대한 관심을 가지고 성서 본문을 재해석함으로 사회변혁을 추구해온 여성신학자들과 행보를 같이하고 있는 점이다.

퓨얼의 문학비평적이며 해체적인 성서읽기는 퓨얼 자신이 디나의 이야기 읽기에서 보여준 것처럼 자칫 놓칠 수 있는 본문의 세밀한 부분을 붙잡아 기존의 해석을 뒤집고 새로운 관점을 제시하는 데에 효과적이다.

한편, 퓨얼이 제안하는 여성과 남성 모두를 포괄하는 본문읽기는 친여성적이거나 친남성적이라는 이분법적 접근을 넘어선 읽기를 추구한다. 그의 제안은 이제까지 여성신학이 성서학계에 가져온 변화를 정리하고 평가해보는 이 시점에서 여성신학이 갈 길을 숙고하게 한다. "나의 성서읽기가 이 세상에 어떠한 변화를 일으킬 것인가?"라는 퓨얼의 질문은 성별을 떠나 성서독자라면 누구나 거듭거듭 되돌아가야 할 질문일 것이다.

참고문헌

Fewell, Danna Nolan. "Feminist Reading of the Hebrew Bible: Affirmation, Resistance and Transformation." *JSOT* 39 (1987), 77-87.

_____. "Divine Calls, Human Responses: Another Look at Abraham and Sarah." *Perkins Journal* (1988), 13-16.

Fewell, Danna Nolan and Gunn, David M. "'A Son is Born to Naomi!': Literary Allusions and Interpretation in the Book of Ruth." *JSOT* 40 (1988), 99-108.

_____. "Is Coxon a Scold? On Responding to the Book of Ruth." *JSOT* 45 (1989), 39-43.

_____. "Boaz, Pillar of Society: Measures of Worth in the Book of Ruth." *JSOT* 45 (1989), 45-59.

Fewell, Danna Nolan. "Tipping the Balance: Sternberg's Reader and the Rape of Dinah." *JBL* 110 (1991), 193-211.

Fewell, Danna Nolan. "Deconstructive Criticism: Achsah and the (E)razed City of Writing." Gale A. Yee. ed. *Judges & Method: New Approaches in Biblical Studies*. Minneapolis, MN: Fortress Press, 1995, 119-145.

Fewell, Danna Nolan and Gunn, David M. "Abraham and Sarah: Genesis 11-22." David M. Gunn and Danna Nolan Fewell. eds. *Narrative in the Hebrew Bible*. Oxford. New York: Oxford University Press, 1993, 90-100.

Fewell, Danna Nolan. "Reading the Bible Ideologically: Feminist Criticism." Stephen Haynes and Steven McKenzie. eds. *To Each Its Own Meaning: An Introduction to Biblical Criticism and Their Application*. Louisville: Westminster/ John Knox, 1993, 268-282.

Fewell, Danna Nolan and Phillips, Gary A. "Ethics, Bible, Reading As If." *Bible and Ethics of Reading*. Semeia 77; Scholars Press, 1997, 1-21.

_____. "Drawn to Excess, or Reading Beyond Betrothal." *Bible and Ethics of Reading*. Semeia 77; Scholars Press, 1997, 23-58.

_____. "From Bak to the Bible: Imagination, Interpretation, and Tikkun Olam." *ARTS* 21:1 (2009), 21-30.

_____. "Remembering Angels: The Memory Work of Samuel Bak." http://www.sbl-site.org/publications/article.aspz?ArticleId=819

Fewell, Danna Nolan. *The Children of Israel: Reading the Bible for the Sake of Our Children*. Nashville, TN: Abingdon Press, 2003.

http://www. users.drew.edu/dfewell

캐트린 태너의
구성신학 방법론

이은주

I. 캐트린 태너의 신학 소개

캐트린 태너는 현재 예일 대학교의 조직신학 교수(Marquand Pro-fessor)로 활동하는 성공회 전통에 속한 여성신학자이다. 태너 신학을 처음 접했을 때 필자는 그 무엇보다 먼저 혼란스런 시대적 전환의 한 가운데를 가로지르는 여성신학자, 그리고 보기 드물게 창조적인 에너지로 가득한 여성신학자란 느낌을 받았다. 하나의 학파에 머무르지 못하는 광범위한 지적 관심, 사유의 낡은 경계들을 허물고 새 길을 닦는 대담한 실험정신, 역동적이며 진취적인 학자로서의 자세 등을 그에게서 발견할 때마다 마음 깊은 곳으로부터 고마움과 설렘을 느끼게 되었다. 우리는 태너의 신학에서 모더니즘과 포스트모더니즘이란 서구 사유의 전환, 여성신학의 세대교체의 경계, 전통 그리스도교 가르침과 새로운 신학담론의 구성이란 물줄기의 막힘과 새로운 열림을 맛보게 된다. 그리고 우리 세대에 맡겨진 수많은 신학적 난제를 붙들고 씨름하는 한 여성신학자에게서 새롭게 탄생되는 예수와 자유의 여정을 발견하게 된다. 태너 신학의 배경은 현대신학 조류의 다양하고 급격한 변화의 물결과 맥을 같이 해왔다. 그의 신학방법론을 형성하고 있는 주된 흐름은 크게 세 가지 방향에서 조명될 수 있는데, 하나는 예일 학파라고 불리는 후기자유주의 전통이다. 그리고 자신을 스스로 바르트 주의자라고 명명하듯이 개신교 바르트 신학의 기독론 중심의 신학을 만날 수 있다. 또한 이러한 태너 신학의 배경은 포스트모던 사상, 특히 후기구조주의 문화정치 이론과 언어담론 이론과의 만남으로 전혀 새로운 색채의 신학적 언어와 사유로 재구성되었다.

우리는 주류 그리스도교 신앙과 실천에 대한 일종의 '내적 비판'이란 작업에 집중해왔던 예일 학파의 영향과, 특히 린드벡의 교리의 문법적 법칙(grammatical rules)이란 방법론적 유산을 태너에게서 발견할 수 있다. 로레인 쉐퍼드에 따르면 비록 태너 본인은 스스로 후기자유주의 신학자로 칭하지 않지만 후기자유주의 신학의 방법론의 중요한 요소들을 수용하고 있다는 측면에서 후기자유주의 신학자로 명명되는 것이 옳다고 한다.[1] 하지만 태너는 이들의 신학적 유산을 그대로 답습하는 것에 머물지 않는다. 문화와 신학의 역동적 관계를 적절하게 인식하지 못했다는 측면에서 린드벡을 비판하며 태너는 포스트모던 문화이론의 바탕 위에 신학의 사회문화적 기능을 재조명하고 있다. 즉 후기자유주의의 언어-문화적 방법론 위에 후기구조주의 문화이론을 더하여 이를 급진적으로 수정하는 방향으로 나아간 것이다.[2] 태너 신

---

1) Loraine Mackenzie Shepherd, *Feminist Theologies for a Postmodern Church: Diversity, Community, and Scripture* (New York: Peter Lang, 2002), 107.

2) 이에 대해서는 다음의 글을 참조하라; Paul J. Dehart, *The Trial of the Witnesses: The Rise and Decline of Postliberal Theology* (MA & Oxford: Blackwell Publishing, 2006), 52.

학의 공헌은 모더니즘과 포스트모더니즘의 경계, 여성신학 전통과 다변화의 상황, 문화적 다양성에 대한 인식이란 시대적 상황에서 혼란에 빠질 수 있는 신학적 사유의 활로를 되찾아주는 방법론적 독창성과 이론적 엄밀함에 있다. 이 글은 이러한 신학적 전환의 때에 태너가 어떠한 방법론적 출구를 우리에게 마련해주고 있는지 분석하는 것에 목표를 두었다. 문화이론들, 언어-담론이론들, 다양성과 문화적 갈등, 정체성 이슈, 정치·경제적 차원의 논의까지 폭넓은 신학적 주제들과 이를 이야기하는 방식의 변화를 태너에게서 만나게 되는데, 이 글은 태너 신학의 개별 주제보다는 신학방법론을 소개하는 것에 초점을 맞추어 이야기를 진행하고자 한다.

태너의 작품을 먼저 간단히 소개하면, 초기 신학 작업은 '하나님과 세계의 관계'를 이해했던 서구 그리스도교 전통담론의 규칙들을 헬라 그리스도교 전통부터 근대, 탈근대로 이어져오는 신학논쟁의 흐름 안에서 비교하며, 이들 신학담론이 갖는 특수한 성격과 이 성격의 변천 과정을 밝히는 것에 집중되었다. 그리고 '근대'시대에 어떠한 과정에서 전통적 담론 규칙이 왜곡되고 변질되어 신학담론의 위기를 맞게 되는지를 추적하고 있다. 이 작업은 1988년 『그리스도교 신학에서 하나님과 창조세계: 폭군 또는 힘을 부여하심』이란 작품으로 발표되었다. 여기서 태너는 서로 상이한 강조점을 지닌 '하나님의 초월성'과 '세계의 자율성'이란 두 가지 신학담론이 근대시대에 교회분열의 원인이 되었다고 지적하며, 하나님의 초월성에 대한 재해석을 통하여 두 담론이 함께 공존할 수 있는 길을 제시한다. 이후 1992년 발표된 『하나님의 정치: 그리스도교 신학들과 사회 정의』에서 태너는 앞선 '하나님과 세계의 관계'라는 자신의 다소 추상적인 신론 작업을 문화적·정치적 이슈와의 대화를 통해 더 구체적인 신학적 정치론으로 발전시킨다. 이 두 작업 안에서 태너는 세계의 질서와는 차이 나는 하나님의 섭리(정치)와 창조세계의 자율적 힘이 조화로울 수 있는 사유의 틀을 마련하고, 그 바탕 위에 문화와 신학 관계, 자기-비판적 문화론, 확장된 대리자, 차이남과 타자 존중의 가치 등 현시대가 요구하는 신학적 담론을 창조적으로 형성시켰다.

2001년 발표된 『예수, 인류와 삼위일체』라는 작업에서 태너는 삼위일체론과 기독론 전통을 분석하며, 이를 통해 신학적 인간론과 윤리(vocation)의 방향을 제시하고 있다. 인간 삶의 종교적 구조와 가치를 전통 삼위일체론과 기독론을 통해 밝히는데, 그 핵심적 내용은 예수의 성육신을 통해 인류가 삼위일체적 삶(trinitarian life)으로 초대받았다는 데에 있다. 그리스도인의 삶은 그리스도의 삼위일체적 삶을 계승한 것으로, 곧 삼위일체의 두 번째 위격이 취하신 것과 같은 하나님과의 사귐의 관계(내재적), 사회적 관계에서의 실천(외재적) 곧 타자 섬김과 공동체적 관계성으로 구조화되어 있다고 한다. 2010년 발표된 『그리스도 중심』에서 태너는 이 사상을 더욱 발전시켜, 삼위일체론과 기독론이 인간 삶의 영적 · 관계적 · 실천적 구조의 탁월한 자료이며 신학적 공동체론의 근거가 됨을 논하고 있다.

다른 한편 태너의 신학 작업 중에서 가장 독창적이며 많은 영향력을 미친 것으로 평가되는 『문화이론들: 신학을 위한 새로운 의제』가 1997년 발표되었다. 이 글에서 태너는 포스트모던 문화이론과 모던 문화이론과의 차이를 밝히고, 포스트모던 문화이론을 통하여 신학에 대한 정의, 방법론적 고민들, 문화와 신학의 관계, 신학적 다양성의 의의 등을 새롭게 규명하고 있다. 마지막으로 소개할 작업은 2005년에 발표된

『은총의 경제』이다. 이 작업에서 태너는 앞선 작품들에서 선보인 신학적 정치론, 신학적 인간론, 신학적 공동체론을 이어 신학적 경제론의 이론적 틀을 제공하고 있다. 신자유주의적 경제논리와 질적으로 차이 나는 하나님의 경제논리를 '은총의 논리'란 틀로 제시하며, 이를 통해 신자유주의에 의해 가중되고 있는 세계적 경제위기, 즉 경제적 불평등, 무한경쟁, 노동착취 등의 현실에 교회가 대항할 방향을 밝히고 있다.

II. 하나님의 극초월성에 대한 재구성

1988년 발표된 『그리스도교 신학에서 하나님과 창조세계』에서 태너는 근대신학의 난제 가운데 하나인 '하나님의 초월성(주권성)'과 '창조세계의 자율적 힘'이란 두 가지 담론의 갈등을 어떻게 해결할 것인지 해법을 제시한다. 하나님의 주권을 폭군처럼 통치하는 하나님 정치로 이해한다면 이 담론은 당연히 창조세계에 부여된 자율성과 힘을 강조하는 담론과 양립하기 어려울 것이다. 이 두 담론 간의 갈등은 근대시대를 지나며 극명하게 드러났다. 종교 개혁기엔 '이것 아니면 저것'(either/or)이란 선택의 대상이 되면서 분파 갈등의 주범이 되기도 했다. 태너는 이것을 양립 가능한 담론으로 정립하는 것, 그리고 이를 통해 창조세계에 부여된 자율적 힘을 정당하게 실천하게 하는 길을 찾고 있다. 태너에 따르면 근대시기 동안 담론 질서로 사용된 내적 규칙들은 심각하게 왜곡되었다고 한다. 그 중심에는 '이해 가능성'(intelligibility)이란 내적 규칙이 있다. 논리적인 기준을 충족시키는 담론, 또는 논리적으로 모순이 없는 담론만이 진리일 수 있다는 학문적 전제에 근거해 모든 신학담론들이 평가받았으며, 이 전제를 만족시킬 수 없는 담론의 경우 배제되거나 왜곡될 수밖에 없었다. 앞서 말한 두 가지 담론의 경우 논리적으로 모순된다는 이유로 하나의 담론은 포기되어버렸다. 이 문제를 해결하기 위해서는 하나의 담론을 선택적으로 옹호하는 것이 아니라, 바로 '논리성'이란 담론의 내적 규칙 그 자체의 문제를 수정해야 한다고 태너는 말한다. 근대적 담론 규칙 자체에 내포된 오류를 드러내는 전술을 통해 담론 간의 갈등이나 왜곡을 해결하고자 하는 것이다. 태너는 이러한 신학적 곤궁(impasse)에 맞닥뜨릴 때 신학자들이 먼저 할 일은 담론의 질서를 재검토하는 것이며, 이를 바탕으로 담론의 수정과 재해석을 수행해야 한다고 말한다.3) 태너는 이렇게 신학의 언어-문화적 상황(linguistic-cultural context)과 신학의 사회구성적 기능(functional social constructionism)이란 실천적 차원으로부터 자신의 신학을 시작하고 있다.

그렇다면 하나님의 초월성과 창조세계의 힘 또는 자율성이 어떻게 양립될 수 있는가? 태너는 이에 대해 먼저 교리가 상충되는 까닭은 담론과 언어사용에 대한 우리들의 이해가 부족하거나 의미론의 지평을 제대로 이해하지 못하기 때문이라고 설명한다. '하나님의 초월성'은 하나님과 세계의 속성을 단순하게 동일한 것으로 여기지 않는다는 의미를 담론의 규칙으로 내포하고 있다. 그리고 이 법칙의 구체적 함의는 상황에 따라 다양하게 해석될 수 있을 것이다. 하나의 해석 전통이 지속되어왔다 해도 그 내용에 대한 이해는 사실 명확하게 단일하지 않다. 하나님과 피조세계와의 차이를 강조하는 이 담론은 특수한 상황에서

---

3) Kathryn Tanner, *God and Creation in Christian Theology: Tyranny or Empowerment* (Minneapolis: Fortress Press, 1988), 6-17.

상이한 내용으로 전개될 수도, 강조하는 부분의 차이가 날 수도, 또는 전혀 다른 실천을 낳을 수도 있는 것이다. 그래서 이러한 담론을 논리 적 차원이나 형이상학적인 것으로 추상화시켜 하나의 고착된 그리고 일관된 내용으로 진술하려고 하면 상황성을 잃어버리거나 다른 교리 (예를 들면 창조세계의 자율적 힘)와 서로 충돌하게 된다.4)

이렇게 논리적으로 모순이 없어야 한다는 경직된 담론규칙이 담론 들 간의 상호충돌을 야기한 첫 번째 이유라면, 다른 한편 하나님의 초 월성을 일종의 '대조적 방식'(contrast view)으로 이해하게 될 때 창조 세계의 자율성과 대립하게 된다.5) 대조적 방식이란 하나님의 '초월하 심'을 창조세계 질서와 유비적으로 이해하는 것이다. 세계의 법칙이 'A' 일 때 대조적 방식은 이 'A' 법칙의 최상위, 완전성, 또는 반대되는 원리 를 가진 분으로 하나님을 이해하는 것을 말한다. 이때 하나님은 세계 내재화 또는 인간화란 거울에 투사되고, 하나님과 세계 간의 질적 차 이는 사유되지 않게 된다. 세상의 폭군 같은 존재와 유비적으로 하나 님의 주권을 이해하는 경우가 이런 것이다. 또는 위계적 질서(존재 사 슬)의 최상위에 계신 분으로 하나님을 이해하는 것도 마찬가지이다. 태너에 따르면 하나님을 세계질서의 일부분으로 편입시키는 대조적인 방식으로 하나님의 주권과 초월성을 이해하게 되면 창조세계의 자율 적 힘을 강조하는 신학과 양립하기 어렵게 된다. 그렇다면 태너에게

---

4) 앞의 책, 27-31.
5) 태너는 근대 기독론의 문제도 동일한 방식으로 비판한다. 하나님을 역사화하고 인간화 하던 근대 기독론의 대조적 방식에 맞서, 하나님은 창조세계(인간)와 단순히 반대되는 특성을 지닌 존재가 아니라 이 같은 대조가능성 그 자체를 넘어서 계신 분이라고 한다. 이것이 극초월이며, 이런 질적 차이로부터 예수 그리스도의 성육신의 의미는 밝혀질 수 있다고 주장한다. Kathryn Tanner, *Jesus, Humanity and the Trinity: A Brief Systematic Theology* (Minneapolis: Fortress Press, 2001), 10-11.

하나님과 세계의 관계는 어떻게 이해되는가? 두 가지 방향에서 이야기할 수 있는데 첫 번째는 예수 그리스도 중심이다. 하나님이 세계와 관계하시는 모든 내용과 방식은 오직 예수 그리스도를 통해 알려졌다는 것이다.6) 다음으로는 '비대조적 방식'(non-contrast view)이다. 비대조적이란 하나님을 피조물의 어느 것과도 비교될 수 없는 분으로 이해하는 것이다. 이를 '하나님의 극초월성'(radical transcendence)이라 한다. 세계의 질서, 속성, 운영법칙과 질적으로 차이나는 존재로 하나님을 사유하는 것이다. 피조세계의 어떤 질서, 제도, 체제도 하나님과 자신을 동일시할 수 없으며, 스스로를 신성불가침한 것으로 절대화하지 못한다. 여기서 태너의 의도는 세상적 통치구조와 하나님의 정치 사이에 '차이남'을 사유하게 하는 공간을 만드는 것에 있다.

태너에게 신학담론을 수정해야 할 필요도, 유지해야 할 이유도 모두 교회가 적합한 사회적 실천을 하도록 돕는 것에 목표를 두고 있다. 『하나님의 정치: 사회 정의를 위한 그리스도교 신학들』에서는 이런 하나님의 극초월성이란 신학담론이 어떻게 하나의 새로운 신학적 정치관으로 연결되는지 보게 된다. 폭군과 같은 방식으로 하나님의 주권을 이해하는 것이 아닌, 문화공간에서 다양한 대리자들이 하나님의 부르심을 해석하며 실천하도록 힘을 부여하시는 방식으로 하나님의 정치는 설명된다. 또한 이 글에서 태너는 '창조질서 조망'이나 '신적 위임론' 등의 대조적 방식에 입각해 세워진 전통 신학적 정치론의 문제점과 이의 우상숭배 가능성을 비판해내고 있다. '창조질서 조망'이란 관점에 서게 되면 특정 체제나 사회질서를 항구적으로 주어진 것으로 선전하

---

6) Kathryn Tanner, *Christ the Key* (Cambridge: Cambridge University Press, 2010), viii.

게 되고, 결국 하나의 체제를 신성불가침한 특권을 지닌 것으로 숭배하게 만든다.[7] 이러한 태도의 위험은 인간이 세운 권력이나 문화를 객관적으로 비판할 수 있는 공간을 잃는다는 것에 있다. 태너에게 하나님의 극초월성의 함의는 하나님과 세계의 관계에 대한 인간의 신념을 계속해서 수정해주는 비판적 공간으로서 기능한다. 즉 문화적 역사적 산물인 정치체제나 질서와 하나님 사이에 놓인 비판적 공간에서 우린 인간 죄성의 구조적·문화적 차원을 사유하게 되는 것이다.

하나님의 극초월성에 입각한 태너의 신학적 정치론을 세 가지 내용으로 정리해보면 첫째, 세계 체제와 질서는 역사적 갈등의 산물이고, 문화적 현상으로 보아야 한다. 둘째, 소수집단에게보다 다수의 대리자에게 하나님이 권능을 부여하신다는 신학적 정치관을 통해, 문화 안에서 발생하는 갈등 그 자체가 한 사회의 '자기-비판적 기능'의 장이 되도록 한다.[8] 셋째, 다양한 대리자들이 자신들의 질서와 체제를 스스로 비판하고 수정하는 작업의 기준은 '타자 존중'의 원리이며, 이것이 가장 그리스도 중심적 태도이다.

---

7) Kathryn Tanner, *The Politics of God: Christian Theologies and Social Justice* (Minneapolis: Fortress Press, 1992), 83-93.
8) 1997년 발표된 『문화이론들』에서 이제 태너는 창조세계의 자율적 힘의 공간으로 형성되는 '문화'에 대한 바른 신학적 이해와 문화와의 역동적 관계 안에 있는 신학의 기능에 대한 이야기를 풀어낸다. 포스트모던 문화이론이 말하는 문화의 역동성, 열린 구조, 유동성, 역사성, 파편성 및 갈등이란 요소들을 이야기하며 태너는 신학 또한 파편적이며 유동적일 수밖에 없는 특성을 갖는다고 말한다. 그 이유는 신학이 문화의 일부분이며, 신학의 정체성이나 역할 또한 문화적 영향 아래 형성되기 때문이다. Kathryn Tanner, *Theories of Culture: A New Agenda for Theology* (Minneapolis: Fortress Press, 1997), 24-47.

III. 근대 신학방법론 비판

이제 근대 신학방법론의 오류로 태너가 지적하는 내용을 좀 더 구체적으로 살펴보기로 하자. 근대 담론질서를 이루는 내적 규칙의 오류는 '객관', '실증', '확실성' 등의 가치를 절대시한 학문적 태도로부터 기인하며, 근대 신학담론 또한 신학전통을 이런 내적 규칙의 렌즈를 통해 왜곡시키게 된다. 즉 근대에 펼쳐진 신학논쟁은 하나같이 누구의 진리표명이 더 객관적인가, 더 사실적인가, 또는 더 보편적인가를 기준으로 전개되었고, 이를 벗어나는 다양성이나 차이남은 지양해야 할 대상으로 여기게 된 것이다.9) 그 결과 개신교와 가톨릭의 분열뿐만 아니라 개신교 내에서의 엄청난 분열이란 상황을 초래하게 되었다.

태너에 따르면 담론의 규칙을 이렇게 설정하게 되면 이 안에 배치된 신학적 진술들은 '탈역사화', '탈상황화'하게 된다. 즉 하나의 담론을 이해할 때 이것이 상황에서 어떻게 기능하는지 등의 이해가 전혀 고려되지 못하게 되는 것이다. 근대 사상가들은 진리란 편견으로부터 자유로운 것이기에 탈역사화, 탈상황화된 담론만이 진리를 온전히 표명할 수 있다고 선언했으며, 대표적인 인물로는 데카르트(Cartesian method)를 들 수 있다.10) 우리가 흔히 데카르트의 초월 주체론의 문제를 주-객이원론으로 거론하는데 태너는 '초월 주체의 탈상황화(de-con-textualization, 인간 정체성의 사회·문화·역사적 탈상황화)'의 문제를 우선적으로 제기한다. 탈상황화된 주체는 인식대상을 평면적 진리, 곧 대상의 내재적 법칙 자체가 진리라고 하는 인과론으로 환원시킨다.11)

---

9) Tanner, *God and Creation in Christian Theology: Tyranny or Empowerment*, chapter 4 참조.
10) 앞의 책, 124.

이때 대상은 추상적이고 일반적 원리로 파악된다. 한마디로 말하며 탈색되어 상황성과 역사성을 잃게 되는 것이다. 이것이 근대 학문방법의 문제인 것이다. 그렇다면 이런 철학방법론이 근대적인 신학담론 형성에 끼친 영향은 무엇인가? 태너는 근대 신학의 문제 또한 이러한 '탈상황화', '탈역사화'에 있다고 설명한다. 보편, 객관, 실증, 확실함과 명료함, 추상화와 일반화와 같은 근대 담론규칙이 그대로 신학에 영향을 미치게 되며, 전통과 교리의 진리됨을 따지는 기준 역할을 한 것이다. 근대를 지나면서 신학주제들은 마치 순수한 학문적 연구의 대상처럼 여겨졌고, 점차 상황성과 역사성 그리고 실천적 측면은 간과하게 된다. 다시 말하면 상황에 의해 형성되고 변화하는 것이 담론의 특성임을 점차 잊게 된 것이다.

태너와 피오렌자의 방법론을 비교하는 글에서 쉐퍼드는 태너의 탈상황화에 대한 비판은 피오렌자가 강조하는 신학 담론의 '수사학적 고려'(rhetoricality)와 동일한 맥락에 서 있다고 한다. 이들은 근대적 담론 규칙의 영향으로 신학이 점차 공동체의 특수한 상황의 산물이란 정체성을 잃어버렸음을 비판한다. 그리고 그 배후엔 자신들의 이야기를 보편적이라거나 아니면 하나님으로부터 직접 받은 존재론적 진술로 포장해서 타자의 비판을 피해가려 했던 근대 남성신학자들의 욕망이 도사리고 있었다고 한다.12) 전체주의적 경향 또한 근대의 문제점으로 지적될 수 있다. 이는 사물의 다양성을 무시하는 태도이다. 그리고 사물을 편리하게 이해하고자 할 때 이런 태도가 만들어진다. 전체주의적

---

11) 앞의 책, 125.

12) Loraine Mackenzie Shepherd, *Feminist Theologies for a Postmodern Church: Diversity, Community, and Scripture* (2002), 109-111.

방식으로 담론이 형성되면 이는 사회적 지배성(imperialism)이란 관계의 문제점으로 귀결된다. 이렇듯 담론을 어떤 규칙으로 이해하느냐의 문제는 사회·윤리적 차원과 깊이 연관되어 있으며, 태너의 근대 담론규칙 비판 또한 궁극적으로는 근대가 낳은 전체주의적 지배성, 배타적 태도 등의 윤리적 문제를 환기시키기 위함이다. 에드워드 사이드 등의 탈식민주의 이론가들과 대화하면서도 태너는 보편주의와 본질주의와 같은 담론법칙이 특정 그룹의 정체성을 사회 일반에게 강제하는 '보편적 표준'(universal standard)으로 기능했음을 지적한다. 이런 규칙들은 결국 한 사회에 거주하고 있는 사람들 관계의 다양성과 소수자들의 다양한 정체성을 부정하는 것으로 귀결되기 때문이다. 백인, 중산층, 남성의 정체성을 표준으로 해서 다른 차이나는 사회구성원들을 강제하는 것, 곧 유색인이나 여성, 동성애자 같은 비주류들이 스스로를 주변부로 여기도록 강제하는 것으로 나타났다. 한마디로 본질주의라는 법칙은 사회에서 '타자화 정치(동일화 과정이나 전체주의적 절차)'의 핵심 장치의 역할을 한 것이다.13) 태너의 이러한 분석은 탈식민주의 여성신학자들이 제기하는 보편주의에 대한 비판과도 동일한 맥락에서 전개된다.14) 철학적 보편주의나 신학적 전체주의와 동전의 양면과도 같은 것이 사회문화적 정체성 억압인 것이다. 따라서 정체성 억압의 문제는 새로운 담론법칙을 요구한다고 말할 수 있다. 정리해보면 첫째, 근대 담론의 규칙과 학문적 방법론의 문제, 둘째, 이러한 방법론적 오류가 신학담론 구성에 미친 부정적인 영향, 그리고 이것의 사회

---

13) Tanner, *The Politics of God*, 203-219 참조.

14) Shepherd, *Feminist Theologies for a Postmodern Church: Diversity, Community, and Scripture*, 111-113.

윤리적 차원의 타자화와의 연관에 대한 분석으로 태너의 근대적 학문 방법론 비판은 전개되었다.

IV. 여성신학 방법론 - 문화정치 담론

우머니스트, 아시안 및 아프리칸 탈식민주의 여성신학, 무헤리스타 신학 등 지난 세기 말에 등장한 새로운 여성신학 주체들은 기존 서구 백인을 중심으로 전개된 여성신학의 한계를 지적하며 다양한 여성주의 의제들이 활발하게 논의될 수 있는 논쟁의 공간을 마련했다. 그렇다면 2, 3세대 여성신학들 간의 연속성과 불연속성은 무엇인가? 연속성은 젠더 중심의 여성신학운동을 대체한 새로운 목소리 또한 근본적으로는 여성해방이란 목표를 공유하고 있다는 것과, 여성을 포함한 사회적 약자들의 억압받는 상황에서 모든 논의를 시작하는 동일한 해석학적 절차에 있다. 즉 억압에 대한 비판적 인식과 분석, 그리고 해방을 위한 신학적 재상징화 작업(전통에 대한 비판적 재해석 작업)이란 큰 틀의 운동 방향은 변함없이 유지되어온 것이다. 하지만 주목할 만한 전환도 있다. '후기 또는 탈'(post-)이라는 이름으로 1990년대 이후 여성신학은 자신들의 전통에 감춰져 있던 일종의 근대적 억압상을 인식하기 시작한다. 그리고 이것을 극복하기 위해 해체론적 사상이나 푸코 등의 후기구조주의자의 '권력-담론 관계 이론', 또는 라캉 이후 정신분석학에서 다루는 욕망과 주체형성 이론과 대화하기 시작한다. 이러한 여성신학 내의 전환에 대해 다반니는 "이제 여성신학자들은 다양한 이론들을 적극적으로 수용하여 새로운 구성신학적 담론을 전개하려고 시도하고 있다"고 말한다.15) 여성 경험은 이론을 필요로 했다. 그러나 다른 한편 여성들은 근대 학문방법론이 야기한 이론화의 문제점도 함께 인식하고 있었다. 그래서 이들의 목표는 보편주의 같은 전제로부터 자유로우면서도 동시에 여성해방에 기여할 수 있는 이론으로 새롭게 운동의 동력을 확보하는 것이었다. 이러한 목표하에 이들은 근대의 전체주의적 인간 이해를 넘어서기 위한 '주체형성에 관한 이론들' 그리고 '보편이성 해체'를 위한 이론들에 집중했다.16)

태너는 새로운 여성신학운동이 요청하는 이론화의 필요성을 함께 주장한다. "새로운 사회운동에 대한 사회이론과 여성신학적 실천"17) 에서 태너는 1990년대 이후 여성신학이 나아갈 방향과 이를 위한 체계화된 방법론을 다루고 있다. 여기서 태너는 그 무엇보다 낯선 문화 갈등 현상을 이해하도록 돕는 문화정치이론의 필요를 천명한다. 물론 태너가 말하는 이론이란 남성들의 추상적 중립적인 성격의 것이 아니라, 여성주의운동이라는 구체적인 상황으로부터 추동되어 형성되는 이론을 의미한다. 여성주의운동과 여성신학은 따로 분리될 수 없다. 여성운동의 일부분이 여성신학이다. 그리고 여성주의운동이 필요로 하는 정치이론(문화에 대한 정치이론) 같은 담론의 하나가 곧 여성신학 이라고 태너는 정의 내린다. 이런 주장은『문화이론들』18)에서 문화이

---

15) Sheila G. Davaney, et al., eds., *Horizons in Feminist Theology: Identity, Tradition, and Norms* (Minneapolis: Fortress, 1997), 1-3.

16) Mary McClintock Fulkerson, "Feminist Theology," Kevin J. Vanhoozer, *The Cambridge Companion to Postmodern Theology* (Cambridge: Cambridge University Press, 2003), 113.

17) Kathryn Tanner, "Social Theory concerning the New Social Movements and the Practice of Feminist Theology," Rebecca S. Chopp, et al., eds., *Horizons in Feminist Theology: Identity, Tradition, and Norms* (MN: Augsburg, 1997).

론을 통해 규명하는 신학일반에 대한 정의와 맥을 같이 한다. 여성신학을 포함한 신학이란 문화적 산물이며 문화적 활동이다. 그리고 신학이 문화적 변화나 갈등과 무관하지 않은 것처럼 여성신학도 여성주의 운동과 관련된 문화적 갈등에 자기 뿌리를 둔 문화정치적 담론이다.

태너의 문화 이해에 따르면, 한 사회를 이루고 있는 문화요소들은 안정적이거나 고정되어 있다기보다 끊임없이 새로운 논쟁을 이끌어내고 갈등한다. 하나의 열린 체계인 것이다. 여기서 태너가 강조하는 것은 여성신학 또한 문화적 특징처럼 변화하는 것이고, 이 변화는 상황과 사회적 실천이란 동력에 의해 형성된다는 사실이다. 어떤 신학담론도, 신학적 실천도 상황의 요청과 역사적 변화로부터 자유로울 수 없다.19) 즉 일반적이거나 보편적일 수 없듯이 여성신학도 가변적인 문화요소의 흐름 안에서 새로운 과제를 얻거나 소멸하게 된다. 달리 표현하면 신학적 신념이나 전통이란 것이 결코 모든 문화적·역사적 상황에 적용될 수 있을 만큼 완결된 것이 아니기에 문화적 흐름을 따라 역동적인 변화를 거칠 수밖에 없는 것이다.

모든 신학담론은 사실 임시적인 것이다. 그리고 신학을 문화의 일부분으로 받아들일 때 신학자는 변화에 적합한 신학을 충실하게 재구성하게 된다. 이것이 바로 구성신학(constructive theology)이다. 상황

---

18) Tanner, *Theories of Culture: A New Agenda for Theology*; "Theology and Popular Culture," Dwight N. Hopkins and Sheila Greeve Davaney, eds., *Changing Conversations: Religious Reflection & Cultural Analysis* (New York: Routledge, 1996), 101-120.

19) 태너는 대중신학(popular theology)이란 이름으로 문화 자체의 생산적이며 관계적 역동과의 상호작용을 통해 신학은 형성되고 끊임없이 변화, 수정된다고 한다. Kathryn Tanner, "Theology and Popular Culture," *Changing Conversation: Religious Reflection and Cultural Analysis* (1996), 115-116.

에 뿌리를 두고, 계속 움직이는 문화적 변동을 따라 끊임없는 자기-성찰, 자기-비판 그리고 수정작업에 충실하게 하는 것이 구성신학적 방법론인 것이다. 동일한 맥락에서 태너에게 여성신학은 구성신학적 작업이다. 여성주의적 문화운동을 모태로 여성신학이 출현하는 것이고, 이 운동의 논쟁하고 갈등하는 흐름을 따라 여성신학담론 역시 유동적인 경계를 지니며 변화할 수밖에 없다. 여성주의운동의 일환인 여성신학은 더 엄밀하게는 여성주의운동의 하부 이론작업으로 이해될 수도 있다.

지난 세기엔 이전 역사에서 겪지 못했던 굉장히 다양한 사회운동이 발생했다. 그리고 이와 더불어 수많은 사회비평 이론들이 등장하기도 했다. 다양한 입장들이 충돌하는 문화현장에서 자기 집단의 고유한 입장을 대변할 수 있는 이론을 갖는다는 것은 그 무엇보다 중요한 일이다. 예를 들어 아시아 여성들이 탈식민주의운동을 진행할 때, 자신들의 경험을 체계적으로 알릴 수 있는 탈식민주의 여성신학의 이론화는 없어서는 안 될 중요한 도구가 될 것이다. 이를 위해선 탈식민주의 이론과 대화하여 탈식민주의 여성신학이란 구성신학작업을 수행해야 한다. 1990년대 이후 여성신학에 불어온 이론화는 '문화적 요소들의 정치적 이해'라는 이름으로 전개되었다. 그 가운데서도 그람시의 후기마르크스주의와 푸코의 후기구조주의는 이전의 계급갈등이론의 편향을 극복한 문화·정치이론을 여성신학자들에게 공급한 가장 대표적인 인물들로 소개된다.[20] '문화에 대한 정치적 이해(문화정치이론)'란 사회의 문화적·상징적 자원의 의미와 표현을 둘러싼 갈등이다. 예를 들면

---

20) Tanner, "Social Theory concerning the New Social Movements and the Practice of Feminist Theology," 179.

최근 미국에서 이슈가 되었던 가족법의 문화적 의미를 둘러싼 갈등이나, 세계화를 옹호하는 이론들에서 나타나는 여성억압적 문화이론을 발견하여 논쟁하는 것과 같은 것을 말한다.21) 여성신학자들은 사회에서 사용되는 모든 상징의미와 표현을 정치권력 관계라는 시각에서 분석할 수 있다. 문화적 갈등이란 결국 누구의 담론이 문화적 주도권을 장악할 것인지를 둘러싼 갈등이다. 그리고 헤게모니 투쟁이란 어떤 상징적 요소가 한 사회에서 제도화의 위치에 서게 될지의 문제이다. 이런 이해를 따라 태너는 여성신학자의 담론 생산은 그 자체로 이미 정치적 성격을 갖는 것임을 강조한다.

문화갈등의 양상은 다양하다. 알려지지 않은 사회적 갈등과 억압은 문화적 현상으로 계속해서 외화된다. 예를 들면 지난 1980-90년대 한국에서 노동운동이나 통일운동이 문화갈등 현상의 주류였다면, 이후 세대는 여성운동이나 반핵, 생태 운동과 같은 이전엔 주변부로 여겨지던 운동을 경험하게 된다. 사회운동은 다변화를 그 특징으로 가진다. 그런데 이때 새롭게 출현하는 운동이 이론적 공급을 받지 못한다면 자신의 영향력을 극대화하기 어려울 것이다. 한국의 여성신학자들을 포함한 제3세계 여성신학자들이 당면했던 것이 바로 이렇게 다양한 사회운동을 효율적으로 전개하도록 돕는 이론을 정립하는 일이었다. 계급갈등이론만으로는 설명할 수 없는 종족·인종·성적 다양성과 같은 문화갈등은 일상적 문화정치이론을 필요로 하며, 이 작업은 그동안 노출되지 않았던 갈등, 억압적인 상징들, 사회적 전제를 분석하고

---

21) Kathryn Tanner, "Globalization, Women's Transmigration and Religious De-traditioning," Sheila Briggs and Mary Fulkerson, eds. *Oxford Handbook of Feminist Theology* (Oxford: Oxford University Press, 2012), 546.

대안을 제시하는 이론화를 의미한다.22) 무사 두베의 탈식민주의 여성 신학이론이나 위돈의 후기구조주의와 여성신학의 대화, 정체성 이론 등의 이론화 작업은 여성신학이 이론을 통해 더욱 효율적이며 치밀한 전술을 사용할 수 있음을 보여주는 예들이다. 그리고 그리스도교의 상 징 자료들(성서, 신학전통, 전례와 같은 문화적 자료들 및 이데올로기적 형태 로 표명된 윤리실천의 내용들)을 여성주의운동의 효율성을 위해 재해석 하는 작업 또한 중요하다고 태너는 강조한다.23)

후기구조주의 담론이론에 따르면 상징적 문화자료들은 그 의미가 고정되어 있지 않으며 상황에 따라 해석되고 재배치되어온 것으로 이 해된다. 한 사회에서 주도권을 장악한 집단이 자료들의 의미를 조직적 으로 배치하고 유포한 것이다. 이렇게 자료의 의미가 고정된 것이 아 니란 말은 이전 해석과 차이나는 새로운 대안적 의미가 그 안에 내포되 어 있음을 의미한다. 모든 상징자료들은 재해석의 가능성에 열려 있 다. 여성신학자들에게 우선되는 과제는 문화 상징자료의 의미를 여성 주의 가치를 위해 재해석하는 일이다. 그렇다면 태너가 의미하는 재해 석이란 무엇인가? 이는 먼저 일종의 선택하는 작업이다. 상징자료들 이 하나의 담론으로 배치될 때, 이것은 자의적으로(arbitrary) 선택된 것이라고 보며, 그렇기 때문에 선택된 상징조직은 또 다른 선택의 가 능성을 열어두고 있다는 것을 기억하는 것이다. 세 가지 단계로 재해 석의 과정을 설명하면, (1) 이미 형성된 문화적 요소들(상징자료들)의 의미를 해석한다. (2) 이런 문화요소들 간의 질서를 다시 결정하고 선

---

22) Tanner, "Social Theory concerning the New Social Movements and the Prac-
    tice of Feminist Theology," 182.
23) 앞의 논문, 183-184.

택한다. 다시 말하면 상징자료들 중에 강조할 것이나 배제시킬 것을 선택하고 이를 통해 전체 담론조직을 재조직하는 것이다. (3) 조직된 상징자료를 통해 어떠한 사회적 실천이 가능한지 판단한다.[24] 이 같이 기존 상징자료를 여성주의적 의미로 재해석하고 이것을 사회나 제도종교 안에 유포하는 일련의 활동이 여성신학이며, 또한 구성신학이다. 여기서 '구성적'이란 말은 신학담론이 문화에 미치는 정치적 실천적 힘을 염두에 두고 담론을 생산한다는 의미이다. 다른 표현으로는 종교상징의 사회구성적 기능을 중심으로 신학담론을 형성시키는 것이다. 이때 상징과 담론에 숨어 있는 억압상을 폭로하고 억압적 기제로 작용하는 상징 간의 이음새를 끊어내는 일은 그 무엇보다 중요하다. 여성신학자들의 경우엔 가부장적 문화 헤게모니 극복이란 목표 아래 상징자료의 이음새를 끊고 대안적 의미를 담은 담론을 생산하게 될 것이다. 구성신학 작업에 대한 태너의 설명을 간단히 정리해보면, (1) 신학담론 안에 있는 정치적 연결고리를 비판적으로 판독해내는 작업을 수행한다. (2) 여성을 포함한 여타 사회적 약자들의 권익을 옹호하기 위한 신학적 표명을 수행한다. (3) 주변부의 목소리가 사회 중심에 서도록 돕는 작업을 수행한다. (4) 변하지 않는 절대적 진리로 선포된 전통담론을 해체하기 위해 먼저 담론의 특성이 상황적·역사적·논쟁적·선택적이란 사실을 알려야 한다. 비판적 판독, 여성과 사회적 약자를 위한 신학적 표명 작업, 이 담론을 대중적으로 만드는 일 그리고 절대화된 담론을 해체하는 구성신학 작업을 통해 여성신학은 여성주의 가치와 비전을 문화적 공간 안에서 대중들에게 설득하는 일을 수행하게 된다.[25]

---

24) 앞의 논문, 186.

V. 여성신학 - 전통의 가치

그렇다면 태너는 이전 세대 여성신학자들의 방법론에 대해서 어떤 문제의식을 가지고 있을까? 여성신학 전통의 오류로 태너가 지적하는 것 가운데 가장 흥미로운 것은 이전 여성신학자들이 여성신학담론의 출현과 함께 가부장적 담론이 마치 마술적 힘에 의한 것처럼 모두 사라질 것이라고 기대했다는 내용이다. 이것은 불가능한 일이다. 그리고 이렇게 막연한 전술로 여성주의담론을 생산하면 결국 한계에 부딪히거나 여성신학 자체의 고립을 피하기 힘들 것이다. 태너에 의하면 가부장적 담론이란 것은 체계적인 것도 아니고, 하루아침에 만들어지거나 모두 사라지는 종류의 것이 아니다. 가부장적 사회기능을 하고 있는 담론들이 있다. 하지만 이 담론은 그냥 소멸되지 않는다. 여성신학의 최상의 전술은 가부장적 기능을 하고 있는 담론을 재해석하여 의미의 이음새를 새로 구성하는 일이다. 담론 자체는 제거되지 않는 것이다. 재해석을 통해 다른 실천적 기능으로 작용할 수 있는 언어인 것이다. 태너는 이러한 전술로 여성신학의 활동영역은 더 확장되고 효율성을 가지게 된다고 강조한다. 가부장적 신학담론을 모두 여성주의담론으로 대체하려는 시도는 불가능하다. 또한 가부장적 문화가 사용하고 있는 종교담론과 신학담론(문화적 요소가) 모두 가부장적이라고 보는 것도 옳지 않다고 한다. 전통에 속한 많은 담론들이 여성주의적 담론과 새로운 방식으로 제휴할 수 있는 가능성도 많다는 것을 기억하자고 한다. 이것이 바로 문화요소들의 재배치 작업인 것이다. 그리고 이러한 전술을 구사할 때 여성신학이 주변부로 전락하는 것도 막을 수 있게

25) 앞의 논문, 186-187.

된다.26)

가부장 문화를 이끌고 있는 사람들도 주도권 장악을 위해 논쟁과 설득의 과정을 거쳐야 했고, 이를 통해 대중적 지지를 확보했다. 다수의 사람들을 설득하는 것에 성공한 담론이 현재 주도권을 장악하게 된다. 그렇다면 여성신학도 이런 과정을 거쳐야 하지 않겠는가? 즉 가부장적 문화 전술과 동일하게 다수를 설득할 수 있는 이론을 갖추고 이를 대중적으로 표명해야 하는 것이다. 이전 여성신학에 노정된 가장 위험한 측면이 바로 스스로를 고립시켰던 것이었다고 태너는 말한다. 이를 '순수 여성주의운동'의 한계라고도 표현할 수 있다. 가부장적 요소라면 모두 기피하려는 결벽증 같은 것으로, 그 결과는 여성주의운동의 고립이며 대중적 영향력의 상실이다. 태너에게서 여성신학 주제만을 고유하게 다룬 글을 발견할 수 없는 이유도 여기서부터 기인한다. 태너에게 우선시되는 여성신학 작업이란 다름 아닌 현재 유포되고 있는 영향력 있는 담론들을 여성주의 관점에서 재해석하고 이를 통해 문화적 주도권을 장악하는 것에 있기 때문이다. 성서의 텍스트성에 대해서도 동일한 입장을 볼 수 있다. 텍스트와 문화상징은 그 자체로 완벽하거나 고정된 담론이 아니며 그렇기 때문에 대중적(popular)인 것으로 누구에게나 어떤 상황에나 재해석에 열려 있는 담론이라고 한다.27) 이처럼 성서 텍스트를 포함하여 전통적 담론이 비록 가부장적인 요소들이라도 여성신학자는 이를 여성주의적 가치로 재해석하여 보다 폭넓은 사회적 지지를 구해야 하는 것이다. 순수한 여성주의 원리만을 담은

---

26) 앞의 논문, 189-190.
27) Kathryn Tanner, "Scripture as Popular Text," *Modern Theology* 14 (1998/4), 279-298.

특수한 담론규칙과 가치 시스템으로 기존 문화 주도권을 해체하고자 하는 전술을 수정하는 것, 가부장제나 억압적 담론을 단순히 공격하는 것이 아니라 이를 대체할 수 있는 대안까지 제시하여 사회구성원들이 관심을 갖게 하는 것, 그리고 궁극적으로 사회구성원 모두의 발전을 도울 수 있는 비전을 제시하는 것이 여성주의적 담론 생산의 목표가 된다.28)

태너에 의하면 근대 신학의 문제점은 이렇게 전통에 대한 창조적 재해석(신학적 창조성)이란 과제를 도외시한 것에 있다. 신학적 창조성은 전통을 상황의 언어로 단순히 재정립하거나 전통적으로 선택된 의미, 가치, 실천 방식을 단순히 재현하는 과정에선 성취되지 않는다. 태너의 해석학적 원칙을 단순하게 표현하면 두 가지로 요약될 수 있는데, 하나는 재해석은 멈출 수 없는 과정이란 것과, 또 다른 하나는 현대 신학이 전통과 단절되어선 안 된다는 원칙이다. 어떤 담론도 그 의미에 대한 해석이 일회적으로 완결될 수 없는 내적 균열이란 창조적 공간을 안고 있기 때문에 이에 대한 재해석은 계속해서 요청된다. 차이나는 해석과 실천 가능성, 그리고 담론의 재조직 가능성이 이미 기존 전통 안에 내포되어 있는 것이다.29) 또한 신학자가 처한 문화적 상황이란 것이 새로운 신학적 결정을 위한 충분한 방향을 제공해주거나 스스로 새로운 신학을 생산해내는 것도 아니라고 한다.30) 그렇기 때문에 신학적 창조성은 전통과의 대화를 통해서만 형성된다. 모든 전통을 버리고 새로운 전통을 수립하는 작업은 가능하지 않으며, 또한 전통을 재

---

28) Tanner, "Social Theory concerning the New Social Movements and the Practice of Feminist Theology," 190-191.

29) Tanner, *Theories of Culture*, 164-165.

30) Tanner, *Jesus, Humanity, and the Trinity*, xvii-xix.

현하는 것만으로는 현재 신학에 요구되는 해석 과제를 충실히 수행하기 어렵다. 이러한 측면에서 태너는 여성신학자들에게 전통의 중요함과 동시에 전통을 재해석하는 일의 중요함을 함께 강조하고 있다.

태너의 신학 저술들은 문화와 신학 관계에 대한 이론을 제외한 대다수의 글들이 여성신학자라는 느낌이 들지 않을 정도로 전통적 신학주제들을 깊이 있게 다루고 있다. 대다수 여성신학자들이 전통과 대화할 것인지 거부할 것인지를 두고 갈등해왔다. 여성신학 방법론은 두 가지 축을 중심으로 움직여왔다. 하나는 전통적 종교상징이 갖는 사회기능에 대한 비판적 분석과 해체작업이며 또 다른 하나는 다양한 여성경험에 입각해서 새로운 종교전통을 구성해내는 작업이다. 이때 대다수 여성신학자들은 신학의 사회구성적 기능이라는 실천적 차원을 중요시했다.[31] 특히 가부장적 사회구성 역할을 해온 전통은 거부해야 할 대상으로 여겨졌다. 그러나 태너에게 그리스도교 전통은 피하거나 폐기할 대상이 아니라 오히려 여성주의운동을 효과적으로 표명하기 위해 더욱 적극적으로 분석하고 재전유해야 할 대상으로 남아 있다. 태너에게 '창조성'(creativity)의 뜻은 이미 있는 전통담론 자료들을 분해하고 이를 다시 재구성하는 과정에서 담론의 의미가 확장되어 재생산되는 것을 말한다. 일종의 땜질을 다시 하는 작업인 셈이다. 이미 있는 자료들을 다시 배합하고 수정하는 과정을 통해 그 의미를 확장시켜 사회에서 요청되는 의미를 생산하는 과정이 창조적 재해석이다.

전통이란 것은 불안정하게 배치된 신앙자료의 일종의 시대적 배치(종합)라고 이해된다. 자료들은 고유하고 완전히 고정된 의미들을 후

---

31) Laurel C. Schneider, *Re-Imagining the Divine: Confronting the Backlash against Feminist Theology* (Ohio: The Pilgrim Press, 1998), 9.

세대에 그대로 전승해준다기보다, 이 전승을 사용하는 그룹과 연속성을 가질 때만 특수한 의미, 또는 고정된 의미로 전승된다. 따라서 여성신학은 이런 특성을 지닌 전통을 전술적으로 사용할 필요가 있으며, 가부장적으로 전유된 상징과 자료들을 여성해방을 위한 담론으로 재창조할 수 있다. 그리고 여기서 전승된 종교상징이 사회문화적으로 어떤 기능을 했었는지 우선적으로 연구되어야 한다. 여성신학자들은 전통을 단순히 거부해서도 포기해서도 안 되며, 대면하여 재해석해야 하는 것이다. 다시 말해 여성신학은 전통 안에 남아 있어야 한다고 태너는 주장한다. 이를 통해 여성신학의 영향력을 더욱더 확장시킬 수 있으며 고립을 막을 수 있기 때문이다. 그래서 태너는 전통에 대해 일종의 전술적 차원의 권위를 먼저 부여하자고 제안한다. 전통의 의미를 재생산하는 과정에서 여성주의담론 그 자체는 더 강해지며 확대될 수 있기 때문이다.

태너는 문화정치이론을 바탕으로 가부장적 전통을 세심한 해석학적 전술을 가지고 접근할 것을 제안한다. 그 내용을 살펴보면 첫째, 전통이란 단순히 과거에 속한 것이 아니라 지금 현재 문화 상황에서도 영향력을 행사하고 있는 요소들을 뜻하는 것으로 제한된다. 현재 실천되고 있는, 즉 현재 진행 중인 문화갈등과 논쟁에서 주도권을 장악한 담론으로서, 현재 지배적인 사회질서를 이끌어내는 문화적 인준에 사용된 요소를 의미한다.[32] 둘째, 이 요소들을 파악했다면, 이것이 어떻게 유포되어왔으며, 현재 어떠한 가치를 생산하고 있는지를 비판적으로 분석하는 작업이 요청된다. 전통이 단순히 낡았기 때문에 버려야

---

32) Tanner, "Social Theory concerning the "New Social Movements" and the Practice of Feminist Theology," 193.

할 것은 아니며, 현재 논쟁에 의미 있는 재해석이 가능할 경우 현재에도 가치 있는 유산으로 여겨진다. 셋째, 현재 가부장적 질서를 뒷받침해주는 전통(헤게모니를 장악한)의 경우, 여성신학은 이것의 권위를 축소시키는 해석을 수행해야 한다. 그 방법으로 태너는 전통이라 불리는 문화요소 자체가 고정된 의미를 지닌 것이 아니라는 담론의 특성을 폭로하는 전술을 제시한다. 다시 말하면 특수한 전통을 형성시킨 과정 자체가 선택적인 것임을 드러내고 이 전통이 다른 방식으로도 선택되어 배치될 수 있음을 보여주는 것이다. 푸코의 담론질서에 대한 비판과 같이, 특정 담론이 주도권을 장악하기 위해 마치 자신은 선택된 것이 아닌 듯 위장하는 것, 예를 들면 어떤 담론은 자연적이기에 옳다는 명분으로, 이미 주어진 창조질서라거나, 또는 뭔가 보편적인 것으로 발견된 법칙이라는 정당화 등으로 포장된 전통의 형성과정을 폭로하는 것이다.33) 또한 계몽주의적 해석학이나 가다머의 해석학에 대해서도 태너는 비판적이다. 이들이 전통과 현대인들 사이에 놓인 이해의 소격화를 극복하는 방법을 찾는다면, 태너는 전통 자체가 이미 다양한 담론 가운데 선택되었기에 다양하고 부유하는 의미를 갖고 있음을 드러내어 해석의 다양화를 꾀한다. 이렇게 전통에 절대적인 권위를 부여하던 담론질서를 폭로함으로써 전통 또한 해석의 대상임을, 그리고 선택된 것임을 밝히는 것이다. 정리해보면 전통은 무조건 거부되어서도 안 되며 그렇다고 절대적 가치를 지닌 것으로 여겨서도 안 된다는 것이 태너의 일관된 해석학적 원칙이다. 그 이유는 전통과의 비판적 대화를 통해서 여성신학이 고립을 피하고 담론논쟁의 장에서 여성주의적 가치를 설득해나갈 수 있기 때문이다. 여성신학자들은 어떤 전통이 참으

---

33) 앞의 논문, 195-196 참조.

로 권위를 부여받기에 적합한 것인지를 면밀히 규명해가는 작업을 성실히 수행해야 한다고 태너는 강조한다. 그러나 이렇게 선택된 전통에 대해서도 항상 대안적 해석 가능성을 고려하여 비판적으로 검토해야 한다.[34)

태너의 모든 신학 작업은 자신의 이런 방법론 위에서 진행되어왔다. 초기 작업인『그리스도교 신학에서 하나님과 피조세계』,『하나님의 정치』같은 글에서 태너는 '가치 있는 전통', '현재 영향력을 행사하고 있는 문화요소로서의 전통', '전통담론에 대한 비판적 재해석' 등 자신의 여성신학방법론에 근거한 작업을 훌륭하게 수행하고 있다. 그리고 태너의 모든 논의는 현재 그리스도교가 속해 있는 사회문화적 상황과, 이 상황이 요청하는 신학적 과제라는 질문을 배경으로 진행되고 있다. 앞선 2장에서 설명한 것처럼 하나님의 극초월성과 창조세계의 자율성이란 두 가지 담론의 조화로운 재해석을 통해 그리스도인들이 예수 그리스도를 통한 하나님의 부르심에 창조적으로 응답하는 실천적 신앙의 길을 연 것은 이런 태너 신학방법론의 좋은 예이다. 또한『하나님의 정치』에서는 그리스도인들이 특정 정치체제를 우상숭배하는 경향과 보수적인 정치성을 띠게 되는 원인을 전통적 신학담론 안에서 찾아내고 이에 대한 비판적 재해석을 통해 현대 사회문화적 상황—다양성과 실천과제의 다변화—이 요청하는 신학적 정치관을 새롭게 조명하고 있다. 이 작업에서 태너는 현재까지 영향력을 미치고 있는 신학적 전통 가운데 위계적 사회권력 관계를 옹호해주는 신학적 전통들—예를 들면 자연법이론, 창조질서 조망, 신적 권력 위임론 등—을 분석하여 이들 전통의 영향력을 축소시켜내는 전략을 사용하고 있다.

---

34) 앞의 논문, 196.

최근 발표된『은총의 경제』역시 이런 태너의 신학방법론을 따라 전개된 또 다른 예이다.35) 이 책에서 태너는 신자유주의라는 경제 상황에 노정된 위기에 대한 성찰과 이에 대한 대안으로서의 신학적 경제론을 이론화한다. 일반 경제이론과는 구별되는 신학적 경제론(이를 태너는 은총의 경제라고 부른다)을 정립하여 전 지구적으로 확산되고 있는 신자유주의의 횡포와 맘몬의 우상화에 대항할 것을 제안하는 것이다. 신자유주의의 논리인 개인소유권(독점적 소유)의 법적 완성, 재화에 접근할 수 있는 권리 차단, 배타적 소유와 교환경제의 절대화 등 자유경쟁과 승자독식의 논리는 그리스도교의 경제관과는 양립할 수 없는 것이라고 비판한다. 반하여 은총의 경제는 교환이나 보상의 원리가 아닌 무조건적 증여의 원리, 소유의 배타적 독점이 아닌 공동체적 소유의 원리, 재화가 필요한 자의 권리를 옹호하는 보편적 증여(복지)의 원리, 그리고 배타적이거나 경쟁적이지 않은 공공선의 원리 등으로 표명된다. 바른 신학적 경제관을 통하여 신자유주의적 자본주의의 악과 맞서 싸우며 건강한 상생의 비전을 제시해야 할 책임이 현대 그리스도 교회에 부여된 실천적 과제임을 호소하고 있다.

VI. 글을 맺으며: 태너의 공헌

지금까지 함께 살펴본 것과 같이 태너는 모더니즘과 포스트모더니즘, 전통신학 담론과 현시대적 도전, 여성신학 세대 간의 경계에서 '문화정치이론'과 '담론이론'을 통한 독창적 신학방법론을 열어낸 여성신

---

35) Kathryn Tanner, *Economy of Grace* (Minneapolis: Fortress Press, 2005).

학자로 평가할 수 있다. 태너 신학의 긴 여정을 보며 우린 수많은 이론들과 대화하고 이를 신학에 적용시키려는 그의 창의적인 노력과 능력을 발견하게 된다. 예일 학파와 시카고 학파의 전통을 두루 거치며 태너는 그리스도인의 사회적 실천에 적합하지 않은 신학담론들을 수정하는 작업과 이를 위한 방법론적 장치를 엄밀히 하는 것에 온 힘을 기울였다. 그의 신학이 방법론적 엄밀함에 초점이 맞춰진 이유는 신학이 맞고 있는 위기, 전환의 의의, 삶의 급변하는 자리에 대한 태너의 깊이 있는 상황인식으로부터 기인한다. 그에게 신학은 사회문화 혁신의 도구이다. 또한 그에게 신학은 인간의 의미 있는 진보를 위한 선택과 실천의 문제이다. 그리고 그에게 신학은 문화갈등의 장에서 펼쳐지는 하나의 담론 놀이이다.

태너는 구성신학자이다. 신학의 언어-문화적이며 사회-구성적 기능을 출구로 삼아 전통신학 담론에 대한 우상화를 깨뜨리고 시대의 변화를 따라 창조적이며 구성적인 신학 가능성을 한껏 펼쳐내었다. 또한 문화적 다양성과 파편화를 창조적 성장의 전제로 받아들이며, 이에 적합한 신학의 자기이해를 가지고 문화정치적 논쟁에 참여할 것을 제안하고 있다. 태너에게 모든 담론의 의미는 고정불변하거나 종합적 체계를 갖추고 있지 않다. 즉 완결적 텍스트는 존재하지 않는다. "모든 것은 상황 가운데 선택되었다"라는 표현이 함의하듯 낡고 좁은 의미망에 갇힌 전통을 재해석하여 시대적 상황에 적절히 응답하는 신학적 열정을 우리에게 환기시키고 있다. 태너는 다양한 구성신학적 실험을 지속적으로 선보였다. 신학적 정치론에서는 '자기-비판적 문화론'과 '타자 존중의 원리'를, 신학적 경제론에서는 '은총의 경제론'이란 담론 구성을 통해 정치, 경제 영역에서 갈등하는 그리스도인의 사회적 실천방향을

제시했다. 또한 하나님의 초월성이란 전통적 담론을 수용하지만 이를
'비대조적 방식'으로 배치하여, 사회질서 체제와 하나님의 정치와의 동
일시를 차단할 신학적 근거를 마련했다. 이 모든 논의의 바탕엔 태너
의 문화에 대한 급진적이며 과학적인 분석이 자리 잡고 있다.

태너는 여성신학자이다. 1990년대 이후 여성신학은 여성경험의 다
양성을 인지하면서 백인여성신학의 젠더 중심적 담론을 탈중심화해야
할 도전을 맞게 되었다. 다양한 여성 그룹들의 특수하며 파편화된 경
험과 이들의 해방요구를 표명할 수 있는 체계적인 이론화 작업은 피할
수 없는 과제였다. 그러나 남성들의 이론화(근대주의 학문방법론)에 내
포되어 있던 보편주의나 거대담론화하는 경향과는 다른 길을 개척해
야 할 고민도 뒤따랐다. 이에 대해 태너는 아주 중요한 몇 가지 방법론
적 성찰을 제공하였다. 3장에서 본 것처럼 근대적 담론규칙에 대한 비
판적 분석하에 이론이 거대담론화하거나 보편주의, 전체주의적 언어
로 경도되는 것을 막았다. 그리고 이론의 실천적 차원을 분명히 했다.
즉 모든 담론화된 이론은 사회윤리적 상황에 의해 형성되는 것이라는
점을 분명히 함으로써 여성신학자뿐만 아니라 신학 일반의 담론 구성
이 상황적 요청에 유연하면서도 효율적으로 응답하게 하는 이론화의
길을 제시한 것이다. 그리고 여성신학 자체가 여성주의라는 문화현상
의 일부분이란 인식하에 여성주의의 문화정치적 활동의 이론적 도구
로 존재하는 여성신학의 정체성을 분명히 했다. 여성주의 가치에 바탕
을 둔 문화갈등이 존재하는 한 여성신학이론 작업은 계속된다. 그리고
여성주의 실천의 과제가 다양할 수밖에 없듯 여성신학이론도 다양성
을 특징으로 지니게 된다.

마지막으로 태너는 전통과 대화하는 여성신학자이다. 태너는 기존

의 여성신학이 대중성을 충분히 확보하지 못했음을 지적하며, '전통과의 단절'을 그 원인으로 밝히고 있다. 태너는 그리스도교 역사에서 형성된 어떤 신학담론도 그것이 단지 가부장적 기능을 했다는 이유만으로 배제되어서는 안 된다고 주장한다. 여성신학은 현재 문화적 헤게모니를 장악하고 있는 가부장적 담론에 대해 더 많은 해석학적 관심을 기울여야 한다. 왜냐하면 가부장적으로 기능하고 있는 담론 안에도 여성주의 가치를 옹호할 수 있는 해석학적 공간이 존재하기 때문이다. 하나님의 초월성에 대한 태너의 재해석은 아주 좋은 예가 될 것이다. 하나님 초월성 개념에 대한 전통적·위계적·가부장적 이해는 태너의 재해석을 통해 자율적 문화를 옹호하며, 포괄적 대리자에게 힘과 권능을 부여하는 새로운 관계성으로 탈바꿈했다. 물론 비판적으로 배제시켜야 할 담론들도 많이 있다. 그러나 중요한 것은 담론에 대한 엄밀한 선택과 재해석이란 작업이고, 이것이 수행될 때 여성신학은 문화갈등의 장에서 실로 중요한 역할을 차지하게 될 것이다. 이러한 태너의 제안은 비단 여성신학의 효율성과 대중성을 고양하기 위한 전술적 차원으로만 이해될 것이 아니라, 신학 일반이 갖는 문화적 기능에 대한 인식을 새롭게 한다는 점에서 깊이 논의되고 수용될 가치가 있다. 한국의 여성신학은 방법론적, 전술적 엄밀함을 통해 문화적 주도권을 확보하는 데 성공했는가? 한국문화에 가장 큰 영향력을 주고 있는 신학담론으로는 어떤 것이 있는가? 만약 태너가 한국 여성신학자들과 대화할 수 있는 기회가 주어진다면 이러한 것들을 질문해올 것 같다. 우리는 어떤 대답을 할 준비가 되었는가?

참고문헌

Tanner, Kathryn. *Christ the Key*. Cambridge: Cambridge University Press, 2010.

_____. *Economy of Grace*. Minneapolis: Fortress Press, 2005.

_____. *Jesus, Humanity, and the Trinity: A Brief Systematic Theology*. Minneapolis: Fortress Press, 2001.

_____. *Theories of Culture: A New Agenda for Theology*. Minneapolis: Fortress Press, 1997.

_____. *Politics of God: Christian Theologies and Social Justice*. Minneapolis: Fortress Press, 1992.

_____. *God and Creation in Christian Theology: Tyranny or Empowerment*. Minneapolis: Fortress Press, 1988.

_____. "Globalization, Women's Transmigration and Religious De-traditioning." Sheila Briggs, et al. eds. *Oxford Handbook of Feminist Theology*. Oxford: Oxford University Press, 2012.

_____. "Cultural Theory." John Bainbridge, et al. Eds. *The Oxford Handbook of Systematic Theology*. New York: Oxford University Press, 2007.

_____. "Self-Critical Cultures and Divine Transcendence." John Webster, et al. Eds. *Theology after Liberalism: a Reader*. Malden: Blackwell, 2000.

_____. "Scripture as Popular Text," *Modern Theology* 14 (1998/4), 279-298.

_____. "Social Theory Concerning the New Social Movements' and the Practice of Feminist Theology." Rebecca S. Chopp, et al. eds. *Horizons in Feminist Theology: Identity, Tradition, and Norms*. MN: Augsburg, 1997.

_____. "Theology and Popular Culture." Sheila G. Davaney, et al. eds. *Changing Conversations: Religious Reflection and Cultural Analysis*. New York: Routledge, 1996.

Chopp, Rebbecca S. et al. eds. *Horizons in Feminist Theology: Identity, Tradition, and Norms*. Minneapolis: Fortress Press, 1997.

Dehart, Paul. *The Trial of the Witness: The Rise and Decline of Postliberal Theology*. MA & Oxford: Blackwell Publishing, 2006.

Fulkerson, M. McClintock. "Feminist Theology." Kevin J. Vanhoozer. Ed. *The Cambridge Companion to Postmodern Theology*. Cambridge: Cambridge University Press, 2003.

Schneider, C. Laurel. *Re-Imagining the Divine: Confronting the Backlash against Feminist Theology*. Ohio: The Pilgrim Press, 1998.

Shepherd, L. Mackenzie. *Feminist Theologies for a Postmodern Church: Diversity, Community, and Scripture*. New York: Peter Lang, 2002.

캐서린 켈러의 과정신학적 부정신학

최순양

I. 들어가는 말

하나님은 인간을 향해 무언가를 결정해주고, 심판하시는 창조주라 보다는 미결정성 속에서, 인간을 끊임없이 추동시키고, 돌보는 열려 있는 신비이시라고 이해한다면, 우리는 어떻게 하나님을 느끼고, 만나 게 될까?

캐서린 켈러(Catherine Keller)는 존 캅의 수제자이기도 하면서, 과 정신학을 부정신학, 포스트모던신학, 여성신학과의 연계 속에서 발전 시킨 뛰어난 구성주의 신학(Constructive theology)의 선두주자이기 도 하다. 이분법보다는 관계와 연결을, 과학과 이성보다는 상징과 신 비를 다루는 신학자이기 때문에, 그의 신학은 관계의 신학이라고 해도 좋고, 신비의 신학이라고도 할 수 있다. 그러나 과정과 연결, 신비, 깊 음, 상징 등의 개념을 다 포괄할 수 있는 언어로 그 자신이 주창하고 있는 '되어감의 신학'(theology of becoming)이 아마도, 캐서린 켈러

의 신학을 가장 잘 말해줄 수 있는 이름이라고 할 수 있을 것이다. 에덴
신학교(Eden Seminary)에서 신학을 하면서, 여성신학에 관심을 가지
기 시작했고, 화이트헤드(Alfred North Whitehead)의 과정신학에 대
한 열정을 키우기 시작했다. 존 캅의 다원주의 시대의 예수(*Christ in
Pluralistic Age*)를 읽으면서, 신학자가 되기를 마음먹었고, 존 캅의 초대
로 클레어몬트 신학교(Claremont School of Theology)에 입학하게 되
었으며, 이 학습의 여정에서 과정철학과 신학에 대한 깊은 연구를 하
게 된다. 클레어몬트 신학교에서 박사학위를 받은 후, 1986년부터 드
류 대학교(Drew University)에서 27여 년간 가르치고 있다. 그가 집필
한 저서들을 살펴보면 다음과 같다. 과정신학과 여성신학을 접합시킨
From a Broken Web: Separation, Sexism and Self[1]라는 책을 시작으로 여
성신학적 종말론을 다룬 *Apocalypse Now and Then: A Feminist Guide to
the End of the World*[2]라는 저서가 있다. 2000년대에 들어서면서, 부정
신학, 포스트모더니즘, 탈식민지주의, 시적 신학(Theopoetics) 등의
사상을 종합하여, '신비'와 '흑암'이신 하나님을 그려내기 시작한 *Face
of the Deep: A Theology of Becoming*[3]이 있다. 제국주의와 탈식민주의에
관한 문제들을 사회, 정치, 신학적으로 다룬 *God and Power: Counter
Apocalyptic Journeys*[4]라는 저서도 있다. 그리고 부정신학, 과정신학,

---

1) Catherine Keller, *From a Broken Web: Separation, Sexism and Self* (Boston: Beacon
   Press, 1986). 박사학위 논문이면서, 그의 첫 책이다. 제목을 번역하자면, "찢어진 그
   물망으로부터: 분리, 성차별, 자아"이다.
2) Catherine Keller, *Apocalypse Now and Then: A Feminist Guide to the End of the World*
   (Boston: Beacon Press, 1996). 제목을 번역하자면, "그때와 지금의 묵시록"이다.
3) Catherine Keller, *Face of the Deep: A Theology of Becoming* (London: Routledge, 2003).
   제목을 번역하자면, "깊음의 얼굴: 되어감의 신학"이라고 할 수 있다.
4) Catherine Keller, *God and Power: Counter Apocalyptic Journeys* (Minneapolis: Fortress,

여성신학 등을 녹아내어 다채로우면서도 깊이 있는 신학을 좀 더 쉽고, 간결하게 소개하고 있는 *On the Mystery: Discerning God in Process*[5]라는 책도 있다.

캐서린 켈러의 신학을 종합적으로 정리해서 소개한다는 것은 무리이기도 하지만, 위험한 일이다. 왜냐하면 그의 신학은 의도적으로 이분법적이고 종합적인, 그래서 폭력적이고 단죄적인 신학을 해체하고 좀 더 포용력 있고 다양화된 신학으로 바꾸어나가는 데 그 주안점이 있기 때문이다. 단정적이고 폐쇄적인 정리가 잘된 이성과 과학의 언어로 신학을 설명해가기보다는 상징과 시, 미적 언어를 통한 함축적이고 신비적 신학을 정립하기에 캐서린 켈러는 과정신학과 부정신학을 연결하는 시적 신학(theopoethics)에 몸을 담고 있기도 하다. 따라서 캐서린 켈러의 신학을 소개하려면, 그 깊이와 범위가 방대하고 다양하기 때문에, 다 담으려고 하기보다는 부분적으로만 밑그림을 그려보고자 한다. 이 글을 통해서, 필자는 캐서린 켈러의 신학 중에서 부정신학과 과정신학을 접합시키면서, 신비와 깊이로서의 하나님을 소개하고 있는 두 저서, *Face of the Deep: A Theology of Becoming*과 *On the Mystery: Discerning God in Process*를 중심으로 주요 사상을 소개해보고자 한다.

2005). 제목을 번역하자면, "하나님과 권력: 대항의 묵시적 여행"이다.

5) Catherine Keller, *On the Mystery: Discerning God in Process* (Minneapolis: Fortress, 2008). 제목을 번역하자면, "신비에 관하여: 과정 중에 계신 하나님을 이해하기"라고 할 수 있다.

II. 캐서린 켈러의 '되어감의 신학'

1. 무로부터의 창조와 '깊음'으로부터의 창조(creatio ex profundis)

창세기 1장 1절에서 나오는 '하나님께서 천지를 창조하셨다'는 구절을 우리는 무에서부터의 창조로 이해한다. 아무것도 존재하지 않은 절대무의 세계에 전지전능한 하나님께서, 존재를 창조하신 것이다. 하나님 이전에 무언가 존재한 것이 아니라, 하나님 이후에 하나님에 의해 무언가가 창조되었다. 따라서 하나님과 존재들 사이에는 엄격한 이분법이 존재한다. 무언가를 있게 할 수 있는 창조주 하나님과 하나님에 의해서만 그 존재가 탄생되는 피조물 사이의 절대적 간극 말이다. 따라서 하나님은 모든 존재를 있게 하고, 그 존재들을 다스리고 통제하는 분으로서의 창조주인 것이다. 이렇듯이, '무로부터의 창조' 개념은 하나님의 전지전능함과 위엄을 보장한다. 우리가 배워온 신학적 전통에 따르면, 이렇게 모든 존재 위에 군림하고 통제하는 하나님이 더 자연스럽다. 전지전능한 하나님은 모든 존재를 다스리고 통제한다. '혼돈'과 '암흑'도 하나님의 통제 아래에 있어야 한다. 하나님의 "~이 있으라!"는 말씀으로 시작되는 창조는 순환적이고, 계속적이기보다는 일회적이고 일방적이다.[6]

따라서 무로부터의 창조는 '혼돈'을 비하하거나 부정적으로 묘사하는 경향도 나타난다. 그 역사를 다 다룰 수는 없으나, 예를 들어 이레니우스의 사상을 보면 신학에서 '혼돈'과 '무'가 어떻게 하나님의 통제대상으로 다루어지고 있는지를 알 수 있다. 이레니우스는 '이단에 반박하

---

6) Catherine Keller, *On the Mystery: Discerning Divinity in Process* (Philadelphia: Fortress Press, 2008), 47 .

여'라는 그의 글에서, 영지주의를 반대하면서, 영지주의의 다양성을 근거도 없고 불쌍한 우화로 취급하며 사냥꾼처럼 무찌르기에 이르렀고, 그 결과 이레니우스는 심연과 혼돈의 다양성이 담길 수 있었던 창세기의 신화를 단순하고 이분법적인 명확성으로 정리해놓고 만다.[7] 다시 말해, 기독교식 창세신화를 확립하는 데 가장 혁혁한 공을 세운 셈이다. 혼돈과 물질, 피조세계가 뒤엉켜 있는 무로부터의 창조가 아니라, 물질과 혼돈이 비하되고, 하나님의 창조의 선함, 분리가 명확하게 잡혀 있는 '무로부터의 창조'가 탄생되었다고 해도 과언이 아니다.

이레니우스에 의해, "첫 번째 존재, 최초의 시작, 심연"으로 불리던, 창세기 1장 2절의 '혼돈'에 비유될 수 있는 에온은 사라지고, 피조물을 통제하고 군림하는 '아버지 하나님'만이 남게 되었다. 발렌티누스의 철학사상에서 나타나는 남성, 여성, 성령, 소피아 등의 다양한 30에온의 이미지는 육체와 물질, 혼돈을 혐오하고 통제하는 유일신 아버지 하나님으로 바뀌게 된다.[8] 창조주 아버지 하나님은 자신이 창조한 창조세계와 분리되며, 내재성과 관계성은 지니지 않는다. 피조세계에 관계한다면 그것은 남성적 지배방식으로 세계를 다스리는 방법뿐이다.

그러나 캐서린 켈러의 '깊음으로부터의 창조'(creation out of the deep)의 관점에서 보면, 하나님은 지구와 존재를 보다 더 세밀하고 자상하게 관여하고 있음을 알 수 있다. 단 한 번에 유일회적으로 끝난 창조가 아니라, '계속되는 창조'(creatio continua)이기 때문이다.[9] 일정 시간 동안 끝나는 것이 아니라, 끊임없이 시작하며, 하나님 혼자서 하는

---

7) Catherine Keller, *Face of the Deep: A Theology of Becoming* (London and New York: Routledge, 2003), 50.

8) 앞의 책, 51.

9) Keller, *On the Mystery*, 48.

창조가 아니라, 여러 존재들의 얽힘 속에서 계속 일어나는 창조인 것이다. 켈러가 주목하는 주요한 개념은 바로 깊음, 혼돈 그리고 창조이다. 깊음과 혼돈에서는 창조의 행위가 늘 선두에 있고, 진행 중이며, 열려 있다. 그리고 이 깊음은 다름 아닌 하나님 자신의 깊음이다. 하나님의 깊음(depth of God)은 하나님 자신도 태어나게 할 뿐 아니라, 모든 존재를 탄생시킨다.[10] 창조되는 것들은 하나님 바깥에 있지 않고, 하나님도 되어지는 것들의 바깥에 있지 않다. 창조되어짐은 하나님으로부터 나오기 때문에, 모든 존재는 하나님 안에 있다(하나님으로부터 분리되지 않는다). 그리고 하나님도 모든 존재 안에 있다. 마치 나무와 열매의 관계처럼, 하나님과 창조되는 존재들은 연결되어 있고, 공존하여 있다.

어거스틴은 그의 고백록에서 하나님을 경계 없는 바다로 묘사한다. 하나님은 '선'이시기에, 하나님의 무한하고 선한 그 능력을 피조물과 세계에 다 채워 가시는 하나님으로 어거스틴은 바라본다. 그러나 이런 바다는 인간의 능력과 유한성을 넘어서는 하나님이다. 캐서린 켈러는 과정신학적이고 포스트모던한 관점에서, 이러한 하나님을 그의 신성이 자유롭게 스며들고 관계하는, 하나님의 유동성으로 해석한다. 바다와 같은 하나님은 비록 그 자신이 무한할지라도, 모든 유한자에게 스며들고, 피조물을 그 자신의 개방성으로 적신다. 하나님이 모두 안에 계시며, 모든 존재는 하나님 안에 있다.[11] 스펀지와 같은 피조세계는 하나님 안에 안겨지고, 하나님을 통과한다. 유한하고 육체를 가진 피조물들은 무한자에 의해 둘러싸이고, 무한자와 얽혀 있다.[12] 전지전

---

10) Keller, *Face of the Deep*, 180.
11) 앞의 책, 81.

능한 하나님 아버지가 아니라, "낯선 매혹자"(strange attractor)이다. 끊임없이 묶여진 공간에서 움직이지만, 같은 곳을 지나지는 않는다. 이 매혹자는 다면적이면서 무한한 공간 속에 존재한다.13) 모든 존재와 닿아 있지만, 그렇다고 고립적이고 지배적인 법칙이나 기준으로 강요하지 않는다. 이런 하나님의 활동은 관계 그 자체─느끼고, 느껴지는─에 있다. 다른 존재의 되어감을 가능하게 하지만, 다른 존재가 되어가기도 한다. 그 과정에서 하나님 스스로도 되어가기 때문이다.14) 하나님은 인간의 인식 가능한 대상이 아니라, 끊임없이 발견되는 과정 중에 있는 신비이기 때문이다.15)

무로부터의 창조에서 보여지는 하나님은 창조물과 철저하게 분리되고, 창조주는 늘 피조물 위에 군림한다. 그러나 켈러는 '깊음으로부터의 창조'를 통해 창조주와 피조물 사이의 간극을 허물고, 그 둘 사이의 상호성을 강조한다. '깊음으로부터의 창조'에서 강조하는 개념은 형태도 없고, 시작도 끝도 없는, 그러나 하나님의 창조에 있어 근원이 될 수 있는 "테홈"(tehom)이라고 하는 것이다. 이 테홈으로부터의 창조는 따라서 성공할 가능성과 실패할 가능성을 둘 다 지니고 있다. 그러나 중요한 것은 이런 성공과 실패, 시작과 끝이 대조되고 이분되는 것이 아니라, 시작의 가능성으로 얽혀 있다. 따라서 '깊음으로부터의 창조'에서 하나님은 모든 되어감 속에 함께 계시며, 궁극적인 선을 향해 나아가신다. 그러나 실패하고 좌절할 수도 있다. 그러나 실패 속에서 잃어버리는 것은 아무것도 없다. 실패와 고난도 다시 사용되고, 무언가

---

12) 앞의 책, 82.
13) 앞의 책, 196.
14) 앞의 책, 198.
15) Keller, *On the Mystery*, 25.

를 배움으로 새로운 것을 시작하게 된다. 이렇게 본다면, 선과 악, 실패와 성공, 밝음과 어두움이 나누어지는 게 아니라, 기회와 가능성으로 다양하게 얽히고설키게 되는 것이다.

캐서린 켈러는, 어거스틴의 관점에서 나타나듯이 악을 선의 결핍이나 자유의지의 오용으로 바라보지 않는다. 선과 악이 이분법적으로 나누어진 것이 아니라 가능성으로 혼재한다고 생각하면, 선과 악은 하나가 있으면 하나가 없는 관계가 아니다. 선과 악은 동전의 양면처럼 공존한다. 연결되고 얽힌 블랙홀과 같은 혼돈 속에서 개별자는 모든 가능성을 지니고 있기 때문이다. 따라서 악이나 죄의 가능성으로 '테홈'이나 '혼돈'이 존재한다고 할 수 있다. 테홈의 깊이와 신비는 때로는 우리에게 고통스러울 수 있다. 테홈 안에서 우리는 맑고 깨끗한 곳만을 걸어가는 것이 아니라, 폭풍을 수반하는 바다를 헤엄쳐 나가기 때문이다.16) 왜냐하면 테홈은 모든 '되어감' 속에서 동시다발적으로 혼재하기 때문이다. 자유의지가 선을 행할지 악을 행할지 모르는 것만큼의 가능성처럼, 테홈은 열려 있고 미결정성으로 존재한다. 따라서 악은 자유의지의 오용이나 불순종으로 존재하기보다는, 모든 것이 연결되어 있음을 부정하는 고립과 고독에 있다고 하는 것이 오히려 맞다.17) 조상으로부터 물려받는다거나 유전된다고 보기보다는, 한 피조물이 서로 관계되고 연관되기를 거부하고, 소외와 지배에 빠져버릴 때 생겨나는 잘못된 선택이라고 보는 것이 더 적절하다. 개별자는 그러나 따로 떨어져 있지 않기 때문에 누군가의 잘못된 선택이 모든 존재와 그 관계 속에 영향을 미치게 되는 것이다. 하나님은 이러한 관계성 속에

---

16) 앞의 책, 66.
17) 앞의 책, 80.

서 혼재하여 계신다. 따라서 하나님을 선만 관장하시는 하나님으로 볼수는 없다. 선과 악, 성공과 실패, 구원과 타락이 관계성 속에 얽혀 있고, 하나님도 그 현실에 관계한다.[18]

그러나 선과 악의 가능성을 동시에 지니고 있는 피조물들은 궁극적으로 영원히 고립과 소외 속에서 고통 받지는 않는다. 선도 아니고 악도 아닌 혼돈 속에 계시지만, 점진적인 과정을 통해서―단 한 번의 움직임으로 독단적인 고립 속에서가 아니라[19]―하나님의 방식으로 치유하시기 때문이다. 이런 구조 속에서, 하나님은 모든 것을 혼자서 하는 전지전능한 하나님이 아니라, 초월적이면서도 동시에 내재적인 하나님이다. 모든 것을 앞에서 이끌어가기보다는 과정 속에, 현실의 사건 속에서 무언가를 촉발해내고, 시작하게 하는 그런 존재이다. '깊음'으로부터의 창조에서 보자면, 하나님은 창조만 하는 존재가 아니다. 피조물이 겪는 결정과 선택, 관계성 속에 함께 존재한다. 하나님은 피조물과 관계해 있기 때문이다.

2. 테홈(Tehom): 되어감의 근원

테홈이라는 것은, 캐서린 켈러의 '깊음으로부터의 창조'에서 가장 중요한 의미를 상징하는 주제어라고 말해도 과언이 아니다. 창세기 1장 2절에서 인용된 이 단어는 기존의 성서해석처럼, 단순히 무찔러야 하고, 억압해야 하는 '혼돈'이나 '흑암'이라고 할 수는 없다. 아타나시우스도 흑암을 긍정적으로 평가하기는 했다. 그러나 그것은 어디까지나

---

18) Rafael Reyes III, "The Issue of Creatio Ex..." in Process Musings, http://www.processmusings.com, 6-7.

19) Keller, *On the Mystery*, 81.

그 흑암이 하나님의 통제 아래 있고, 하나님의 선하심이 흑암을 다룰수 있다는 전제하에서만 그랬다. 따라서 모든 생명체를 감싸 안는 근원으로서의 흑암은 세상을 향한 차가운 무관심으로 변해버리고 만다.[20] 인간 외의 모든 생명체와 물질성을 상징했던 창조 그 자체는 하나님의 일방적 통제라고 하는 창조신앙을 통해 우주적이고 야생적인 특성을 잃어버리고 만다. 켈러는 궁켈(Gunkel)이 창세신화와 일반신화를 같이 읽어내는 과정에서, 테홈과 바빌론 신화의 티아맛과의 유사성을 찾아내기도 한다. 자신의 몸을 바쳐 자식 마르둑을 탄생시키는 티아맛은 그러나 자신이 탄생시킨 것을 파괴해버리려는 남편 압수를 죽이는 사악하고 괴물 같은 여신으로 묘사되면서, 세상을 다스리는 전지전능한 창조주 하나님의 통제대상으로 비하된다.[21] 이렇듯이, 테홈의 탄생 과정에서, '흑암'을 이분화하고 부정적으로 잘라냈고, 그리하여 혼돈은 하나님의 발아래, 조정될 수 있는 존재로 축소되어버리고 말았다. 켈러는 그러나 이렇게 축소되고 비하되기 이전의 창세기의 '흑암', '혼돈'으로의 테홈으로 돌아가, 이 '혼돈'과 '깊이'를 하나님과 함께 일했던 창조의 에너지로 이해하고자 한다.

테홈은 세상에 존재하는 질서와 체계를 만들어낼 수 있는 가능성이라고도 볼 수 있다. 켈러는 테홈을 '격동', '불확정성', '폭풍들' 그리고 우리 삶의 과정의 깊이 그 자체라고 부른다.[22] 시작이기도 하고 끝이기도 하며, 불규칙적으로 변화하는 열린 공간이다. 테홈은 따라서 특정한 이름으로 부를 수 없고, 존재론적인 규정을 내릴 수도 없다.

---

20) 앞의 책, 58.
21) Keller, *God and Power: Counter-Apocalyptic Journeys* (Fortress Press, 2004), 139.
22) Keller, *On the Mystery*, 48.

켈러에게 테홈은 있어 열려 있지만 알려지지 않은 미지의 개념이다. 니콜라스 쿠자(Nicholas of Cusa)의 부정신학에서 가르쳐주는 것처럼, 무한자에 대한 어떤 이미지이든지, 유한자의 이름 짓고, 제한하고, 닫아버리고자 하는 욕망을 넘어서야 하기 때문이다. 따라서 테홈을 통제되고 질서 지워진 암흑으로 이해하기보다는 그곳으로부터 우리의 무지와 판단을 깨닫게 하는 잠재성으로 보는 것이 적절하다. 무지의 구름(cloud of unknowing)이라고도 표현할 수 있는 이 테홈은 무엇이든지 확신하고 정리하고자 하는 신학을 치료해주는 신학적 치료제가 될 수 있다.23) 섣불리 이름 짓고자 했던 모든 개념을 해체시킨다. 이런 가능성으로서의 테홈은 우리가 서로 연관되어 있는 존재라는 것을 알게 하고, 창조 자체가 관계성을 상징하고 있는 열려 있는 무한 공간이라는 것을 가르쳐준다. 테홈을 이해하면, 그 속에서 창조자나 피조물이 분리되지 않는다. 왜냐하면 테홈은 창조주도 아닐뿐더러, 그렇다고 창조세계도 아니며, 그 둘 사이의 역동성과 관계성을 의미하기 때문이다. 테홈은 땅처럼 창조되지 않았고, 오히려 야훼는 지구를 그것으로 덮었다. 테홈은 비인격적인 존재이면서, 역사 이전에 존재한 무엇을 있게 하고 촉발시키는 메트릭스와 같다.24)

켈러가 테홈과 의미 상통하는 낱말로 사용하는 것들은 다음과 같다: 깊음, 혼돈, 가능성의 구조, 코라(데리다), 도(Tao),25) 화이트헤드의 "관계성의 원칙"26) 등등이다. 유/무한자(in/finite), 무엇인가 시작되는 곳이기도 하면서 그녀 스스로의 지혜에 의해 창조세계에 이끌어

---

23) Keller, *Face of the Deep*, 13.
24) 앞의 책, 28.
25) 앞의 책, 14.
26) 앞의 책, 13.

지는 그런 혼돈의 어머니이기도 하다.[27] 적절한 이름을 가지지 않으면서도, 모두의 이름을 가지고 있는 존재가 테홈이다. 이런 단어들을 특징짓는다면 아마도, 시작도 끝도 없고 결코 완성되지 않으며, 혼란스러우면서도 심오한 어떤 것이라고 할 수 있다. 테홈은 "가능한 미래와 이미 주어진 과거가 상호작용하면서, 끊임없이 생겨나는 시작"과도 같다.

그러나 이 테홈은 '무'의 개념은 아니다. 창조신학에 대한 유대교적 관점을 빌리자면, 혼돈은 무도 아니고 악도 아니다. 창조한다는 것은 형체 없는 것들을 통제하고 정복하는 것이라기보다는 잠재적 형태를 끌어내는 것이다.[28] 명령을 내려서 강압적으로 무언가를 있게 하는 그런 창조성이 아니라, 오히려 부드럽게 이끌어내고, 존재를 끌어내는 것이라고 보는 것이 더 적합하다.

캐서린 켈러의 과정신학적 관점이 녹아 있기도 한 이 개념은 '창조성'이라고 표현해도 무방하다. 창조성이란 우리가 알고 있는 것처럼 무언가를 시작하는 것을 뜻하지만, 고전신학에서 알고 있는 것처럼 제1원인이라고 볼 수는 없다. 모든 시작과 과정을 가능하게 하는 조건이라고 보는 것이 더 적합할 것이다. 제1원인이라고 하는 것은 모든 것을 그 속에서 가능케한 권위와 힘을 가지고 있기 때문에 독점력과 폭력을 전제로 할 수 있다. 따라서 모든 것을 가능케 한 제1원인으로 테홈을 그리기보다는 캐서린 켈러는 모든 시작을 가능케 하는 그리고 모든 과정 중에 함께하는 창조성으로 테홈을 묘사한다.

---

27) 앞의 책, 213.
28) 앞의 책, 115.

3. 테홈과 하나님: 창조되면서 창조하는 하나님, 과정과 관계 속의 하나님

테홈으로, 테홈과의 연관성 속에서 소개되는 하나님은 유일신적-가부장적 하나님으로 보기보다는 혼돈과 함께 무언가를 있게 하는 엘로힘으로 이해한다고 보아야 한다. 전통적 창조신앙에서는, 무언가를 통제-결정하는 한 분이신 하나님께서 명령을 내리고, 있게 하고, 일방적으로 창조한다. 그나마 단 한 번에 창조는 완성되었고, 그 이후에 창조되는 계속적 창조란 존재하지 않는다.

"천지만물을 지으신 하나님"은 창조의 주체이면서 주인공이다. 모든 존재에게 존재를 부여하면서, 피조물에게 영향을 받지는 않는다. 피조물이 창조에 관여하게 하지도 않는다. 절대적으로 기준을 세워주고, 그 기준에 감히 침범할 수 없는 모든 존재의 최상위의 권위적 하나님인 것이다. 피라미드식으로 존재의 가장 상위계층부터 하위까지가 창조질서 안에 세워지는 근원이 하나님이다. 이러한 하나님은 에드워드 사이드가 이야기하는 권위적 근원(origin)과 동일시된다. 동양에 대한 서양, 여성에 대한 남성은 보다 정형화된 근원으로 여겨지므로 그 폭력을 행사할 수밖에 없다. 그러나 근원을 전제하지 않는다면 모든 존재가 다양성 안에서 그 우열을 가리지 않아도 된다. 따라서 캐서린 켈러는 이렇게 묻는다. "사이드의 흐려진 경계선이 창세기를 읽을 때, 지배적 근원을 전제하지 않고, 불연속적인 시작의 이야기로 읽는 데 도움을 줄 수 있지 않겠는가?"[29] 세계의 현실과 동떨어져서, 모든 존재의 근원을 쥐고 있는 권위적 제1원인의 하나님이 아니라, 끊임없이 시작하고, 현실에 개입하는 창조성으로서의 하나님은 권위적이거나, 제국주의적이지 않다.

---

29) 앞의 책, 158.

켈러가 테홈과 함께 제시하는 하나님은 혼돈 속에서, 불확실하게, 다양성과 개방성을 가지고 있는 하나님이다. 창세기에 나타난 하나님이 단수가 아닌 복수일 것이라는 전제를 뒷받침하는 것은 하나님과 거의 동격으로 묘사되는 "야훼의 천사들"[30]이다. 게다가 창조 이전에 묘사되는 "보좌들"(thrones), 토후와 보후(tohu, bohu: 형태 없는 허공),[31] 마임(mayim) 등등도 상징적인 신적 존재이며, 복수의 존재자로서 거론되고 있다. 유대교의 창조신앙 전통에서는 창조주는 단수로 단독자로 이해되기보다는 복수로 이해된다. 한 학자는 엘로힘을 "모든 존재의 힘을 가능하게 하는 힘"으로 묘사하기도 하고, "땅, 물, 공기 그리고 불을 생겨나게 하는 최초의 틀이자 물질"로 표현하기도 한다.[32] 이렇듯 엘로힘에 대한 관점과 전통들을 살펴보면, 창조주의 하나님은 우리가 믿어오고 알아왔던 것만큼 그렇게 절대적이지도 단독적이지도 지배적이지도 않다. 오히려 그 개방성과 다양성이 우리의 이해를 넘어선 신비와 풍요 속에 있음을 알 수 있다. 그것/그들/그녀/그는 뭐라고 묘사하고 소개하기가 쉽지 않다.[33]

천사들, 그룹들, 주인들(hosts), 욥기에 나오는 폭풍이나 천사, 야수들까지도 포함해서, 이 모든 존재들이 결국에는, 하나님을 그것/그들/그녀/그 자신으로 다시 보게 만들 수 있는 다양한 이미지들이 아니겠는가? 이런 점에서, 켈러는 하나님은 창조주이기만 한 게 아니라, 피조물이기도(창조된 존재이기도) 하다는 파격적인 제안을 한다. 그 이유

---

30) 앞의 책, 174.
31) Bradley Shavit Artson, "Vibrating over the Face of the Deep: God's Creating, and Ours," in *CCAR Journal: The Reform Jewish Quarterly*, 43.
32) Keller, *Face of the Deep*, 175.
33) 앞의 책, 173.

는 바다, 숲속, 소음, 사회, 삶, 일들과 나날들이 단순히 창조의 대상이라고 말할 수만은 없기 때문이다.[34] 하나님은 창조하기도 하지만, 창조와 생성 속에 관계하면서 그 영향을 받기 때문이다.

III. '신비'이신 하나님

1. '관계성' 속에서 육화되신 하나님

성경 속에서 그려지는 하나님은 전지전능한 하나님이 아니라, 구체적으로 인간 세상에 관여하시고, 보살피시는 하나님이다. 그러나 오랜 기독교 사상 속에서 우리는 하나님에 대해서, 창조를 하신 이후에 저 멀리에서 내려다보시고, 피조물계를 심판하시는 그런 하나님으로 이해하는 신앙이 더 깊어진 것이 사실이다.

하나님에 관한 언설과 이미지, 교리 등에서 알려지고 생각된 하나님은 따라서 전지전능한 창조주이며, 피조물과 관계성 속에 있기보다는 군림하고 다스리는 하나님이다. 켈러는 불변하시고 피조물의 영향을 받지 않는 고립된 하나님 대신에 과정신학적 하나님과도 통하는 "영원하시면서도 형성되어가는, 상호연관성의 살아 있는 과정으로서의 하나님"[35]을 소개한다. 과정신학과 부정신학의 연결지점으로 '신비'의 하나님을 말함에 있어, 에로스, 흐름, 제한되지 않는 상호성, 끝이 없음의 이미지로 상상해보자고 권유한다. '관계'와 '과정'이 새롭게 하나님을 이해하는 형용사로 쓰인다고 볼 수 있다. 이런 맥락에서, 캐

---

34) 앞의 책, 176.
35) Keller, *On the Mystery*, 23.

서린 켈러는 창조 때부터 계신 하나님을 단독자로서보다는 복수의 존재로 이해한다. "우리가 우리의 모습대로 창조하자"라는 창조언설에서 보여지듯이, 캐서린 켈러는 엘로힘을 민주적이고 그룹지향적인 신으로 이해한다. 신의 이름은 세키나(shekhinah), 토라(torah), 호크마(hochma), 소피아(sophia) 등등 다양한 이름으로 성경에 나타난다.[36] 이러한 다자들은 유일한 창조주와 수동적 피조물 간의 간극을 허물고, 상호연관적인 창조를 우리에게 상기시켜준다. 따라서 창조는 유동성과 상호의존성 속에서 시작되었고, 열려 있고 진행 중인 창조를 통해 우리는 셀 수 없는 신비이신 하나님을 만나게 된다.

이러한 많은 얼굴을 가진 하나님의 이미지를 닮은 인간들 또한, 창조주와 그리고 피조물 간에 상호연관성과 창조성을 담고 있다. 창조는 끝도 아니고 시작도 아니듯이, 또한 단독자 신에 의한 일방적 사건이 아니듯이, 피조물의 현실 또한 끊임없이 연관되어 있고 관계 지워진다. "다양한 신들의 얼굴에서 당신의 얼굴 또한 읽을 수 있다. 그리고 수많은 이들의 얼굴을 보게 된다."[37] 수많은 계기와 사건, 욕구와 과정들이 얽혀서 시작도 끝도 없는 창조를 경험하면서, 신도 인간도 수많은 다양성과 신비 속에 던져지는 것…… 그것이 캐서린 켈러가 설명하는 '되어가는 하나님', 과정 중의 창조인 것이다.

두 번째로, 켈러가 신비이신 하나님을 이야기할 때 주목하는 것은 하나님의 육화됨(embodiment) 내지는 '물질성'이라고 할 수 있다. 부정신학에서 이야기하는 신비의 하나님은 인간의 육체를 입은 듯이 가까이, 밀접하게 만나는 하나님은 아니다. 그러나 부정신학을 과정신학

---

36) Keller, *Face of the Deep*, 177-178.
37) 앞의 책, 238.

적으로 해석하고 있는 캐서린 켈러의 신학에서 하나님은 인간과 절대적 차이를 지니는 하나님이 아니라, 가까우면서, 우리를 안고 있는 구체성과 신비를 동시에 지니고 있는 하나님이다. 캐서린 켈러의 하나님에 대한 묘사를 삼위일체적으로 비유하기도 하는데, 하나님을 "차이의 하나님"이라고 일컫는다. 하나님 안에서 내재성과 초월성이, 선과 악이 충돌 없이 조화되어 있기 때문이다. 그리고 "관계성 속의 관계"[38]라고 하나님을 말하는데, 하나님은 세상에 존재하는 모든 생명체의 관계가 잉태되는 모태[39]이기도 하면서, 그 관계 속에 함께 있는 분이기 때문이다.

기독교의 핵심교리인 '성육신'은 하나님의 세상에 구체적으로 임재하시는 내재성을 가장 잘 드러내는 사상이다. 그러나 기독교 전통은 이 성육신에 대해서, 그리 잘 설명하고 있지 못하다. 따라서 캐서린 켈러는 '성육신'의 교리를 가장 잘 설명하고 있는 이미지가 또한 하느님의 '테홈' 혹은 '깊이'라고 소개한다. 히브리 성서의 창조신앙이나 창세기를 잘 살펴보면, 흑암은 비어 있는 공허함이 아니라 자궁과 같은 생명성이며, 인간 삶에서 실제로 나타나는 여러 가지 과정들과 관계된다.[40] 캐서린 켈러는 따라서 이 흑암을 공허하고 건조한 혼돈이라고 부르지 않고, "흥건하고 물고기 같은 혼돈"(watery and fishy chaos)이라고 부른다.[41] 혼돈을 물질이나 생명, 여성성과의 연관성에서 보고, 영을 물질로부터 분리된 것으로 보게 되고, 따라서 자연스럽게, 어둠

---

38) Elizabeth Lee, "Trinitarian Virtues of Relationality," *Open and Relational Theologies*. AAR 2009, 6.

39) Keller, *Face of the Deep*, 231.

40) Keller, *On the Mystery*, 47.

41) 앞의 책, 47-48.

과 악이라고 치부하게 된다. 생명성과 역동성을 낳은 모체로서의 혼돈이 아니라, 창조될 때 잠깐 쓰이고 버려져야 하는 도구화된 '무'가 된다. 이렇게 혼돈을 격하시키게 되면, 우리의 삶과 일상은 공허한 허무(no-thingness)가 되어버린다. 육체와 물질은 유혹이고 썩어질 고깃덩어리 정도로만 인식될 것이다.42) 그러나 하나님을 있게 한 '혼돈'은 우리가 생각하는 것처럼, 그렇게 이분법적으로 비하될 존재는 아니다. 오히려, 하나님의 생명력과 내재성을 나타내는 모태로 보는 것이 더 적절하다.

성육신은 하나님의 임재와 내재성 속에서 더 잘 표현되고 찬양된다. 늘 새롭게 생겨나는 세계를 친밀하게 직접적으로 어루만지시는 하나님은 생명체와 함께 고동치시는데, 이 하나님의 기운은 야생적이고 활기 넘치는 '흑암'과 함께 계셨다. 하나님의 영은 물질적이다. 구체성과 몸성을 지니신다. 단 한 번 일어난 성육신 속에 갇혀 계시지 않고, 늘, 어디서나 다른 양상으로 일어나고 태어나는 생명체와 함께 계신다. 하나님의 영은 무미건조하게 피조물과 관여하지 않는 분이 아니라, 우리가 되어가는 과정 중에, 태어나고 성장하는 모든 생명체에게 반응하고, 이끌고, 초대한다.43) 우리의 삶 속에 구체적으로 역사하시는 하나님은 혼자서, 전지전능함 속에서 피조물을 다루고, 명령하고, 조정하시는 하나님이 아니라, 피조물을 가까이 두고, 끊임없이 사랑과 보살핌 속에 두시지만, 피조물들이 움직이고 살아 있도록 힘만 주시지 통제하시지는 않는다.

---

42) 앞의 책, 52.
43) 앞의 책, 89.

2. 과정신학적 범재신론(Panentheism)

하나님은 고독 속에서, 저 세상 밖에서 내려다보시는 분이 아니다. 하나님은 세상과 같이 계시는 영이다. 아무것도 하나님과 떨어져 있는 것은 없다. 모든 것 안에 하나님은 관계하시고, 그들을 이끄시고, 격려하신다. "모든 존재는 하나님 안에 있다." 이것이야말로 과정신학에서 이야기하는 성육신이자 관계적 하나님에 대한 이해이다. 하나님과 피조세계 사이에 존재하는 차이나 분리를 없애는 것은 아니지만, 그 둘이 늘 상호연관되어 있고 얽혀 있음을 강조한다. 영이신 하나님께서 물질과 육체이기도 한 세상과 연결되어 있다. 하나님과 피조물들이 완전히 같아지는 것은 아니지만, 모든 존재는 하나님 안에 있고, 따라서 그 어느 존재 하나도 하나님과 떨어지지 않았다[44])는 것을 우리에게 기억시켜준다.

이런 하나님은 인간 세상에 고통과 악을 만드시는 분도 아니시지만, 그렇다고 인간을 시험하기 위해 악과 고통을 허용하시는 하나님은 더더욱 아니시다. 과정신학에서 설명하는 모든 사건과 현실은 하나의 원인과 동자로부터 나오지 않는다. 인간에게 일어나는 선과 악, 기쁨과 슬픔은 그 사람만이 그 사건의 유일한 책임자일 수 없다. 마찬가지로, 하나님도 인간사의 슬픔과 기쁨을 결정하시기만 하고 일방적으로 원인만 제공하시는 분이 아니라, 이 모든 연결된 사건 안에 계신다.

신의 일방적인 결정이 아닌, 신의 부르심과 인간의 책임성을 강조하는 것이 과정신학적 범재신론의 또 다른 특징이다. 달리 말하면, 과정신학적으로 '힘'이라고 하는 것은 누구를 조종하거나 지배하는 것을 뜻하지 않는다. 모든 존재는 놀라우리만치 상호의존적이고 관계적이

---

44) 앞의 책, 53.

기 때문에 우리는 서로서로의 힘 안에 존재한다. 과정신학적으로 힘이란 서로 영향을 주는 에너지이다. 우리 사이사이에서 흐르는 이 힘을 오용하거나 독점하게 될 때 고통과 악이 발생하는 것이다.[45] 하나님의 힘과 능력도 모든 존재가 주고받는 영향과 관계 속에 존재하신다. 상호연관성과 상호의존성 속에 하나님은 모든 사건 안에 계신다.[46] 이런 관점에서 본다면, 전통신학적으로 하나님께서 고통과 악을 관장한다고 이해하기보다는, 하나님께서도 선과 악, 즐거움과 고통 모두를 포함한 '과정'과 관계 속에 존재하신다고 보아야 한다.

전지전능하고, 모든 것을 인간을 위해 결정해주시는 하나님이 존귀하신 우리가 믿어야 할 하나님인 것처럼, 그리고 인간은 태어날 때부터 죄를 지니고 있기에 하나님께서 정해주신 운명과 심판을 감수해야 하는 것으로 칼빈 등과 같은 신학자는 설명해왔다. 그러나 과정신학에서 설명하는 하나님은 일방적이고 통제하는 힘을 행사하시는 분이 아니라, 인간의 의사결정, 세상에서 일어나는 선과 악의 모든 사건에 영향을 받으시는 분이라고 할 수 있다. 화이트헤드가 설명하는 것처럼, 하나님은 원초적 본성(primordial nature)과 결과적 본성(consequent nature)으로 나누어져서, 한편으로는 세상에 직접적으로 연결되어 있지만 다른 한편으로는 세상을 넘어, 인간적 이분법을 넘어, 인간의 언어를 넘어 존재하는 신비로 존재한다.[47] 하나님의 유혹(lure)을 통해 세상은 끊임없이 하나님과 연관되어 있고, 세상의 모든 역동성과 과정 속에서 하나님도 변화하고 되어간다. 화이트헤드가 소개해준 과정 중

---

45) 앞의 책, 80.
46) 앞의 책, 81.
47) Alfred North Whitehead, *Process and Reality*, David Ray Griffin and Donald Sherburne, eds (New York: Free Press, 1978), 345.

에 있는 신처럼, 캐서린 켈러는 세상은 시작도 끝도 없는 다양성과 개방성 속에서 되어가고 있으며, 하나님 또한 세상의 역동성을 가능하게 하는 힘이면서, 동시에 그 역동성과 변화, 과정 안에 함께 있다. 모든 되어가는 것들은 하나님 '안'에서 되어가며—하나님의 부분으로 되어가며—하나님도 그 속에서 되어간다.[48] 이런 변화 속에서 피조물과 얽혀서 함께 있으며, 그 추동력이 되는 하나님을 켈러는 '테홈', '혼돈', '깊음'이라고 상징했던 것이다.

'테홈'은 눈에 보이는 피조물들과 동일하지는 않지만, 그렇다고 그것들과 무관하지도 않다. 알과도 같고 자궁과도 같은[49] 신비이기에, 아직 생겨나지 않은 존재, 생겨난 존재, 생겨날 존재들을 모두 다 품고 있다. '테홈'으로의 하나님은 피조물과 같지도 않고, 그렇다고 무관하지도 않다. 모든 피조물들이 만들어내는 사건, 변화, 다양성을 만들어내는 가능성이면서 그 변화와 다양성 속에 함께 있다.

'테홈'이 상징하는 것처럼, 하나님은 깊은 혼돈으로부터 이 세상을 창조했고, 시작도 끝도 없는 깊은 바다와 같은 세상 속에 피조물과 함께 존재한다. 그렇기 때문에, 모든 것은 진행 중에 있고 끝이 어떻게 될지 예상할 수 없다.[50] 하나님은 이 거대한 심연의 바다에 피조물과 함께 공존하며, 기쁨과 슬픔, 선과 악의 조화 속에 우리를 이끌어내가는 존재이다.

---

48) Keller, *Face of the Deep*, 180.

49) Keller, *On the Mystery*, 50.

50) Timothy Beal, *Mimetic Monsters: The Genesis of Horror in the Face of the Deep* (London: Equinox Publishing, 2010), 88.

3. '사랑의 신비'이신 하나님

근대를 겪으면서, 이성과 과학기술에 의존하던 시류의 영향을 받은 시대를 살아오면서, 우리가 잃게 된 많은 것 중의 하나는 바로 '신비', '알 수 없는 것'에 대한 존중이다. 인간의 능력이 향상되면, 기술이 발전되면, 모든 것이 알려지고 느껴질 것이라는 인간에 대한 낙관이 모든 학문이나 사상에 팽배하게 되었을 뿐 아니라, 하나님의 존재에 대해서까지 인간이 파악-이해할 수 있다고 믿게 되었다. 그러나 이런 하나님은 사실은 인간의 모습에서 추론된, 인간의 제약과 오류를 그대로 반영하고 있는 우상과 같은 하나님이다. 전지전능하고, 피조물을 마음대로 좌지우지하는 일방적이며 독선적인 하나님은, 결국 인간의 일그러진 모습을 닮은 하나님에 불과했을는지도 모른다. 캐서린 켈러는, 자신의 "혼돈으로부터의 창조" 그리고 "되어감의 신학"을 통해서, 피조물과 늘 상호연결-상호의존되어 있으며, "끝이 없는 되어감의 과정 중에서"[51] 인간 세상에 관여하는 하나님을 소개해준다. 테홈은 가능성의 메트릭스로서의 하나님은 '깊이'와 '신비'라고 불린다. 마이스터 에크하르트가 구분하는 하나님 자신도 드려다 볼 수 없는 Godhead로서의 하나님이라고 할 수 있다. 에크하르트는 하나님의 창조에 대해서, "그러므로 그는 태초에, 즉 자기 자신 안에서, 만물을 창조했다. 즉, 그는 만물을 태초이자 신 자신인 존재 안에서 창조한 것이다"라고 말한다. 다시 말해, 에크하르트는 하나님의 창조는 밖에서, 활동으로 이루어지는 창조가 아니라, 하나님 안에서의 창조라고 할 수 있다.[52] 테홈, Godhead로서의 하나님은 유동적이고, 열려 있고, 물처럼, 기운처럼

---

51) Keller, *Face of the Deep*, xvii.
52) 길희성, 『마이스터 엑카르트의 영성 사상』(서울: 분도출판사, 2003), 68.

우리의 삶의 과정 곳곳에 스며드신다. 이 깊은 심원과 같은 하나님은 캐서린 켈러에게 있어서도, 만물을 단독적으로 한 번에 창조하는 하나님이 아니라, 삶의 다양한 계기와 사건 속에서, 기쁨과 슬픔의 과정 속에서, 우리를 위로하고 설득하고 촉발하게 하는 '사랑'의 하나님이다.

그러나 이 '사랑'은 로맨틱하거나 조건적인, 그 형체를 파악할 수 있는 이름은 아니다. 오히려 여성신비가 하데위치가 노래한 것처럼, "모든 존재를 재촉하는(urge)"53) 에너지이기에, 사람들이 이해하거나 설명하기 쉬운 것도 아니다.54) 삶의 모험을 감행하게 하고, 계속해서 이 여행을 걸어가게 하는 추동력으로서의 하나님이다. 캐서린 켈러는 사랑의 신비주의라고도 부르는데, 이러한 사랑의 하나님은 그러나 성서에서 증언하고 있는 것처럼, 모든 것을 전지전능의 사랑이라는 이름으로 지시하고 조정하고, 벌을 주는 분은 아니다. 그렇다고 우리를 선하고 안정된 상태 속으로만 이끌어주시는 맹목적 사랑의 하나님이라고 말할 수도 없다. 오히려 우리의 '자유'와 '선택'을 존중하시는 하나님이다. 다시 말해, 모든 것을 하나님의 계획에 두기 때문에 선도 악도 허용하고, 언제나 개입하는 그런 하나님이 아니라, 처음부터 인간의 선택과 계기와 조건을 그저 그렇게 놔두시는(letting be)55) 하나님이다. 시작하고, 있게 하시는 하나님의 창조가 태초에 있었지만, 그 태초부터 하나님은 피조물들에게 자유를 주셨다. 그리고 그 자유는 신비이신 하나님과 연결되어서 영향을 미친다. 그러나 하나님이 임의로 그 창조의

---

53) "The Noble Valiant Heart" in *Hadewijch: The Complete Works*, trans. and intro. by Mother Columbo Hart, Classics of Western Spirituality (Mahwah: Paulist, 1980), 185. Keller, *On the Mystery*, 91에서 재인용.

54) 앞의 책, 92-93.

55) 앞의 책, 89.

흐름을, 세계의 현실을 막거나, 조정하거나, 멈추시지는 않는다. 캐서린 켈러는 따라서 "창조하시는 하나님의 자유는 피조물들의 책임 있는 선택에 달려 있다. 그 자유는 또한 심연이신 하나님께 영향을 끼치고, 또 영향을 받는다."[56)]

이런 맥락에서 본다면, 하나님은 선하고 안정되고 분명한 곳에만 계시지는 않는다. 피조물의 여러 가지 과정과 계기 속에 함께 계신다. 깊이와 신비의 하나님은 혼돈과 불분명함 속에도 계시다. 고통 중에도 계시고, 삶의 여러 굴곡 속에 우리처럼 얽혀 계시다. 앞에서도 설명한 것처럼 테홈의 깊이, 혼돈스러움이 있는 역동성은 위험스럽기는 하지만, 그렇다고 악은 아니다. 하나님이 자신의 깊이로부터 이끌어내신 창조는 때로는 우리 앞에 고통과 악을 만나게 하기도 한다. 그러나 악몽을 꾼 뒤에 아무 일도 없는 듯이 만나는 아침처럼, 삶과 순간순간의 여행은 선과 악, 기쁨과 고통이 얽혀 있는 현실이며, 하나님은 그 안에서 우리와 함께 계신 무한한 가능성이다. 심한 상실을 경험하고 나서 다시 삶의 의지를 우리에게 부여하시는 '악'과 '고통'과 무관한 하나님이 아니라, 그 고통으로부터 다시 시작하는 힘을 우리에게 불러일으키시는 하나님이시다.[57)] 캐서린 켈러는 따라서 이러한 하나님을 하데 위치의 사랑의 하나님에게서도 찾아내지만, 화이트헤드의 "신적 매혹" (divine lure)과도 연관시킨다. 하나님의 방식은 지배와 조종이 아니라, 설득과 보살핌이라고 보는 것이 옳다. 억지로, 조정하듯이 우리를 이끌고 가시는 하나님이 아니라, 무한하시고 무소부재하시지만—시편에서처럼, 스올에도 계시는 하나님이시지만—그렇기 때문에 그 모

---

56) 앞의 책, 89.
57) 앞의 책, 54.

든 고통과 슬픔을 겪는 우리를 잔잔히 지키시는 하나님이다. 때로는 쓰나미가 생기는 것을 막으시지 않으시지만, 한 손으로는 그 쓰나미를 겪고 살아남은 생존자들을 부드럽게 위로하시는 손길도 하나님의 손길이다.[58]

"꾸준한 사랑" 혹은 "인내하는 사랑"[59]이 하나님이 우리와 관계하는 방식이다. 때로는 고집스럽게 그리고 꾸준히 인내하면서 끊이지 않고 계속해서 생명력을 부여하는 그러한 사랑이 하나님의 사랑이다. 신적인 에로스(divine Eros)라고 표현하는 하나님의 사랑을 통해서, 캐서린 켈러는 나에 대한 사랑, 그리고 나와 밀접히 연관된 타자에 대한 사랑을 연결한다. 하나님의 사랑을 '에로스'라고 표현하는 데는 이유가 있다. 여성신학에서 '아가페적' 사랑을 이야기하는 것은 언제나 희생을 전제하기 때문에, 그리고 그것이 숭고한 신앙과 결합되기 때문에, 아가페적 사랑을 곱씹어 생각해야 했다. 왜냐하면 자기희생적 사랑은 여성이나 약자들을 신앙이라는 이름으로 자존감을 잃게 한 결과로 정당화된 이상이기 때문이다.[60] 게다가 아가페적 사랑은 인간의 육체성과 성(sexuality)을 배제한 신적 사랑으로 상징되기도 했다. 캐서린 켈러는 신비의 하나님을 설명하는 용어로 테홈을 이야기하는데, 테홈도 모든 생명과 창조성이 태어나는 자궁과 같은 곳이라고 볼 수 있다. 그러나 모성적 희생으로의 이미지만 가지는 것이 아니라, 싸우기도 하고 사납게 울부짖기도 하는 그런 모성을 이야기한다.[61] 창조성과 역동성

---

58) 앞의 책, 94.
59) 앞의 책, 113.
60) 앞의 책, 114.
61) Bradley Shavit Artson, "Vibrating over the Face of the Deep: God's Creating, and Ours," in *CCAR Journal: The Reform Jewish Quarterly* 21.1 (2010), 45.

속에서 희생만 하는 게 아니라 싸우고 위험을 감수하기도 하는 새로운 '에로스'적 사랑의 모태로 테홈을 상상해볼 수 있다.

이런 이유로, 여성신학은 '에로스'적 사랑을 '아가페'적 사랑보다 더 선호하여왔고, 과정신학적 관점은 이곳에 '정의'와 상호관계성이라는 개념을 더한다.[62] 여성신학에서는 '에로스'가 욕망과 쾌락을 배제하지 않으면서도 인간의 욕망과 창조성을 포함하는 개념이기 때문에,[63] 아가페보다는 에로스적 사랑을 선호하는 편이다. 따라서 켈러는 에로스와 아가페 그리고 현실적 정의를 충돌되지 않게 포함하고 있는 신비적 사랑의 하나님을 우리에게 소개해주는 것이다.

하나님의 신비적 사랑은 어느 누구의 희생을 담보로 하는 것도 아니며, 그렇다고 낭만적이고 일방적인 사랑만을 의미하는 것은 더더욱 아니기 때문이다. 하나님의 사랑은 상호성과 관계성을 포함한다. 달리 표현하자면, 이것은 애끓는 사랑(compassionate love)[64]이다. 다른 존재가 아파하면 나도 아프고, 고통 속에 있을 때 나도 고통을 느낀다. 문자적으로 표현하면 다른 사랑과 함께 느끼는 열정이다(passion with the other).[65] 에로스나 열정은 그것이 애끓는 사랑으로 발전되지 않는 한 지속적이지 않다. 다른 존재와 함께 느끼는 열정이 되지 않고서는 오래갈 수 없다. 따라서 캐서린 켈러는 이러한 사랑은 지속적인 (persistent) 사랑이라고도 표현한다. 정의를 포함한 아가페는 욕망이

---

62) Keller, *On the Mystery*, 114.

63) Grace M. Jantzen. *Becoming Divine: Towards a Feminist Philosophy of Religion* (Bloomington: Indiana University Press, 1999).

64) 김규항, 『예수전』(파주: 돌베개, 2009), 37-40. 영어의 compassion에 대한 가장 적절한 표현은 김규항이 번역한대로 '애끓다'(몹시 슬퍼서 창자가 끊어질 듯하다)라는 필자의 의도로, 이렇게 번역하였다.

65) Keller, *On the Mystery*, 115.

나 열정을 배제하는 것은 아니다. 만약 내가 다른 존재를 더 껴안을 때, 점점 더 많은 존재들을 껴안을 때, 나의 욕망은 발전하고 성장한다.[66] 나의 쾌락과 열정은 좀 더 넓은 관계 속으로 들어가기 때문이다. 캐서린 켈러는 이러한 사랑을 아가페적 정의(Agapic Justice)라고도 하고, 끈끈한 정의(Sticky Justice)라고도 부른다. 그러나 이러한 정의는 기존의 희생을 전제로 한 사랑을 의미하는 것은 아니다. 십자가에서 달려 돌아가신 예수님을 기리는 것은 그의 희생과 죽음 때문이라기보다는 그의 사랑하는 삶(love-life) 때문이다. 하나님의 신비는 바로 삶과 생명에 있다. 간디나 마틴 루터 킹, 로메로 신부 등이 그 인생을 바쳐 우리에게 전한 것은 희생이 아니라 사랑이었다.[67] 삶과 생명, 그에 대한 사랑을 지켜내려 했기 때문에 위험을 감수했던 것이다. 하나님의 지속적인 사랑, 꾸준한(steadfast) 사랑은 "우리와 함께 기뻐하고, 우리와 함께 아파하시는 사랑"[68]이다. 이 사랑이야말로 완전한 하나님의 사랑이다. 이 사랑은 우리가 위협받고 고통 받을 때, 위에서 내려다보는 사랑도 아니려니와 그렇다고 그 고통과 슬픔을 막아주려는 슈퍼맨 같은 사랑도 아니다. 우리가 느끼는 고통을 우리만큼이나 힘들게 겪고, 우리가 삶에 대한 의지로 싸워나갈 때, 우리가 감수하는 위험과 절망도 고스란히 공유하시는 그런 하나님이다. '사랑'으로 그려지는 하나님의 모습이 그러나 신적 신비와 알 수 없음을 무색하게 하는 것은 아니다. 오히려, 피조물과 연결되고 함께 아파하심으로 하나님의 신비는 "육화된" 신비가 될 수 있는 것이다.[69] 멀리 떨어져 있는 것도 아니지

---

66) 앞의 책, 116.
67) 앞의 책, 123.
68) 앞의 책, 128.
69) 앞의 책.

만 그렇다고 피조물들과 함께 소멸되는 하나님도 아니다. 끊임없이, 피조물들의 생명력을 추동시키고 이끌어가면서, 늘 가까이서 포기하지 않도록, 한 걸음 더 내딛도록 자극하고 힘을 부여시킨다. 이런 의미에서 하나님은 피조물과 함께 얽혀서, 그 관계성 속에, 그 과정 중에 계신 하나님이다.

IV. 나가는 말

살아 있는 존재들을 애끓도록 사랑하시는 하나님의 신비는 이 모든 피조물들이 만들어내는 모든 사건과 역동성 속에 얽혀 있다. 지금까지, 캐서린 켈러의 신학적 개념들을 짧게나마 살펴보았고, 그가 제시하고 있는 하나님에 대해서도 정리해보았다. 캐서린 켈러가 우리에게 소개해주고 있는 하나님은 우리를 지배하거나 조정하려 하지 않는다. 그리고 나중에 기다렸다는 듯이 우리에게 심판을 가할 그런 하나님 또한 아니다. 우리의 삶 속에 있는 여러 가지 다양한 사건들과 경험들, 과정들은 선과 악, 의로움과 죄, 빛과 어둠 등의 이분법으로 나뉠 수가 없다. 그렇기에 하나님 또한 고통과 악이라고 하는 것을 우리를 테스트하기 위해 생기게 하는 그런 하나님이 아니다. 오히려 '깊이의 얼굴'로서, 신비로서의 하나님은, 시작도 끝도 없는 인생이라는 과정 속에서 끊임없이 우리를 살아 있도록, 힘들지만, 생명을 가지고 살아가도록 무한한 추동력과 용기를 불러일으켜주시는 분이다. 인간의 선택과 책임을 존중하면서, 그리고 그 선택에 따른 시련과 위험도 개방성 속에 열어두면서, 그 모든 과정 속에 우리와 함께 있다. 테홈의 알 수 없음과 열림만큼이나 우리의 인생과 하나님도 열려 있고, 신비로 가득 차 있다. 모든 것을 할 수 있도록, 모든 사건이 가능하도록 열어두기에, 우리에게 때로는 고통과 죽음과 재해가 올 수도 있다. 그 모든 가능성 자체가 인생이고 우리의 과정이며, 하나님이다. 그 사건 속에, 그 과정 속에, 신비이신 하나님은 인생의 새로운 신비로 우리를 부르신다. 그 깊고 매력적인 세계로 걸어들어 가는 것은 우리의 몫이다. 그러나 늘 하나님은 우리와 함께 계시고 우리를 매혹하신다는 것을 기억하면 그 걸음이 힘찰 수 있을 것이다.

참고문헌

김규항. 『예수전』. 파주: 돌베개, 2009.

길희성. 『마이스터 엑카르트의 영성 사상』. 서울: 분도출판사, 2003.

Artson, Bradley Shavit. "Vibrating over the Face of the Deep: God's Creating, and Ours." *CCAR Journal: The Reform Jewish Quarterly* 21.1 (2010), 40-47.

Beal, Timothy. *Mimetic Monsters: The Genesis of Horror in the Face of the Deep*. London: Equinox Publishing, 2010.

Jantzen, Grace M. *Becoming Divine: Towards a Feminist Philosophy of Religion*. Bloomington: Indiana University Press, 1999.

Keller, Catherine. *On the Mystery: Discerning Divinity in Process*. Philadelphia: Fortress Press, 2008.

_____. *Face of the Deep: A Theology of Becoming*. London and New York: Routledge, 2003.

_____. *God and Power: Counter-Apocalyptic Journeys*. Philadelphia: Fortress Press, 2004.

Lee, Elizabeth. "Trinitarian Virtues of Relationality." *Open and Relational Theologies*. AAR 2009.

Reyes III, Rafael. "The Issue of Creatio Ex..." in Process Musings, http://www.processmusings.com.

Whitehead, Alfred North. *Process and Reality*. David Ray Griffin and Donald Sherburne. eds. New York: Free Press, 1978.

마거릿 팔리와 샌드라 슈나이더스의 가톨릭 여성신학

조민아

I. 들어가는 말

"어떻게 그 두 가지가 동시에 가능하지요?"

여성신학을 연구하고 가르치는 가톨릭 신학자라고 소개하면 으레 따라오는 질문이다. 질문 속에는 아마도, "가톨릭교회건 여성주의건, 한쪽에 솔직하기 위해서는 다른 한쪽을 포기해야 하는 것 아닌가?" 하는 의심과 우려 내지 질타가 담겨 있을 것이다. 실제로 출산과 낙태, 결혼, 이혼, 동성애, 여성 안수 등 숱한 문제들에 있어 가톨릭교회와 여성주의는 화해하기 힘든 대척점에 놓여 있다. 성평등의 시각으로 성서와 전통을 재해석하며 개혁을 시도하는 여성신학자들과, 수 세기 동안 규정해온 여성과 성에 대한 "전통적인" 이해를 고수하고자 하는 교회 사이의 갈등은 아직도 그 해소가 요원하다.

가부장주의적 성서해석과 더불어, 남성들에 의해 구축되고 유지되어온 교회의 전통에 부여되는 권위는 개신교 여성들보다도 가톨릭 여성들을 더 무겁게 짓누르는 성차별의 굴레이다. 복음을 선포하고 가르치는 임무를 독자적으로 수행하는 교도권(敎導權, the Magisterium)은 교회의 전통적 가르침에 근거하여 남성과 여성은 각각 성취할 수 있는 지위와 역할이 따로 있으며, 그 역할에는 권리뿐 아니라 책임도 뒤따른다는 것을 강조한다.[1] 문제는 교도권이 인식하는 남녀의 차이가 과학적·사회적 발전에 따라 변화한 성에 대한 인식을 반영하지 못하고 있다는 것이다. 따라서 가톨릭교회는 성모신심(聖母信心)을 강조하며 "여성의 존엄성"과 "모성의 위대함"을 찬양한다는 점에서 언뜻 여성을 존중하며 이상화하는 듯 보이지만 여성사제직을 비롯, 여성의 교회 내 지도력에 있어서는 공적인 논의조차 꺼리는 이중적인 모습을 보인다. 또한 출산과 낙태, 동성애 문제에 대해서도 원칙만을 고수하며 여성과 동성애자의 인권에 대해서는 무지하거나 무감각한 태도로 일관한다.

그러나 많은 그리스도인들에게 그렇듯 가톨릭 여성들에게 교회와 여성주의는 단순히 선택의 문제가 아니다. 가톨릭 신자로 산다는 것, 여성주의를 받아들인다는 것은 둘 다 어떤 입장에 편승하는 것이 아니라 그리스도인으로 참답게 살아갈 삶의 조건에 관한 것이기 때문이다. 여성주의가 "참사람"으로 살기 위해 당연히 지키고 수호해야 할 권리와 책임에 관한 것이라면, 가톨릭 신앙인으로서 "참사람"됨은 신앙의 역사 속에서 형성되어온 교회공동체와 분리될 수 없다. 따라서 가톨릭 여성들의 갈등은 깊고도 복잡하다. 교회의 "보편적" 가르침은 일상에 너무도 깊고 촘촘하게 얽혀 있기에 쉽게 저버릴 수 없는데, 그 "보편적" 가르침에 여성인 나의 경험은 배제되어 있다. 전례의 아름다움에 가슴

---

1) Pope John Paul II, *Pope John Paul II on the Genius of Women* (Washington: U. S. Catholic Conference, 1997), 22 from *The Angelus Reflections* (June 25, 1995).

설레며, 성인의 통공에 위로 받고, 신앙의 모범들을 본받아 살고 싶지만, 견고하고 높은 교회의 위계질서 속에 나의 자리는 없다는 것을 발견하고 절망한다. 이러한 가톨릭 여성들의 삶의 자리를 신학은 어떻게 이해하고 어떤 대화를 건네줄 수 있을까?

본론에 들어가기 앞서, 여성신학과 교회의 만남에 걸림돌이 되고 있는 이 "전통"이란 과연 무엇인가 먼저 질문해보자. 가톨릭교회는—개신교와 마찬가지로—성서의 가르침을 모든 가르침에 앞서는 절대적 권위로 인정하지만, 성서에 담긴 하느님의 말씀이 글로 전해 내려올 뿐 아니라, 그 말씀을 믿고 살아가는 이들의 삶을 통해서도 전해 내려온다고 가르친다.[2] 그리스도와 사도들을 본받는 이들의 삶 속에 이어지는 전승을 가톨릭교회에서는 전통이라 부르며, 교도권의 문서들, 전례, 교부들의 저술, 교리 교육서, 성사와 전례에 관한 기록 등을 전통의 증거와 전형으로 채택한다. 성서와 더불어 전통은 신자들이 대화하고 소통하며 서로를 이해할 수 있는 공통된 근거를 마련하기에, 하나 된 교회의 신앙을 간직하고 선언하고 실천하는 데 반드시 필요하다.

전통을 이어가는 주된 방법은 본질적으로 그리스도와 사도들의 삶을 본받아 살아가는 이들의 삶, 그 자체이다.[3] 전통은 하느님의 말씀

---

2) 전통, 성전(聖傳), 혹은 "거룩한 전승"이란 단어는 "넘겨주다"라는 뜻의 라틴어 *trado*에서 유래하였다.

3) 제2차 바티칸 공의회의 계시헌장 〈하느님의 말씀(Dei Verbum)〉 제2장에서는 교회의 전통과 성서 그리고 교도권에 대해 다음과 같이 가르친다. "성전과 성서는 교회에 위탁된 하느님의 말씀의 거룩한 단일 위탁물이다. (…) 이것은 신앙을 간직하고 실천하며 선언하는 데에 주교와 신자들의 각별한 일치를 도모하기 위한 것이다. 기록된 하느님의 말씀이나 전해지는 하느님의 말씀에 대한 유권적 해석 임무는 예수 그리스도의 이름으로 권리를 행사하는 교회의 교도권에 맡겨져 있다. 그러나 이 교도권은 하느님의 말씀보다 높은 것이 아니라, 하느님의 말씀에 봉사하며, 전해진 것만을 가르치며, 하느님의 명령과 성령의 도우심으로 그것을 경건히 듣고 거룩히 보존하며 성실히 전수해야 할

을 삶에서 삶으로, 즉 지난 시대 그리스도인들의 삶에 대한 태도와 행동 양식을 오늘 이 시대 그리스도인들의 삶의 자리로 전달한다. 따라서 전통은 과거에 기록된 교리와 교회법, 신학 저술들을 포함하되 그보다 훨씬 넓고 포괄적이고 비규정적이며 역동적이다. 제2차 바티칸 공의회에 큰 영향을 끼친 신학자 이브 콩가르(Yves Congar)는 전통을 "보수주의를 넘어선 연속성", 더 나아가 단순한 "연속성"을 뛰어넘어 새로운 흐름을 만드는 "운동과 진전"이라 정의한다.[4] 콩가르가 제시한 전통에 대한 이해는 전통이 단지 보수적인 흐름의 동력, 낡은 교리를 수호하는 틀이라는 견해에 반박한다. 전통은 단순한 반복을 지양하며, 역사를 통해 획득한 긍정적인 가치를 매개로 과거와 현재와 미래를 연결하는 유기적 통로이다. 또한 전통을 구성하는 데 있어 중요한 것은 단지 전달되는 내용이 아니라 전달하는 이들이다.[5] 시대와 삶과 신앙에 역동적으로 관계하기를 그치고 교리에 갇히는 순간 전통은 전통주의로 전락한다.

전통을 역동적으로 이해하는 시각은 그리스도교를 구성하는 본질적인 요소 중 하나이다. 예수가 유대교의 가르침을 비판적으로 해석하여 그의 독특한 복음을 선포했듯, 사도들이 유대교와의 긴장을 유지하

의무가 있다. 하느님의 계시로 믿어야 한다고 제시된 모든 것을 신앙의 이 단일 위탁물에서 알아내는 것이다. 그러므로 성전과 성서와 교회의 교도권은 하느님의 가장 현명하신 계획에 의하여, 어느 하나가 없으면 다른 것이 성립될 수 없고, 동시에 또한 각각 고유한 방법으로, 한 성령의 작용 아래 영혼들의 구원을 위하여 효과적으로 기여하도록 연관되어 있고 결합되어 있다.(…) 가톨릭교회에서는 성전과 성서를 하느님의 언행이 모두 포함된 하느님 계시의 유일한 사료(史料)로 취급한다."

4) Yves Congar O. P. and Avery Cardinal Dulles, *The Meaning of Tradition* (San Francisco: Ignatius Press, 2004).
5) 전통의 개념에 관한 새로운 논의로는 Terrence W. Tilley, *Inventing Catholic Tradition* (Eugene: Wipf & Stock Pub, 2011)을 참고 바람.

며 그리스-로마 문화를 창조적으로 적용하여 복음을 이해하고 광범위한 대중들에게 전파했듯, 또 유명한 안셀름의 명제, "신앙은 이해를 추구한다"(fides quaerens intellectum)가 축약적으로 표현하듯, 그리스도교는 믿음을 기반으로 전통과 상황을 탄력적으로 조명하고 성찰하는 가운데 성장해왔다. 이렇듯 옛것을 오늘에 살려내는 지혜가 축적되어 있는 가톨릭 전통의 중요한 한 축을 '가톨릭 지적 전통'(Catholic Intellectual Tradition)이라 부른다. 신학자 모니카 헬윅(Monika Konrad Hildegard Hellwig)은 가톨릭 지적 전통을 "교회가 이 천년 역사를 통해 실천해온 세상과의 '대화,' 즉 신앙인들의 공동체인 교회와, 교회가 속한 문화 간 '대화'의 산물"이라고 정의한다.6) 열린 마음으로 다른 생각과 문화적 배경을 가진 이들을 만나고 대화하며, 또 그 내용을 후세대에 전달하는 것이 바로 가톨릭 전통의 본질이라는 것이다. 가톨릭 지적 전통을 이어가며 신앙공동체의 과거와 현재와 미래의 삶을 연결하고, 교회가 안팎의 타자들에게 다가갈 수 있도록 가교 역할을 하는 것이 신학이다. 신학은 성서와 전통을 통해 축적된 공통된 언어와 개념들을 기반 삼아, 삶의 다양한 자리에 위치한 신앙인들이 신앙인으로서 말하고 행동하는 데 필요할 형식과 내용에 대해 고민한다.

전통을 이렇게 역동적으로 이해한다면, 여성신학과 교회전통의 불편한 관계도 다른 시각으로 볼 수 있지 않을까? 사실 수많은 가톨릭 여성신학자들이 이 문제를 고민해왔고, 또 각자의 분야에서 성서와 전통을 여성의 시각으로 다시 읽고 복원하는 작업을 하고 있다. 이들 중

---

6) Monika Konrad Hildegard Hellwig, "The Catholic Intellectual Tradition in the Catholic University," Anthony J. Cernera and Oliver J. Morgan, eds., *Examining the Catholic Intellectual Tradition* (Fairfield: Sacred Heart University Press, 2000).

필자가 소개하고 싶은 두 신학자는 마거릿 팔리(Margaret A. Farley)[7]와 샌드라 슈나이더스(Sandra M. Schneiders)[8]이다. 학자이자 교육자, 또 수도자인 두 사람은 오랜 시간 가톨릭 여성들과 함께 교회의 현실을 고민하며 활발한 저술과 강연 활동을 해왔다. 특히 이 두 신학자의 연구는 오늘날 가톨릭 여성들이 직면한 문제 가운데서도 가장 관심을 끌고 있으며, 또 그만큼 갈등이 첨예한 두 영역과 맞닿아 있다. 팔리는 윤리학자로서 그리스도교 성윤리에 관해, 슈나이더스는 성서와 영성을 연구하는 학자로서 여성주의 영성과 교회개혁에 관해 꾸준하게

---

7) 마거릿 팔리가 집필한 책들은 다음과 같다: Margaret A. Farley, *Just Love: A Framework for Christian Sexual Ethics* (London and New York: Continuum International Publishing Group, 2006); *Compassionate Respect: A Feminist Approach to Medical Ethics and Other Questions* (Mahwah: Paulist Press, 2002); *Liberating Eschatology: Essays in Honor of Letty M. Russell* (Louisville: Westminster John Knox Press, 1999); *Feminist Ethics and the Catholic Moral Tradition*, Readings in Moral Theology No. 9 (1996); *Embodiment, Morality and Medicine*, Theology and Medicine No. 6 (1995); *Personal Commitments: Beginning, Keeping, Changing* (New York: Harper & Row, 1986); James Vincent McGlynn, Sister Paul Mary Farley, *A Metaphysics of Being and God* (New Jersey: Prentice-Hall, 1966).

8) 샌드라 슈나이더스가 집필한 책은 다음과 같다: *Jesus Risen in Our Midst: Essays on the Resurrection of Jesus in the Fourth Gospel* (forthcoming, 2014); *Buying the Field: Catholic Religious Life in Mission to the World* (Mahwah: Paulist Press, 2013); *The Resurrection: Did It Really Happen and Why Does That Matter?* (Marymount Institute Press, 2013); *Prophets in Their Own Country: Women Religious Bearing Witness to the Gospel in a Troubled Church* (Maryknoll: Orbis Books, 2011); *Written That You May Believe: Encountering Jesus in the Fourth Gospel* (New York: The Crossroad Publishing Company, 2003); *Selling All: Commitment, Consecrated Celibacy, and Community in Catholic Religious Life* (Mahwah: Paulist Press, 2001); *Finding the Treasure: Locating Catholic Religious Life in a New Ecclesial and Cultural Context* (Mahwah: Paulist Press, 2000); *With Oil in Their Lamps: Faith, Feminism, and the Future* (Dell Publishing Company, 2000); *Beyond Patching: Faith and Feminism in the Catholic Church*, rev. (Mahwah: Paulist Press, 2004); *Women and the Word: The Gender of God in the New Testament and the Spirituality of Women* (Mahwah: Paulist Press, 1986).

연구해온 것이다. 아래 글에서는, 성윤리와 영성이라는 주제를 통해 이 두 신학자가 어떻게 여성주의와 전통의 만남을 시도하는지, 또 어떻게 전통을 폐기 대상이 아니라 교회를 개혁하기 위한 자원으로 활용하는지 그들의 대표적인 저작을 중심으로 풀어볼 것이다.

II. 마거릿 팔리

마거릿 팔리(Margaret Farley)는 The Religious Sisters of Mercy (R. S. M.) 소속의 수도자이자 여성으로서는 최초로 미국 예일 대학의 전임교수가 되어 1971년부터 2007년 은퇴하기까지 그리스도교 윤리학을 가르쳤다. 윤리학 방법론, 의료윤리, 성윤리, 사회윤리, 역사신학윤리, 윤리와 영성, HIV/AIDS 문제에 이르기까지 넓은 분야를 아우르며 가톨릭과 개신교 신학 전반에 큰 영향을 끼친 일곱 권의 책과 수많은 논문을 발표한 팔리는, 미국가톨릭신학자협의회(The Catholic Theological Society of America)와 그리스도교 사회윤리학회(The Society of Christian Ethics)의 회장을 역임해온 북미의 대표적인 그리스도교 윤리학자이다.

동성애, 성, 낙태, 결혼과 재혼 등 민감한 사안들에 대해 교회가 변화하는 현실을 반영하고 다양한 시각과 입장을 아우를 수 있도록 끊임없이 자극하고 도전해온 까닭에 팔리는 신학자로 활동하기 시작한 초기부터 줄곧 교황청과 긴장 관계를 유지해왔다. 팔리의 저작 *Just Love: A Framework for Christian Sexual Ethics*은 2006년에 출판되었다.[9] 사랑

---

9) Margaret Farley, *Just Love: A Framework for Christian Sexual Ethics* (New York: Conti-

과 성에 대한 전통적이고 관습적인 이해에 대해 문제를 제기하고 토론을 전개하는 이 책을 통해 팔리는 철학, 신학, 인류학, 의학, 생물학적 자료 연구를 바탕으로 유대교, 힌두교, 이슬람교 등과 대화를 시도하며 가톨릭 성윤리 논의의 지평을 넓힌다. 이 책은 여성신학에 대해 직접적으로 논의하고 대안을 제시하지는 않지만, 여성신학적 시각을 바탕으로 교회의 성인식을 진단하여 깊이 뿌리 박혀 있는 남성중심주의, 이성애주의의 문제점을 드러낸다.

팔리는 *Just Love*를 저술하게 된 동기가 성윤리에 대해 생각하는 "기준"을 제시한다기보다 생각하는 "방식"을 제시하기 위해서였다고 말한다.10) 즉, 성윤리를 구성하고 토론하는 데 있어 기본적인 전제는 어떤 입장을 수호하느냐 반대하느냐가 아니라 성을 둘러싼 문제의식들에 대해 다양한 "지식과 이해와 성찰과 선택이 유기적으로 통합되는 과정"이라는 것을 강조하고 있는 것이다. 따라서 이 책을 읽을 때는 내용뿐 아니라 책을 전개하는 방법론도 눈여겨봐야 한다. 주제가 진행되고 연결되고 전달되는 과정을 통해 저자가 가톨릭 지적 전통과 사회교리를 어떻게 적용하고 있는지 살펴보는 것 또한 책을 읽는 흥미로운 관점이 될 것이다. 총 일곱 장으로 구성된 *Just Love*는 "지금 성윤리에 관한 논의가 왜 필요한가"와 "성윤리를 논의하는 그리스도인은 현실을 어떻게 인식하고 있는가"에 대해 질문하며 첫 장을 연다. 팔리는 성에 대한 가톨릭교회의 가르침이 변화된 성담론의 지형을 인식하지 못할 뿐 아니라 생물학, 의학, 심리학, 철학, 인류학, 여성학 등 다양한 학문 영역의 새로운 연구 결과 또한 반영하지 못하고 있다는 것을 지적한다.

---

nuum, 2006).

10) 앞의 책, xii.

성윤리 논의의 필요성과, 우리가 갖고 있는 현실인식의 문제점을 규명하기 위해 필요한 것은 우리의 인식이 어떻게 형성되었는가를 살펴보는 것, 즉 성윤리에 관한 우리의 전통을 돌아보는 것이다. 전통을 돌아보지 않고서는 현실을 제대로 인식할 수도, 왜 새로운 논의가 필요한지도 알 수 없다. 2장과 3장에서 팔리는 그리스도교 성윤리를 구성해온 전통으로 시선을 돌린다. 여기서 이야기하는 전통은 그러나 단지 그리스도교 내에서 교리로 굳어져 내려오는 전통이 아니다. 팔리는 그리스-로마 문화, 유대교, 철학, 의학 등 그리스도교 전통이 영향을 주고받은 다양한 지식체계들과 문화에 대해, 또 남태평양 군도, 아프리카, 힌두교, 이슬람교를 포함한 비서구, 비기독교 문화권에서 바라본 성에 대한 시각들에 대해 지식고고학적 탐구를 제안한다.11)

이렇듯 광범위한 연구를 통해 팔리는 세 가지 질문을 제기한다. 첫째, 과연 우리가 지금 이 단계에서 성에 대해 얼마나 알고 있는가? 팔리는 성의 역사가 너무도 오래고 방대하기에, 어떠한 입장도 섣불리 판단하고 비판할 수 없다고 말한다. 성실하게 듣고 이해하려는 자세가 무엇보다 중요하다. 둘째, 각기 다른 전통의 성의 역사가 발전해온 과정을 살펴보며 우리는 어떤 지혜를 얻을 수 있는가? 성에 대한 지식은 문화적 특수성과 분리될 수 없기에 한 풍토에서 다른 풍토로 단순히 이식하는 것은 적절치 않으며, 성에 관한 어떤 것도 "일반적인 윤리적 범주"에 넣어 판단할 수 없고, 무조건 긍정하고 수용할 수도 없다. 셋째, 성에 대한 역사적·인류학적 탐구에서 얻은 통찰이 어떻게 "그리스

---

11) 팔리는 이들 비서구, 비기독교 문화권을 논의할 때 개입되기 마련인 오리엔탈리즘에 대해 각별한 주의를 기울일 것을 제안한다. 서구 그리스도인의 입장으로 다른 문화권을 판단하기보다, 그 문화 속에서 성장한 고유의 정체성을 인정하는 것이 논의에 선행되어야 할 태도이다.

도교 성윤리 구상"에 도움을 줄 수 있겠는가? 성을 관리하고 통제할 정책을 만드는 것은 별로 도움이 되지 않는다는 것이 가장 큰 통찰이다. 다양한 전통이 제시하는 성에 대한 지식은 그리스도교 성윤리 구상이라는 작업이 언제나 긴장과 갈등, 또 쉽게 답할 수 없는 질문들을 수반한다는 것을 일깨운다.

팔리는 이렇듯 단일하고 균질적이라 여겨온 그리스도교의 성에 관한 인식이 사실 초기부터 수많은 다른 입장과의 대화를 통해 형성되어 왔다는 것을 보여줌으로써, 오늘날 교회의 성에 관한 교리에 대해 질문을 제기하고 새롭게 논의하는 것이 전통을 거역한다기보다는 전통을 계승하는 것, 대화와 통합을 원칙으로 하는 가톨릭 지적 전통을 이어가는 것임을 확인한다. 과거의 의미는 현재에 의해 규정되며, 현재의 의미는 미래에 의해 규정된다. 전통과 대화가 필요한 이유는 그 전통에 현재를 속박하기 위함이 아니라, 더 폭넓은 대화를 가로막는 과거의 굴레들로부터 벗어나기 위해, 또 다른 도전들과의 대화를 지속하기 위해서이다.

4장부터는 성의 의미에 대한 본격적인 탐구를 전개한다. 4장에서 특히 관심을 기울이는 문제는 교회가 규정해온 성에 관한 인식에서 간과되어온 것이 무엇이며, 그 이면에 작용한 가부장적인 문화가 어떻게 성서와 신학자들의 가르침을 왜곡해왔는가이다. 팔리가 교회의 전통에 비판적 문제제기를 하며 대항담론을 형성하기 위해 사용하는 자료들은 다름 아닌, 동일한 교회전통의 일부이지만 성에 관한 논의에서 무시되어온 성서 구절과 신학 자료들이다. 남성중심, 이성애중심적이라 여겨오던 성서와 교회문서들이 읽는 이의 시각이 따라 여성과 동성애자들에게 호의적이고 해방적인 메시지로 읽힐 수도 있다는 것을 보여주고 있는 것이다. 성서와 전통, 특히 교부신학의 가르침은 많은 부분 동성애를 정죄하고 비난하는 자료로 사용되어온 것이 사실이다. 그러나 또 한편, 성서와 전통은 하느님의 형상을 입고 태어난 인간에게는 상호존중과 배려, 관계 형성의 능력이 있다는 것을 꾸준히 선포해왔다. 팔리는 인간의 성경험을 이해하기 위해 감정, 쾌락, 의사소통, 성차와 권력 등 다양한 관계적 요소들이 고려되어야 한다고 주장하며 가톨릭교회가 성(性)의 목적을 자기증여와 인간생식으로 규정하는 것을 비판한다.12) 인간의 성을 인간답게 만드는 것은 재생산적 측면이 아니라 관계적 측면이다. 팔리의 논의에 따라 우리는 재생산을 전제로 하지 않는 모든 성행위는 "본질적으로 무질서하며" 인간 생명의 "본질적이고 필수적인 목적을 결여한 행위"라는 교회의 "전통적" 주장을, 인간에게 부여된 사랑과 관계 형성의 능력을 강조하는 동일한 교회의 다른 "전통"을 통해 반박하고 성윤리에 대해 보다 폭넓은 접근을 수용할 수 있는 근거를 마련하게 된다.

5장에서는 그리스도교 성윤리 논의를 위한 가이드라인을 제시한다. 그리스도교는 성을 "죄성"과 "양심의 가책"이라는 단어와 연결하며 "악한 것"으로 간주해왔다. 이제껏 성을 금기의 영역에 묶어두며 윤리적 토론의 주제로 인정하지 않았던 것이다. 팔리는 성을 윤리적 주제로 이해하는 인식의 전환이 필요하며, 성서, 전통, 다양한 학문에서 비

---

12) 가톨릭교회는 "성교(性交)는 인류 종족 보존의 숭고한 사명"이며, "인간의 생명과 밀접한 연관성을 지니고 있고", "생명의 주인은 하느님이라는" 규범적 가르침에서 벗어나는 어떠한 주장도 허용하지 않는다. 이 가르침은 생명과 관련된 모든 사항에 모든 이에게 공히 적용되지만, 출산과 낙태의 문제, 이성애중심적 사고는 여성의 성적 결정권과 동성애자들의 인권과 맞물리는 문제이기에 차별적 요소를 포함할 수밖에 없다. 신앙교리성, "성윤리상의 특정 문제에 관한 선언(1975년 12월 29일)," 「사목」 44 (1976/3), 한국 천주교 중앙협의회, 8항.

롯된 지식과 현실을 살아가는 인간의 경험이 그리스도교 성윤리 구상에 통합적으로 반영되어야 한다고 말한다. 이러한 기반 위에서 그리스도인들이 성을 논의할 때 염두에 두어야 할 두 가지 기준은 사랑과 정의이다. 성윤리를 논의함에 있어, "사랑"이라는 단어로 대변되는 감정과 행위에 내재된 "관계성"에 주목한다는 점에서 팔리는 많은 그리스도교 성 윤리학자들과 견해를 같이 한다. 그러나 사랑의 관계 형성에 있어 정의(justice)가 주도적인 역할을 하도록 설정한다는 점에서 팔리의 제안은 차별성을 갖는다. 팔리는 사랑을 "마음을 움직이는(affective) 반응, 마음과 마음이 동하여 이루어지는 연합, 그리고 상대에 대한 마음으로부터의 긍정"이라고 정의한다. 사랑은 성관계를 비롯한 모든 관계 형성의 필수불가결한 요소이지만, 모든 관계를 충족시키고 풍요롭게 하는 단일한 조건이 될 수 없다. 사랑할 대상을 선택하는 과정과 그에 따른 행위를 식별하는 과정은 다분히 윤리적인 차원이기에 감정과 열정으로 모든 것을 해결하려 해서는 곤란하다. 사랑을 인도하고 가르치는 가이드라인은 "정의"(justice)이다. 사랑이면 모든 것이 용납된다는 추상적인 전제는 정의가 개입될 때 "무엇을 어떻게 사랑해야 하는가?"라는 윤리적 질문으로 바뀌게 된다. 사랑함에 있어 우리가 놓치지 말아야 할 궁극적인 질문은 그 사랑이 올바르고, 선하고, 공정하고, 진실한 사랑인가 하는 것이다.

그렇다면, 인간의 사랑과 욕망과 성을 논의하는 데 필요한 "정의"란 무엇이고 그리스도교 성윤리 구상에 어떤 역할을 할까? 6장은 바로 그 정의에 관한 논의이다. 팔리는, 정의란 다양한 삶의 문제들을 판단할 때 요구되는 깊은 성찰에 의해 규정되는 것이라고 설명한다. 정의는 보편적이고 원칙적인 규범에 종속되어 항상 변치 않는 어떤 것이 아니다. 성찰적 지성을 바탕으로 끊임없이 재고되고 재구성되어야 한다. 이렇듯 정의가 우리의 양심과, 교회의 가르침과, 다른 사회담론들 사이를 조율하며 사랑을 뒷받침할 때, 사랑은 비로소 구체적인 삶과 만나고, 책임성을 띠게 되며, 공동체와 사회의 다른 관계들과 연결된다. 그리스도교 성윤리는 이렇듯 정의를 통해 견제되고 비판되고 견실해지는 사랑에 관한 윤리이다. 팔리는 사랑과 성이 정의로운지 판단할 수 있는 성윤리의 토대로서, 상대방에 대한 존중, 자율적인 동의, 상호성, 평등성, 헌신, 관계의 결실, 그리고 사회적 정의를 제시한다.

마지막 7장에서는 성윤리 논쟁에 있어 가장 뜨거운 이슈로 떠오르는 주제들—결혼과 가족, 동성애, 이혼과 재혼—을 이전 장들에서 제시된 논의와 가이드라인을 적용해 분석한다. 특히 동성애에 관한 팔리의 논의를 주목해보자. 교회 안팎의 다양한 담론을 통해 재생산과 이성애주의의 완고한 틀이 도전 받고 있는 현상을 주목하면서 팔리는 바로 이 시기, 그리스도인들은 동성애에 관한 질문과 문제의식을 다른 방향으로 전환해야 한다고 주장한다. 즉, 더 이상 "과연 윤리적으로 동성애 문제를 정당화할 수 있을까?"를 질문할 것이 아니라, "동성애 관계의 참된 성격이 무엇인가? 동성애 관계를 건강하거나 혹은 건강하지 못한 사랑으로 규정하는 요인들이 무엇인가?"를 질문해야 한다. 가부장적 교회 문화와 질서에 의해 간과되었거나 왜곡되어 온 성서와 교회 문서들을 재조명하며, 인간과 인간의 사랑에서 중요한 것은 동성이냐 이성이냐가 아니라, 평등과 상호 존중, 보살핌과 배려라는 것을 확인하는 절차가 선행되어야 하는 것이다. 서로에 대한 헌신과 책임은 건강한 관계 형성에 가장 핵심적인 요인이다. 헌신과 책임을 바탕으로 하는 사랑이 관계의 전제가 되는데, 교회가 동성애를 금지해야 할 이유가 무엇일까? 책임감 있는 사랑과 우정을 지속하는 동성애자들을 수 세기 전에 규정된 자연법에 의거하여 비난하고 정죄하는 것은 대화를 통해 끊임없이 발전해온 가톨릭의 지적 전통과 사회의 약자를 우선 적으로 배려하고 존중해야 하는 사회교리 전통에 어긋나는 것이다.

결론적으로, 팔리가 *Just Love*를 통해 말하고자 하는 것은 단순히 성에 관한 파격적인 이해 혹은 교회의 입장에 대한 비판이 아니다. 그보다 가톨릭의 전통이 편협하게 이해될 때 비난과 반목과 혐오를 초래하는 근거로 사용될 수 있다는 것을 성윤리라는 예를 통해 보여 주고 있는 것이다. 가톨릭 전통의 가장 큰 유산은 관습적·규범적 사고를 벗어나, 신이 허락한 자유의지와 창조적 지성에 의지해 상황과 지식을 아우르는 총체적이고도 전인적인 사고이다. 인간이 만들어놓은 어떠한 윤리의 문제도 보편적이고 절대적이고 변하지 않는 규범 속에 가두어질 수 없다는 것을 전통은 누누이 강조하고 있으며, 성윤리 또한 예외가 될 수 없다.

팔리의 주장은 그러나, 전통주의자들에 의해 오해를 사고 반대에 부딪히게 되었다. *Just Love*는 교황청 교리 감독기구인 신앙교리성(The Congregation for the Doctrine of the Faith)으로부터 수년간 조사를 받았으며 결국 2011년 12월 교황 베네딕토 16세에 의해 "위해한 자료"로 공표되었다.13) 신앙교리성은 특히 자위행위, 동성애, 동성결혼, 혼배성사의 불가해소성, 이혼과 재혼에 관한 문제에 관한 팔리의 견해

---

13) 교황청과 팔리의 충돌은 교황청과 미국 여자수도자 장상연합회(Leadership Conference of Women Religious)에서 발생한 갈등의 연장선상에 있다. 교황청은 2012년 미국여자수도자 장상연합회가 "낙태, 동성애와 같은 이슈에 적극적으로 나서면서 교리 전파에는 소홀한 채 가톨릭 신앙과 양립할 수 없는 급진적 여권 신장만 주장한다"며 장상연합회 활동의 적절성을 점검하라고 미국의 교구들에게 명령했다.

를 가리켜 "객관적 성질의 자연 도덕법에 어긋날" 뿐 아니라 "가톨릭교회의 성윤리에 관한 가르침에 정면으로 도전"하는 주장이며, 따라서 "건전한 신앙 형성에 심각한 위험을 초래하는, 교회의 공식적 입장과 도덕적 성향에 대항하는" 문건이라 판정했다.

팔리의 책은 이후 신앙상담과 영성계발, 신학적 담론과 종교 간 대화 등, 가톨릭교회의 공식적인 입장을 가르치는 모든 현장에서 사용될 수 없도록 금서 처분되기에 이르렀다.14) 팔리와 교황청과의 갈등은, 아직도 교회가 전통주의에 속박되어 현실과 대화를 거부하고 있다는 것을 반증하며, 여성주의적 입장을 수용하고 존중하기보다 관리하고 통제하려 하고 있다는 사실을 드러낸다. 금서 사건을 계기로 팔리는 전통주의자들과 '신학자의 역할'을 주제로 논쟁을 가졌다. "신학자들의 역할은 교회가 왜 그 가르침을 고수하는지 먼저 이해하고 그 가르침을 신앙인들에게 설득력 있게 전달하는 것"이라 주장하는 전통주의자들에게 팔리는 "신학자들은 단순히 교회의 가르침을 전달하는 역할뿐 아니라 탐험가의 역할 또한 수행해야 한다. 신학자들이 질문을 제기할 때, 때로는 그릇된 답을 제시할 수도 있다. 그러나 답이 비록 틀리다 하더라도, 새로운 질문은 새로운 영감을 불러일으키므로 질문은 계속되어야 한다. 신학자란 전통에 굳건하게 서 있으면서도 그 전통이 다음 세대들에게 어떻게 전달될 수 있을까를 동시에 고민하는 이들이다"15)라고 응답했다. 성찰과 비판과 논쟁과 토론을 전통의 계승 과정

---

14) Huffington Post, Nicole Winfield, "Sister Margaret Farley's Book 'Just Love' Criticized by Vatican," 2012년 6월 4일; Catholic World Report, Catherine Harmon, "CDF: American Nun's book cannot be used as a valid expression of Catholic teaching," 2012년 6월 4일.

15) New York Times, Gustav Neibhur, "Reward for Faithful Service," 2001년 2월

이라 믿는 여성신학의 입장과 통제와 관리와 일치와 명령을 전통의 계승 과정이라 믿는 제도교회 입장 사이의 갈등을 잘 보여주는 논쟁이다. 또한 여성신학자들과 전통주의자들의 갈등이 가까운 시일 내에 쉽게 해결되지는 않으리라는 것을 짐작하게 한다.

III. 샌드라 슈나이더스

Servants of the Immaculate Heart of Mary(I. H. M.)의 수도자인 샌드라 슈나이더스(Sandra Schneiders)는 미국 캘리포니아 버클리의 신학대학연합(Graduate Theological Union) 소속 예수회신학대학원(Jesuit Theological Seminary)에서 신약성서학과 영성신학을 가르쳐왔다. 신약성서 영성, 특히 요한복음 영성 연구의 권위자이며, 성서와 교회 전통에 드러난 영성을 여성신학적으로 재조명한 글들을 통해 후학들에게 큰 영향을 끼치고 있다. 팔리의 글이 교황청과 첨예한 갈등을 빚었던 것에 비하면 슈나이더스의 글들은 아직 교황청과 눈에 뜨일 만한 마찰을 빚지 않았다. 그러나 가부장적 교회의 현실을 첨예하게 드러내며 여성주의적 대안 영성을 제시하는 그의 글은 전통주의자들의 논리에 한계를 느끼는 많은 신학자들과 평신도들에게 큰 도전과 영감을 주고 있다.

팔리가 성윤리를 주제로 가톨릭의 지적 유산을 탐구하여 전통을 바라보는 새로운 시각과 방법론을 제시했다면, 슈나이더스는 영성, 특히 성서와 여성의 영성을 주제로 인간의 경험을 신학의 영역으로 가져와

17일.

가톨릭 전통과 접목하여 대화를 끌어내는 작업을 하고 있다. 영성전통은 가톨릭교회가 간직하고 있는 귀한 유산 중에 하나이지만, 17세기 이후 교회가 평신도들의 신앙을 지도하고 계발하기 위해 영성에 대한 자료를 체계화하고 통제하기 시작하면서, 학문이라기보다 실습이나 수련, 자기 계발을 위한 지침서 마련이 목적인 것처럼 협소하게 이해되어왔다.16) 슈나이더스는 영성연구의 지평을 확대한다. 영성은 실습이나 수련 이전에 좀 더 근본적인 인간의 삶과 믿음에 대한 문제이며, 또한 종교적, 그리스도교적인 영역을 뛰어넘어 모든 인간에게 본질적인 것이다. "고립과 몰입을 지양하고, 궁극적인 가치를 향한 자기초월을 위해 의식적으로 삶을 통합하는 모든 경험"이 슈나이더스가 정의하는 영성이다. 그러므로 영성연구의 본질적인 자료는 개인적·공동체적 삶을 통해 겪게 되는 인간의 경험이며, 영성연구는 경험을 통해 인지되고 파악되고 표현되는, 종교적이거나 비종교적인 모든 초월적 경험을 아우른다.

영성연구를 신학의 한 분야로서, 나아가 어떤 분야보다도 철저하게 인간의 삶의 조건들에 대해 탐구할 수 있는 연구 분야라고 정의한다면, 영성신학은 인간의 모든 경험에 대해 개방적이어야 한다. 따라서 영성신학은 교리적 틀에서 벗어나 그 접경에 존재하는 다양한 학문들—역사학, 인류학, 철학, 문학, 심리학, 인류학, 자연과학, 사회학, 정치학, 성정치학, 미학, 수사학—과 대화하며 영향을 주고받아야 한다. 다른 학문과의 교류가 없는 한, 영성신학은 개인과 공동체의 영성이 표현되는 특정한 시공간의 지정학적 정체성을 읽어낼 수 없다. 영성은 개인과 공동체의 경험에 관한 영역이므로 그 개인과 공동체가 속한 문화와

---

16) Philip Sheldrake, *Spirituality and History* (New York: Orbis Press, 1991), 65-90.

사회적 특수성의 영향을 받게 마련이다.[17] 이렇게 다른 학문과 영향을 주고받으며 영성신학은 신학적 질문을 언제나 인간의 삶의 자리와 맞닿게 하고, 또 그 삶의 자리로부터 신비로 나아가는 길들을, 끝없이 열려 있는 수만 가지 길들을 우리에게 보여준다.

슈나이더스의 많은 저작 가운데서도, 앤소니 조단 강연 시리즈(The Anthony Jordan Lecture series)[18]의 일환으로 출판된 *Beyond Patching: Faith and Feminism in the Catholic Church*는 그의 연구방법론과 문제의식을 잘 보여주는 책이다.[19] 교회의 개혁과 쇄신을 강조한 제2차 바티칸 공의회 정신을 반영하고 있는 이 책을 관통하는 질문은 여성신학과 교회의 관계, 또 하느님을 남성으로 고백하는 그리스도교 전통에서 여성이 온전한 교회의 일원으로 살아가기 위한 영성은 어떤 것인가이다. 사실 이 질문은 모든 여성신학자가 제기하고 있는 질문이지만, *Beyond Patching*이 특히 주목 받아온 이유는 제도 교회의 테두리에서 살아온 여성들의 입장에서 여성주의 영성의 언어와 관심들을 명확히 규명하고 있다는 점, 여성들을 억압해온 교회의 현실이 왜 윤리적으로 용납될 수 없는지, 왜 성서의 가르침에 어긋나는지, 이러한 제도교회 내에서 여성주의적 영성을 살아낸다는 것은 어떤 것인지를 효과적으로 설

---

17) Sandra Schnediers, "Approaches to the Study of Spirituality," Arthur Holder, ed., *The Blackwell Companion to Christian Spirituality* (Malden: Blackwell Publishing Ltd., 2005), 15-34.

18) 앤소니 조단 강연 시리즈는 제2차 바티칸 공의회 정신에 따라 1969년 신학교육의 장을 평신도들에게까지 확대하여 뉴먼 신학대학(Newman Theological College)를 설립한 캐나다 에드먼턴(Edmonton)의 대주교 앤소니 조단(1964-1973)의 뜻을 기리기 위한 연례 강연회이다.

19) Sandra Schneiders, *Beyond Patching: Faith and Feminism in the Catholic Church*, revised edition (Mahwah: Paulist Press, 1991).

명하고 있다는 점 때문이다.

슈나이더스는 이 책을 쓰게 된 목적을 "신학을 공부하는 독자들이 자신이 처한 상황 속에서 자신의 방식으로 교회의 가부장적 문화에 대해 여성주의적 비판을 시도하며 교회지도자들과 대화할 수 있도록, 여성주의, 여성신학, 여성주의 영성에 관한 기본적인 단어, 이론, 목적, 배경에 대한 설명을 제공하기 위함"이라고 밝히고 있다.[20] 책의 제목인 *Beyond Patching*을 설명하기 위해 그가 사용하는 비유가 흥미롭다. 슈나이더스는 교회의 일치를 상징했던, 바느질 자국 없이 수려하고 매끈한 그리스도의 옷자락이 이제는 낡고 닳아 해어져버렸다고 말한다. 가부장주의, 성차별주의, 성직권주의(clericalism), 인종주의 등의 죄는 그리스도의 옷자락을 찢고 더럽혔다. 어떤 이는 찢긴 옷자락을 기우고 구멍을 수선하는 데 사용할 조각보(patch) 정도로 여성주의를 이해하지만, 여성주의는 더 이상 교회의 결점을 감추기 위한 임시방편용, 구색 맞추기 조각보에 머무를 수 없다. 여성주의는 여러 사람의 참여를 통해 처음부터 새롭게 그림을 그리고 마름질을 하고 바느질해나가야 할 완전히 새로운 도안(pattern)이다. 가부장적 교회의 낡은 옷은 이미 기우고 꿰매어 다시 입기 힘들 정도로 해어져버렸다. 진심 어린 철저한 개혁이 절실하다.

그렇다면, 이렇듯 새로운 그림을 그리는 데 전통은 무슨 역할을 할 수 있을까? 전통 또한 폐기해버려야 할 낡은 옷자락의 일부일까? *Beyond Patching*에서 슈나이더스는 전통을 활용하는 보다 지혜로운 방식을 제안하고 있다. 성서와 전통, 가톨릭교회의 정체성을 규정하는 두 축을 변증법적인 대화 관계에 넣어 상호비판을 가능하게 하는 것이다. 성서

---

20) Schneiders, *Beyond Patching* (1991), 3.

와 전통이 상호적으로 비판적인 시각을 제시함에 따라 교회 안팎의 다른 입장들이 신학적 논의에 파고들 공간이 확대되며, 따라서 여성주의적 영성 또한 발언권을 획득한다.

*Beyond Patching*은 세 장으로 구성되어 있다. 강연회를 통해 발표된 세 개의 원고를 한 책으로 묶은 것이다. "여성주의, 여성들만의 일시적 유행인가, 교회의 미래인가"라는 제목의 1장은 여성주의, 여성운동, 여성신학을 논할 때 사용하는 언어와 개념들을 확인하고 정의한다. 이러한 개념 정의를 통해 슈나이더스는 여성주의의 다양한 입장들에 대해 설명하는 동시에, 각자의 입장이 형성된 여성들의 경험에 주목할 수 있도록 독자의 시선을 유도한다. 슈나이더스는 여성주의를 "여성의 경험에 기반하여 가부장주의를 억압적 이데올로기로 판단하고 인류와 지구를 위한 새로운 비전을 창조하고 수용하며, 이를 현실화하기 위해 적극적으로 변화를 이루어가는 복합적 이론"이라 정의한다. 여성주의에는 자유주의, 낭만주의, 사회주의, 급진주의 등 다양한 입장들이 존재하지만, 모든 여성주의가 공유하는 한 가지는 가부장적 사회에 대한 대안적 비전을 제시하고자 한다는 것이다. 성평등이란 유토피아적 환상 혹은 성이 다르고 문화가 다른 인간들 사이에 존재하는 "차이"에 대한 부인이 아니라 "차이"를 우월한 것과 열등한 것으로 나누어 차별하는 권력에 대한 거부이며, 인간이 인간을 억압하거나 인간이 다른 생명체를 억압하는 이데올로기에 대한 저항이다.

여성주의에 대한 간략한 논의는 여성주의와 교회의 관계, 가톨릭 여성주의와 다른 여성주의들과의 관계에 대한 좀 더 심도 있는 논의로 이어진다. 가톨릭여성주의는 가톨릭의 "보편적 경험"으로부터 여성이 배제되어왔다는 것을 의식하는 것에서 시작한다.[21] 교회는 여성이 교회의 활동에 참여하는 것을 제한하는 동시에 가정과 사회의 가부장제에 신학적 정당성을 부여해왔다. 가톨릭 여성들은 이러한 차별 경험이 일회적이거나 우발적인 것이 아니라, 교회 내부에 깊숙이 내재되어 있는 문제점이라는 것을 인식하며 신학적인 질문을 던진다: "교회의 가부장주의는 하느님이 인가한 것인가, 아니면 인간이 만들어낸 이데올로기인가?" 만약 인간이 만들어낸 이데올로기라면 이는 인간을 향한 하느님의 뜻을 왜곡하는 것이므로, 여성들은 이에 도전하고 변혁해야 한다. 이 질문에 대답하기 위해서는 필연적으로 성서로 돌아가, 성서에 드러난 하느님의 형상과 상징, 하느님과 인간을 표현하는 언어들, 하느님과 그리스도와 인간의 관계, 남성중심주의의 성서적 근원 그리고 성서해석의 역사를 꼼꼼히 살펴봐야 한다.

2장, "성서, 가부장주의의 도구인가 개혁의 자원인가"에서는 1장에서 제기된 질문을 받아, 가부장적, 여성혐오적, 남성중심적으로 알려진 성서를 어떻게 여성들을 위한 해방의 텍스트로 다시 읽을 것인가에 대해 토론한다. 슈나이더스는 우선 여성과 성서의 관계에 대한 질문부터 새롭게 제기해야 한다고 말한다. 만약 첫 단추를 "성서가 여성에 대해 어떻게 말하고 있는가?"라는 질문으로 풀어간다면, 성서를 읽는 방법론을 역사비평적 주석(historical critical exegesis)에 제한하게 된다. 즉 성서가 쓰인 시공간의 가부장적 문화의 틀을 통해 하느님의 말씀을 이해하게 되므로 성서의 해방적 메시지를 이해할 수 있는 폭이 좁아진다. 슈나이더스가 제시하는 대안적인 질문은 "성서가 무엇을 말

---

21) 예를 들어, 여성은 가톨릭의 칠성사(七聖事) 중 하나인 신품성사로부터 완전히 배제되어 있으므로 사제가 될 수 있는 자격이 없다. 사제가 될 수 없다는 것은 지도력을 행사할 수 있는 모든 권한과 교회의 중요한 안건들을 결정하는 의사기구에 참여할 수 없다는 것을 의미한다.

하고 있는가?"가 아니라, "성서를 하느님의 말씀이라 고백한다는 것은 과연 어떤 의미인가?", "성서, 즉 하느님의 말씀이 오늘을 살아가는 그리스도인들에게 무엇을 의미하는가?"이다. 즉 성서의 문자적 의미에 천착하는 관점으로부터 성서의 메시지가 그리스도인들의 경험과 어떤 관계를 맺을 것인가의 관점으로 초점을 이동하여, 성서읽기를 단순한 주석이 아닌 해석학으로, 철학적 문제의식으로 승화시키는 것이다. 이러한 질문들을 기반으로 성서에 나타난 은유와 상징들을 분석하여 슈나이더스가 얻은 결론은, 성서는 사실에 대한 기록 혹은 삶의 규범을 제시하기 위한 "법전"이 아니라 하느님을 경험한 인간들의 "증언"이며 "고백"이라는 것, 성서의 저자들은 남성이었으며, 따라서 그들의 언어는 그들이 속해 있었던 가부장적 문화와 분리될 수 없다는 것, 따라서 성서에 드러난 가부장적 이데올로기를 바로 하느님의 말씀으로 받아들여 성차별을 정당화할 수는 없다는 것이다.

그렇다면 여성신학이 고민하는 가장 본질적인 문제, 즉 "성서가 여성해방을 지원하는 자료로 읽힐 수 있는가?"에 대해서는 어떻게 답해야 할까? 슈나이더스는 성서를 해방의 텍스트로 재해석하는 것은 여성들의 몫이라고 말한다. 성서읽기에 있어 우선 근본주의적 태도와 실증주의적 태도를 버린다면—두 가지 태도 모두 성서의 의미를 축소하고 성서를 침묵시키며, 현실과 무관한 과거의 문헌으로 폄하할 뿐이라는 것을 인정한다면—그리고 그 대신 성서읽기의 지평을 넓혀 성서의 말씀을 우리가 살고 있는 현실과 만나게 한다면, 성서는 아마도 여성의 경험을 존중하고 여성의 사도직을 격려하여 새 교회를 열어가도록 돕는 촉매 역할을 할 것이다. 성서를 근본주의적, 실증주의적 읽기로부터 벗어나게 하는 것은 가톨릭 지적 전통이 강조하는 변증법적 토론과 열린 해석과 대화이다. 예수는 "너희가 내 말을 마음에 새기고 산다면 너희는 참으로 나의 제자이다. 그러면 너희는 진리를 알게 될 것이며 진리가 너희를 자유롭게 하리라"(요한복음 8:31-32)고 말했다.22) 예수는 근본주의자들과 실증주의자들과 전통주의자들이 주장하는 것처럼 우리가 예수의 가르침을 수동적으로 받아들이고 단순 반복을 통해 전파시키기를 원치 않았다. 오히려 진리로 인도하는 성령의 이끄심에 따라 적극적이고 진취적으로 변화에 적응하며 복음을 새롭게 해석해나가기 원했다. 신앙인의 삶의 자리를 중심으로 열린 대화에 참여하는 것이 예수가 원했던 진정한 성서읽기이며 전통을 계승하는 태도인 것이다.

3장, "여성주의 영성: 그리스도교적 대안인가 그리스도교를 대체할 대안인가?"에서는 여성들이 가톨릭교회를 통해 추구할 수 있는 영성에 관해 토론한다. 앞에서 이미 이야기했듯, 슈나이더스는 영성을 그리스도교적이거나 종교적인 것에 국한되지 않는 궁극적 가치를 향한 자기초월의 경험이라 정의한다. 그러므로 한 개인과 공동체의 영성의 특징을 표현하기 위해서는 영성이란 단어를 수식하는 형용사에 주목해야 한다. 3장에서는 특히 "그리스도교" 영성과 "여성주의" 영성의 관계를 이야기하고 있다. 슈나이더스는 그리스도교 영성은 "삼위일체적, 그리스도 중심적, (신앙)공동체적" 성격을 지닌다고 말한다. 이 세 가지 특징은 본질적으로 여성을 포함한 모든 생명의 해방을 지향하지만, 표현에 있어서만큼은 가부장주의 영향 아래서 남성들의 경험을 중심으로 형성되었으므로 어쩔 수 없이 성차별적인 요소를 포함하고 있다. 이와는 달리 여성주의 영성은 여성의 경험에 기반하여, 가부장주의에

22) 『공동번역 개정판 성서』(서울: 대한성서공회, 1999) 참고.

의해 발생한 위계적 이분법의 논리―영과 육, 남성과 여성, 하늘과 땅, 문화와 자연, 영원과 시간, 공공영역과 사적영역, 정치적인 것과 개인적인 것―를 타파하고 여성의 정당한 권리와 힘을 복원하는 것을 궁극적 지향으로 삼는다. 따라서 이러한 위계질서를 안착시키는 데 결정적인 역할을 한 그리스도교와의 갈등은 필연적이다. 그러나 과연 유대-그리스도교 전통이 그 근원부터 가부장적이었을까? 슈나이더스의 의견은 다르다. 그는 고대 근동의 여성신 전통이 야웨 하느님을 유일신으로 묘사하는 과정에서 어떻게 억압받고 마침내 자취를 감추게 되었나 설명하며, 유대-그리스도교 전통이 원래부터 군주적·가부장적 남성신을 섬기는 전통이었다는 관습적 사고에 도전한다. 비록 남성신 전통에 의해 억압되어 그 입지가 미미하지만, 시편을 비롯한 구약성서와 신약성서의 많은 책들은 풍부한 여성 상징들을 포함하고 있다. 따라서 여성주의 영성은 유대-그리스도교 전통의 영성과 대립하는 영성이 아니며, 오히려 무시당하고 침묵당한 전통을 되살리는 영성, 그리스도교 영성의 본질을 회복시키는 영성이다.

그렇다면 여성주의 영성을 교회에 되살리려는 시도는 어떻게 이루어지고 있을까? 슈나이더스는 우선 여성주의 영성의 성격을 다섯 가지로 요약하여 설명한다. 첫째, 여성주의 영성은 여성의 경험에 기반한다. 둘째, 여성주의 영성은 가부장적 위계질서에 의해 탄생한 이분법의 구도들에 도전하며, 억압되었던 "몸과 물질"의 권리를 복원한다. 셋째, 가부장적 착취가 자연과 약자에 대한 착취와 동일한 뿌리를 가졌음을 인식하고 극복한다. 넷째, 이성과, 머리와, 형이상학에 치중했던 과거의 영성을 지양하고 참여적, 원형적, 미학적, 체화적(incarnate), 소통적인 영성을 개발하며, 삶을 되살리고 즐거움을 추구하는 의식들을 창조한다. 가장 중요한 다섯째, 여성주의 영성은 개인의 성장과 사회정의의 실현이 시작 지점부터 분리될 수 없음을 인식하고 이 둘을 동시에 지향하며 추구한다.

　많은 가톨릭 여성들이 이미 이러한 여성주의 영성의 필요성을 인정하고 각자의 자리에서 교회변혁을 시도해왔다. 슈나이더스는 특히 제도교회권 내에서 활동하며 여성주의 영성을 교회에 적용하려 하는 여성들을 "여성주의자 가톨릭들"(Feminist Catholics)로,23) 제도교회와 관계를 유지하고는 있지만 "여성교회"(Womenchurch) 운동을 통해 여성이 전인격적으로 교회에 참여하는 공동체를 건설해온 여성들을 "가톨릭 여성주의자들"(Catholic Feminists)로 구분한다.24) 여성주의자 가톨릭들이 신학, 전례, 교리 등 제도 신학의 영역에서 여성주의와 가톨릭 전통의 접점을 고민하고 화해를 시도한다면, 가톨릭 여성주의자들은 가톨릭 전통에 잠재되어 있는 해방적, 공동체적 요소들을 놓치지 않되 다른 종교들의 영성도 동등하게 끌어안으며 좀 더 창조적인 신학과 전례와 의식을 개발한다. 슈나이더스는 이 두 가지 경향은 서로 대립하는 움직임이 아니라, 진정한 사도직을 실현할 새로운 터를

---

23) 여성주의자 가톨릭들은 주로 제도교회의 개혁을 위해 헌신하며, 또한 남성중심의 가톨릭 학계에서 적극적으로 활동하며 제도교회 내 가톨릭 신자들에게 여성주의 의식을 일깨운다.

24) 여성교회(Womenchurch)에 참여하는 가톨릭 여성주의자들은 여성교회 자체를 하나의 교회로, 즉 "종교적 관심이 크고 종교에 참여적인, 여성 정체성을 가진 공동체"로 정의한다. 여성교회의 출발점은 가톨릭교회뿐 아니라 교단과 종단을 초월한 여성의 종교경험 공유이다. 이들은 여성사제직 등 제도교회가 갖고 있는 문제점들을 개혁하는 데 그치지 않고, 여성공동체를 통해 여성의 전인격적 종교참여를 추구한다. 여성교회 참여자들은 여성교회 운동을 분리주의적 소모임 혹은 망명공동체로 규정하기보다, 가부장주의적 교회에서 일시적으로 떠나 있는 "출애굽공동체"(community of exodus)로 규정한다.

가꾸고자 하는 목표를 공유하며, 따라서 상호보완적으로 함께 나아갈 때 훨씬 효과적으로 개혁을 앞당길 수 있다고 말한다. 여성의 영성, 즉 여성의 살아 있는 종교 경험을 공유하는 과정은 이 두 가지 경향이 함께 움직일 수 있는 기반을 마련할 것이다.

책의 결론 부분에서 슈나이더스는 오늘날 제도교회는 유사 이래 최대의 위기에 직면하고 있다고 엄중하게 경고한다. 만약 계속 변화를 거부하고 가부장주의와 남성중심주의에 머무르고자 한다면, 교회는 변화하는 세상 속에서 더 이상 살아남지 못할 것이다. 그러나 여성주의는 다르다. 영성으로서, 공동체운동으로서 여성주의는 제도교회가 없더라도 살아남을 것이며 번창할 것이다. 미래는 여성들에게 더 밝게 열려 있다. 그러므로 제도교회는 여성주의 영성이 교회에 가져온 도전과 쇄신의 요구를 그저 불편해 하고 공격적으로 대응하거나 피하기만 할 것이 아니라, 개혁을 위한 새로운 자원과 에너지로 받아들이고 감사하며, 현재의 위기를 기회 삼아 변화해나가야 한다. 여성주의는 교회가 감당해야 할 가장 궁극적이고도 진지한 도전이자, 가장 밝게 빛나는 미래의 희망이다.

IV. 나오는 말

맨 처음 제기했던 질문으로 돌아가 보자. 교회와 여성주의 사이에서 그 어느 것도 포기할 수 없어 고민하는 가톨릭 여성들에게 신학은 무슨 이야기를 할 수 있을까? 팔리와 슈나이더스는 가톨릭 신앙의 근본을 무너뜨리지 않으면서도 여성신학적인 비전을 품고 살아갈 수 있는 열쇠가 오히려 전통 안에 있다고 말한다. 그리고 이 두 신학자는, 각자 다른 방식으로 전통을 활용하여 여성의 목소리를 되찾는 방법론을 제시하고 있다. 팔리는 가톨릭 지적 전통이 갖고 있는 대화와 통합의 원칙을 통해 성이라는 민감한 주제를 둘러싸고 있는 금기와 타부를 걷어버리고 보다 성숙한 윤리적 담론의 장으로 교회를 초대하고 있으며, 슈나이더스는 성서와 전통의 변증법적 대화를 시도하여 팔리와는 또 다른 방식으로 전통을 활용하여 교회의 남성중심주의에 도전하고 여성주의적 영성을 대안으로 제시한다. 두 신학자 모두, 가톨릭 전통이 갖고 있는 지적 유산이 미성숙한 선입견과 좁은 식견, 근본주의적, 실증주의적 태도를 지양하고 교회를 변화와 개혁으로 이끌 견인차 역할을 할 수 있다는 것을 보여준다. 그리고 여성신학과 여성주의 영성을 추구하는 것은 결코 교회를 거부하는 것이 아니라, 오히려 교회를 살아 있게 하는 길이라고 주장한다.

두 신학자의 예에서 찾을 수 있듯, 가톨릭 지적 전통이 갖고 있는 가장 귀중한 가치는 교회 안팎의 "타자"들의 목소리에 귀를 기울이며, 그리고 그 타자들과의 대화를 통해 발전하고자 하는 개방성이다. 그리고 이 전통은 타자와의 만남을 두려워하지 않았던 신앙의 모범들에 의해 성장해왔다. 초대교회와 교부시대, 중세로부터 현대에 이르기까지 우리가 기억하는 신앙의 모범들은 모두 "지금 이 시대, 이 상황, 이 순간"에 성령이 어떻게 신앙공동체를 이끄는가를 진지하게 고민했던 이들이다. 그/녀들은 각자 방식의 차이는 있다 하더라도 예외 없이 연약하고 깨어지기 쉬운 삶의 현장에서 참 삶의 의미를 묻고, 우리가 어디로부터 왔으며 어디로 가고 있는가 성찰하며, 선한 삶을 이룬다는 것이 어떤 것인가, 바람직한 관계를 맺는 것은 어떻게 가능한가, 공동체의 일원으로 살아간다는 것은 또 무엇을 의미하는가와 같은 질문들을 끊임없이 제기하고 탐구하고 성찰하며, 성령의 이끄심에 따라 교회공동체를 안으로 밖으로 변화시키는 데 힘써왔다. 기록된 전승이건 삶으로 전해 내려오는 전승이건, 전통은 시대의 요구에 반응하고 응답하는 전달자들 없이 전승될 수 없다. 그러므로 전통을 보전(保全)한다는 것은 내용을 습득하고 보존(保存)하는 것뿐 아니라, 해당 시대에 적절한 언어로 번역하고 어떻게 적용될 수 있을지 파악하며 삶으로 살아내는 행위, 즉 실천(praxis)을 포함한다. 실천을 통해 전통을 재해석하고 재구성하는 것은 전통을 거역하거나 배반하는 것이 아니라, 오히려 전통을 실존적으로 받아들일 수 있는 조건을 만들어내는 것이다. 실천을 통해 비로소 전통은 교리를 저장하는 낡은 창고가 아니라 살아 있는 영향력으로서 그리스도인들과 만날 수 있다.

이러한 의미에서 여성신학은 신학의 역할을 정확하게 이해하고 충실하게 수행하고 있다. 가톨릭 여성신학의 과제 중 하나는 성서와 전통을 여성의 시각으로 복원하는 작업이다. 엘리자베스 슈슬러 피오렌자(Elizabeth S. Fiorenza)가 말했듯, 여성신학은 "단순히 가부장적 교회구조를 비판하고 침식시키려 하는 것이 아니라, 가부장적 교회구조 속에서 살아온 여성들에게 생각할 권리, 말할 권리를 되돌려주는 것"을 목표로 한다.25) 이 작업은 예수의 복음을 원래의 목적대로, 즉 모든 인간에게 선포된 해방의 복음으로 회복시켜 선포하는 작업이며, 수세기 동안 반쪽의 생각과 말로 유지되어온 교회의 전통을 온전한 전통으로, 남녀 모두의 온전한 삶의 전승으로 재창조하는 작업이다. 팔리와

---

25) Elizabeth S. Fiorenza, *In Memory of Her: A Feminist Theological Reconstruction of Christian Origins* (New York: The Crossroad Publishing Company, 1994), xx.

슈나이더스의 글이 보여주듯이, 이러한 작업에 헌신하는 여성신학자들에게 전통은 폐기해야 할 대상이 아니라 재건해야 할 토대이며, 여성의 경험이 배제된 교회의 보편적 가르침에 도전할 기회를 주는 중요한 자원이다.

여성신학과 교회, 그 둘 사이의 긴장 관계는 앞으로도 계속될 것이다. 그리고 가톨릭 여성들의 고민과 갈등과 투쟁도 계속될 것이다. 화해와 일치를 이룩하기까지는 많은 시간이 걸리겠지만, 그 지난한 과정 속에 벌어질 많은 일들은 결코 무의미하지 않을 것이다. 진리를 향한 길이기 때문이다. 그 옛날 예수를 따르던 사도들을 기억하자. 예수를 만났던 남성사도들이 배와 그물을 던져버리고 그를 따랐듯이, 그의 부활을 목도한 여성사도들 또한 물동이를 내던지고 기쁜 소식을 전하기 위해 마을로, 골짜기로 내달렸다. 사도들에게 의미 있었던 것은 오직 한 가지 질문이었다: "그이가, 진정 그이가 그리스도이신가, 우리의 구원자이신가?" 오늘날 여성들이 같은 맥락의 질문을 제도교회에 던지고 있다. "우리 여성들의 삶과 경험 속에서 진정 그리스도의 형상을 발견하지 못하는가? 교회는 왜 그 형상에 응답하지 못하고 있는가?"[26]

---

26) 글의 마지막 부분은 *Beyond Patching*의 결론 부분(112)을 번역하여 참고했다.

참고문헌

신앙교리성, "성윤리상의 특정 문제에 관한 선언(1975년 12월 29일)."「사목」44 (1976/3).

Farley, Margaret A. *Just Love: A Framework for Christian Sexual Ethics*. New York: Continuum, 2006.

_____. *Personal Commitments: Beginning, Keeping, Changing*. New York: Orbis Books, 1986.

_____. *Compassionate Respect: Feminist Approach to Medical Ethics and Other Questions*. Mahwah: Paulist Press, 2002.

_____. *A Metaphysics of Being and God*. New Jersey: Prentice-Hall, 1966 (co-edited with James Vincent McGlynn).

Fiorenza, Elizabeth S. *In Memory of Her: A Feminist Theological Reconstruction of Christian Origins*. New York: The Crossroad Publishing Company, 1994.

Hellwig, Monika Konrad Hildegard. "The Catholic Intellectual Tradition in the Catholic University." Anthony J. Cernera and Oliver J. Morgan, eds., *Examining the Catholic Intellectual Tradition*. Fairfield: Sacred Heart University Press, 2000.

O. P., Yves Conga and Dulles, Avery Cardinal. *The Meaning of Tradition*. San Francisco: Ignatius Press, 2004.

Sheldrake, Philip. *Spirituality and History*. New York: Orbis Press, 1991.

Schnediers, Sandra. *Women and the Word: The Gender of God in the New Testament and the Spirituality of Women*. Mahwah: Paulist Press, 1986.

_____. *New Wineskins: Re-Imagining Religious Life Today*. Paulist Press, 1986.

_____. *The Revelatory Text: Interpreting the New Testament as Sacred Scripture*. Collegeville: Liturgical Press, 1999.

_____. *Finding the Treasure: Locating Catholic Religious Life in a New Ecclesial and Cultural Context*. Mahwah: Paulist Press, 2000.

_____. *With Oil in Their Lamps: Faith, Feminism, and the Future*. Dell Publishing Company, 2000.

_____. *Selling All: Commitment, Consecrated Celibacy, and Community in Catholic Religious Life*. Mahwah: Paulist Press, 2001.

_____. *Written That You May Believe: Encountering Jesus in the Fourth Gospel*. New York: The Crossroad Publishing Company, 2003.

_____. *Beyond Patching: Faith and Feminism in the Catholic Church*. revised edition. Mahwah: Paulist Press, 2004.

_____. "Approaches to the Study of Spirituality." Arthur Holder, ed. *The Blackwell Companion to Christian Spirituality*. Malden: Blackwell Publishing Ltd., 2005.

_____. *Prophets in Their Own Country: Women Religious Bearing Witness to the Gospel in a Troubled Church*. Maryknoll: Orbis Books, 2011.

_____. *Buying the Field: Catholic Religious Life in Mission to the World*. Mahwah: Paulist Press, 2013.

_____. *The Resurrection: Did It Really Happen and Why Does That Matter?* Marymount Institute.

Tilley, Terrence W. *Inventing Catholic Tradition*, Eugene: Wipf & Stock Pub, 2011.

베버리 해리슨과 레베카 토드 피터스의 여성주의 기독교 사회윤리학

백소영

I. 들어가는 말:
여성주의 기독교 사회윤리학을 한다는 것

'여성주의 기독교 사회윤리학'이란 한마디로 여성주의적 관점에서 해석한 기독교적 가치에 기반하여 현 사회를 살아가는 인간의 공동체적 문제들을 비판적으로 분석하고 사회적 대안을 제시하는 학문이다. 물론 '여성주의 기독교 사회윤리학'이라는 학문을 하기 위해 굳이 북미학자들의 이론에 기댈 필요는 없다. 이론도, 제도적 시스템도 그리고 문화적 생활방식마저 '동질화된 서구-근대적 산물'을 상징적·실질적으로 소비해온 식민주의적 습관을 '탈(脫)'하자는 마당에 '여성주의 기독교 사회윤리학의 동향'을 소개하는 이 글에서 기왕이면 아시아 여성신학자들이나 제3세계 지역의 윤리학자들을 소개하는 것이 더 의미있을 수 있다.

그러나 나는 굳이 이 글에서 베버리 해리슨(Beverly Harrison, 1932-

2012. 12. 15)과 레베카 토드 피터스(Rebecca Todd Peters)로 이어지는 북아메리카 여성주의 기독교 사회윤리학 2대의 흐름을 살펴보기로 했다. 아시아나 남미, 아프리카 여성주의 사회윤리학자들의 신학적 주장이 조야하거나 열등해서가 아니다. 적어도 기독교 윤리담론에 있어 여성주의적 시각을 가지고 구조적 시스템의 문제를 간파하며 전개된 '여성주의 기독교 사회윤리학'의 계보학적 흐름을 정리하면서, 그 첫 글을 이 학문이 시작된 공간으로부터 출발하고자 마음먹었기 때문이다. 인종적, 문화적, 지역적 '차이'에도 불구하고 우리의 학문적·실천적 노력이 '여성주의 기독교 사회윤리학'이라는 큰 범주에 포함된다면, 이를 처음 시작한 '1세계 기독여성들'은 어떤 문제의식에서 출발했고 현재는 어떤 논의들을 중점적으로 다루고 있는지, 이 글에서는 해리슨의 방법론과 주제 의식을 이어온 그녀의 제자 피터스를 중심으로 알아보려 한다.

요즘 세상에 영어는 외국어라 분류되기도 민망할 만큼 많은 사람들이 일상에서 쓰는 언어이지만, 그럼에도 아직까지 학문 분야에서 영어로 된 책에 대한 일반인들의 접근성은 여전히 제한적이다. 때문에 상업성이 있는 영어 저서들은 거의 실시간으로 번역판이 나오는 글로벌 시대이다. 그럼에도 이번 글을 준비하면서 내가 20년 전 대학원 시절에 읽었던 해리슨의 논문이나 저작들이 여전히 한글번역본이 없음을 알고 적지 않게 놀랐다. 같은 전공 영역에 있으면서 손 놓고 있었던 나도 어느 정도는 책임질 일이다. 이번 여성신학학회 총서를 통하여 사회윤리 분야에서 해외 학자들의 동향을 정리·소개하는 기회를 갖게되었을 때 나는 비로소 먼지 묻고 때 묻은 대학원 시절에 읽었던 해리슨의 책을 끄집어냈다. 여성주의 기독교 사회윤리학의 '어머니'라고 평가되는 해리슨, 그리고 그의 제자로서 현재 해리슨의 신학적 방법론과 주제들을 적극 계승하여 진지하게 사유하고 있는 피터스. 그들과 우리는 분명 '다르지만', 여성이요 개신교도이며 현대성이 만들어낸 문화적 상황에서 살고 있다는 점에서 여전히 '공동의' 문제의식과 과제를 놓고 씨름하는 학자들이다. 더구나 해리슨은 2012년 12월에 소천했는데, 그녀의 신학적 여정을 되돌아보기에 지금이 적절한 시점이지 싶다.

신학적 주장에 있어서 해리슨과 피터스의 윤리적 성찰이 중요한 이유는 그들이 견지하고 있는 사회구조적 차원의 분석이다. 윤리문제들에 대해 개인의 사적 신앙 결단으로 해결하려는 '주류' 복음주의적 한국교회나, 본질주의적으로 이미 결론을 내려놓은 편협하고 닫힌 답을 기독교 정당이나 정책을 통해 확산시키려는 일부 '전투적' 근본주의자들이 우리의 이웃인 까닭이다. 개인을 향한 감상적 터치나 프로그램으로는 결코 해결될 수 없는 구조악이 팽배하건만, 우리 사회와 교회는 여전히 사적 성실성과 신앙적 결단에 호소한다. 이러한 풍조와 삶의 조건을 비판하고, 대안을 전망하기 위해서 우리는 해리슨이 주장하는 기독교적 가치, 즉 '사랑에 의해 동기부여된 분노'의 힘에 주목할 필요가 있다고 본다. 상처를 무조건 덮어버리고 임시적 '힐링'을 외치는 것이 아닌, 구조적 비판과 개선을 위한 선행 과제로서 '분노'의 윤리성이 충분히, 그리고 효과적으로 강조되어야 한다.

다작을 하지는 않았지만, 해리슨의 글과 인터뷰, 강연에 기초해보면, 그녀의 윤리적 관심사는 여성의 재생산 결정권에 대한 우선성을 강조하는 구체적인 주제로부터 출발하여 점차 정치경제 영역에서의 윤리판단으로, 그리고 후기에는 정치, 경제, 성 윤리가 모두 교차하는 윤리문제로서의 환경윤리로 옮아갔다. 정치경제적, 그리고 성과 소수자 시점의 윤리적 성찰이 포함된 '환경윤리'에 대한 해리슨의 강조점은 피터스에게로 이어져 '세계화'에 대한 여성주의적, 기독교적 관점에서의 윤리담론을 형성하는 데 영향을 끼쳤다. 지속가능한 성장을 지향하면서 무엇보다 '상호성'의 윤리를 강조하고, 이를 '다른 지역'으로서의 이웃들에게서 배우려는 '1세계 윤리학자'로서의 노력이 피터스에게서 엿보인다. '생존'이라는 보편적이고 절대적인 가치를 삶에서 구체화시키면서 거시적인 안목으로 일상에서의 책임 있는 윤리 판단으로 이끄는 피터스의 성찰은, '우리 대 그들'의 이항대립적 갈등 윤리나 '혼종성'이나 '포스트' 담론들이 가진 모호하고 애매한 탈정치적 윤리담론 모두를 극복하기 위해 유효한 학문적 도움을 준다고 생각한다. 무엇보다 무한경쟁의 세상에서 '탈성적 전문가 개인'들로 넘쳐나는 우리 사회에서 두 여성윤리학자가 제시하는 '관계적 상호애'는 그 어느 때보다도 시의성을 가지는 윤리적 덕목이라고 생각한다.

II. 베버리 해리슨, 기독교 사회주의적 시각에서 수행하는 여성주의 윤리학

해리슨과 오랫동안 유니온 신학대학원(Union Theological Seminary)의 동료였으며 현재 라인홀드 니버 석좌교수로 있는 게리 도리엔(Gary Dorrien)의 평가에 의하면 해리슨은 "여성주의 사회윤리학의 어머니"이다.[1] 해리슨이 유니온에서 가르치기 시작한 것이 1969년이고

---

1) Gary Dorrien, *Social Ethics in the Making: Interpretation an American Tradition* (West Sussex, United Kingdom: Wiley-Blackwell, 2009), 424.

1999년에 은퇴를 했으니, 삼십 년 해리슨의 신학적 고향은 단연코 유니온이라고 할 수 있다. 주지하다시피 그곳은 흑인해방신학, 남미해방신학을 비롯하여 해방주의적 시각에서 신학하는 학자들의 집합장소였다. 해방신학자들과 연대하면서, 그리고 동료 여성학자들과의 관계성 속에서 해리슨은 자신과 여성학자, 학생들의 상황을 구조적으로 분석해내기 시작했고 향후 여성들과의 연대성 안에서 학문하고 실천하는 생애를 살았다.2)

해리슨은 지적이고 행정력을 갖춘 인재로서 유니온에서는 이례적으로 박사학위 과정 중에 교수 임용이 이루어졌던 인물이다. 막 전개된 여성주의 신학과 윤리학 분야에서의 실천성을 인정받아 해리슨은 1980년에 정교수가 되었는데, 이때 취임연설이 바로 "The Power of Anger in the World of Love: Christian Ethics for Women and Other Strangers"였다. 하나의 논지를 가지고 긴 호흡으로 저술한 해리슨의 단독저서는 *Our Right to Choose*(1983) 한 권뿐이다. 여성주의 조직신학자인 헤이워드(Carter Heyward)와 함께 *God's Fierce Whimsy: Christian Feminism and Theological Education*(1985)을 저술한 바 있다. *Making the Connection*(1985)은 해리슨이 강의 시 사용한 자료들을 캐롤 롭(Carol Robb)이 편집·출간한 책인데, 해리슨의 윤리적 입장 전

---

2) 해리슨은 미네소타 주 조용한 도시에서 백인 중산층, 장로교 가정에서 태어나 자랐다. 특히나 어머니 쪽은 가문 전통적으로 공화당 지지자들로 포진되어 있었기에, 사실 1960년대 이전의 해리슨이 해방주의적 시각이나 관심을 가질 만한 배경은 아니었다. 오히려 해리슨은 남성적 조직 내에서 힘겨워 하는 여성들, 특히 여신학자들과 학생들의 상담을 맡으면서 초기에 '쉽게 실망하고' '감정적으로 동요하는' 그녀들의 '약함'을 이해하지 못했다고 회고한다. 그녀들이 자신의 신학적 작업의 토대였는데 이를 간과하고 자신을 그녀들로부터 분리해내면서 개별화된 정체성을 가지고 있었다고 고백한다. 앞의 책, 421-424.

반을 살펴보는 데 큰 도움이 되는 글모음이다. 피터스를 비롯하여 해리슨의 제자들이 엮은 또 하나의 글모음 *Justice In the Making: Feminist Social Ethics*(2004)는 그의 최근의 윤리적 주장들을 살펴볼 수 있는 자료이다.

1. 도덕적 행위주체로서의 여성, 집단 정체성의 인식

캐롤 롭에 따르면 해리슨의 윤리는 여성이 처해온 역사적 맥락과 그 안에서의 여성억압 현실에 대한 구체적 분석으로부터 출발한다. 때문에 역사적 연구와 사회분석, 철학적 사유로부터 분리된 형이상학적 윤리성찰은 불가능하다고 보았다. 또한 보조적 위치 혹은 배제자의 위치에 있는 사람들이 권리를 갖는 방식으로 사회변혁을 일으키기 위해서는 계층적 구조에 대한 저항이 불가피함을 인정했다.3) 해리슨에게 여성을 포함하여 도덕적 주체는 "상호적 행동가(a reciprocal agent)" 요 "존재에 책임을 지는(the responsibility of being)" 주체이다.4)

해리슨의 이러한 기본적 방향성은 인간성이나 여성성에 대한 본질주의적 입장을 거부하도록 이끌었다. 남성들의 입장에서 형성된 도덕판단들이 마치 본질적인 자연법인 양 강요되는 것을 거부하며 '도덕판단자로서'의 여성이 자신의 경험에 기초하여 스스로 만들어낸 윤리적 주장이 존중되어야 한다는 것이다. 자신의 과제를 "기독교 윤리를 재형성하는 데 매우 중요한 여성들의 역사적인 경험이 가지는 긍정적인

---

3) Carol Robb, "Introduction," Carol Robb, ed., *Making the Connection: Essays in Feminist Social Ethics* (Boston: Beacon Press, 1985), xii.

4) Beverly Harrison, "The Power of Anger in The World of Love: Christian Ethics for Women and Other Strangers," Carol Robb, ed., *Making the Connection: Essays in Feminist Social Ethics* (Boston: Beacon Press, 1985), 11.

차원을 밝혀보는 것"이라고 밝힌 해리슨은, 이러한 작업을 통해 편협한 시각을 극복하고 모든 인간성을 다 포함하는 '보편적' 도덕규범에 좀 더 근접한 윤리학이 될 수 있다고 보았다."[5]

해리슨은 성윤리, 가정윤리를 사회구조적 차원에서 접근하였다. 특히 성윤리에 있어 해리슨의 '출산 선택'(procreative choice)의 주장은 그의 저서 *Our Right to Choose: Toward a New Ethic of Abortion*에서 중점적으로 다루어졌다. 에세이 모음집을 제외하면 하나의 주제를 가지고 구조적으로 엮은 단행본으로는 유일한 해리슨의 저서인데, 그녀는 역사적 상황에 따라서 교회가 임신중절에 대한 가르침을 달리해왔던 자료들을 제시하면서 이 윤리문제에 가려져 있는 교회와 사회의 정치적 연관성을 지적했다. 특히 교세의 확장이나 제국의 확장과 관련하여, 19세기 미국의 앵글로색슨 기독교 중산층의 수적 확보를 위해서, 또한 1980년대 보수층의 지지를 이끌어내기 위한 정치세력의 전략적 지원으로 강조되었던 역사를 상기시킨다. 임신중절이 윤리적 죄로 강조되는 지점들을 돌이켜볼 때 이 문제가 자연법에 기초해 있다기보다는 정치적 목적과 더 연결되어 있음을 명시한 것이다.[6]

무엇보다 이 책은 "도덕적 행위주체"로서의 여성의 권리를 옹호하는 방향으로 윤리적 주장을 펼쳤다는 것이 주목할 만하다. '임신중절'이라는 윤리 문제에 있어 가장 직접적인 연관성을 가지고 있으면서도 가치판단의 권위로부터 가장 멀리 배제되어 있던 '임산부'를 윤리판단의 행위주체로 부각시켰다는 것이 해리슨의 공헌이다. 추상적 접근이

---

5) 앞의 논문, 8.
6) Beverly Harrison, *Our Right to Choose: Toward A New Ethic of Abortion* (Boston: Beacon Press, 1983)의 5장 "The History of Christian Teaching on Abortion Recon-ceived"와 결론 부분을 참조.

나 의무론적·목적론적 해결이 아닌, 구체적이고 역사적인, 공동체 안에서 여성의 몸의 통전성과 관련하여 윤리판단이 이루어져야 함을 역설하였다. 그러나 해리슨은 자유주의자들이 주장하는 개인의 사적 자유나 인권에 대한 무한 보장의 차원에서 이를 지지하고 있지는 않다. 이 윤리문제에 대한 논의가 중절을 허용해야 하느냐 마느냐에 초점을 두는 것이 아니라, 중절 상황을 줄이는 방향으로 정책이나 임산부에 대한 공동체적 지지가 이루어져야 함을 강조함으로써 사회적 차원의 해결방안을 도모하였다.[7]

2. 분노의 윤리성과 상호애의 혁명성

'상호성'은 해리슨 윤리학의 키워드이다. 해리슨에게 '상호애'는 "구현된 사랑"(embodied love)이다. 그녀는 여성의 육성에 대한 '혐오 전통'에 반기를 들며, 서로에게 영향을 주고받는 관계적 사랑인 상호애를 옹호한다. "몸의 온전성, 자기존경, 상호성은 사랑의 주변적이고 부차적인 근사치이거나 사랑의 빈약한 근사치가 아니라 사랑의 본질"이라는 것이다.[8] 그 근거로서 예수의 십자가 사건을 제시하며, 해리슨은 상호애를 기독교적 사랑의 본질이라고 주장한다. 예수의 인생은 결코 유대적 속죄 제의의 희생양이 되기 위해 이 땅에 태어난 운명적 결정론의 삶이 아니었다. 예수가 십자가를 진 것은 이웃을 향한 상호애를 그치지 않은 대가였을 뿐이다. 즉 확실한 관여(commitment)의 결과로서

---

7) 해리슨의 책 전반에서 이러한 입장이 명시되어 있지만 결론 "Beyond Abortion Politics"에 요약적인 설명이 제시되어 있다.
8) Beverly Harrison, "Human Sexuality and Mutuality," Judith L. Weidman, ed., *Christian Feminism: Visions of a New Humanity* (San Francisco: Harper & Row, 1984), 148-149.

예수는 죽음을 받아들였다는 것이다.

"십자가상에서의 예수의 죽음, 그의 희생은 도덕적 미덕의 실천으로 추상
화될 수 없다. 그의 죽음은 그의 공동체에서 소외된 사람들과 더불어 연
대성과 상호호혜를 표현하는 사랑의 철저한 행위의 포기를 거부하느라
그가 지불한 대가였다."9)

예수는 옳은 관계성이 왜곡된 세계에서 이를 정정하려는 관계의 힘
을 구현시키기 위해 노력했고 이를 멈추지 않은 대가로, 즉 철저한 사
랑의 행위 덕분에 죽음을 당했다는 것이다. 해리슨은 이를 '정행'(do-
ing justice)이라고 불렀다.10) 성전을 중심으로 한 제의 종교가 모세의
율법이 가졌던 해방적 정신을 상실하고, 가여운 민중의 이중, 삼중의
착취 도구로 전락한 상황에서 '이 성전을 허물라'며 예루살렘 성전에서
난동을 부린 예수의 '분노'는 정의로운 것이며 긍정적인 기독교적 가치
로서 윤리성을 가진다는 말이다.

같은 '분노'가 가부장제 안에서 주체로서의 능동성과 자유를 억압받
고 있는 여성들에 의해 발현되어야 한다는 것이 해리슨의 신념이었다.
그러나 가부장제가 무너져야 한다는 점에서는 이를 극명하게 명시한
메리 데일리(Mary Daly)의 입장에 동조하면서도,11) 해리슨은 데일리
가 주장한 "초월적 여성공간으로의 도약"(leap into Otherworldly

---

9) Harrison, "The Power of Anger in The World of Love: Christian Ethics for
   Women and Other Strangers," 18.
10) 앞의 논문, 18-19.
11) 도리엔은 데일리를 여성주의계의 제임스 콘("the James Cone of feminism")이라
    불렀다. Dorrien, *Social Ethics in the Making: Interpretation an American Tradition*, 425.

Woman-space)이라는 전략에는 반대했다. 여성주의적 관점에서 윤리학을 하기 위해서는 대중여성의 일상으로부터 '초월'해서는 안 된다고 여겼기 때문이다. '이세상적' 참여에 대한 해리슨의 강조는 '장로교적 배경'을 가진 그녀의 개신교 윤리적 특징을 보인다고 할 수 있다. 그러나 한편으로 해리슨은 개신교 윤리의 개인주의적, 사적 경향성을 반대했고, 때문에 공동체 지향적이고 합리적이며 인격적인 윤리 성찰에 대한 가르침에 있어서는 오히려 가톨릭의 사회사상을 긍정적으로 평가했다.

해리슨은 사회주의를 지지했지만 그것이 사유재산의 몰수라든가 전면적 폐기를 의미하는 것은 아니었다. 다만 생산수단이 사회와 사람들을 위하는 방향으로 작동되어야 함을 강조하는 것이었는데, 기독교 윤리라면 사회주의적 비전을 포기하면 안 된다고 믿었다.[12] 개신교 윤리가 '하나님께 순종하는 신자'라는 단독적 주체에만 관심을 기울이고 매사에 개별적, 내면적 윤리만을 가르치는 것은 성서 전통을 잘못 이해한 까닭이라고 했다. 유대 예언자들이 "하나님께 순종하라"로 했던 것은 언제나 자신들의 공동체 안에서 구체적인 사회정의의 이슈들을 제시하면서 이를 지키라는 의미였지 내면화, 개인화된 "공허한 범주"(an empty category)가 아니었다는 것이다. 이를 근거로 해리슨은 기독교인으로서 사회주의적 비전을 옹호한다.[13]

---

12) Dorrien, *Social Ethics in the Making: Interpretation an American Tradition*, 431; Beverly Harrison, Elizabeth M. Bounds, et al., eds., *Justice in the Making: Feminist Social Ethic* (London, Louisville: Westminster John Knox Press, 2004), 172-184.

13) 이러한 이유에서 해리슨은 서구 근대 자유주의적 개인주의가 기독교 신학과는 병행할 수 없다고 선언하였다. 신정통주의자 칼 바르트(Karl Barth)를 포함해서 복음주의 라인이 고백하는 '하나님의 절대주권'은 도덕적 책임주체로서의 인간의 행위가능성을 약화한다는 것이다. 또한 자유주의적 신학자들이 이 비판에서 비껴나기 힘들었는데,

해리슨에게 '정의'란 "나와 너의 온전한 상호적 성취가 자발적으로 이루어져서 결과적으로 공공선을 건설하는 조건을 인식하는 실천 (praxis)"이며, 모든 도덕적 선은 "상호관계적 가능성들"(interrelated possibilities)이다.[14] 그녀는 유럽에서 사회주의가 실패했다고 해서 사회주의 사상을 폐기해야 한다고 보지 않았다.[15] 자본주의가 지배적인 글로벌 사회에서 사회주의적 국가 자체도 자신을 자본시장에 팔지 않고서는 생존이 불가능한 상황이었을 뿐이다.[16]

경제윤리를 다룸에 있어서 이미 주어진 환경에서의 제도적 테크닉을 논하는 접근법을 경계하면서, 해리슨은 정치경제학 담론 자체에 대한 근본적 재고를 요구했다. 그는 현실주의나 역사사회학, 신고전주의 경제이론의 맹점을 지적하면서 신마르크주의적 사회이론을 도입하여 구조적 문제에 접근했다. 해리슨은 "정치경제학은 계급 간 적대감을

───────────────

예를 들어 해리슨은 루돌프 불트만(Rudolf Bultmann)의 윤리가 '신자의 순종'을 강조하면서 상당히 주관주의적이고, 실존주의적, 개인주의적 왜곡을 취하고 있음을 지적하였다. Beverly Harrison, "Sexism and the Language of Christian Ethics," Carol Robb, ed., *Making the Connection: Essays in Feminist Social Ethics* (Boston: Beacon Press, 1985), 37-38.

14) 앞의 논문, 39.

15) 레베카 토드 피터스와의 인터뷰에서 해리슨은 자신의 주된 윤리적 관심 영역은 언제나 정치경제의 윤리학(the ethics of political economy)이었다고 밝힌다. 마르크스의 오류는 잘못 예언한 미래가 아니다. 마르크스가 한 것은 자본주의를 비판적으로 독해한 것뿐이었다. 해리슨이 보기에 마르크스의 오류는 사회주의적 시스템을 상상하지 않았다는 것이다. 국가로서의 러시아의 실패 역시 사회주의적 비전과 실천을 거치지 않고 바로 혁명 이후의 독재적 공산주의 체제로 간 까닭이라고 보았다. Beverly Harrison, "Reflecting on the Relationship between Politics and Economics," Interview by Rebecca Todd Peters, Elizabeth M. Bounds, et al., eds., *Justice in the Making: Feminist Social Ethic* (London, Louisville: Westminster John Knox Press, 2004), 157-161.

16) 앞의 논문, 157-169 참조.

명시하는 데만 목적이 있는 것이 아니라 사회적 차원의 착취를 생산해 내는 인간 행동을 극복하도록 만드는 데 있다"는 마르크스의 강조점에 주목한다.[17] 기독교 사회주의자로서 해리슨의 긴박한 윤리적 요청은 소수에 의해 중앙집권화된 국제적 산업자본주의 시스템은 결국 극소수를 제외하고 지구상 모든 생명의 죽음을 가져올 뿐이기에, 진정 철저하고 근본적인 경제적 민주주의가 시급히 필요하다는 것이었다.[18]

3. 내러티비티와 연대성을 통한 윤리실천의 글로벌 네트워킹

여성주의와 해방신학, 마르크스주의적 정치경제학의 방법론을 채택하여 윤리적 이슈들에 대한 구조적·전체적 접근을 해나갔던 해리슨은, 1980년대부터 이미 글로벌 착취의 문제에 관심을 두었다. 때문에 본질주의적 인간이해나 추상적 윤리개념으로 접근하고 있는 기독교 복음주의나 자유주의적 기독교 윤리가 놓치는 것이 바로 이런 구조적 문제임을 명시했다. 모든 윤리 판단은 선험적 가치나 전제가 아니라 역사적이고 사회적인 분석으로부터 출발해야 하며[19] 무엇보다 억압과 종속상태에 있는 집단의 구체적인 역사적 경험이 윤리적 성찰의 출발점이 되어야 한다는 것이 해리슨의 확고한 신념이었다. 그동안 유럽

---

17) Beverly Harrison, "The Role of Social Theory in Religious Social Ethics: Reconsidering the Case for Marxian Political Economy," Carol Robb, ed., *Making the Connection: Essays in Feminist Social Ethics* (Boston: Beacon Press, 1985), 75.
18) 앞의 논문, 80.
19) Beverly Harrison, "Theological Reflection in the Struggle for Liberation: A Feminist Perspective," Elizabeth M. Bounds, et al., eds., *Justice in the Making: Feminist Social Ethic* (London, Louisville: Westminster John Knox Press, 2004), 249.

중심의 기독교 윤리학이 너무나 쉽게 '보편' 혹은 '객관'이라고 말해온 윤리적 가치나 주장이 가진 맹점이 이들 특수집단의 경험과 성찰을 통해 "수정될" 필요성이 있음을 인정해야 한다는 것이다. 때문에 '객관성'이란 "타자의 역사를 향한 열림"이요 "역사가 지녀온 비판적 목소리들을 향한 개방성과 타자의 역사적 경험으로부터 배우는 능력"을 의미한다고 했다.[20]

이러한 이유에서 해리슨은 복음주의의 의무론적(deontological) 윤리나 자유주의의 실용주의적(utilitarian) 윤리의 한계성을 지적한다. 의무론적 윤리는 과거의 경험에서 형성된 가치나 전제를 절대화하여 적용하는 오류를 범한다. 기준이 과거에 있고 언제나 계층유지적 성향을 가지기 때문이다. 한편 실용주의는 현재적 시점에 집중한다는 점에서는 전자보다 고무적일 수 있지만, 현재의 실리적 정치원리가 작동하기 쉬운 이 윤리에서 상실하기 쉬운 부분은 좀 더 광범위한 의미에서의 목적론적 가치, 즉 인간의 소명에 대한 감각일 수 있다. 이 두 윤리적 패러다임의 대안으로 해리슨이 제시하는 윤리적 원칙은 "공동체적-평등주의적 정의의 원칙들"(the principles of communitarian-ega-litarian justice)이다.[21]

'인간의 기본적인 필요'라는 것에 대해 모두가 동의하는 내용을 갖는다는 것은 어려울 수 있다. 가치를 어디 두느냐에 따라 서로가 다른 '기본'을 주장할 여지가 있기 때문이다. 하지만 해리슨이 의미하는바 '기본적'(basic)이라는 말은 말 그대로 인간의 존엄성과 생존에 관계된 것들 즉 '일용할 양식'과 '안전하게 쉴 곳' 등 인간이라면 반드시 누려야

20) 앞의 논문, 249-250.
21) 앞의 논문, 254.

하는 것들이다. 때문에 만약 누군가의 발전, 진보, 증진에의 욕구나 필요성이 다른 이들의 기본적 인권이나 생존을 대가로 하여 채워지는 시스템이라면(해리슨은 명백히 자본주의적 삶의 방식을 염두에 두고 하는 말이었다) 이는 명백히 "도덕적으로 방어 불가능한" 삶의 방식이다.22)

자신의 윤리적 성찰 전반에 걸쳐 해리슨이 시도한 것은 유럽-미국의 백인남성 학자층의 신학자들과 윤리학자들이 잊고 있거나 감추려는 특수주의에 도전하는 것이었다. 그들이 해방신학의 폭력성을 비난하지만, 해리슨은 자신들의 윤리적 가치가 '보편'이 되기까지 그들이 과연 비폭력적이었는가를 반문한다. 현재의 가시적 평화는 이미 굳어진 체제에서 기득권자들의 힘으로 인한 저항불가의 상황일 뿐이다.23)

결국 기독교 전통과 경전에 대한 재해석과 재구성이 여성과 소수자의 경험을 토대로 다시 이루어지고 그들의 신학적·윤리적 주장이 기독교 전통과 경전 안에 포함되어야 하는 이유가 여기에 있다. 처음에는 로마제국, 그리고 유럽식민주의, 그리고 미국패권주의와 결부된 신학적·윤리적 주장이 '객관적' '보편적' 주장이라는 미명 아래 보존되어 왔기 때문이다. 배제하는 자가 없는, 진정한 의미에서 보편이 도래하도록 우리는 계속해서 '우리의 전통이 역사적으로 특수한 사람들의 공동체에게 해방을 주는 언어를 사용하고 있는지'를 성찰해야 한다. 만약 기독교의 신앙고백과 윤리적 담론이 특정 집단을 소외시키고, 그 윤리가 완고하고, 창의성을 결여하고 있으며 강제적으로 반복되고 있다면 이는 해리슨이 보기엔 명백한 '불의'다.24)

---

22) 앞의 논문, 255.
23) 앞의 논문, 256.
24) 앞의 논문, 257-260.

이러한 불의함을 그치기 위해 해리슨은 하나님과 신자 사이, 그리고 나와 너 사이에서 작동하는 '정의로운 상호애'를 주장한다. '함께 나누고 구체화된, 정의를 향한 열정'이 해리슨이 믿는바 '우리 시대 우리 가운데 하나님께서 취하시는 최선의 윤리적 형태'이다.[25] 해리슨은 다양한 인종과 민족적 배경을 갖는 신학교육 종사자들 간의 연합 모임이었던 "진흙꽃 모임"(the Mud Flower Collective)[26]에 참여한 경험을 통해, '1세계 백인 중산층 여성 경험'의 한계를 인식하게 되었다고 밝힌다. 향후 그녀의 윤리적 성찰이 죄의식으로부터 출발하게 만든 인식 전환의 경험이 되었다고 말이다.[27]

그러나 해리슨은 식민 경험과 인종차별의 경험 등이 하나의 '여성 경험' 안에 통합될 수 없다는 것을 인정하면서도, '여성 경험'이라는 거대 담론에 회의를 제기하는 '포스트' 담론 여성주의 이론가들의 새로운 시도에 대하여는 우려를 밝혔다.[28] 1960-80년대에 여성운동을 전개한 자신들은 구체적 역사적 상황과 문화적 공동체 안에서 여성의 문제를 비판적으로 살피고 이를 개혁하려 했던 개혁주의자들이었는데, 포스트구조주의적 이론가들은 탈정치성을 보이기 때문이라고 했다. 특히 프랑스 정신분석학적 이론가들에 고무된 여성주의자들이 '차이' 이

25) 앞의 논문, 263.
26) 인종과 민족 배경이 다양한 신학자들의 연합 모임으로서, Katie G. Cannon, Carter Heyward, Ada Maria Isasi-Diaz, Bess B. Johnson, Mary D. Pellauer, and Nancy D. Richardson 등이 참여했다. Dorrien, *Social Ethics in the Making: Interpretation an American Tradition*, 433.
27) Harrison, *Justice in the Making: Feminist Social Ethics*, 63.
28) Beverly Harrison, "Feminist Thea(o)logies at the Millennium: 'Messy' Continued Resistance or Surrender to Postmodern Academic Culture?" Elizabeth M. Bounds, et al. eds., *Justice in the Making: Feminist Social Ethics* (London, Louisville: Westminster John Knox Press, 2004), 113-128을 참조.

론을 가지고 작업하는 것에 대하여 경계했는데, '차이'라는 것은 여성 억압의 구조를 개선하거나 무너뜨리는 데 있어서 결코 첫 번째 주요 단어일 수 없다는 이유에서였다. 소위 '모던 담론'에 속하는 자신들의 이론화 작업 속에서 '여성 경험'을 마치 동일성의 경험인 양 사용한 부주의함은 인정하면서도, 자신들이 배타적으로 남성 경험을 보편 경험으로 주장했던 가부장적 학문영역에 '다름'을 가져왔다는 점에서는 진행 중인 포스트모던 담론과 방법론을 같이한다고 평가했다.29) 다만, 여성해방주의는 언제나 "역사-문화적 재건"(historical-cultural con-structs)에 놓여 있었지, 결코 초월적·추상적 형이상학이 아니었다는 점에서 '포스트'주의자들의 이론화 작업에 회의를 가졌다.30)

　　해리슨의 이러한 비판에는 60~80세대를 '모던적 본질주의자'로 몰아붙이는 후학들에 대한 감정적 시선이 어느 정도 반영된 것으로 보이지만, 적어도 '포스트'를 외치는 여성주의자들의 진로가 개별업적주의를 지향하는 "학술대회에서의 오만한 퍼포먼스"31)에 불과하다는 해리슨의 지적은 귀담아 들을 필요가 있다고 본다. 여성주의 담론이 일부 엘리트 여성학자들이 학술현장에서 펼치는 경쟁적이고 현학적인 언어놀이로 그친다면, 해리슨 세대가 그토록 염원하고 추진했던 여성들 간의 연대와 변혁을 위한 구체적 투쟁의 힘이 사라질 것은 자명한 일이다.

　　해리슨은 여성주의 해방신학의 인식론이 언제나 프락시스 안에서 검증되어왔음을 상기시킨다. 여성주의 이론가들의 목표는 "여성들의

---

29) Harrison, "Feminist Thea(o)logies at the Millennium," 114.
30) 앞의 논문, 115.
31) 앞의 논문, 117.

신학적 지식을 건설하고 확산하는 일에 구체적으로 참여하는 것"이기에, 결코 "자신의 이론을 개별적으로 수행하는 것"이 아니어야 한다고 목소리를 높였다.32) 도리엔은 해리슨을 비롯한 1960-80년대 여성신학자들의 시도를 "구체적 역사를 동반한 원칙적 관점"(a principled standpoint with a history)이라고 평가한 바 있다.33) 각 여성 집단이 처한 역사적 상대성과 한계를 인식하지만 그럼에도 변혁을 위한 능력으로서의 '여성주의적 관점'을 동일한 토대로 공유하고 있기 때문이다. 때문에 이 그룹에 속한 해리슨의 관점에서 보기에, '포스트'주의자들의 문제점은 그들의 이론이 혼종성과 차이를 드러내면서 끊임없이 구성되고 있는 자아와 공동체를 강조함으로써 "구체적인 현실 문제와 도덕적 주체로서의 현재적 자아에 대한 판단 정지"를 유도하고 있다는 점이다.34) 해리슨의 눈에 이들의 학문적 정체성은 "포스트자유주의적 탈정치적 미학주의"(the postliberal apolitical aestheticism)라 불릴 수 있는데, 이는 신자유주의적 정치경제시스템이 부추기는 학문성향이라고 보았다.35) 문학담론 중심의 비서구권 여성주의 엘리트들의 이론도 결국은 지역성, 공동체 안의 실제적 민초들과 유리된 미학적 언어놀이에 지나지 않는다고 평가한다. 그래서 이러한 지적 추구는 정작 '하위주체'(해리슨은 'grassroot'로 표현했다)의 목소리가 들리지 않고 그들의 상황이 바뀌지 않는 현실의 아이러니를 낳는다고 격렬하게 비판한다.36) 결국 해리슨이 '여성주의적 이론'이 지향해야 한다고 믿는 방

---

32) 앞의 논문, 116.

33) Dorrien, *Social Ethics in the Making: Interpretation an American Tradition*, 436.

34) Harrison, "Feminist Thea(o)logies at the Millennium," 117.

35) 앞의 논문, 119.

36) 앞의 논문, 122.

향성은 "실제적인 글로벌 네크워킹을 통해 함께 연대한 민초들의 행동성(grassroot activism)"이다.37) 모든 진리주장이 '상호 대화'에 입각해야 하고 구체적 집단의 '내러티비티'(narrativity)에 근거해야만 성찰적 자각을 형성해나갈 수 있다는 것이다.38)

III. 레베카 토드 피터스의 사회윤리학, '좋은' 세계화를 향한 글로벌 책임 윤리

레베카 토드 피터스는 해리슨의 제자이며 현재 미국 노스캐롤라이나 엘론 대학교의 종교학 교수이다. 미국장로교회(PCUSA)에서 안수받은 목회자이며, 세계교회협의회(WCC), 세계기독학생운동 등 에큐메니칼 운동에 활발히 참여하고 있다. 그의 책 *In Search of the Good Life: The Ethics of Globalization*(2004)가 최근 우리 언어로 번역되어 소개되기도 했다.39) 출간 준비 중에 있는 저서 *The Future of Globalization: Seeking Pathways of Transformation*을 비롯하여 다수의 논문을 통해 세계화가 양산하는 윤리적 문제를 다루는 일에 천착하고 있다. 피터스가 편집에 참여한 저서들은 앞서 소개한 해리슨의 책 이외에도, *Justice in a Global Economy: Strategies for Home, Community and the World*(2006), *To Do Justice: a Guide for Progressive Christians*(2008)이 있다.

그녀의 스승을 따라 피터스는 자신의 학문 방법론을 '역사적 유물

---

37) 앞의 논문, 121.
38) 앞의 논문, 124.
39) Rebecca Todd Peters 저, 방연상 · 윤요한 옮김, 『좋은 세계화 나쁜 세계화』(서울: 새물결플러스, 2012).

론' '유물론-페미니즘과 기독교 윤리를 결합하는 일'로 규정한다.[40] 해리슨이 동시대 기독교 윤리학자들이나 평신도들이 성서를 직접적으로 사회문제의 해결책으로 적용하는 것의 위험성을 지적했듯이, 피터스 역시 사회윤리란 "신학전통에서 추론할 수 있는 부차적인 것이 아님"을 분명히 한다. 성서는 기독교 사회윤리학자들과 기독교인들에게 "여전히 수많은 지적·영적 성장을 위한 비판적인 기초 자원"이지만, 성서적 배경과는 다른 역사적 상황과 사회문제를 가지고 있는 한 사회윤리학의 지적 방법론은 일종의 '나선형 전진운동'을 추구해야 한다는 것이다. 즉 사회윤리학이란 성서·신학과 이론적·해방적 인식론 간의 변증법적 상호작용을 지속하며 전개되어야 한다고 주장한다.[41]

1. 번영과 개발의 세계화, '나쁜' 세계화 담론 비판

해리슨의 지도 아래 유니온 신학교에서 해방신학과 윤리를 연구하며 관심을 가졌던 주제들을 아우르며, 1990년대 이후 세계화 논의에 있어 복잡하게 얽히고 정치적으로 미묘한 양상들을 유형론으로 정리한 피터스의 작업이 *In Search of the Good Life*이다. 이 책은 국제적 중심권력이 생겨나는 상황에서 권력 나누기, 개발과 번영이라는 가치추구 속에 존재 위협에 처한 지구 돌봄, 개별화된 경쟁과 탈락의 일상화 가운데 인간의 사회적 안녕을 위한 사회윤리를 모색한 저작이다. 피터스는 이 책에서 유형론의 한계점을 인식하면서도 한편으로 복잡한 현상을 분석하는 '이해를 위한 도구'가 된다는 장점을 언급하며 세계화 경향을 갖는 동향의 네 유형을 각각 개발, 평등, 환경, 탈식민의 키워드로

---

40) 앞의 책, 36.
41) 앞의 책, 40.

정리하였다.

'신자유주의'(neoliberalism) 패러다임은 피터스가 꼽은 세계화의
첫 유형이다. 프리드먼(Milton Friedman)과 시카고 학파는 경제위기
의 만병통치약이 무역 자유화인 양, 민영화가 더 효율적인 시장기구인
양 자신했다. 좋은 삶에 대한 신자유주의적 비전은 '개인의 자유'에 기
초한다. 자유경쟁을 통한 부의 창출이 개인의 번영을 가져오며, 개개
인의 잉여생산의 공적 나눔이 사회적 풍요로 이어진다는 낙관론이다.
이 패러다임에서 인간의 목적은 '번영'이다. 북미에서 시작한 '번영신
학'은 신자유주의가 선포하는 '좋은 삶'의 비전과 찰떡궁합이다. 신자
유주의를 지지하는 많은 기독교 지도자들이 "기독교가 부의 창출에 대
한 긍정적인 명령을 인류에 제공하고, 그 명령은 세계에 대한 관리와
통치라는 임무에 우리 능력과 재능을 사용하라는 하나님의 의도"라고
설교한다.[42] 북미 윤리학자로는 노박(Michael Novak)이 대표적인데,
그는 "민주적 자본주의가 촉발한 상상력과 진취성으로 자연에 묻혀 있
던 실질적 부를 인식하게 됐고 이 자원을 사용할 새 방법을 발명했으
며, 자신이 소유한 것을 알지 못했던 세계 많은 지역에 부를 안겨주었
다"고 믿었다.[43]

그러나 피터스는, 어느 시장도 말 그대로 '자유'시장인 적이 없었음
을 지적한다. '역사적'으로 자유시장과 자유무역은 없었다. 다만, "누군
가는 보호받고 누군가/무엇인가는 보호받지 못할" 뿐이다.[44] 1세계
신학자로서 피터스의 사회적 좌표는 '보호받고' 있는 누군가에 속한다.

---

42) 앞의 책, 110.
43) 앞의 책, 110.
44) 앞의 책, 233.

물론 여성이라는 하위주체의 위치가 그녀로 하여금 세계를 다른 시각으로 보게 만드는 새로운 좌표로 이동가능하게 만들지만, 그녀는 3세계 여성들과는 또 다르다. 이런 중층적 위치를 가진 피터스임에도 이책에서 그녀가 가진 윤리적 입장은 전반적으로 '기득권을 내려놓음'이다. 피터스는 '상위 몇 퍼센트의 세계적 엘리트에게만 가능한 '좋은 삶'은 윤리적으로 정당화될 수 없는 비전임을 명백히 한다. 전 세계 인구는 현재 가장 부유한 10%의 삶을 자신들이 궁극적으로 도달해야 하는 번영의 종착점으로 여길 수 없다. 구조적 한계가 있을뿐더러, 만약 모두가 그 지점에 도달한다면 생태계는 완전히 파괴되고 말 것이다.45) 때문에 피터스는 이 모델이 최고 가치로 여기는 '이윤'보다 더 긴박한 공동체의 목표는 '생존'이라고 강조한다. 인간다운 삶을 제공받지 못하는 '경쟁의 실패자들'에 대한 복지는 물론, 무한경쟁의 실천 속에서 수탈당하고 파괴되는 자연까지를 돌보는 공동체적 삶이 모색되어야 한다는 점에서, 이 패러다임은 극복되고 지양되어야 할 유형임을 분명히 한다.

피터스는 자신이 두 번째 세계화 모델로 분류한 '개발주의'(development) 패러다임도 비판한다. 이는 신고전주의 경제학 내에서 변형된 이데올로기인데, 이론적 뿌리는 케인즈이다. 케인즈는 "공공사업에 대한 정부투자는 민간투자가 시장경제에서 전통적으로 감당했던 역할과 유사한 기능을 할 수 있다고 주장"했다. 그의 이론을 사회형평주의라 부르는 이유는 "사회에서 더 빈곤한 계층의 실업과 인플레이션에 동반하는 인적 요소의 황폐화에 관심을 두기 때문"이다.46) 이 패러다

---

45) 앞의 책, 271.
46) 앞의 책, 128-129.

임은 인간 번영의 조건으로 '형평성'을 꼽고 있으며 이를 성취하는 방향으로 "세계화의 조건을 개선"하려고 노력한다. 그러나 국가 간 경제 불평등, 돌봄 노동의 주변화(무급에 사회적 인정을 받지 못함), 고용불안정성, 환경 악화, 국제정치적 불안 등 신자유주의의 세계화 모델이 가진 문제점을 인식하면서도, 여전히 신자유주의 세계화 모델과 관계된 부정적 결과를 최소화하는 방법이나 기구의 역할만을 고심하고 있다는 점에서, 피터스는 '사회형평주의'가 한계를 가진다고 평가한다. 이 패러다임을 지지하는 사람들은 시장과 자본주의에 대한 신뢰는 여전히 가진 상태로 "더 많은 세계적 책임조직의 실현"을 원하는 방향으로 개발을 추진하고 있기 때문이다.[47] 나아가 근본적인 문제는 이 패러다임이 '좋은 삶'의 사회적 비전으로 삼는 가치가 '평등'(equality)이 아닌 '형평'(equity)이라는 것이다. "형평은 인간의 기초적 필요가 충족되는 한 가혹한 불평들을 유지할 여지가 있는 가치"이기 때문이다. 만약 1세계 사람들이 2, 3세계의 최저생활에 필요한 것들을 제공할 수 있다면 그들은 삶의 방식을 바꿀 필요가 없다는 것이다.[48]

결국, 피터스는 신자유주의 모델과 사회형평주의 모델이 '번영'과 '개발'이라는 가치에 기반을 두고 있는 한 '모든 인류'와 '자연'과의 공존과 동반성장이 불가능한 까닭에 이 두 모델을 대체하는 대안적 삶이 필요하다고 역설한다. 이 두 패러다임은 피터스가 향후 분석한 다른 두 패러다임과는 '중도 타협'이 불가능한, 서로 대립되는 가치에 기반한 패러다임임을 분명히 하며, 현행 진행되는 네 패러다임 사이에 도덕적 타협이란 있을 수 없다는 강한 태도를 보인다. '정의로운 분노'의

---

47) 앞의 책, 144, 148-149, 158.
48) 앞의 책, 276-277.

윤리성과 기독교적 정당성을 강조했던 해리슨의 목소리가 여전히 계승되어 살아 있는 지점이다. 전자와 후자 사이에는 선택의 정치성이 있는 것이지 결코 타협이 없다는 피터스의 주장은, 세계화의 현실 속에서 점차 다양해지는 정치경제적, 문화적, 윤리적 가치들의 충돌을 해결하는 방안으로 '도덕적 최대공약수'(minimalized consensus)를 주창하는 동료 미국인 윤리학자들에게 일침을 가하는 언급이라 할 수 있다.

2. 세계화에 대한 저항이론, 환경주의와 탈식민주의로부터 배우는 윤리 실천

앞의 두 패러다임에 비하여 세계화에 대한 저항이론으로서의 환경주의와 탈식민주의에 대해서 피터스는 비교적 긍정적인 평가를 내린다. 이 비판적 패러다임 지지자들은 브로델(Fernand Braudel), 월러스틴(Immanuel Wallerstein), 아리기(Giovanni Arrighi)의 대안적 역사 읽기에서 영감을 얻은 사람들이다. 이들이 세계적으로 확산하고자 하는 공동체적 비전은 생태경제학 등 지속가능성과 분배 정의에 초점을 맞춘 "지역화된 세계화" 모델이다.[49] 이들은 무역 자체를 반대하는 것은 아니지만, 이것 없이는 지속불가능한 삶의 방식을 피하고자 한다. 이들은 "지역공동체가 자신의 필요를 충족시킬 수 있는 것을 우선 생산하고 잉여생산품으로 무역"하는 생명지역주의(bio-regionalism), 자급적 경제 모델을 강조한다. 또한 지역통화(regional currency) 개발도 관심하고 있는데, "자금이 공동체의 안녕에는 관심이 없는 초국적 기업의 금고를 채우기보다 지역공동체에 투자되도록 하는 것"이 이들

---

49) 앞의 책, 198-199.

의 궁극적 비전이다.[50]

'환경주의'(earthist)를 지지하는 신학자로서 피터스는 캅(John Cobb) 과 맥페이그(Sallie McFague)를 든다. 캅은 현재의 경제 이데올로기가 "사람과 지구의 안녕보다 부의 축적을 특권화하기에 도덕적으로 파산" 했다고 비판하며, 기능면에 있어서도 "빈곤퇴치에 실패함으로써" 파산선고를 받아 마땅하다고 지적했다. 저항담론으로서 에코페미니즘을 전개하고 있는 맥페이그 역시 "사실 두 모델[신자유주의와 에코페미니즘] 모두 서로 다른 역사적 시기의 전제에서 유래했고, 그 전제에 근거한 세계상으로 우리의 동의와 충성심을 놓고 서로 경쟁"하는 것일 뿐이라며, 서구 중산층을 향하여 도덕적 선택을 촉구했다. 래리 라스무센도 *Earth Community, Earth Ethics*에서 이윤추구는 최고 가치가 아니라는 선언과 더불어 지속가능한 미래를 위한 지구정의를 주창하였다.[51]

이들과 같은 방향성 속에서, 그간 기독교 전통에서 강조해온 이원론적, 인간중심적 세계관을 지양하고 상호의존적 기독교 전통을 다시 정립하려는 신학적 · 윤리적 노력 속에 피터스는 자신을 위치 지운다. "창조세계를 돌봄으로써 빈곤과 갈등, 기아와 노숙, 종의 멸종, 지구오염과 같은 문제의 해결을 추구"해야 한다는 환경주의자들의 주장을 피터스는 "상호성(mutuality), 정의(justice), 지속가능성(sustainability)"으로 요약했다.[52]

마지막 패러다임인 '탈식민주의'(postcolonialism)는 환경주의와

---

50) 앞의 책, 203-205.
51) 앞의 책, 173-175.
52) 앞의 책, 209, 214.

더불어 땅과 피조물에 대한 관심과 관점을 상당 부분 공유한다. 이 패러다임의 지지자들은 주로 남반구 출신의 민중(grassroot)들과 이들에게 이론적 지지로 함께 참여하는 해방주의적 학자들이다. 이들은 탈식민주의 이데올로기를 반영하는 사회운동, 억압적 형태의 세계화와 투쟁하고 대안을 제시하는 저항 네트워크를 구성한다는 점에서 역시 '세계화의 주역들'이다. 탈식민주의 관점을 공유하는 이들의 대전제는 '자본주의 정치경제학에 기초한 세계화는 새로운 식민주의 형태'라는 것이다.53) 남미에서 발생한 종족이론에 그 뿌리를 두고 있는 인식론이다. 피터스는 탈식민주의 비평가 딜릭(Arif Dirlik)과 함께 자본주의 체제가 가져온 구조적 악에 대해 비판한다. 또한 *Cocoa and Chaos in Ghana*의 저자 미켈(Gwendolyn Mikell)이 묘사한 '아샨티' 문화의 파괴현장을 전달하며, 여성이 남성과 더불어 경제와 정치적 결정 과정에 참여하며 주체적으로 살아가던 한 씨족 문화가 유럽 침략 후 어떻게 초국적 노예노동자들의 공간으로 전락했는지를 고발한다.54)

탈식민주의적 관점의 이론가들은 '역사적으로 기업이 정치에서 분리된 경우가 없었음'에 주목한다. 때문에 세계화의 시점에서 "기업의 정치적 영향력이 국가를 넘어 확대되는 것"은 예측되던 일이었다.55) 기업 주도적 세계화가 진행되는 과정에서 이제 '동질화'는 민족이나 인종간의 문제가 아니라 '글로벌 부자'와 '글로벌 빈자'의 문제가 되어버렸다. 국적 불문하고 세계화 시대 부자들의 삶의 방식이나 문화가 동질화되고 있듯이, 가난한 사람들의 삶의 방식과 생활조건도 동질화되

---

53) 앞의 책, 218, 225.

54) 앞의 책, 221-223.

55) 앞의 책, 234-235.

어간다. 초국적 기업들은 1세계 성공한 부자들의 삶이 마치 세계 모든 사람들에게 '결국에는' 주어질 것처럼 광고하지만, 그들이 양산한 '소비자본주의'를 누릴 수 있는 사람들은 극히 제한적이며 그 수가 점점 더 줄어들고 있는 실정이다.

탈식민주의적 관점에서 세계화를 비판하는 사람들은 '세계은행'과 같은 중재적 기관들 역시 1세계의 편임을 재차 강조한다. 1994년 멕시코에 개입한 미국과 세계은행 사례를 들며, 결국 그들이 보호하고자 했던 것은 멕시코 경제와 국민이 아니라 자신들이 멕시코에 투자한 자본이었다고 비판한다. 멕시코 안정화 정책의 명백한 실수는 "빈곤계층과 노동자 계층을 위한 수입 창출 전략", "성장을 위한 토대를 제공할 생산능력", "멕시코 국민이 자신의 미래를 결정하고 국가토론에 참여할 민주제도"의 확립 없이 진행되었다는 점이다.56)

피터스는 점점 더 자립능력을 잃고 1세계 국가들이나 그들의 편인 국제기관들, 그리고 초국적 기업에게 종속되는 삶이 세계화의 흐름임을 간파하며, 지역 차원에서 이에 저항하는 운동들을 이 패러다임 안에서 소개한다. 멕시코 치아파스 고산지대 사파티스타(Zapatista) 민족 해방군의 신자유주의 세계화 모델 반대 민중운동이 한 사례이다. 사파티스타 민족이 원하는 것은 "자급자족과 지속가능한 삶을 실현하기 위한 지역자치권"일 뿐이었다. 자신들이 농사지을 땅과, 적당한 임금, 그리고 아이들이 다닐 학교와 아플 때 치료받을 보건소가 그들이 원한 전부였다.57) 이들의 메시지를 한마디로 표현하는 단어는 "바스

---

56) 에레디아와 퍼셀―역시 탈식민주의 이론가들―의 분석, 앞의 책, 231.
57) 그들의 선언문 내용이다: "우리는 식량을 재배할 수 있는 땅을 원한다. 보건과 무료 학교를 원한다. 적당한 임금을 받길 원하고 인종차별주의가 종식되길 원한다. 이러한 변화가 없다면 우리 삶은 살 가치가 없다. 자녀들이 영양실조와 치료 가능한 병에 걸려

타"(Basta, 충분하다!)이다. 피터스가 보기에 사파티스타 모델이 대표하는 것은 지역자치권에 기반한 '급진적 민주주의'이며 이것이 현행 세계화의 흐름에 대항하여 성취해야 하는 '좋은 세계화' 운동이라고 평가한다.

3. 제1세계인의 회개, '뮤투포 원리'로부터 배우는 삶의 전환

네 패러다임이 주장하는 가치와 작동방식에 대한 분석을 통하여 피터스가 결국 결론지은 것은, 앞의 두 패러다임과 뒤의 두 패러다임 사이에 '중도 타협'이란 불가능하다는 것이었다. 모든 인간 생명과 지구 생태까지를 보전하려는 비전, 자립가능하고 지속가능한 지역무역의 개발이라는 비전은 '인류의 진보는 성장과 번영'이라고 설교하는 비전과 결코 공존할 수 없기 때문이다. 때문에 피터스는 경제윤리에 대한 해방주의적 적용을 통해 "근본적으로 자유주의적 자본주의에 도전할 것을 요구"한다. 경연진과 노동자 사이의 반목과 소외를 종식시키고, 의미 있는 일자리와 안전한 근로조건, 생활 임금이 보장되는 경제적 대안을 다시 상상해야 하는 것을 시급한 윤리적 의무로 촉구한다.[58] 정치 영역에 있어서도 초국가적 기업의 독과점이나 비윤리적 기업 활동을 제제할 수 있는 정치'체'(體)의 존재가 필요함을 강조한다. 기업의 시녀가 아닌 철저한 민주적 원리와 통치에 의해 정치적 힘을 행사하는 체제에 대한 재고가 요청된다는 것이다. 또한 정치, 경제 영역에서 급진적 민주주의가 제대로 작동하기 위해서는 시민사회의 역할 역시 적극적으로 재검토되어야 한다고 보았다. '자수성가한 개인이 이루어낸

죽는 것을 지켜보느니 차라리 싸우다가 죽겠다." 앞의 책, 250.
58) 앞의 책, 295-299, 305.

권리로서의 사유재산'을 절대가치로 여기는 시민사회는 결국 낱낱의 파편화된 개인들 간의 무한경쟁을 낳을 뿐이기 때문이다. 어느 땅과 건물, 동산이 '공동'으로 관리되고 나누어져야 하는지에 대한 진지한 고민 속에서, 개인에 대한 공동체적 지지의 가능성을 실현하는 방향으로 사는 방식을 재조정해야 한다는 것이다.[59]

교회, 특히 서구세계의 교회는 그동안 삶과 분리된 종교적 실천의 이원론적 태도를 그치고, '과소비, 무관심, 탐욕'의 세 가지 죄에 사로잡힌 이 '글로벌 소비자본주의의 세상'에서 제도적 교회의 역할을 심각히 고민해야 한다고 역설한다.[60] 세계화 논쟁에 기독교 윤리가 어떻게 기여할 수 있을지, 20억 세계 기독교인의 공동체적, 집단적 실천의 힘을 기대하는 피터스는 이 책에서 구체적인 실천의 방법들을 제시하고 있지는 않다. 그러나 이어지는 논문이나 공동저작을 통해 피터스는 '1세계 중산층 기독인'으로서 자신의 삶의 방식을 바꾸는 문제와 교회가 제도적 힘을 가지고 이 엄청난 구조악 속에서 상처받는 개인들의 감정적, 실제적 지지기반이 되어주는 방식의 문제를 지속적으로 고민하고 있다.

이러한 노력의 일환으로, 학문적 동료인 브루베커(Pamela K. Brubaker), 스티버스(Laura A. Stivers)와 공동 편집한 저작 *Justice in a Global Economy: Strategies for Home, Community, and World*는 세계화가 양산한 여러 가지 부정적 측면 중에서 특히 경제적 부분, 가난의 구조화와 빈부의 양극화 현상에 초점을 맞추어 윤리적 성찰을 진행한 결과물이다. 사회윤리학 교수이며 1세계 기독교 여성이라고 자신들의 '위

---

59) 앞의 책, 305-308, 314-316.
60) 앞의 책, 318.

상'(topos)을 밝히는 세 명의 편집자는, 현행 방식의 세계화가 불가피하며 결국은 이익을 초래할 것이라는 낙관론에 의문을 제기해왔고, 급진적 평등공동체인 교회의 비전을 삶의 방식으로 구체화시키려는 노력에 힘을 모아왔다.61) 자신들이 현행 방식의 세계화 흐름에서 이득을 보는 사회적 좌표에 있음을 고백하면서, 그러나 결국 인간과 자연, 피조물과 하나님 모두가 하나로 연결된 것임을 신학적으로 고백할 때 자신들의 유리한 위치가 결코 축복이 아님을, 곧 다가올 재앙을 가속화하는 주범의 자리임을 고백하는 것이 이들의 주된 윤리적 작업이다.

동구권의 몰락과 더불어 형성된 시대적 분위기의 오류는 '자본주의를 민주주의와 자유라는 가치와 동의어로 공식화'해버렸다는 점이었다. 자본주의적 정치경제학에 입각한 세계화 주창자들이 '민주제'라고 부는 것은 사실 '금권정치'(Plutocracy)였음에도, 이들은 자본주의 시스템에 기원한 경제 세계화의 비윤리성을 보지 못했다. '사유화'는 모든 시민이 향유가능하게 제공되어야 하는 교육과 운송, 의료 서비스 등에 불평등을 초래했고, '규제완화'는 초국적 기업과 강대국에게만 유리하게 작용되었으며, '무역과 경제 자유화' 역시 전 세계적으로 부자들의 투자이익만을 천문학적 숫자로 부풀리는 경제 불평등을 양산했다.62) 이 책의 편집자들이 2006년 '20:80의 세계'라고 불렀던 '승자독

---

61) Pamela K. Brubaker, Bebecca Todd Peters, and Laura A. Stivers, *Justice in A Global Economy: Strategies for Home, Community, and World* (Louisville, London: Westminster John Knox Press, 2006), 2.

62) 이 부분에 대한 비판과 건설적 대안에 대한 비전은 편집자 중 하나인 Pamela K. Brubaker의 논문 "Reforming Global Economic Policies," Pamela K. Brubaker, Rebecca Todd Peters, and Laura A. Stivers, eds., *Justice in a Global Economy: Strategies for Home, Community, and World* (Louisville, London: Westminster John Knox Press, 2006), 127-139에서 상세히 논의하고 있다.

식의 세계적 구조'는 불과 몇 년 사이에 '1:99의 세계'라고 비판하는 소
리가 들릴 정도로 심각한 양극화를 가속화했다. 구조조정과 고용불안
정이 일상이 된 이 세계에서 사람들에게 가장 '기본'이 되는 쉴 곳과
먹을 것, 그리고 의미 있게 일할 일자리를 제공하는 방식으로 우리의
공동체적 삶이 바뀌어야 한다는 것이 이 글 편집자들의 공통된 주장이
다. 자신들을 '현실주의자들'이라고 평가하는 이들은 급진적인 평등이
실현 불가능함을 인정하면서 '필수재를 위한 공공영역의 확보'가 자신
들이 추구하는 전략임을 고백한다.[63]

　이 책에서 피터스는 자신이 수년간 참여해온 'CSA(Community Sup-
ported Agriculture)' 프로그램을 소개하며, 기업적 농업경작의 대안이
되는 지역 내 유기농장에 도시 중산층이 어떤 방식으로 참여하고 함께
연대할 수 있는지를 구체적으로 설명하고 있다. 유전자를 조작한 씨앗
으로, 오직 대량생산만을 목적으로 단일품종을 전략화하고, 땅과 식물
을 황폐화하는 화학 살충제를 사용하여 최대의 이윤추구를 얻으려 하
는 기업식 농업은 인간과 지구의 적이다. 피터스에 의하면 유기농 비
료를 쓰고 가족들이 손으로 땅을 일구어 농사짓는 소규모 유기농장이
결코 낭만적이고 윤리적으로만 가치 있기 때문에 이를 강조하는 것이
아니다. 실제로 유기농업이 쓰레기를 훨씬 줄일 수 있으며 장기적 안
목에서 땅의 생산력을 높이고 인간의 건강을 증진시키는 좋은 농사법
이라는 것이다. 피터스는, 양쪽 농사방식의 효율성을 조사·분석하여
지역 내 소규모 유기농업의 우수성을 밝혀낸 논문들이 등장했지만 기
업형 농업을 장려했던 정부와 기업들에 의해 발표되지 않았던 정치적
측면들을 고발하기도 한다.[64]

---

63) 앞의 논문, 2-7.

이전의 저작들을 통해 꾸준히 갈등하는 두 가치 사이에서 윤리적·정치적 선택을 촉구해온 피터스는, 농업윤리에 있어서도 '이윤극대화'와 '생존을 위한 단순성' 사이에서 윤리적 결단을 요청한다. 작은 농장에서 철따라 나는 다양한 채소와 열매들을, 자연의 조건과 땅이 낸 결과 그대로를 수용하면서 먹는 방식을 체험하면서, 그녀와 딸은 인식의 변화를 겪었다고 한다. 한겨울에도 원하는 과일을 먹을 수 있고, 균일한 크기의 야채를 편리하게 구입할 수 있는 대형마켓을 포기한 삶이 처음에 얼마나 어색하고 불편했는지, 그러나 딸과 함께 농장을 방문해서 자라는 곡식을 직접 보고 만지고, 기다려서 얻고 먹는 체험을 통해 자신들이 이 세계와 얼마나 긴밀하게 연결되어 있는가를 느꼈다는 것이다.[65]

이제 막 자신의 학문적 주장을 시작한 젊은 학자의 글 몇 편으로 그녀의 이론 전체를 평가할 수는 없는 일이다. 그러나 피터스가 출간하는 책과 논문들이 하나의 방향성을 갖고 있다는 것은 분명하다. 현재 글로벌하게 확산된 신자유주의적 삶의 방식과 가치에 심각한 도전을 제기하고 있다는 점, 그리고 '1세계 중산층 기독교인'으로서의 자신의 자리를 자각하면서 자신과 비슷한 위치에 있는 전 세계 기독교인 동료들에게 '삶의 전환'을 요청하고 있다는 점이다.

그동안 서양인, 기독교인, 자본주의적 근현대인들이 선도적 담론을 형성하고 삶의 방식을 주도해온 것에 대한 '반성적 몸짓'인지, 피터스는 자신의 논문이나 저작들에서 유난히 비서구권 언어나 윤리적 가치

---

64) Rebecca Todd Peters, "Supporting Community Farming," Pamela K Brubaker, Rebecca Todd Peters, Laura A. Stivers. eds., *Justice in a Global Economy: Strategies for Home, Community, and World*, 17-21.

65) 앞의 논문, 23-25.

에 권위를 부여하려 노력한다. *In Search of Good Life*에서 그녀가 소개했던 '뮤투포(Mutupo) 원리'가 한 예이다. 짐바브웨 쇼나(Shona) 부족의 오랜 세계관인 뮤투포 원리란 "모든 생명은 신성하고 상호 연결되어 있으며 상호의존한다"는 원리이다.[66] 때문에 개별화된 행동이란 불가능하며, 언제나 전체적(holistic)이고 유기적(organic)인 시각으로 판단하고 행동하라는 도덕명령이다. 서양으로부터 온, 영어로 된 개념어들이 마치 앞선 문명적 지식인 양 행동했던 자신들의 오만함을 반성하며, 이제 막 제3세계의 문화적 전제와 가치로부터 새로운 언어들을 배워나가기 시작했다는 점에서 피터스가 시도하는 '정의로서의 상호성'에 긍정적 평가를 해본다.

IV. 맺는 말:
새로운 기독교 윤리학의 대원칙, 관계적 상호애

스무 해 전 어설픈 석사학위 논문을 쓰면서 읽은 해리슨, 여성주의적 관점에서 기독교적 사랑의 윤리를 재해석낸 그녀의 용기와 통찰력에 고무된 기억이 있다. 그녀가 말한 '관계적 상호애'는 참으로 해방적인 개념어였다. 한국의 유교가부장제가 문화적으로 강화해온 '희생'이라는 덕목이 기독교의 가부장적 윤리규범과 만나 유난히 한국 개신교 여성들에게 강요되어온 상황이라 더욱 반가웠다. 기독교적 윤리규범과 도덕적 언어를 만드는 일에 한 번도 '권위'를 부여받아보지 못했던 여성들, 그녀들이 자신의 경험에 기초하여 기독교 윤리의 정수인 '사

---

66) Peters 저, 방연상 · 윤요한 옮김, 『좋은 세계화 나쁜 세계화』, 255.

랑'을 새롭게 해석해내었고, 그 해석이 기독교적 사랑과 정의의 모습에 이전보다 더 '근사치'로 다가갔음을 발견했을 때의 짜릿함이란! 강산이 변한다는 십 년이 두 번 지났지만, 해리슨의 제자 피터스나 비슷한 연배로 한국적 상황에서 사회윤리를 하는 나나 해리슨이 제시한 '관계적 상호애'는 여전히 여성주의 기독교 사회윤리의 큰 원칙으로 이어받은 귀한 유산이다.

다만 피터스의 자리와 나의 자리가 다른 까닭에 '관계적 상호애'를 발휘해야 하는 구체적인 윤리 과제들이 다를 뿐이다. 그동안 학문권력에 있어서도, 생활세계의 조건에 있어서도 기득권을 누려왔던 '1세계 서구 중산층 기독교 학자'로서 피터스의 신학하기는 '내려놓음'에 방점이 찍혀 있는 것 같다. 단순성, 절제, 주변부와의 연대 등 글로벌한 스케일에서 지속가능한 삶이 구현되도록 북미 기독교인들의 책임적 일상을 일깨우면서 말이다. 해리슨에 비해 여성이라는 관점이 다소 약화된 느낌도 받지만, 주로 경제적 지구화의 문제에 천착하는 피터스로서는 더 시급한 새로운 집단 경험에 주목하고 있기 때문이라고 판단된다. 비서구 여성신학자들도 지적한 부분이지만, 1세계 중산층 여성들은 다른 세계의 여성들과 '여성'으로서 공유하는 경험보다는 오히려 1세계 중산층 남성들과 더불어 '부와 권력의 소유자'로서 공유하는 경험이 더 큰 것이 현실이기 때문이다. 기독교 사회윤리적 메스를 대야 하는 가장 시급한 '위기적' 삶의 조건이 '신자유주의적 삶의 세계화'라고 인식하는 피터스로서는 삶의 기본적 조건들을 위협받는 새로운 집단, 즉 빈자들의 세계화와 양극화에 주목하고 있는 것으로 보인다.

물론 빈자들의 집단 안에서도 더욱 가난한 삶의 조건에 노출된 성은 여성이다. 여전히 가부장제는 우리 생활세계 전반에 작동하는 제도적 조건이고, 가난한 남성들은 오히려 사회적 박탈감에 가부장적 권력을 더욱 폭력적으로 행사하고 있기 때문이다. 그러나 이런 문제들에 집중하지 않는다 하여 피터스의 윤리적 성찰을 '부르주아 중성 윤리'라고 비난하는 것은 옳지 못하다고 본다. 해리슨과 함께 그녀 자신도 고백하듯이, 어떤 윤리적 선언이든 그것은 자신이 처한 물적 토대 위에서 자신의 '토포스'를 인식하며 제안하는 구체적인 삶의 실천인 법이고, 그녀들의 윤리학은 나와 다른 타자의 외침에 '관계적 상호애'로 반응하며 끊임없이 윤리 판단의 지평을 넓혀가는 프락시스에 기반하고 있기 때문이다. 북미 여성주의 기독교 사회윤리학자들과 '관계적 상호성' 안에서 서로를 듣고 배워가면서 '여성주의 기독교 사회윤리학'이라는 커다란 그림을 채워나가는 과제가 아시아/한국 여성신학자들에 주어져 있다.

참고문헌 및 더 읽을 책들

Dorrien, Gary. *Social Ethics in the Making: Interpreting an American Tradition*. West Sussex, United Kingdom: Wiley-Blackwell, 2009.

Harrison, Beverly. *Our Right to Choose: Toward a New Ethic of Abortion*. Boston: Beacon Hill, 1983.

_____. "The Power of Anger in The World of Love: Christian Ethics for Women and Other Strangers." Carol Robb. ed. *Making the Connection: Essays in Feminist Social Ethics*. Boston: Beacon Press, 1985, 3-21.

_____. "Sexism and the Language of Christian Ethics." Carol Robb. ed. *Making the Connection: Essays in Feminist Social Ethics*. Boston: Beacon Press, 1985, 22-41.

_____. "The Role of Social Theory in Religious Social Ethics: Reconsidering the Case for Marxian Political Economy." Carol Robb. ed. *Making the Connection: Essays in Feminist Social Ethics*. Boston: Beacon Press, 1985, 54-80.

_____. "Feminist Thea(o)logies at the Millennium: "Messy" Continued Resistance or Surrender to Postmodern Academic Culture?" Elizabeth M. Bounds, et al. eds. *Justice in the Making: Feminist Social Ethics*. London, Louisville: Westminster John Knox Press, 2004, 113-128.

_____. "Theological Reflection in the Struggle for Liberation: A Feminist Perspective." Elizabeth M. Bounds, et al. eds. *Justice in the Making: Feminist Social Ethic*. London, Louisville: Westminster John Knox Press, 2004, 235-266.

_____. "Reflecting on the Relationship between Politics and Economics." Interview by Rebecca Todd Peters. Elizabeth M. Bounds, et al. eds. *Justice in the Making: Feminist Social Ethic*. London, Louisville: Westminster John Knox Press, 2004, 157-161.

Pamela, Brubaker. "Reforming Global Economic Policies." Pamela K Brubaker, Rebecca Todd Peters, and Laura A. Stivers, eds. *Justice in a Global Economy: Strategies for Home, Community, and World*. Louisville, London: Westminster John Knox Press, 2006, 127-139.

Peters, Rebecca Todd. *In Search of the Good Life: The Ethics of Globalization*. New York: Continuum, 2004.

_____. 방연상 · 윤요한 옮김. 『좋은 세계화 나쁜 세계화』. 서울: 새물결플러스, 2012.

_____. "Supporting Community Farming." Pamela K Brubaker, Rebecca Todd Peters, Laura A. Stivers. edits., *Justice in a Global Economy: Strategies for Home, Community, and World*. Louisville, London: Westminster John Knox Press,

2006, 17-28.

_____. "The Future of Globalization: Seeking Pathway of Transformation." *Journal of the Society of Christian Ethics* 23:2 Spring, 2004.

Peters, Rebecca Todd, Brubaker, Pamela, and Laula Stivers. *Justice in a Global Economy: Strategies for Home, Community, and World*. Louisville: Westminster/John Knox, 2006.

Peters, Rebecca Todd, and Elizabeth Hinson-Hasty. eds. *To Do Justice: Engaging Progressive Christians in Social Action*. Louisville: Westminster/John Knox, 2008.

Weidman, Judith. ed. *Christian Feminism: Visions of a New Humanity*. San Francisco: Harper & Row, 1984.

캐리 도어링의
여성주의 목회신학*

권진숙

I. 서론

목회상담가로, 목회신학자로 활동하고 있는 사람의 한 사람으로 "목회상담의 정의는 무엇인가?"라는 질문에 정확하게 말할 수 있는 사람이 몇이나 될 수 있을까? 오늘날 미국을 대표하는 여성주의 목회신학자 캐리 도어링(Carrie Doehring)은 목회상담의 핵심은 '영성을 이해하기 위한 신학교육'에 그 핵심이 있다고 했다.[1] 내담자들의 진정한 영적인 여정을 이해하기 위해 신학적 해석을 해야 하고, 깊이 있는 신학적 성찰을 할 때 영적 여정을 떠날 수 있다는 것이다. 도어링의 목회상담의 정의가 신학과 영성인 만큼 그녀의 주요 저작들에서 그녀가 주장하고 있는 신학적 특징들과 영성의 중요성들에 대해서 주장하고 있

---

* 이 논문은 「목회와 상담」 21호에 출판된 논문을 부분적으로 수정한 논문임을 밝힙니다.
1) 미국의 콜로라도 주, 덴버에 위치한 아일리프 신학대학원(Illiff School of Theology)의 학교 공식 홈페이지를 참고하라. http://www.iliff.edu/index/learn/your-faculty/carrie-doehring

다. 캐리 도어링은 2003년부터 현재 2013년까지 미국의 콜로라도 주의 덴버에 위치한 아일리프 신학대학원(Illiff School of Theology)의 목회상담학 교수로 재직 중이며, 그 전에는 보스턴 신학대학원에서 11년 동안 교수로 재직했다. 매사추세츠 지역과 콜로라도 지역에서 자격증을 획득한 임상심리학자이며, 미국 목회상담협회의 감독 회원이다. 1978년 캐나다에서 장로교 목사 안수를 받았으며, 1991년에 미국 장로교(PCUSA)에 소속하게 되었다. 그 후 캐나다 온타리오에서 9년 동안 전임 목사로 사역을 했고, 7년 동안 파트 타임 사역자로 보스턴의 매사추세츠 지역에 있는 교회에서 사역을 했다. 2009년 캐나다 토론토에서 열렸던 미국의 심리학회(American Psychological Association in Toronto Canada)에서는 버지니아 섹스톤 멘토링 상을 수상하기도 했다. 이처럼 다양한 교수, 임상, 목회 경력을 바탕으로 수많은 연구논문 함께 대표 저작으로 세 권의 책을 출판했다.

대표 저서로는 *Internal Desecration: Traumatization and Representations of God*; *Taking Care: Monitoring Power Dynamics and Relational Boundaries in Pastoral Care and Counseling*; *The Practice of Pastoral Care: A Postmodern Approach*가 있다.[2] *Internal Desecration*[3]은 아동학대를 경험한 성인 여성의 경험과 하나님의 이미지가 어떻게 상관관계를 가지고 형성되는지를 연구하기 위해 질적 연구 조사방법을 사용한 연구이다. *Taking Care: Monitoring Power Dynamics and Relational Boundaries in Pastoral Care and Counseling*[4]은 힘의 논리와 관계의 경계선의 역동을 통

---

2) http://www.iliff.edu/index/learn/your-faculty/carrie-doehring
3) Carrie Doehring, *Internal Desecration: Traumatization and Representations of God* (New York: University Press of America, 1993).
4) Carrie Doehring, *Taking Care: Monitoring Power Dynamics and Relational Boundaries in*

한 목회상담 방법론에 대한 성찰을 하고 있는 글이다. *The Practice of Pastoral Care: A Postmodern Approach*5)의 한국 번역서 제목은『목회적 돌봄의 실제: 탈근대적 접근법』6)로 호남신학대학의 오오현 교수와 미국 목회상담협회 전문가 회원인(AAPC Fellow) 정호영 목사가 공동으로 번역을 하여 한국의 독자들을 위해 이 책을 소개하였다. 도어링은 이 외에도 다수의 학술 연구 논문을 발표하였다.7)

Pastoral Care and Counseling (Nashville: Abingdon Press, 1995).

5) Carrie Doehring, *The Practice of Pastoral Care: A Postmodern Approach* (Louisville, Kentucky: Westminster John Knox Press, 2006).

6) Carrie Doehring 저, 오오현 외 역,『목회적 돌봄의 실제: 탈근대적 접근법』(서울: 학지사, 2012).

7) 다음 아래는 캐리 도어링(Carrie Doehring)의 출판물에 대한 소개를 하고 있으니, 좀 더 심층적인 연구를 위한 사람들에게 도움이 되기를 바란다. Carrie Doehring, "Fragile Connections: Constructing an Identity in the First year of Ministry," Allan Hugh Cole Jr., ed., *From Midterms to Ministry: Practical Theologians on Pastoral Beginnings* (Grand Rapids: Eerdmans, 2008), 90-103; "Pastoral Care as Practical Theology: Bridges for Theory and Practice at the New Millennium," David Herle and Mark Berman, eds., *Building Bridges over Troubled Waters: Enhancing Pastoral Care and Guidance* (Wyndham Hall Press, 2004), 68-85; "Theological Literacy and Fluency in a New Millennium: A Pastoral Theological Perspective," Rodney L. Petersen with Nancy M Rourke, eds., *Theological Literacy for the Twenty-First Century* (Grand Rapids: Eerdmans, 2002), 311-324; "A Liberal Protestant Pastoral Theological Approach and the God Image: The Role of God Images in Recovery from Sexual and Physical Abuse," *Journal of Spirituality in Mental Health* 9:3/4 (2007), 211-226; "Pastoral Care of Bess in *Breaking the Waves*: A Contextual Practical Theological Approach," Pastoral Sciences 23:2 (Fall, 2004), 55-70; "The Challenges of Bridging Pastoral Care Experiences and Post-modern Approaches to Knowledge," *Journal of Pastoral Theology* 14 (June, 2004), 1-14; "Issues in Pastoral Care and Counseling," *Quarterly Review* 21 (Fall 2001), 322-327; "Teaching Pastoral Theology as Part of the M. Div. Curriculum," *Journal of Pastoral Theology* 10 (June 2000), 32-36; "Enlivening Models of Pastoral Care: Relating Theory to the Complex Life Experiences Depicted in Fiction," *Pastoral Psychology* 46 (Summer 1997), 19-33; "Life-giving Sexual and Spiritual Desire,"

이 연구 논문은 위에 소개한 도어링의 주요 저서 세 권을 문헌 연구 방법을 통해서 심층적으로 살펴봄으로써 그녀의 주요 목회신학의 주제들을 살펴보려고 한다. 도어링의 여성주의 목회신학의 특징인 트라우마, 관계와 힘의 역동, 그리고 탈근대적 신학적 목회신학에 대한 요약, 정리를 할 것이다. 그 후 캐리 도어링의 여성주의 목회신학이 한국 여성주의 목회신학에 적용할 수 있는 가능성과 한계에 대해서 논할 것이다. 그리고 마지막으로 논문 전체 내용을 종합, 요약함으로써 논문을 마칠 것이다.

II. 캐리 도어링의 대표 저서를 통해 살펴본 목회신학의 주제들

1. 아동기 트라우마와 하나님의 표상과의 관계

캐리 도어링은 아동기 트라우마 경험과 하나님의 표상과 어떤 관계를 갖는지에 대한 질문으로 연구를 시작했다. *Internal Desecration*은 학대 경험이 있는 아동과 학대 경험 없는 아동과 하나님 표상 형성에 어떤 차이를 가지게 되는지 비교해보았다. 도어링의 연구에 따르면 트라우마를 경험하지 않은 여성보다, 트라우마를 경험한 여성에게 분노하

The Journal of Pastoral Theology 4 (Summer 1994), 49-69; "The Absent God: When Neglect Follows Sexual Violence," *The Journal of Pastoral Care* 47 (Summer 1993), 3-12; "Developing Models of Feminist Pastoral Counseling." *The Journal of Pastoral Care* 46 (Spring 1992), 23-31; Approaching Dream Narratives and Interpretations with a Hermeneutic Suspicion," *The Journal of Pastoral Counseling* 26 (1991), 6-17.

고, 부재하는 하나님의 이미지가 더 많이 나타나고, 사랑하고 관찰하시는 하나님의 이미지가 더 적게 나타나는 것을 볼 수 있었다.[8] 도어링은 아동기 트라우마와 하나님의 표상 관계를 연구하여 위하여 양적 연구 방법을 실시하고 있으며, 이것은 4개의 하나님의 표상을 양적으로 측정하는 것으로서 아동기 트라우마의 심각성과 여성이 경험하는 하나님의 이미지(사랑하는 하나님, 부재하는 하나님, 분노하는 하나님)를 측정하는 것이다.[9] 도어링이 하나님의 표상을 연구하기 위해서 양적 연구를 사용하며, 트라우마를 이해하기 위해서 구조주의적 관점, 자기 심리적 관점, 대상 관계적 관점을 사용한다.

첫 번째로, 도어링은 구조주의적 관점에서 트라우마와 하나님의 표상을 해석한다. 구조주의적 관점에서 바라보는 트라우마는 자아가 외부자극에 노출되어 일반적으로 억압되어 있던 무의식적인 에너지들이 조절되지 않는 상태를 말한다. 그래서 외부 자극에 대해서 일상적으로 통제를 하던 자아의 기능이 통제 불가능 혹은 정지가 되는 상태를 심리적 트라우마 상태라고 한다.[10] 그래서 트라우마를 경험한 개인은 '외상 후 스트레스 장애'(post traumatic stress disorder)를 경험한다. 트라우마를 경험한 개인은 반복적으로 자신의 트라우마를 재경험하고, 원치 않는 기괴한 생각들이 머릿속에 생각이 나고, 감정과 생각, 기억들이 괴로운 경험을 재경험하는 것을 막기 위해서 경직된다. 이것은 냉각되어 있던 트라우마 경험이 갑자기 해동되어 정신 상태에 홍수가 일어나는 것과 마찬가지라고 할 수 있다.[11]

---

8) Doehring, *Internal Desecration*, 109.
9) 앞의 책, 109. 이 양적 연구를 위해서 Wootton's Three God Representation Task를 사용하고 있다.
10) 앞의 책, 111.

이런 트라우마의 경험이 한 번 일시적으로 일어난 것이라면 주변의 적절한 도움으로 빠른 회복을 예상할 수도 있다. 그러나 한 개인이 이런 트라우마에 지속적으로 노출이 되면 외상 후 스트레스 장애는 더욱 복합적인 양상을 나타낸다. 주디스 허먼(Juidth Herman)에 따르면 트라우마가 복합적이고 트라우마와 관련된 외부의 자극이 내적 자아에 오래도록 영향력을 행사하면 할수록 그 개인의 인성의 변화에 더 영향을 준다고 한다.12) 트라우마의 영향을 받는 피해자는 지속적으로 자신의 자아와 가해자의 자아 사이를 오고 가며, 그리고 서로 다른 의미 체계 사이를 오고 가며 자신의 인성에 영향을 준다. 예를 들어 성폭행을 경험한 여성들에게 세상은 어떻게 하면 자신을 성폭행 가해자로부터 안전하게 보호할 것인가가 최우선의 과제가 되어 살아간다. 화재 사건을 경험한 사람은 불이 나는 곳과 나지 않는 곳의 차이를 구별하며 살아가게 된다. 이처럼 트라우마를 경험한 사람들은 원치 않게 세상을 '가해자'의 관점으로 바라보게 된다. 그렇기 때문에 일상적인 삶을 살아갔던 사람들이 트라우마를 경험한 후에는 그들의 삶에 대한 관점, 가치관이 통째로 흔들리는 경험을 하게 되며, 이런 변화들을 끊임없이 경험하도록 요청받고 있는 것이 외상 후 스트레스 장애 증후를 앓고 있는 사람들의 특징이라고 할 수 있다.

도어링이 구조주의적 관점의 트라우마에 관심을 갖는 이유는 트라우마로 인한 인성의 변화, 가치관의 변화뿐만 아니라 하나님 표상도 변화를 겪기 때문이다. 하나님 표상의 변화는 한 개인이 가지고 있는 신앙체계, 공동체와의 관계, 하나님과의 관계를 말한다. 트라우마를

---

11) 앞의 책, 111.

12) 앞의 책, 111.

한 번 경험한 사람들은 트라우마 이전과 이후의 인성, 가치관, 하나님 표상의 변화를 경험하기는 하지만 그렇게 복합적으로 일어나지 않을 수는 있다. 그러나 반복적인 트라우마를 경험한 사람들은 훨씬 더 복합적이고 분명하게 트라우마에 대한 반응이 나타난다. 아동기 트라우마의 심각성과 하나님과의 표상 경험은 상관관계가 존재하는 것으로 밝혀졌다. 아동기의 트라우마 경험에 따라서 여성들이 느끼는 사랑하는 하나님, 부재하는 하나님, 분노하는 하나님에 대한 상관관계가 있기는 했지만, 사랑하는 하나님, 부재하는 하나님, 분노하는 하나님 표상이 아동기 트라우가 아주 심각한 경우가 아니고서는 큰 차이를 나타내지는 않았다. 도어링의 연구 결과는 구조주의적 관점의 트라우마의 이해는 다른 결과를 보였다. 이 연구에서는 트라우마를 경험한 아동과 여성들이 (심지어는 아주 심각한 트라우마를 경험한 경우에도) 기본적으로 하나님을 사랑하는 존재로 경험한다는 것이다. 아동기에 아주 심각한 트라우마를 경험한 여성들의 일부 중에서만 하나님을 부재하는 하나님 혹은 분노하는 하나님으로 경험하는 것으로 나타났다.[13]

도어링의 인터뷰를 구조주의 모델에서 해석해보았을 때, 부분적으로는 상반되는 결과가 있었지만, 일치하는 부분도 있다. 트라우마를 경험한 사람들의 경우에도 부재하는 하나님과 분노하는 하나님의 표상을 아주 효과적으로 억압시킬 수 있다고 한다.[14] 왜냐하면 이런 부정적인 하나님의 표상이 의식화되는 것이 아주 힘든 일이기 때문에 더욱더 효과적으로 억압하려고 하는 심리적 기제가 발동을 하기 때문이다.[15] 그럼에도 심각하게 트라우마를 경험하는 사람들은 부재하거나

---

13) 앞의 책, 112.
14) 앞의 책, 113-114.

분노하는 하나님을 의식하지 않을 수는 없으며, 이런 표상들은 사랑하는 하나님 표상보다 더 명확하게 드러나는 것은 사실이기 때문이다.16)

두 번째로, 자기 심리학적 관점에서의 트라우마와 하나님 표상과의 관계를 이해했다. 자기 심리학에서 가장 중요한 트라우마의 영향은 자기 분열과 함께 수반되는 자기 위협이다.17) 자기 위협과 자기 분열 상태가 되어 나타나는 상태 중의 하나가 'self state dream'에 트라우마가 계속해서 재가동이되어 보여짐으로 인해 발생되는 자기 분열과 자기 위협 상태를 말한다. 종교심리학의 문헌을 이용하자면, 사람은 직·간접적인 하나님의 표상을 포함하면서 자기 표상을 묘사할 수 있다고 한다. 즉 내재화된 하나님 표상이 자아가 계발되는 과정 중에 자기를 구성하는 일부로 포함된다는 것이다.18) 예를 들어, 자기의 선천적인 능력, 고귀함, 완벽함은 우리가 창조될 때(태어날 때) 생성되는 힘을 주는(empowering) 하나님 표상과 연결되어 있을 수 있다. 혹은 우리가 느끼는 안전감은 "온화하고, 실수가 없으시며 전지전능한 하나님의 이미지"와 연결되어 있을 수 있다. 우리가 말하는 "자기 경험을 조직화하는 데 중심이 되는 원형적이며 자기애적인 환상"은 직·간접적인 하나님의 경험을 포함하고 있다. 왜냐하면 우리는 아주 특별한 하나님의 자녀이기 때문에 이런 하나님은 전지전능하며 실수가 없어서 우리를 보호해준다.19)

트라우마를 일으키는 요인들은 자기 구조에 위협을 준다.20) 특별

---

15) 앞의 책.
16) 앞의 책.
17) 앞의 책.
18) 앞의 책.
19) 앞의 책.

히 사랑하는 하나님의 이미지에 영향을 준다. 하나님은 더 이상 우리를 거울처럼 비춰주지 않고 인정해주지 않는다. 그 대신 하나님은 우리를 버리고 벌주신다. 하나님이 온화한 모습에서 분노의 모습으로 바뀌고, 전지전능한 하나님에서 심술궂은 하나님으로 바뀐다. 원형적인 자기애적 환상이 붕괴될 때, 전지전능하고 사랑스럽고, 보호해주는 하나님의 이미지도 함께 무너진다. 하나님은 무기력하게 느껴지고 부재하게 느껴진다. 똑같은 방식으로 자기 스스로도 취약하게 느껴지고, 무기력하게 피해자로 느껴진다. 혹은 하나님 역시 자신을 학대했던 사람들과 함께 아주 폭력적으로 강하게 느껴진다.[21]

도어링의 인터뷰에서는 여성들이 트라우마를 경험했음에도 그들의 하나님의 이미지가 긍정적인 것을 살펴보았다. 자기 심리학에서 그 이유를 살펴보자면, 두 가지 가능성이 가능하다. 첫째는 극도로 심각한 트라우마가 아닌 경우에 하나님의 이미지에 영향을 까치지 않을 수 있는 가능성이 있다. 하나님의 표상은 약진이나 중진이 왔을 때 흔들리지 않는 땅처럼 흔들리지 않는다. 그러나 만일 트라우마가 아주 심각해서 강진이 오듯이 오면 마치 땅이 무너지듯이 자기 구조가 무너질 수 있다. 또 다른 이유는 인터뷰를 했던 여성들의 응집적인 자아 가능성을 들 수 있다. 즉 자아가 응집적인 여성들이 트라우마를 통해 잠정적 자기 분열 상태에 있다고 하더라도, 자신의 상처받은 자아를 회복하고, 곧이어 하나님 이미지도 사랑의 이미지로 회복할 수 있다고 보는 것이다.[22] 도어링의 인터뷰에 응했던 대부분의 여성들이 미국의

---

20) 앞의 책.
21) 앞의 책.
22) 앞의 책.

대학원에서 신학, 사회사업, 심리학을 공부하는 여성들로서 응집적인 자아를 가지고 있는 여성들로 볼 수 있다. 아주 심각하게 트라우마를 경험한 여성들과는 자기 분열의 경험과 그와 함께 수반되는 부재하는 혹은 분노하는 하나님 표상 경험이 다를 수 있는 확률이 더 높다. 아마도 이들이 경험하는 자기 분열의 경험은 아주 드물게 일어날 것으로 보인다. 역시 자기 심리학의 모델로 살펴보았을 때에도, 구조주의 모델과 같이 조사대상 여성들의 하나님 표상은 트라우마가 아주 심각할 때만 트라우마와 하나님의 이미지가 상관관계가 있었다.23)

세 번째로, 관계 이론적 관점에서의 트라우마와 하나님 표상과의 관계를 살펴보았다. 트라우마와 대상관계 이론에 따르면 트라우마는 트라우마와 연결된 하나님 표상과 내적 자아가 융합(coalescense)된다고 알려져 있다. 예를 들어 트라우마 경험에서 경험했던 굴욕적이고, 수치스럽고, 공포스럽고, 공격적인 측면이 표상과 연결되면 아주 혼란스러운 경험이 될 것이다. 표상이 더 혼란스러우면 혼란스러울수록, 그 표상들은 억압될 가능성이 더 많다. 로널드 페어베언(Ronald Fairbairn)은 성적으로 학대를 경험한 사람들은 가해자의 사악함을 피해자 스스로에게 전이시킨다고 말했다. 그렇게 함으로써 피해자 안에 내재된 가해자들을 좋은 사람으로 만들려고 한다는 것이다. 트라우마 피해자들은 모든 것을 책임지시는 하나님 표상을 만들어서 그들의 무조건적인 사악함(unconditional badness)을 처리하려고 하며 이런 무조건적인 사악함은 은혜, 구원, 속죄와 용서에 의해서 처리될 수 있다.24)

---

23) 앞의 책.
24) 앞의 책.

도어링은 페어베언의 이론을 통해서 학대받은 아동과 하나님의 이미지를 분석하였다. 페어베언의 이론은 스페로(M. H. Spero)의 인간 중심적 하나님 표상(anthropocentric God representation)과 신 중심적 하나님 표상(deocentric God representation)을 사용하면서 세심하게 전개되었다. 페어베언은 내면적인 인간중심의 하나님 표상은 트라우마 당시에 내재화된 인간 대상표상과 융합된 것에서부터 형성된 내적인 인간중심의 하나님 표상이다. 이런 인간중심적인 하나님 표상은 무조건적인 사악함, 은혜, 구원, 용서와 같은 종교적인 체계에 체화되어 있다. 그런 종교체계는 외부환경에 투사된다. 스페로의 모델은 심리적 대상관계 이론 모델을 넘어서서 어떻게 내적인 하나님 표상이 내적인 인간 표상 속에서 형성되는지를 설명해준다. 스페로의 모델은 내재화되어 있는 외부환경 속에 있는 진짜 신적 대상(Deity object)을 포함한다. 혹은 특정한 대상표상(예를 들어 부모 표상) 혹은 무수한 내적인 표상들을 포함한다. 스페로의 모델에 있어서 학대를 할 수 있는 외부환경에는 부모, 부모로 투사된 대상, 혹은 하나님, 혹은 하나님으로 투사된 대상들을 말할 수 있다.25) 트라우마와 트라우마 후의 상황, 학대 경험 속에서 우리의 삶에 의미 있게 다가오는 내적 표상들이 형성된다. 이 연구 결과는 사랑하는, 부재하는, 분노하는 속성으로 투사된 하나님의 표상에 대해서 강조를 했고, 그런 속성들이 트라우마와 관련된 내적인 표상들과 관련이 있다는 것을 강조했다.

그러나 도어링은 인간중심적인 하나님 표상과 신 중심적인 하나님 표상이 아동기 트라우마 속에서 그대로 유지되고 있을까에 대한 질문을 제기하였다. 존슨(W. B. Johnson)과 이스트버그(M. C. Eastburg)의

---

25) 앞의 책.

연구에 따르면 아이들의 투사된 하나님 표상은 다차원적인 의미가 있다고 제안했다.26) 즉 학대를 당한 아이나 학대 경험이 없는 아이의 경우에도 하나님 표상에는 별 차이가 없다는 것이다. 우리는 연구자들이 학대의 심각성에 대해서 측정하지 않았다는 것에 관심을 가져야 한다. 만일 아주 심각하게 학대를 당한 사람이 샘플 안에 있었다면 그들의 하나님 표상은 아마도 상당히 달랐을지 모른다.

실제로 스페로의 모델에 따르면 트라우마를 경험한 많은 사람들이 트라우마 경험 이후에 자신의 트라우마를 현실세계에 적응하고 유용하게 하기 위한 대상표상을 만들어내고 유지하는 것을 볼 수 있다.27) 즉 피해자들은 자신의 현실세계를 살아내기 위해서 하나님은 사랑의 하나님이라는 사회적 압력을 받게 되고, 자신의 내적 표상을 통해 자신의 현실세계와 내적 표상을 적응하고, 유리하게 이용하게 된다는 것이다. 따라서 스페로와 페어베언의 이론을 종합하면, 종교체계는 학대 경험으로부터 생성된 사랑의 하나님의 투사라고 볼 수 있다.28) 그러나 이런 가설을 어느 정도의 트라우마가 일어났을 때 설명 가능한 이론이고, 실제로 극도로 심각한 트라우마가 발생했을 경우에는 하나님의 내적 표상과의 연계가 가능하지 않다.29)

이처럼 도어링은 세 개의 정신분석학적 관점을 사용하여 트라우마와 하나님 표상과의 관계를 살펴보았다. 결론적으로 도어링은 아동기에 경험한 트라우마가 아주 심각하지 않은 경우에 성인 여성의 하나님 표상에 직접적인 영향을 주지 않는 것으로 결론지었다. 그러나 이 연

---

26) 앞의 책, 117.
27) 앞의 책, 119.
28) 앞의 책, 120.
29) 앞의 책, 121.

구는 일회성 PTSD와 복합/재발성 PTSD의 영향력을 구분해야 하며, 심리적 방어기제로서 억압의 역할, 그리고 자기 분열과의 관계를 좀 더 세심하게 살펴봐야 한다는 과제를 남겨주고 있다.[30] 도어링의 이 연구는 인터뷰를 한 사람들이 다양하지 않고 양적 측정의 도구를 사용해서 트라우마를 측정했다는 한계가 있다. 그럼에도 불구하고, 목회상담가들과 교회가 아동 학대와 트라우마의 이해를 좀 더 깊게 할 수 있도록 심리적 이해를 돕기 위한 연구를 제공하고 있으며, 교회의 침묵이 부재하는 하나님과 같을 수 있으므로, 아동학대와 트라우마의 회복을 위해 앞장서 나가야 한다고 주장하고 있다.[31]

2. 융합과 소외, 힘의 논리 속의 하나님의 임재

캐리 도어링의 목회신학의 주제인 융합과 소외, 힘의 논리 속의 하나님의 임재를 세 가지 관점에서 논하고자 한다.

첫째, 캐리 도어링에게 중요했던 목회신학적 주제는 융합과 소외였다. 그녀는 12살 때 낯선 사람으로부터 공격을 받았던 트라우마의 경험이 있었고, 이런 트라우마 경험을 통해서 관계와 힘 그리고 하나님의 임재에 대한 경험들을 신학적으로 성찰할 수 있는 중요한 인생의 경험을 했다.[32] 그러나 그녀는 자신이 공격을 당하고, 자신의 부모가 자신을 제대로 돌보지 못했던 기억, 경찰들의 태도, 힘들었던 기억들을 더듬어 관계, 힘의 논리, 하나님의 임재를 성찰하는 목회신학적 작업을 하게 되었다. 12살 때 공격당했던 경험을 설명하면서 가해자는

---

30) 앞의 책, 122.
31) 앞의 책, 125.
32) Doehring, *Taking Care*, 12-14.

자신을 힘으로 제압하고 싶은(power over) 강한 욕구가 있었던 것을 인식하게 되었다. 또한 그 가해자가 자신을 제압할 수 있던 것은 자신과 분리(disengaged)되어 있었기에 가능했던 일이라고 생각했다. 부모님과 자신의 내면세계 모두와도 분리되어(disengaged) 있었고, 자신을 사로잡고 있었던 공포와 융합(merged)되었다. 결국 이런 도어링을 치유할 수 있었던 것은 하나님의 은혜로 인한 공감과 역량강화로 가능할 수 있었다고 고백하고 있다.33)

도어링의 서술 속에서 살펴볼 수 있듯이 분리(disengaged), 융합(merged), 제압당함(overpowered), 공감적(empathic), 역량강화적(empowered)과 같은 단어들이 도어링의 목회신학을 설명하는 근간이 되는 단어들이다. 도어링은 다음과 같은 관계적 경계선을 정의했다.

표1: 도어링의 관계적 경계선34)

융합 (merger)	공감 (empathy)	분리 (disengagement)

도어링은 자신의 학대, 방치, 공감의 경험을 그녀가 생각하는 관계적 경계선의 세 개의 주요한 축으로 생각했다. 그녀는 공감이 관계의 질을 결정하는 것이라고 생각하고, 다른 사람을 변형적인 경험으로 인도할 수 있는 능력이라고 생각했다. 왜냐하면 공감적 능력이야 말로 다른 사람과 나의 정보가 끊임없이 교류하는 것으로 다른 사람의 경험

---

33) 앞의 책, 14.
34) 앞의 책.

을 치유할 수 있고 변화시킬 수 있는 힘이기 때문이라고 주장했다.[35]

그래서 도어링에게 있어서는 나와 다른 사람의 관계적 경계가 어떻게 형성되는지에 따라서 완전히 분리된 관계가 될 수도 있고, 융합의 관계가 될 수도 있다고 생각했다.

완전히 분리된 상태에서는 아무런 정보의 교류도 없어서 상대방에게 무슨 일이 있는지, 내가 무슨 일이 있는지가 전혀 소통되지 않는 관계적 경계를 말한다. 융합된 관계는 너무나 많은 감정, 이미지, 생각들, 그리고 관계적 홍수에 빠지게 되는 관계적 경계를 말한다. 공감은 내가 다른 사람의 경험에 들어가 보기도 하고, 동시에 내 스스로의 경계를 지키는 관계적 경계를 말한다.[36]

도어링의 관계적 경계에서 분리와 융합은 정반대의 현상인 것처럼 보인다. 도어링 스스로도 융합과 분리가 정반대의 관계 양상이라고 이해를 했다. 그러나 그녀는 곧 융합과 분리가 얼마나 깊게 연관되어 있는 관계인지에 대해서 성찰적으로 분석했다. 예를 들어, 그녀의 삶 속에서 분리가 일어날 때 융합이 일어났고, 융합이 일어날 때 분리가 일어났다. 즉, 도어링 내면에서 진정한 자아와의 만남이 분리되었을 때, 부분적으로 거짓 자아와의 융합이 일어났다. 그러나 공감의 경험은 내가 다른 사람에게 덜 분리되어 있고, 덜 융합되어 있을 때 더욱 잘 발생한다. 오히려 다른 사람이 나의 깊은 자아의 일부를 가지고 있을 때 공감이 일어난다.[37] 즉 평면적으로 표현했을 때, 분리와 공감과 융합은 서로 다른 관계적 경계선을 분명히 가지고 있는 것 같지만, 실제 관계

---

35) 앞의 책.
36) 앞의 책.
37) 앞의 책, 15.

의 심리적 내적 역동을 살펴보면, 분리와 융합이 동시에 일어날 수 있는 역동이며, 공감의 순간에도 계속적으로 나와 다른 사람과의 인간성의 만남이 분리되고 융합되는 경험들의 연속인 것이다.

둘째, 도어링의 목회신학의 주제는 힘의 논리였다. 도어링이 힘의 논리에 대해서 생각하는 것과 관계적 경계선의 역동은 유사한 부분이 있다. 도어링은 자신이 생각하는 힘의 논리에 대해서 다음과 같이 설명했다.

표2: 도어링의 힘의 논리[38]

힘에 제압당함 (overpowered) (underpowered)	역량강화 (empowering)	제압함 (overpowering)

도어링은 생각하는 힘의 논리는 힘에 제압당함(overpowered), 역량강화(empowering), 제압함(overpowering)의 순서로 생각했다. 도어링이 생각하기에 자신을 공격한 가해자는 아마도 누군가의 힘에 의해 제압당한 경험을 하지 않았나 추측한다. 그래서 그는 도어링을 힘으로 제압하려고 한 것이라는 해석을 한다. 도어링 스스로는 트라우마 이후에 자신의 공포를 이기기 위해 여행을 떠난 경험을 예로 들고 있다. 여행을 떠나려는 순간에 도어링은 공포의 힘에 제압당하는 느낌을 가졌다. 그러나 목적지에 다가갈수록 공포의 힘을 제압했다고 하는 느낌을 받았다. 한편 역량강화의 단계에서는 모든 사람이 힘을 주고받는 것을 말한다. 그 어떤 승자도 패자도 없는 서로가 힘을 주고받는 경험

---

38) 앞의 책, 16.

이다.39)

도어링에게 있어서 힘의 논리를 정리하는 것은 분리와 융합을 조절하는 것과 비슷하다. 융합과 분리가 동시에 일어나는 것처럼, 힘에 의해 제압하고, 제압당하는 경험들이 서로 깊게 연관되어 있다. 결국 도어링은 이런 관계적 경계선, 힘의 논리를 통해서 자신의 트라우마를 해석해내고, 새로운 미래의 관계 속에서 어떻게 힘과 관계를 조절할 것인가가 좀 더 공감적인 삶, 좀 더 역량강화를 하는 삶으로 가기 위한 지혜라고 생각했다. 도어링에게 공감적이고 역량강화적인 삶의 질의 문제는 단순한 치유의 문제가 아니었다. 도어링에게 이런 공감적, 역량강화의 삶은 하나님의 은혜를 경험할 수 있는 순간이라고 고백했다. 그녀에게 있어서 하나님의 임재는 공감을 통해서, 서로가 주고받는 힘과 에너지를 통해서라는 말이 될 수 있다. 따라서 도어링에게 어떻게 관계적 경계선을 유지하고 계발하며 살아가는 것, 어떻게 자신이 가지고 있는 힘을 잘 써서 상대방과 내가 서로 성장하고 살아가는 것은 신앙적인 실천의 과제인 것이다.40)

셋째, 도어링의 목회신학의 주제는 하나님의 임재였다. 도어링이 자신의 트라우마 경험 속에서 관계적 경계선과 힘의 논리를 체화하며 느끼고, 이런 경험들을 신학적 주제로 풀어낼 수 있었던 근원에는 하나님에 대한 깊은 사랑과 돌보심의 개인적인 경험이 있었다. 자신이 낯선 사람에게 공격당했을 때, 자신이 새로운 삶의 도전을 할 때, 자신의 트라우마에도 불구하고 자신의 자녀를 세상에 내보낼 때, 도어링은 하나님의 임재와 보호하심 속에서 자신의 삶을 살아간다고 고백한

---

39) 앞의 책.
40) 앞의 책, 18.

다.[41] 바로 이런 도어링의 고백을 통해 알 수 있듯이 트라우마 경험 속에서도 하나님의 임재와 은혜의 경험은 그녀에게 가장 중요한 삶의 근간이 되는 경험이었다.

결론적으로 도어링은 자신의 개인적인 트라우마 속에서 관계적 경계선과 힘의 논리의 상호작용에 귀를 기울이면서 목회상담가와 교회 공동체가 트라우마와 학대를 당한 사람들, 특히 아동들에 대한 각별한 사랑과 돌봄을 제공하기를 요청한다. 그래서 하나님의 은혜 속에서 교회 안에서 아이들이 소외되고 학대받고 방치되는 경험을 줄일 수 있고, 결국 하나님의 정의를 실천할 수 있게 되기를 소망한다.[42] 도어링은 관계적 방식과 힘의 논리가 개인에게만 적용되는 것이 아니라, 교회와 같은 공동체에도 똑같이 적용되어야 한다고 주장한다.[43] 그래서 하나님의 임재가 공감을 통해 개인 안에도 공동체 안에도 적용이 되기를 소망한다.[44] 그래서 내 안에서 다른 사람을 경험하고, 다른 사람이 나의 경험을 공유하며, 내가 공동체의 경험을 공유하고, 공동체가 나의 경험을 공유함으로써 공감적인 기독교 공동체가 되기를 소망한다.[45] 그래서 아픔이 있는 사람들, 아직도 세상이 공포스러운 사람들도 자신의 과거 트라우마에 얽매여 사는 것이 아니라, 숨 쉴 수 있고, 성장할 수 있고, 사랑을 나눌 수 있는 세상이 되기를 원하는 것이다.[46]

---

41) 앞의 책, 13.
42) 앞의 책, 154.
43) 앞의 책.
44) 앞의 책.
45) 앞의 책.
46) 앞의 책.

3. 탈근대적 여성주의 목회신학47)

도어링의 여성주의 목회신학의 마지막 특징은 탈근대적 접근을 사용하고 있다는 것이다. 탈근대적 여성주의 목회신학의 첫 번째 특징은 이야기 목회신학(Narrative Pastoral Theology)이다. 탈근대적 여성주의 목회신학의 접근법으로 이야기의 중요성을 말하는 이유는 목회의 대부분이 이야기를 통해서 진행되기 때문이다. 많은 사람들이 목회적 관계를 형성할 때 자신, 가족, 공동체, 문화에 관한 이야기를 통해서 목회적인 관계를 시작한다는 것이다. 많은 사람들은 자신이 가지고 있는 문제들에 대해서 가장 편안하고 안전하게 느끼는 방식이 이야기를 통해 풀어나가는 것이다. 자신이 정리한 이야기 속에서 사람들은 자신의 캐릭터를 정하고, 자신의 이야기의 구조를 확립해간다. 마치 자신의 삶의 이야기를 진짜 이야기를 만들어가는 것처럼 캐릭터화하고 구성을 결정짓는다는 것이다. 탈근대적 접근에서 가장 중요한 가치는 각각의 이야기가 가지고 있는 특수성의 가치를 인정하는 것이다. 48)

탈근대적 여성주의 목회신학의 두 번째 특징은 상황적 목회신학(Contextual Pastoral Theology)이다. 돌봄 제공자는 내담자의 특수한 이야기와 그 사회, 문화, 종교가 갖는 신화적인 거대담론으로서의 메타 내러티브와 어떻게 연결시킬지를 잘 고려해야 한다. 즉 문화가 가지고 있는 거대 담론과 내담자들의 미세 담론이 어떻게 연결이 되는지를 고민하는 것이 바로 상황적인 신학적 성찰이라는 것이다. 돌봄 제공자는 사회적 위치와 메타 내러티브가 어떻게 형성되는가를 고려해

---

47) 이 논문에서 정리하는 캐리 도어링의 탈근대적 여성주의 목회신학은 다음의 저서를 참고로 정리한 것임을 알린다. Doehring, *The Practice of Pastoral Care: A Postmodern Approach* (Louisville: Westminster John Knox Press, 2006).

48) Doehring, *Taking Care*, 167.

야 한다. 즉 돌봄 제공자가 가지는 관점이 자신의 사회적 특권에 의한 것이며, 한 개인이 가지고 있는 지식이 한 개인이 가지고 있는 권력과 연결되어 있다는 것이다. 결국 지식과 권력의 유착이라는 상관관계를 이해할 때, 좀 더 성찰적이고 상황적인 해석이 가능하다는 것이다. 그래서 도어링은 돌봄 제공자들이 비판적 감수성(critical sensibility)을 가지고 있어야 하며, 다른 사람을 섣불리 비판해서는 안 된다는 것이다.49)

따라서 여성주의 목회신학자들이 방법론으로 사용하는 자기성찰법(self-reflexity)은 단지 한 개인의 미세담론을 서술하는 것에 그치는 것이 아니라, 한 개인의 생각, 가정, 철학적 전제 그리고 그 속에 수반되어 있는 개인의 권력구조에 대해서도 성찰을 할 수 있는 방법론이다. 따라서 이런 자기성찰법에 따른 상황적 해석을 통해 상황적 돌봄을 제공할 수 있으며, 이런 개인의 미세담론과 사회적 억압, 부정의가 어떻게 서로 연결되어 있는지를 살펴볼 수 있는 것이 바로 상황적 목회신학의 특징이다. 따라서 한 개인의 미세담론과 그 담론이 가지고 있는 전제들, 권력들이 책임 있게 성찰될 때 비로소 돌봄 제공자는 다른 문화와의 연관성을 고민할 수 있다. 그런 성찰적 기반 위에서 목회적 돌봄의 식민지적 유용 가능성을 최소화하거나 없앨 수 있다.50)

탈근대적 여성주의 목회신학의 세 번째 특징은 학제 간 연구를 통한 목회신학(Cross Disciplinary Pastoral Theology)이다. 이는 학제 간 연구에 대한 탈근대적 접근에 있어서 아주 중요한 부분이다. 지식이 사회적·문화적 영향하에서 구성된 것이라고 가정한다면, 지식 간의 충

---

49) 앞의 책.
50) 앞의 책, 168.

동을 예상할 수 있을 것이다. 왜냐하면 서로 다른 계층과 문화와 사회적 이익을 대변할 수 있는 가능성이 있기 때문이다. 예를 들어, 현대 심리학자들의 성격 모델과 치료적 접근들을 살펴보면, 모두가 다 저자들의 윤리적, 철학적, 사회적 전제들을 가정하고 만들어진 이론들이기 때문이다. 따라서 목회신학자 돈 브라우닝(Don Browning)은 전통적인 주류 학자들의 이런 윤리적, 철학적 전제들을 비판하기 위해서 해석학적인 모델을 사용하였다. 그래서는 그는 프로이트, 스키너, 에릭슨, 코헛, 엘리스, 보웬과 같은 주류 상담이론들을 해석학적으로 비평하였다.51)

학제 간 연구는 학제 간 연구를 할 때의 조화와 불협화음에 대해서 인정한다. 종교심리학자들은 심리학과 신학을 아우르고 있는 공통의 원리들을 찾아내려고 심혈을 기울인다. 그래서 이렇게 찾아낸 공통의 원리를 통해 인간과 사회를 이해하기 위한 더욱더 통전적인 관점을 찾아내려고 애쓴다.52) 그러나 이런 학제 간 연구의 위험성은 이렇게 통합적인 관점을 형성하는 것이 오히려 다양하고 복합적인 신학과 심리학적인 의미를 지나치게 축소하는 경향이 있을 수 있다는 것이다. 또한 이렇게 경직된 정의를 지나치게 강조한다면 복합적이고 역설적인 종교적·심리적 의미를 위축시킬 수도 있다.53)

탈근대적 여성주의 목회신학의 네 번째 특징은 실용적인 목회신학(Pragmatic Pastoral Theology)이다. 탈근대적인 관점을 주장하는 학자들은 종종 추상적이고 이론적인 성찰 작업을 하는 경우를 볼 수 있

---

51) 앞의 책.
52) 앞의 책, 169.
53) 앞의 책, 169.

다. 따라서 실천신학자들은 탈근대적 관점으로 돌봄 이론을 사용하거나 주장할 때 자신들의 주장이 잠정적일 수 있거나 확정적이지 않다는 전제를 가지고 실천을 해야 한다. 학자들이 가지고 있는 특정적인 신학적인 관점들을 각각 자신들의 신학적인 용어나 특정한 이론들이 전제되어 있기 때문에 이런 신학들을 제대로 이해하기 위해 특정 지식이 필요하다. 예를 들어 설교를 하기 위해서 특정 성경 본문을 사용할 때는 그 본문 안에 들어 있는 문화적 · 사회적 배경을 이해하는 주석이 필요하며, 이런 성경의 내용을 현대 사회에 어떻게 적용할 것인지도 고려해야 한다는 것이다.54) 탈근대적인 접근을 통한 지식의 이해를 통해서 목회적 돌봄, 목회상담을 실천하는 사람들은 언제나 자신들의 돌봄이 실용적이고 상황적이며, 학제 간의 연구를 통한 통합적인 접근이라는 것을 고려해야 한다. 따라서 상황적인 주장들이 단순히 상황을 설명하는 데 그치지 않으면서도, 깊은 신학적 · 철학적 성찰들을 할 수 있도록 해야 할 것이다.55)

III. 캐리 도어링과
한국 여성주의 목회신학과의 성찰적 대화

필자는 도어링의 여성주의 목회신학의 주제를 트라우마, 관계, 힘 그리고 영성이라고 생각한다. 이런 목회신학적 특징을 가진 도어링의 여성주의 목회신학이 한국의 여성주의 목회신학에 던져주는 성찰적 질문과 도전은 무엇인지 살펴보고자 한다. 첫째로 도어링의 가장 핵심

---

54) 앞의 책.
55) 앞의 책, 170.

적인 주제 중의 하나인 트라우마는 우리 민족에게 피해갈 수 없는 주제이다. 한의 역사를 지닌 민족으로 병리화해서 말하려는 의도를 가진 것은 아니다. 그러나 한민족의 역사를 살펴보면 현재 우리의 조부모, 부모 세대는 민족적인 트라우마를 경험했다. 먼저 일본 식민지 경험을 통해서 개인적 · 언어적 정체성의 박탈을 경험했다. 그리고 연이어서 6 · 25전쟁을 치르면서 대인관계적 · 자연재해적 트라우마를 경험했고, 사회적 · 문화적 · 국가적 · 경제적 변화들은 겪어내야 했다. 따라서 이러한 변화들은 한국이라고 하는 한 나라의 국가적 · 민족적, 공동체의 정신적 · 영적 · 신체적 안녕을 깊게 고민해봐야 하는 역사적 · 사회문화적 현실이다.56) 따라서 필자가 주장하기에는 한국 국민이 겪은 아픔을 풀어낼 수 있는 개인적, 공동체적, 국민적 공감의 시간이 필요하다는 주장을 하고 싶다.

바로 이런 개인적, 공동체적, 국민적 트라우마를 표현해낸 신학 작업 중의 하나가 "한"(恨)의 신학일 수 있다.57) 이제 여성주의 목회신학에서는 그동안 민중신학에서 논의했던 한, 트라우마를 어떻게 한국 국

---

56) 트라우마에 대한 전반적인 이론, 사례 연구, 치료기법에 대한 설명이 필요한 경우 다음의 책들을 참고하라. Judith Herman, *Trauma and Recovery: Aftermath of Violence- from Domestic Abuse to Political Terror* (New York: Basic Books, 1997), 7-132; Jon G. Allen 저, 권정혜 외 역, 『트라우마의 치유』(서울: 학지사, 2011); P. F. Kellermann and M. K. Hudgins 저, 최대헌 외 역. 『트라우마 생존자들과의 심리극 – 고통에서 벗어나기 위한 행동』(서울: 학지사, 2000); Ricky Greenwald 저, 정성훈 외 역, 『마음을 다친 아동, 청소년을 치료자를 위한 워크북』(서울: 학지사, 2011).

57) 민중신학의 한의 개념을 상담학의 취약성의 개념과의 대화로 한국인의 치유방법론을 논하고 있다. Jin Sook Kwon, "Contemplating Connection: A Feminist Pastoral Theology of Connection for Korean Christian Immigrant Parent-Child Relationships,"(Ph.D Diss., Claremont School of Theology, 2011), 123-133; Jae Hoon Lee, *The Exploration of The Inner Wounds-Han* (Atlanta: Scholars Press, 1994), 139.

민의 이야기로 풀어낼 것이며, 상황적·실용적 고려를 통해서 치유해 나갈 것인가를 고민해야 할 것이다. 또한 이런 치유의 작업을 위한 신학적·상담적 작업의 기반을 위해 학제 간의 연구를 고려해야 할 것이다. 그렇게 하기 위해서는 한국적·문화적 특성을 고려해야 할 것이다. 바로 이런 특수한 한국적 문화적 상황 중의 하나가 개인적인 트라우마가 국가적 트라우마와 연결되어 있다는 것이다. 바로 이런 면에서 도어링의 목회신학은 도움이 되기도 하고, 한계가 되기도 한다. 왜냐하면 그녀의 신학적·철학적·목회신학적 전제들이 한국적인 상황들을 고려해서 만든 것이 아니기 때문이다. 따라서 한국에서 고통 받는 내담자, 공동체의 필요를 위해 해석학적인 접근을 통한 한국적 목회신학의 기반을 고려해야 할 것이다.

바로 이런 한민족의 한, 국가적 이슈들이 고스란히 담겨 있는 사례가 위안부 사례이다. 한국의 여성주의 목회신학자인 정희성 교수의 연구를 살펴보면 일본군 위안부로서 트라우마를 경험한 길원옥의 사례를 분석함으로써 일본 위안부의 하나님 이미지와 트라우마에 관한 상관관계를 살펴볼 수 있는 연구를 진행하였다.58) 일본 위안부 경험을 한 한국 여성 길원옥은 한국인으로서의 개인적인 트라우마, 민족적 트라우마를 경험했을 뿐만 아니라, 당시 세계대전의 피해자로서 제국주의, 성차별주의, 계급주의와 같은 복합적이고 다중적인 피해를 겪은 여성으로 대변될 수 있다. 따라서 한국 여성주의 목회신학에서 일본군 위안부 여성의 하나님 이미지를 연구하는 것은 도어링의 연구를 한국

---

58) 정희성,『여성주의와 목회 상담』(서울: 이화여자대학교 출판부, 2011), 64. 미국의 여성 성폭력에 관한 대표적인 여성주의 목회상담학이라고 할 수 있는 자료이므로 참고하기 바란다. Pamela Cooper White, *The Cry of Tamar: Violence Against Women and The Church's Response* (Minneapolis: Fortress Press, 1995).

상황에 비추어볼 수 있는 흥미로운 주제이다. 정희성 교수의 분석에 따르면 일본군 위안부의 하나님 이미지 중에 가장 인상적인 것은 하나님을 긍정적으로 표현하고 있다는 부분이다. 길원옥은 "지금까지 지내 온 것은 주의 은혜"라고 고백하면서 하나님에 대해서 자주 긍정적으로 표현하고 있지만, 이런 긍정적인 표현이 연속적이지 않다는 특징을 가지고 있다.[59] 길원옥의 파편화된 하나님의 이미지는 자신의 트라우마와 입양한 아들을 키우는 경험의 불일치가 그대로 드러나고 있다고 분석할 수도 있을 것이다. 즉 트라우마적인 자기 표상은 파편화된 하나님의 이미지와 연결되고, 입양한 아들을 키웠을 때의 행복한 기억은 긍정적 하나님 표상의 기원이 되는 것으로 여겨진다. 도어링의 여성주의 목회신학이 한국의 여성주의 목회신학에 긍정적인 영향을 주면서도, 한국의 상황적인 목회신학의 주제들이 제안되어야 하는 부분들이 정희성 교수의 논문을 통해 잘 드러나고 있다고 생각한다. 김경 교수 역시 성폭력의 주제를 제임스 폴링의 목회신학과의 대화를 통해서 대화를 시도하고 있다.[60] 김경 교수의 논문은 성폭력이라는 주제를 공유하면서도 관계와 신학을 주장하며 한국의 가부장 문화를 비판적으로 성찰함으로써 한국의 여성주의 목회신학의 필요성을 간접적으로 지지하는 글로서 그 가치가 있다. 이렇듯 트라우마와 하나님 표상, 그리고 트라우마와 한국의 여성주의 신학적 관점으로의 해석학의 필요를 앞으로 지속적으로 발전시켜나가야 할 과제가 있다.

두 번째로, 도어링의 목회신학에서 주장하는 관계와 힘의 역동은

---

59) 정희성, 『여성주의와 목회 상담』, 77.
60) 김경, "성폭력 피해자 치유를 위한 관계적 신학 고찰 - 제임스 폴링을 중심으로," 「목회와 상담」(2011), 160-188.

한국의 여성주의 목회신학에서 관심을 가질 수 있는 주제이다. 한국 사회에서 관계의 중요성과 그로 인한 힘의 역동 관계에 대한 중요성을 논하지 않을 사람은 아무도 없기 때문이다. 도어링의 목회신학이 주장하는 융합과 소외, 공감의 역학관계와 외부의 힘에 제압을 당하거나, 제압을 하는 힘의 역동 관계 속에서 어떻게 조화로운 역량강화의 관계를 만들어갈 수 있는지가 한국 상황에서 고려되어야 할 것이다. 특히 한국사회에서 위계질서라는 힘의 역동 속에서의 관계 양상은 도어링이 논의하는 힘의 역동과는 다른 상황일 수 있기 때문이다. 때로는 힘에 의해서 압제를 당하거나, 힘의 의해서 압도하는 관계가 평범할 수 있는 관계가 사회적으로 문화적으로 용인될 수 있기 때문이다. 예를 들어 한국의 부모와 자녀 관계, 조직사회에서의 상하관계 등 위계적인 힘의 논리가 적용되어야만 마치 건강한 관계가 맺어진 것처럼 인정되는 사회적 · 문화적 전제가 있기 때문이다.

　필자 역시 관계를 중심으로 한 목회상담 분야에 많은 관심을 가지고 연구를 해왔다. 관계 문화 이론은 관계적 자아의 중요성을 논의하며, 내담자와 상담자의 힘의 역동을 중요한 상담의 과제로 놓고 있다. 이런 면에서 관계 문화 이론은 관계와 힘의 역동 관계를 중심으로 한 도어링의 신학과 유사한 점이 있다. 관계를 인간의 치유의 근원으로 보는 것과 그 안에서 경험되는 인간의 취약성을 약점으로 보지 않고 치료적 자원으로 승화시키려고 한 점이 상당히 유사하다. 이런 논의들을 잘 조망할 수 있는 것이 관계 문화 이론의 상담가의 진정성과 취약성의 개념이라고 생각된다.[61] 최재락 교수 역시 여성 학대의 관계적 요인

---

61) 권진숙,『관계 문화 이론』(서울: 신앙과지성사, 2013), 97-101; Jin Sook Kwon, "Contemplating Connection," 100-159.

과 가부장제 사회 속에서의 피지배인으로서 억압당하는 여성의 관점에서 성찰한다. 특히 종송된 존재로서의 여성이 해방적 힘을 가지지 못하고 지속적으로 억압당하는 관계의 메커니즘 속에 매몰되어가는 과정들을 성폭력 학대의 사례를 통해 성찰함으로써 여성과 관계, 폭력, 힘의 문제를 목회신학적으로 심도 있게 성찰하고 있다.[62]

세 번째, 도어링의 목회신학에서 주장하는 영성의 중요성은 한국 여성주의 목회신학을 연구할 때 중요한 주제가 된다고 생각한다. 트라우마, 관계, 힘, 탈근대적 목회신학을 관통할 수 있는 주제가 영성이 될 수 있기도 하고, 또는 걸림돌이 될 수 있기도 하다. 도어링이 말하는 하나님의 은혜와 사랑의 경험이 여성의 이야기, 여성의 상황, 여성의 실용적 필요를 위해서 해방적·치료적 역할을 할 수도 있지만, 오히려 여성의 상황, 여성의 실용적 필요를 위해서 가부장적 이해의 영성이 여성을 무의식적으로 억압할 수도 있기 때문이다. 예를 들어 도어링의 논의에서 설명된 것처럼 어린 시절에 트라우마를 경험한 아동들이 성인이 된 후에도 자신들이 믿는 하나님이 사랑의 하나님이라고 고백을 하는 것의 다양한 가능성이 있다는 것에 그 해답을 찾을 수 있다. 한 인간의 근간을 통째로 흔들어놓지는 않았을 상처의 경험이라면 사랑과 은혜의 하나님을 매개로 치유의 시작을 삼을 수도 있을 것이다. 그러나 한 사람의 삶의 근간을 통째로 흔들어놓을 수 있는 상처의 경험을 받고서는 쉽게 미워할 수도, 멀리할 수도 없을 만큼 인간의 무의식 속에서 억압적으로 작용할 수 있는 것이 바로 종교, 신의 이미지인 것이다. 그래서 오히려 억압적인 신의 이미지, 종교의 역할 때문에 가부장

---

62) 최재락, "여성 학대의 관계적 요인에 대한 성찰-지배와 종속의 견지에서,"「한국 기독교 상담학회지」11(2008), 290-320.

적 억압 속에서 자신을 해방시키지 못하고 더욱 더 건강하지 못한 여성적 이미지를 부정적으로 강화하는 경우들도 종종 있다.

그러나 필자가 주장하기에는 상처뿐인 인생 속에 투사적인 하나님의 존재를 위로로 삼는 그런 인위적·심리적인 존재로서의 가부장적 하나님의 이미지가 아니라, 여성 삶의 한가운데서 아무리 상처가 많아도 그들 삶의 중심이 되시고 위로자가 되시며, 눈물을 흘릴 수 있는 위로자가 되시는 하나님을 통해서, 진정 도어링이 말하는 트라우마 속에서도 하나님의 은혜를 느꼈다고 고백할 수 있는 영성의 경험을 한국의 여성들, 억압받고 상처받는 기독교인들이 할 수 있게 되기를 소망한다.

또한 도어링은 하나님의 임재와 같은 영성의 중요성에 관심을 가지는데, 이런 하나님과 관계의 중요성은 한국의 목회상담학계에서도 중요한 주제로 연구가 되어야 할 것이다. 안석 교수는 "영성인가? 상담심리치료인가?"라는 논문을 통해 영성적 측면을 가진 기독교 상담치료의 가능성을 제안하고 있다.[63] 즉 심리학적 측면에 더 중점에 둘 것인가, 아니면 영성적인 측면에 중점에 둘 것인가? 하는 질문은 쉽게 답할 수 있는 부분이 아니다. 김필진 교수는 상담에 있어서 영성의 정의, 기능 등에 대해서 성찰하면서 상담자의 영성의 문제, 내담자의 영적 문제에 접근할 때의 상담자의 영향력에 대한 화두를 제시한다. 이처럼 도어링이 서론에 정의한 목회상담에 의하면 영성적인 접근의 위험성과 더불어 신학적인 중요성을 김필진 교수도 다시 강조하고 있다. 즉 진정성 있는 목회상담 속에서의 영적인 문제는 필수불가결한 것이며, 이를 위해 목회상담가는 영성에 대해서 준비하고 성찰하는 작업이 필요하다는 것이다.[64]

---

63) 안석, "영성인가? 아니면 상담심리치료인가?" 「신학과 실천」 35(2013), 435-458.

필자가 보기에는 도어링이 말하는 하나님의 임재는 신학적·심리학적·사회적 측면의 통합적 성찰과 치유를 전제로 한 하나님과의 진정성 있는 만남을 강조하는 있는 것으로 보인다. 그런 차원에서 필자는 도어링의 주장과 연결되면서도 한국 여성주의 목회신학에 있어서 어떤 관계적 영성을 계발시켜야 하는지에 도움을 줄 수 있는 두 사람을 언급하고 싶다.

먼저, 관계가 영성의 핵심이라고 보았던 엠마누엘 라티(Emmanuel Y. Lartey)의 주장을 논하고 싶다. 라티는 목회적 돌봄에서 말하는 영성은 초월자와의 관계, 자신과의 관계, 대외적인 관계, 조직과의 관계 그리고 환경과의 관계를 잘 가꿀 수 있어야 한다고 주장했다.[65] 라티가 주장한 목회적 돌봄의 핵심은 바로 관계이다. 도어링이 주장한 관계의 중요성과 하나님의 임재의 중요성은 라티의 관계의 영성과 닮아있다.

또한 초대 교부들의 영성생활을 주제로 한 이후정 교수의『사랑과 기도』를 살펴보면 도어링이 주제로 하는 트라우마와 영성의 관계를 엿볼 수 있다.[66] 즉 이글을 살펴보면 초대 교부들의 영성생활이 자기 성찰을 통한 영성생활이었음을 말해주면서 영성생활을 한다는 것과 자기 성찰, 그 속에서 경험하는 하나님 체험의 연관성에 대해서 소개를 하고 있다. 실제로 신학교 학생들의 자기성찰과 영성생활 지도를 위해 이 단계를 통해 성찰할 수 있는 기회를 가진 적이 있었는데, 많은 학생

---

64) 김필진, "상담 및 심리치료에 있어서 영성과 영성문제에 대한 이해와 통합적 접근,"「목회와 상담」12(2009), 9-30.

65) Emmanuel Y. Lartey, In *Living Color: An Intercultural Approach to Pastoral Care and Counseling* (London: Jessica Kingsley Publishers, 2003), 141.

66) R. C. 반디 저, 이후정 역,『사랑과 기도』(서울: 컨콜디아사, 1994), 133-170.

들이 가지고 있던 영성훈련에 대한 시각을 바꿀 수 있었다. 즉, 도어링이 말하는 자기 상처를 가지고 만나는 하나님이 아마도 현대인에게는 피할 수 없는 실존적인 현실이 아닐까 생각한다. 따라서 상처의 치유와 영성의 회복은 함께 공존하는 것이고, 그 가운데 한 개인의 관계의 역량이 계발되기를 소망하는 것이 라티가 말하는 관계의 영성이고, 도어링이 말하는 관계와 힘의 조화이다. 또한 한국여성신학회는 이미 1999년에 『영성과 여성신학』이라는 책을 엮어냈다. 이는 한국교회의 변화를 소망하는 치료적 자원으로서 여성의 영성의 힘을 인식했기 때문이다. 이 책에서 이경숙 교수는 구약신학의 관점에서 영의 개념을 정의하고, 최영실 교수와 박경미 교수는 신약성서의 관점에서, 정용석 교수는 초대 기독교의 관점에서, 최만자 교수는 한국 기독교 전통과 영성의 관점에서 다양한 영성의 의미와 그 속에서의 여성의 힘을 찾아내려고 하였다.[67]

앞으로도 도어링의 관계중심 목회신학과 더불어, 한국적 관계성과 트라우마 치유의 과제, 그리고 영성적인 중심을 지속적으로 대화, 연구하는 학제 간 연구들이 진행되어야 할 것이다.

IV. 결론

도어링의 여성주의 목회신학이 한국 여성주의 목회신학에 주는 지혜들은 복합적이고 유동적이며, 상황적이고 실용적이다. 그래서 도어링이 주장하는 것처럼, 그녀의 이론은 우주적으로 초역사적으로 적용

---

67) 한국여성신학회 엮음, 『영성과 여성신학』(서울: 대한기독교서회, 1999).

하지 않고, 한국 여성의 이야기보따리 속에서 한국 여성을 돌보기 위해서 가장 적합한 도움이 무엇인지, 도울 수 있을 가장 적절한 방법은 무엇인지, 가장 적절한 사람은 누구인지, 심리적으로 어떻게 진단을 내릴 수 있으며 체계적으로는 어떤 진단을 내릴 수 있는지, 신학적인 평가는 어떻게 내릴 것인지를 충분히 고려해야 한다. 한국적 상황 속에서 최선을 다할 수 있는 돌봄의 계획을 실천하려고 노력해야 한다. 그럼에도 불구하고 이런 상황적, 실용적 접근이 내담자에게 똑같은 의미로 전달되지 않을 수 있다는 특수성을 수용해야 한다. 따라서 언제든지 내담자의 이야기에 귀를 기울이고, 그 사람의 상황이 어떻게 변화하는지, 그 사람을 도울 수 있도록 학제 간의 경계를 넘는 방법론을 생각하며, 그리고 실용적으로 도울 수 있도록 노력해야 한다. 그래서 내담자의 삶의 이야기 속에 하나님의 이야기가 고백될 수 있고, 하나님에 대한 고백이 그들의 삶의 생명 넘치는 삶, 공감적 삶과 연결될 수 있어야 한다. 도어링의 여성주의 목회신학이 한국 상황 속에 철저히 녹아들어갈 때 생명과 치유의 목회신학적 대안이 될 수 있을 것이다.

참고문헌

Allen, Jon G. 저, 권정혜 외 역. 『트라우마의 치유』. 서울: 학지사, 2011.

Cooper White, Pamela. *The Cry of Tamar: Violence Against Women and The Church's Response*. Minneapolis: Fortress Press, 1995.

Doehring, Carrie. *Internal Desecration: Traumatization and Representations of God*. Lanham: University Press of America, 1993.

_____. *Internal Traumatization*. New York: University Press of America, 1993.

_____. *Taking Care: Monitoring Power Dynamics and Relational Boundaries in Pastoral Care and Counseling*. Nashville: Abingdon Press, 1995.

_____. *The Practice of Pastoral Care: A Postmodern Approach*. Louisville: Westminster John Knox Press, 2006.

_____. 오오현 외 역. 『목회적 돌봄의 실제: 탈근대적 접근법』. 서울: 학지사, 2012.

Herman, Judith. *Trauma and Recovery: Aftermath of Violence-from Domestic Abuse to Political Terror*. New York: Basic Books, 1997.

Kellermann, P. F. Kellermann and Hudgins, M. K. Hudgins 저, 최대헌 외 역. 『트라우마 생존자들과의 심리극 - 고통에서 벗어나기 위한 행동』. 서울: 학지사, 2000.

Kwon, Jin Sook. "Contemplating Connection: A Feminist Pastoral Theology of Connection for Korean Christian Immigrant Parent-Child Relationships." Ph.d diss., Claremont School of Theology, 2011.

Lartey, Emmanuel Y. *In Living Color: An Intercultural Approach to Pastoral Care and Counseling*. London: Jessica Kingsley Publishers, 2003.

Lee, Jae Hoon. *The Exploration of The Inner Wounds-Han*. Atlanta: Scholars Press, 1994.

R. C. 반디 저, 이후정 역. 『사랑과 기도』. 서울: 컨콜디아사, 1994.

권진숙. 『관계 문화 이론』. 서울: 신앙과 지성사, 2013.

김경. "성폭력 피해자 치유를 위한 관계적 신학 고찰 - 제임스 폴링을 중심으로." 「목회와 상담」 16(2011), 160-188.

김필진. "상담 및 심리치료에 있어서 영성과 영성문제에 대한 이해와 통합적 접근." 「목회와 상담」 12(2009), 9-30.

안석. "영성인가? 아니면 상담심리치료인가?" 「신학과 실천」 35(2013), 435-458.

정희성. 『여성과 목회 상담』. 서울: 이화여자대학교 출판부, 2011.

최재락. "여성 학대의 관계적 요인에 대한 성찰-지배와 종속의 견지에서." 「한국 기독교 상담학회지」 11(2008), 290-320.

한국여성신학회 엮음. 『영성과 여성신학』. 서울: 대한기독교서회, 1999.

http://www.iliff.edu/index/learn/your-faculty/carrie-doehring

글 쓴 이
소 개

권진숙 박사는 미국 로스 엔젤레스의 클레어몬트 신학대학교에서 목회상담학으로 박사학위(Ph.D)를 받았으며, 미국 공인 목회상담 전문가이다(AAPC, Fellow). 현재 한국에서 이화여자대학교와 감리교신학대학교에 출강하여 후학들을 가르친다. 현재 기독교대한감리회 소속 새생명교회를 개척하여 담임목사로 섬기고 있고, 교회 부설 뉴라이프 상담센터를 통해 내담자를 상담하고 있다. 치유, 목회, 신학, 여성, 영성 등의 주제를 상담, 목회, 강의를 통해 실천하려고 노력하는 목회상담가, 실천신학자, 목회자이다.

김성희 박사는 이화여자대학교와 미국의 듀크 대학을 거쳐, 드류 대학에서 신약학을 전공했다. 박사논문은 마가복음을 포스트콜로니얼 여성신학적 성서해석의 관점에서 연구하였으며, *Mark, Women, and Empire*란 제목으로 2010년에 쉐필드 출판사에서 출간되었다. 현재 안산대학교에서 조교수로 기독교 교양과목을 가르치고, 교목으로도 활동하고 있다. 주된 학문적 관심은 여성신학적 성서해석과 현대사회에 요청되는 예수 연구이다. 최근의 대표적인 논문으로는 "예수의 공감사역", "자비를 통해 이루는 거룩", "죄 많은 여인의 환대", "엠마오의 식사교제에 대한 신학적 고찰", "여성 제자들의 파트너십을 통해 읽는 누가 -행전 이야기" 외 다수가 있다.

김혜령 박사는 이화여자대학교와 프랑스 스트라스부르 대학교에서 기독교사회윤리를 전공했다. 타자, 여성, 공동체, 복지와 관련된 문제들에 관심을 갖고 연구를 하고 있으며, 현재 이화여자대학교 교양교육원 조교수로 일하고 있다. Habiter: perspectives philosophiques et éthique – De Heidegger à Ricoeur (철학적 윤리적 관점에서 본 "거주": 하이데거에서 리쾨르까지)라는 논문으로 박사학위를 받았으며, 논문으로는 "노숙인 복지사업을 위한 국가와 한국교회의 책임과 협력", "레비나스의 윤리학 속에 나타나는 망각과 과장의 모성", "마을공동체운동과 마을교회"가 있다.

박지은 박사는 이화여자대학교 기독교학과를 졸업하고 동대학원에서 구약성서를 전공하였다. 미국의 밴더빌트 대학(Vanderbilt University)에서 목회학 석사과정을 마치고, 동대학원에서 구약성서로 박사학위를 받았다. 논문으로는 학위논문을 요약한 "이상한 여자를 찾아서: 아가와 잠언의 여성읽기를 통한 이원론적 여성관의 재조명"(「구약논단」 47집, 2013년 3월)과 "타자화된 몸에서 생명의 몸으로: 아가의 몸 이미지를 중심으로"(「구약논단」 49집, 2013년 9월)이 있다. 여성, 문화, 생태문제를 비롯하여 현 사회의 다양한 문제들을 해결하는 데 도움이 될 수 있는 구약성서읽기에 관심을 가지고 있다. 현재 이화여자대학교 강사이다.

백소영 박사는 이화여자대학교와 보스턴 대학교에서 기독교사회윤리학을 전공했다. 여성, 개신교윤리, 후기근대성이라는 키워드를 가지고 학문적 연구를 계속하고 있으며, 현재 이화여자대학교 기독교학과에서 〈기독교와 세계〉〈현대문화와 기독교〉 등의 인문대 교양과목을 가르치고 있다. 최근 저서로『세상을 욕망하는 경건한 신자들』(그린비, 2013),『엄마되기, 힐링과 킬링 사이: 21세기 대한민국 개신교 여성의 모성 경험과 재구성』(대한기독교서회, 2013) 등이 있다.

이은주 박사는 상명대학교 사학과, 장신대 신대원, 미국 로욜라 대학교 구성신학 과정에서 수학하였고, 장-뤽 마리옹의 현상과 신적 계시 관계에 대한 논문으로 박사학위를 마쳤다. 현재 장신대에서 학생들을 가르치고 여울교회를 섬기고 있으며 신학적 해석학, 여성신학, 포스트모던 신학에 대한 연구와 강의에 매진하고 있다.

임효명 박사는 연세대학교 신학과(B.A), 연세대학교 본대학원(Th.M), 웨슬리 신학대학원(M.Div), 퍼킨스 신학대학원(M.T.S), 남감리교대학교 대학원(Ph.D)을 졸업하였다. 저서로는 *Portrait of God in Saul's Rise and Rejection: God's Interactive Writing of History* (Lambert Academic Publishing Company, 2010)이 있고, 논문으로는 "하나님, 사무엘의 하나님"(「구약논단」 46집, 2012년 12월, 38-71)이 있다. 감리교 목사이며 감리교신학대학 외래강사로 출강하고 있고, 사무엘서, 신명기 역사서와 신 문학비평에 관심을 갖고 있다.

정미현 박사는 이화여자대학교 독문학과를 졸업하고 동대학교 대학원 기독교학과에서 조직신학을 전공했다. 스위스 바젤 대학 신학부에서 J. M. 로흐만 교수의 지도로 박사학위를 받았다. 이화여자대학교 기독교학과 강사, 스위스 바젤 대학교 총동창회 이사, 제3세계신학자협의회(EATWOT) 부회장, 미션 21 여성과 젠더 데스크 의장 등을 역임했다. 한국기독교장로회 목사이고, 연세대학교 연합신학대학원 부교수 및 교목이다.

조민아 박사는 미국 미네소타 주의 센트 캐서린 대학(St. Catherine University)에서 신학과 영성을 가르치고 있다. 협성대학교와 감리교신학대학 신학대학원에서 기독교 사회윤리학을 전공하고, 미국 듀크 대학교 신학대학원에서 철학적 신학과 기독교윤리학을 공부했으며, 미국 에모리 대학교에서 베컨 신비주의자 하데비취와 재미 행위예술가 차학경의 글을 프랑스 철학자 미셸 드 세르토의 시각으로 연구하여 박사학위와 함께 논문상을 받았다. 제도교회와 신앙인의 삶 사이에서 발생하는 갈등, 투쟁, 타협, 화해와 그 과정에서 새롭게 탄생하는 언어와 상징에 관심이 많다.

최순양 박사는 이화여자대학교 기독교학과를 졸업한 후, 감리교신학대학교에서 신학석사(M.Div.) 학위를 받았다. 그리고 미국으로 가서 드류 신학대학교에서 신학석사학위(M.div)를 받고, 졸업 후 드류 대학원에서 캐서린 켈러 교수의 지도하에서 조직신학 박사학위(Ph.D.)를 받았다. 현재 이화여자대학교와 감리교신학대학교에서 강의하고 있으며, "스피박의 하위주체"와 "트린민하의 탈식민적 여성이해" 등의 논문을 썼다. 주요 관심분야는 탈식민주의, 부정신학, 탈구조주의적 언어이해 등이며, 앞으로는 과정신학, 부정신학, 탈식민주의를 연결시켜 연구해보고자 계획 중에 있다.

하희정 박사는 감리교신학대학교 신학과를 졸업하고 동대학교 대학원에서 한국교회사를 공부했다. 미국 버클리 GTU(Graduate Theological Union)에서 "동아시아의 근대국가 담론 형성과 미국 복음주의 젠더 이데올로기, 1880-1920"에 관한 연구로 박사학위(Ph.D.)를 받았다. 현재 감리교신학대학교와 대학원에서 〈세계기독교사〉, 〈기독교 역사와 여성〉, 〈한국교회와 여성사회운동사〉 등을 강의하고 있다. 소수가 대변하는 역사가 아닌 변방의 대중들이 함께 지켜온 역사에 관심을 두고, 여성들의 삶과 담론들을 시대의 큰 흐름에서 통찰하고 균형 있게 엮어내는 일을 학문적 주제로 삼고 있다.